本报告得到部市共建项目的资助

教育部哲学社会科学系列发展报告

2020 中国财政发展报告

风险应对中的财政及启示

Report on China's Fiscal Development 2020

Response of Public Finance to Public Risk

上海财经大学中国公共财政研究院
主编　范子英

上海财经大学出版社

图书在版编目(CIP)数据

2020中国财政发展报告:风险应对中的财政及启示/范子英主编.
—上海:上海财经大学出版社,2021.10
(教育部哲学社会科学系列发展报告)
ISBN 978-7-5642-3833-9/F·3833

Ⅰ.①2… Ⅱ.①范… Ⅲ.①财政政策-研究报告-中国-2020
Ⅳ.①F812.0

中国版本图书馆CIP数据核字(2021)第167157号

□ 责任编辑 江 玉
□ 封面设计 贺加贝

2020中国财政发展报告
风险应对中的财政及启示
上海财经大学中国公共财政研究院
主编 范子英

上海财经大学出版社出版发行
(上海市中山北一路369号 邮编200083)
网 址:http://www.sufep.com
电子邮箱:webmaster @ sufep.com
全国新华书店经销
江苏凤凰数码印务有限公司印刷装订
2021年10月第1版 2021年10月第1次印刷

710mm×960mm 1/16 24.5印张(插页:2) 389千字
定价:118.00元

编写组名单

主　编　范子英

副主编　刘　伟　林　矗　刘小川

编写组成员

（以姓氏笔画为序）

古新新	朱星姝	刘　伟	刘　冰
刘小川	肖　蕾	陈嘉炜	范子英
林　矗	郑　睿	宗庆庆	郝雨桐
袁紫夕	徐　静	程可为	曾　艺

前　言

2020年注定是要载入人类史册的一个特殊年份。新冠肺炎疫情在全球爆发,成为自1918年西班牙大流感以来最大规模的人类传染疾病,截至目前,全球累计感染人数超过1.28亿,累计死亡人数超过270万,全球233个国家和地区无一幸免。人类社会在这场灾难面前,手足无措,深感无力。新冠肺炎疫情严重冲击了社会科学标榜的秩序、合作、共赢,我们过去数十年艰难构建起来的分工体系被碾得粉碎,人类社会重新回到了民族主义和保护主义。在本报告完成之际,我们还看不到人类社会完全走出疫情影响的时间表,而疫情给我们这个时代带来的影响则更为深远。

首先,全球经济增长严重受挫。2020年,全球经济增速跌落到-4.4%,第一大经济体美国的经济增速为-3.5%,是自1946年以来的最低增速;德国和日本的经济增速分别为-4.9%和-4.8%,英国增速更是滑落到-9.9%;与中国相邻的另一个新兴经济体印度的经济增长同样深受疫情冲击,其2020年GDP增速为-8.1%。中国是2020年全球主要经济体中经济唯一正增长的国家,GDP增速为2.3%,成为全球率先走出疫情影响的国家,即使这样,2.3%的GDP增速也是改革开放40多年来的最低水平。

其次,贸易保护主义抬头。近年来,我国外贸行业持续受到中美贸易摩擦的负面影响,2020年新冠肺炎疫情的爆发则加剧了各国的贸易保护主义情绪。从短期来看,2020年前三季度,全球进口货物增值税、消费税11 007亿元,同比下降9.4%;关税1 899亿元,同比下降11.6%;出口退税11 314亿元,同比下降12%。随着疫情在全世界范围内的爆发和蔓延,2020年全球的商品需求同比2019年出现明显下滑,外贸行业受到短期冲击。从长期来看,新冠肺炎疫情暴露出以美国为首的西方国家的制造业短板,避免过度依赖中国制造成为美国国内两党的政治共识,强烈的民族主义和保护主义情绪将对我国的外贸行业产生深远的负面影响。

最后，疫情也深刻地改变了我们的生活。新冠肺炎作为一种呼吸道传染病，它天然地增加了人们线下社交的成本，全世界范围内的实体商业都遭受到了不同程度的冲击，经济活动显著地从线下转为线上。在线购物、在线会议以及在线教育等线上商业模式的蓬勃发展深刻地改变了中国的服务业结构。2020 年中国全年 GDP 核算显示，信息传输、软件和信息技术服务业产值全年同比增长 16.9%，线上经济呈现井喷式、跨越式发展；与此同时，住宿和餐饮业产值全年同比下降 13.1%，批发和零售业产值全年同比下降 1.3%，租赁和商务服务业产值全年同比下降 5.3%，这意味着全社会的商业活动正在加速从线下转为线上。

财政是为公共需要而筹集的公共资源，天然具有化解风险的目标和责任。防疫属于公共卫生的范畴，需要财政提供资金来构筑防疫体系。新冠肺炎疫情对财政的影响是双方面的：一方面是严重冲击了财政收入，另一方面是对财政支出提出了更高要求。

与 GDP 增速相比，财政收入增速的回落更为明显。2020 年中国财政收入增速为－3.9%，是改革开放 40 多年来唯一一次负增长的年份。其中，中央财政收入增速下降 7.3%，作为实体经济“晴雨表”和最主要的税种，增值税收入下降了 8.9%。2020 年上半年的收入增速更是滑落至－10.8%，1—5 月的财政收入增速均为负，自 6 月份开始，当月的财政收入增速开始转正。在全国收入增速下滑的同时，各省份的分化也在加剧，2020 年有 10 个省份的财政收入增速为负，其中，最早爆发疫情的湖北省，其财政收入增速更是降至－25.9%，成为当年收入下滑最严重的省份。

为了抗击新冠肺炎疫情和复工复产，2020 年的财政支出规模达到了历史最高点。2020 年全国一般公共预算支出 245 588 亿元，同比增长 2.8%，其中用于卫生健康的支出增长了 15.2%，用于社会保障和就业的支出增长了 10.9%。中央本级支出负增长，为－0.1%，其中非急需非刚性支出压减 50%以上，用于教育、科技等领域的支出也同比下降 4%以上。在财政支出增长的同时，中国也出台了多项复工复产的税收优惠政策，将小规模纳税人的征收率由 3%下调至 1%，还免征了湖北省小规模纳税人的增值税，针对中小微企业社保费、企业所得税采取了免征或延迟缴纳的政策。

在收入下滑的同时，财政支出规模却不断增加，不得不安排更多的财政赤字。2020 年的赤字率提高到 3.6%以上，是近年来唯一一次突破 3%的上限，赤字规模增加了1万亿元的债务资金。不过，中国用于积极财政政策的债务资金远不止这些，因为现有的财政赤字只统计一般公共预算中的赤字规模，而政府性基金预算中的赤字并不计入赤字率。2020年利用债务融资的财政资金实际规模接近8.5万亿元，包括一般债券3.76万亿元、专项债券3.75万亿元、抗疫特别国债1万亿元，债务收入达到历史最高值。

疫情对财政的冲击呈现出明显的地区差异，也对财政管理提出了新要求。一方面，疫情对各地区的影响差别巨大。各地区由于产业结构存在差异，因而其财政的抗风险能力也不同，例如，在汽车、旅游等行业下滑的同时，互联网经济、在线教育等却在显著增长。另一方面，减税降费政策对各层级财政的影响也不同，中国地方财政呈现差异化的分级财政模式，基层财政收入往往依赖于中小企业，针对这些企业的减税降费政策，也相应影响了基层财政的收入。因此，为了缓解基层财政困境和落实“六保”任务，中央财政也创新了财政模式，建立了特殊转移支付机制，让新增财政赤字和抗疫特别国债的2万亿元直达市县基层，并且这一机制也在2021年得到了延续，有望缓解中国地方的多级财政困境。

本报告正是在这样特殊的背景之下，选择“风险应对中的财政及启示”为题，试图回顾历史，总结当下，展望未来。

我们系统总结了中国历史上的多次公共风险和相应的财政应对策略。中国历史上出现了多次的战争、自然灾害和瘟疫。据统计，自原始社会至1911年清王朝灭亡，中国大地上共发生有史可稽的具有一定规模的战争近4 000次；从公元前1766年至1937年的3 703年间，总计发生各种灾害5 258次，其中，水灾、旱灾最多；从公元前674年至1840年的两千多年间，有载于史册的古代疫病共826次，差不多每隔3年就要爆发一次。为了应对疫情，中国早在公元前3世纪时就采取了隔离的办法。在近代与疫病的抗争中，从政府到民间都曾采取诸多防疫、验疫和治疫的措施。而为了应对财政的收支矛盾，古代政府的传统做法主要是“节流”和“开源”两个方面，例如专卖制度、改革税制等。

我们也回顾了中国最近的一次公共卫生风险——2003年的“非典”以及当年的应对经验。总体而言，“非典”疫情对我国经济的影响是有限和短暂的，尽管对部分行业造成了较大冲击，但2003年的中国经济正处于一个加速增长期，疫情并未伤及经济增长的基本面，更未改变中国经济增长的内在动力和经济发展的长期态势。2003年我国财政收入增速相比2002年下降，但仍然以14.9%的增速增长；财政支出仅在短期激增，在4月份、5月份，一般公共预算支出同比增速分别达到 16.6%、26.5%，但全年的增速仅为 11.8%。相应地，国家也采取了多项减轻企业负担的税费优惠政策，例如对民航、旅游、餐饮、商贸、出租车等受影响较大的行业，减免行政事业性收费或营业税、城市维护建设税、教育费附加等。

本报告第五编系统总结了中国应对新冠肺炎疫情的财税政策。相关的财政政策可大体划分为两类：第一，在疫情爆发阶段，这一期间财政政策侧重于支持各类防疫措施；第二，鉴于疫情所带来的众多经济后果，财政部等相关部门推出了相应的财税扶持政策，为经济发展保驾护航。具体来说，防疫阶段的对策主要是为患者提供费用补贴，为支持抗疫的各行各业提供税收减免等优惠措施；促进经济发展的对策主要是对各地区的企业实行税费减免等优惠政策，发行特别国债，以及加大专项债发债力度，等等。以上相关的财政政策以针对企业、个体等微观主体为主，结合发行特别国债、加大专项债发债力度等宏观政策共同对抗疫情的冲击。

第六编横向比较了美国、日本和欧盟等主要经济体的抗疫政策。我们详尽总结了西方国家内部各级政府为应对新冠肺炎疫情而推出的财政政策，并逐个分析各国财政政策的优缺点。西方各国的抗疫政策显现出较为统一的特点，即在疫情爆发初期反应较为迟钝，但在疫情爆发的中后期能够拿出丰富、全面且细致的财政政策，强调从税费、贷款融资、金融补助等方面对企业进行援助。针对美国，我们发现其财政政策具有重视效率、强调就业、措施细致和地方主动的优点，但同时也具有欠缺医疗保障和政策地方差异化过大的缺点；针对日本，我们发现其财政政策具有计划性强、制度完善、政策细化和地方主动的优点，但同时也具有政策体系复杂的缺点；针对欧盟，我们发现其财政政策具有针对性强、保护研发和鼓励创新的优点，但同时也具有忽视潜在受影响人群的缺点。

最后，本报告从三方面对后疫情时代的财税改革提出了优化措施，包括财政收支、赤字和债务、财政治理等。财政体制改革的目标，一方面是增加财政自身的抗风险能力，另一方面是促进现代财政制度的建设。

人类或许不能完全避免下一次公共风险的到来，但如果我们能够积攒更多的应对公共风险的经验，特别是在公共财政领域，进行正确科学的财政收支调整，就能够在一定程度上转危为机，实现超越式发展。

范子英

2021 年 4 月

目　录

第三编 中国历史上应对风险的财政

第四编 “非典”疫情期间的中国财政

第五编　新冠肺炎疫情期间的中国财政

第六编 应对新冠肺炎疫情财政政策的国际比较

第七编 后新冠肺炎疫情时代我国财政的对策思路与措施

第一编

中国财政税收运行

1　2019 年宏观经济运行

1.1　2019 年生产活动运行状况

1.1.1　2019 经济运行稳中趋缓，各项主要指标处于合理区间

2019 年，我国宏观经济总体态势呈现以下特点：内外长短压力交织，多项主要经济指标增速稳中趋缓；中美贸易摩擦压力显现，但弱于预期；通胀表现温和，就业稳定是最大亮点；经济结构持续优化，但总体效益提升仍较为缓慢。

2019 全年国内生产总值达到 990 865.1 元。按可比价格计算，自 2015 年以来，季度累计 GDP 同比增长率连续 20 个季度运行在 6.0%～7.2%，经济运行的稳定性和韧性明显增强。物价水平温和上涨，就业形势总体良好。我国继续实施积极的财政政策，通过大规模减税降费、调整优化财政支出结构、大力推动地方政府债券发行等，加大对重点领域和关键环节的支持力度，为实体经济稳定增长创造条件。从图 1.1 来看，2019 年国民经济继续保持了总体平稳的发展态势。同时也要看到，由于世界经济贸易增长放缓，动荡源和风险点增多，国内结构性、体制性、周期性问题交织，经济下行压力依然较大。

1.1.2　最终消费持续增长，净出口有大幅度的回升

在支出法 GDP 总量的构成中，最终消费支出和资本形成对 GDP 贡献有着绝对优势，基本上维持各占半壁江山的态势，但占比最大的项目已从资本形成总额逐渐转变为最终消费支出，2019 年最终消费占比达到 55.4%，相较 2018 年增长 0.13 个百分点；资本形成占比减少至 43.08%，相较 2018 年减少 0.88 个百分点（见图 1.2）。

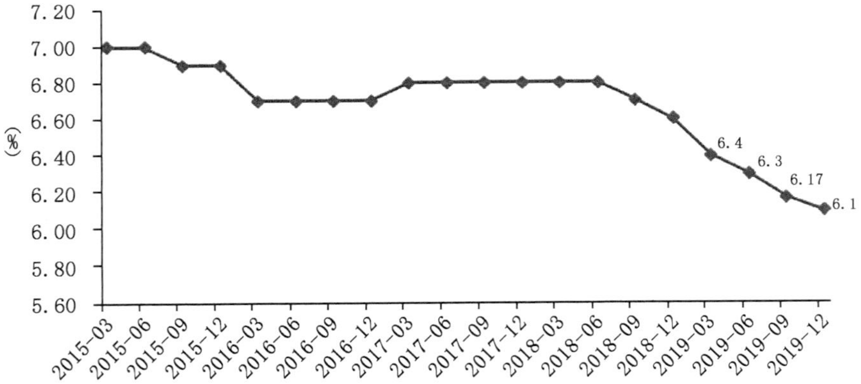

资料来源:根据国家统计局网站数据计算整理而得,下同。

图 1.1　2015—2019 年 GDP 季度累计同比增长率趋势

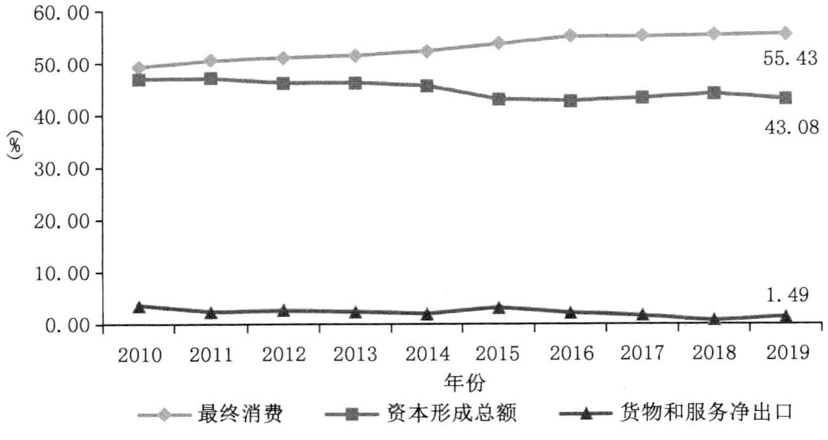

图 1.2　支出法 GDP 各项目占比变化

相较 2018 年受到中美贸易战波及的较大影响,2019 年中国的净出口有较大幅度的回升,进出口额基本与 2017 年持平。2019 年出口额 2.49 万亿美元,同比增加达到 0.4%,并且我国 2019 年外贸进出口总值 31.55 万亿元,规模再创历史新高。2019 年我国全年社会消费品零售总额 41.2 万亿元,增长 8.14 个百分点,保持平稳较快发展势头。

从动态的角度来看,消费连续 6 年成为经济增长第一动力,2019 年对经济增长贡献率为 57.8%，拉动 GDP 增长 3.5 个百分点(见图 1.3)。具体来看，2019 年的消费增长主要有四个特点：一是服务消费快于商品消费，居民人均服务性消费支出占比 45.9%，比上年提高 1.7 个百分点。二是乡村消费快于城镇消费，乡村消费增长 9 个百分点，高于城镇 1.1 个百分点。三是线上消费快于线下消费，实物商品网上零售 8.5 万亿元，增长 19.5 个百分点。四是中高端商品消费快于基本需求消费，化妆品类、通信器材类分别增长 12.6 个百分点、8.5 个百分点，品质化、个性化、多样化消费增多。

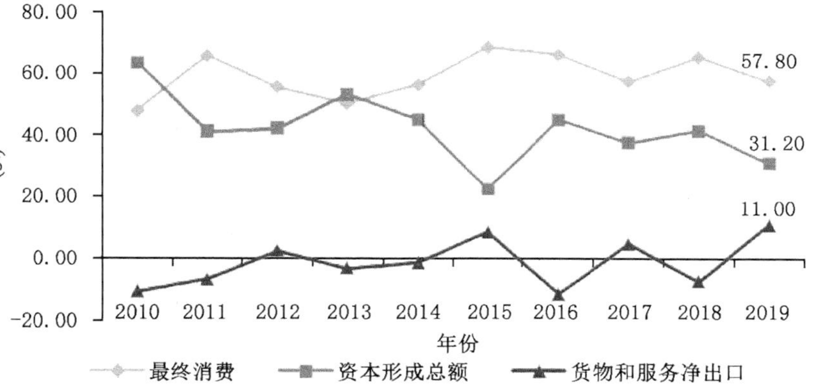

图 1.3　支出法 GDP 各项目对 GDP 增长的贡献

2019 年全国固定资产投资(不含农户)551 478.00 亿元，比上年下降 13.24 个百分点，增速比上年下降 13.86 个百分点。其中，基础设施投资增长 3.8 个百分点，制造业投资增长 3.1 个百分点，房地产开发投资增长 9.9 个百分点。民间投资 311 159 亿元，增长 4.7 个百分点。分产业看，第一产业投资增长 0.6 个百分点，第二产业投资增长 3.2 个百分点，第三产业投资增长 6.5 个百分点。高技术产业投资增长 17.3 个百分点，快于全部投资 11.9 个百分点，其中，高技术制造业投资和高技术服务业投资分别增长 17.7 个百分点和 16.5 个百分点。社会领域投资增长 13.2 个百分点，快于全部投资 7.8 个百分点，其中，教育投资以及文化、体育和娱乐业投资分别增长 17.7 个百分点和 13.9 个百分点。

1.1.3　第三产业增加值总额及增速保持领先，增速上升

2019 年第一产业增加值为 70 466.7 亿元，同比增速为 3.07%，在 GDP 内

部结构中占比也最低;第二产业增加值为 386 165.3 亿元,同比增长 5.59 个百分点,占 GDP 的 39.59%,第二产业占 GDP 比重长期稳定在 40%左右;第三产业增加值为 534 233.1 亿元,同比增速为 7.01%,占 GDP 的比重稳中有升,维持在 50%以上,2019 年达到新高 52.99%(见图 1.4 和图 1.5)。

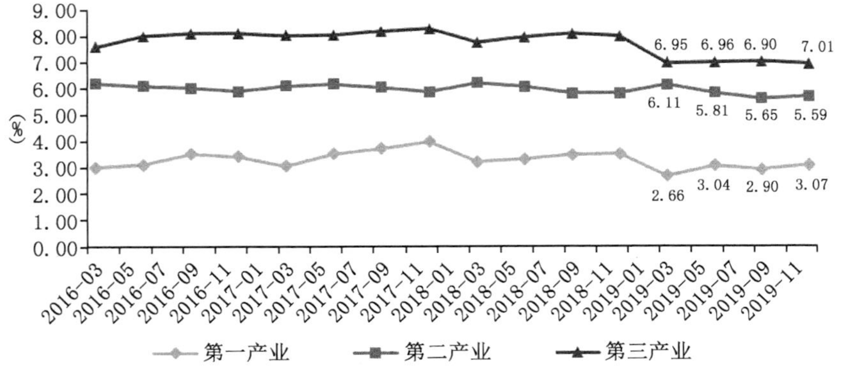

图 1.4　三次产业季度累计增加值同比增长率(不变价)

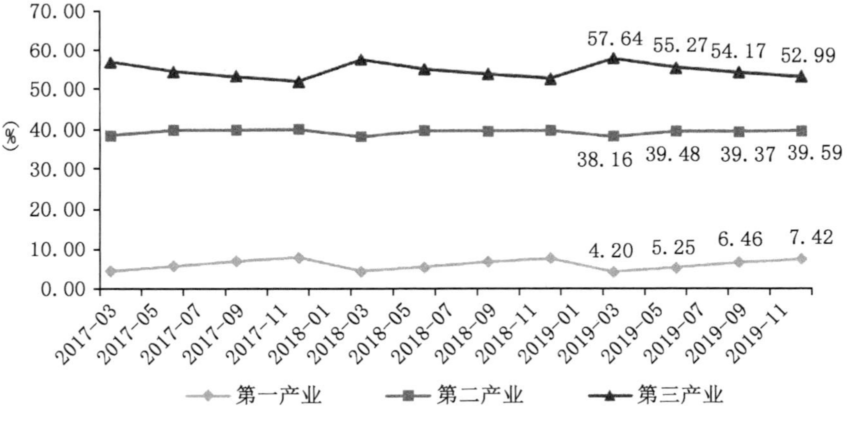

图 1.5　三次产业累计增加值占 GDP 的比率变化

1.1.4　“双百行动”辐射效应显现,结构调整持续推进

2019 年,面对国内外复杂经济环境和各种严峻挑战,党中央、国务院出台了

一系列减税降费、改善营商环境、支持实体经济发展的政策措施，工业生产稳定增长，结构调整持续推进，民营和小微企业经营状况改善，工业经济总体呈现平稳运行态势。2019 年，全国规模以上国有及国有控股企业工业增加值比上年增长 4.8 个百分点，私营企业工业增加值比上年增长 7.7 个百分点，股份制企业工业增加值比上年增长 6.8 个百分点，外商及港澳台企业工业增加值比上年增长 2.0 个百分点。年内变化趋势呈现缓中趋稳、回升向好态势(见图 1.6)。

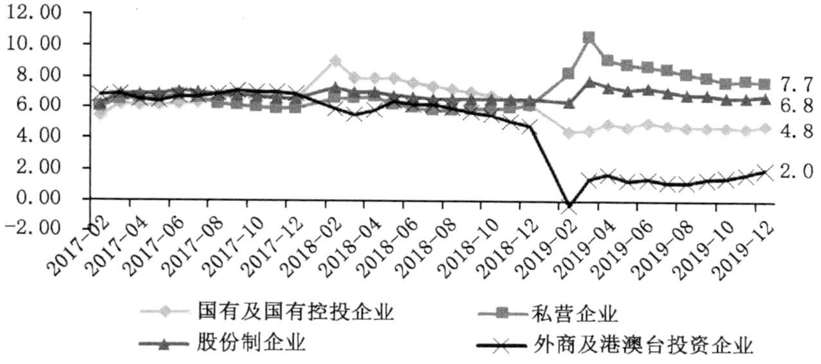

图 1.6　按经济类型分工业企业增加值累计同比增速

近期工业经济运行出现回升向好变化趋势，生产增速回升，利润状况好转，产能利用率提升，工业经济运行积极因素在不断累积。全国规模以上工业企业实现利润总额同比下降 3.3 个百分点，全国规模以上工业企业实现主营业务收入同比上升 3.8 个百分点，全国规模以上工业企业亏损总额同比上升 16.0 个百分点，全国规模以上工业企业资产总计同比上升 5.4 个百分点，全国规模以上工业企业负债总计同比上升 5.4 个百分点(见图 1.7)。

1.1.5　生产加速扩张，需求短期企稳

2019 年，PPI 由上年下降 3.81 个百分点转为下降 1.39 个百分点。其中，生产资料价格下降 2.18 个百分点，生活资料价格上涨 0.60 个百分点(见图 1.8)。从分月环比看，除 1 月份 PPI 下降 0.6 个百分点外，其余各月涨跌幅均在正负 0.3%以内窄幅波动。从分月同比看，1—5 月份，PPI 小幅上涨，其中 4 月份的 0.9%为全年最高涨幅；6 月份由涨转平，7 月份转降且降幅逐月扩大，10 月份下降 1.6 个百分点，为全年最大降幅；年末 12 月降幅收窄至 0.5%。

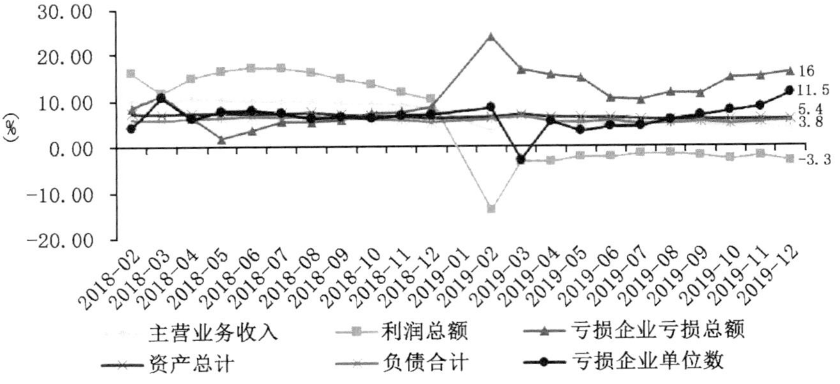

图 1.7　工业企业主要经营指标累计同比增速

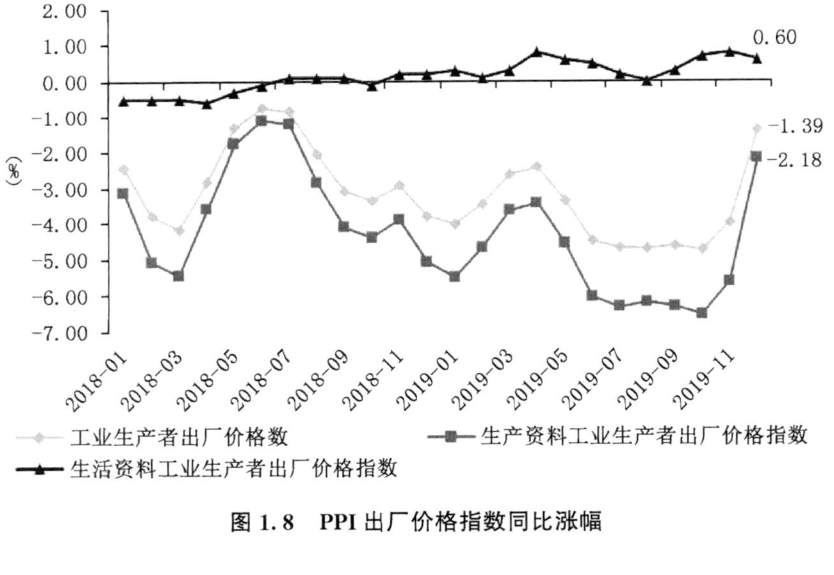

图 1.8　PPI 出厂价格指数同比涨幅

2019 年，国际原油价格整体先扬后抑，国内相关行业价格随之波动。石油和天然气开采业价格月同比涨跌幅在－17.9％至 10.1％之间波动，全年平均下降 3.6 个百分点。石油、煤炭及其他燃料加工业价格月同比涨跌幅在－12.0％至 4.2％之间波动，全年平均下降 3.5 个百分点。受此影响，下游的化学原料和化学制品制造、化学纤维制造、橡胶和塑料制品制造等行业价格均出现不同程度下降。

1.1.6　采购经理人指数(PMI)稳中有升，非制造业对经济增长的拉动作用进一步提升

2019 年，综合 PMI 制造业 PMI 均值为 53.4%，表明全年制造业总体保持平稳增长。受国际贸易摩擦加剧、全球经济增长放缓等多重因素影响，我国制造业 PMI 在 2019 年 3 月以后呈现波动下降的态势。相较来看，非制造业商务活动 PMI 指数均值为 54.04%，全年总体保持在较高景气水平。2019 年 12 月份，制造业 PMI 为 50.2%，与上月持平，连续两个月位于荣枯线以上，制造业延续上月扩张态势，景气稳中有升(见图 1.9)。从企业类型看，12 月大、中、小型企业 PMI 分别为 50.6%、51.4%、47.2%，分别较上月变动−0.3、1.9、−2.2 个百分点。中型企业景气度提高较多是 PMI 持平的主因。

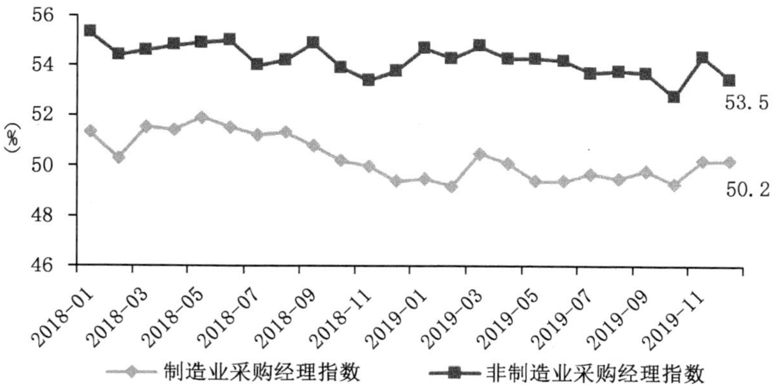

图 1.9　制造业和非制造业 PMI 指数走势

从分项指标看，大型企业波动幅度较小，中型和小型企业出现明显分化。其中，大型企业进口和原材料库存指数均下降，反映国内需求不足；受益于中美贸易形势好转，中型企业各项指标均回升较多；小型企业各指标环比均回落，一方面是上月提高较多的基数效应，另一方面表明小型企业生产经营环境不稳定。

从 PMI 的分类指数可以看出经济增长仍面临较大的压力。在制造业 PMI 的五个构成指数中，首先值得关注的是生产指数波动上行，同期与之相关的产成品库存指标也趋于下降，表明制造业产成品需求开始上升、库存压力下降。

从其他四个构成指数来看，生产指数虽然在 12 月份保持在荣枯线以上，但 9 月以来连续下降；从业人员指数和原材料库存指数长期低于临界点，表明就业压力再次增加，原材料库存降幅有所扩大；供应商配送时间指数升至荣枯线以上，表明制造业原材料供应商交货时间继续加快（见表 1.1）。从非制造业 PMI 来看，虽然 12 月份非制造业商务活动指数仍保持在 53.5％的较高景气水平，但其中的从业人员指数也是全年运行在荣枯线以下（见表 1.2）。

表 1.1　　中国制造业 PMI 分类指数　　单位：％

年月	PMI	分类指数				
		生产	新订单	原材料库存	从业人员	供货商配送时间
2018—01	51.3	53.5	52.6	48.8	48.3	49.2
2018—02	50.3	50.7	51.0	49.3	48.1	48.4
2018—03	51.5	53.1	53.3	49.6	49.1	50.1
2018—04	51.4	53.1	52.9	49.5	49.0	50.2
2018—05	51.9	54.1	53.8	49.6	49.1	50.1
2018—06	51.5	53.6	53.2	48.8	49.0	50.2
2018—07	51.2	53.0	52.3	48.9	49.2	50.0
2018—08	51.3	53.3	52.2	48.7	49.4	49.6
2018—09	50.8	53.0	52	47.8	48.3	49.7
2018—10	50.2	52.0	50.8	47.2	48.1	49.5
2018—11	50.0	51.9	50.4	47.4	48.3	50.3
2018—12	49.4	50.8	49.7	47.1	48.0	50.4
2019—01	49.5	50.9	49.6	48.1	47.8	50.1
2019—02	49.2	49.5	50.6	46.3	47.5	49.8
2019—03	50.5	52.7	51.6	48.4	47.6	50.2
2019—04	50.1	52.1	51.4	47.2	47.2	49.9
2019—05	49.4	51.7	49.8	47.4	47.0	50.9
2019—06	49.4	51.3	49.6	48.2	46.9	50.2
2019—07	49.7	52.1	49.8	48.0	47.1	50.1

续表

年月	PMI	分类指数				
		生产	新订单	原材料库存	从业人员	供货商配送时间
2019—08	49.5	51.9	49.7	47.5	46.9	50.3
2019—09	49.8	52.3	50.5	47.6	47.0	50.5
2019—10	49.3	50.8	49.6	47.4	47.3	50.1
2019—11	50.2	52.6	51.3	47.8	47.3	50.5
2019—12	50.2	53.2	51.2	47.2	47.3	51.1

资料来源：根据国家统计局网站数据计算整理而得，下同。

表 1.2　　中国非制造业 PMI 分类指数　　单位：%

年月	商务活动PMI	分类指标								
		新订单	新出口订单	业务活动预期	投入品价格	销售价格	从业人员	在手订单	存货	供应商配送时间
2018—01	55.3	51.9	50.1	44.4	46.5	53.9	52.6	49.4	51.3	61.7
2018—02	54.4	50.5	45.9	43.8	47.6	53.2	49.9	49.6	50.7	61.2
2018—03	54.6	50.1	50.4	44.3	46.2	49.9	49.3	49.2	51.6	61.1
2018—04	54.8	51.1	50.0	44.4	46.7	52.7	50.6	49.0	51.5	61.5
2018—05	54.9	51.0	49.1	44.1	46.0	54.2	50.6	49.2	51.7	61.0
2018—06	55.0	50.6	48.2	44.0	46.4	53.5	51.1	48.9	51.6	60.8
2018—07	54.0	51.0	48.9	45.4	45.6	53.9	52.0	50.2	51.3	60.2
2018—08	54.2	50.6	49.0	43.9	46.5	54.3	50.9	50.4	51.4	61.4
2018—09	54.9	51.0	49.8	43.8	47.1	55.6	51.5	49.3	51.6	60.1
2018—10	53.9	50.1	47.8	43.8	47.4	54.9	51.2	48.9	51.5	60.6
2018—11	53.4	50.1	50.1	43.7	46.7	50.8	49.4	48.7	51.4	60.9
2018—12	53.8	50.4	49.0	43.7	46.6	50.1	47.6	48.5	51.9	60.8
2019—01	54.7	51.0	49.5	59.6	52.0	49.8	48.6	44.0	47.6	51.4
2019—02	54.3	50.7	51.6	61.5	52.7	50.1	48.6	44.9	47.1	51.4
2019—03	54.8	52.5	49.9	61.1	52.5	51.0	48.7	45.0	47.1	51.5
2019—04	54.3	50.8	49.2	60.3	53.0	50.5	48.7	44.2	46.3	51.5
2019—05	54.3	50.3	47.9	60.2	52.2	49.9	48.3	44.4	46.6	51.7

续表

年月	商务活动PMI	分类指标								
		新订单	新出口订单	业务活动预期	投入品价格	销售价格	从业人员	在手订单	存货	供应商配送时间
2019—06	54.2	51.5	48.5	60.6	51.5	49.7	48.2	44.4	46.0	51.4
2019—07	53.7	50.4	48.4	59.8	52.9	50.6	48.7	44.4	45.5	52.0
2019—08	53.8	50.1	50.3	60.4	50.8	49.1	48.9	44.1	47.0	52.1
2019—09	53.7	50.5	47.3	59.7	52.8	50.0	48.2	43.9	46.4	51.9
2019—10	52.8	49.4	48.1	60.7	51.3	48.9	48.2	44.0	46.7	51.8
2019—11	54.4	51.3	48.8	61.0	53.2	51.3	49.0	44.6	47.4	52.1
2019—12	53.5	50.4	47.8	59.1	52.4	50.3	48.3	44.5	47.2	52.2

1.1.7 供给侧结构性改革深入推进

2019 年，全国工业产能利用率为 76.6%，较上年提高 0.1 个百分点；其中，第四季度产能利用率为 77.5%，同比环比均有所回升。采矿业、原材料行业全年产能利用率分别为 74.4%、76.9%，均升至近七年的最高点。其中，钢铁行业产能利用率为 80.0%，高于 2006 年有调查以来的均值，去产能政策成效显著。企业杠杆率下降，库存周转加快。2019 年 11 月末，规模以上工业企业资产负债率为 56.9%，同比降低 0.3 个百分点，其中，国有控股企业为 58.4%，同比降低 0.5 个百分点；产成品存货周转天数为 17.3 天，同比减少 0.2 天。

1.1.8 新动能继续保持较快增长

战略性新兴产业、高技术制造业继续保持较快增长，支撑作用进一步增强。2019 年，战略性新兴产业增加值增长 8.4 个百分点，增速高于规模以上工业 2.7 个百分点。其中，新能源产业增速为 14.9%，新一代信息技术产业增速为 9.5%。高技术制造业增加值比上年增长 8.8 个百分点，增速高于规模以上工业 3.1 个百分点。其中，医疗仪器设备及仪器仪表制造业增长 13.5 个百分点，较上年加快 4.1 个百分点。高技术制造业增加值占规模以上工业比重达到 14.4%，较上年提高 0.5 个百分点，对工业经济稳定增长的支撑作用进一步增强。

装备制造业保持较快增长，但呈分化走势。2019 年，装备制造业增加值增长 6.7 个百分点，增速高于规模以上工业 1 个百分点。其中，电气机械、仪器仪表行业分别增长 10.7%、10.5%，增速较上年加快 4 个百分点左右。电子行业受中美贸易摩擦等外部因素影响，出口交货值增速回落，增加值增长 9.3 个百分点，增速较上年回落 3.8 个百分点，但仍明显高于规模以上工业。汽车产量自 2018 年下半年以来连续 16 个月下降，2019 年 11 月由负转正，12 月继续明显回升。部分技术含量和附加值较高的工业新兴产品快速增长。3D 打印设备、太阳能工业用超白玻璃、高温合金、充电桩、城市轨道车辆等新材料、新能源等领域新兴产品继续高速发展，增速达到 32.6%～155.2%，智能手表、服务机器人、智能手环等智能化消费产品增速分别为 101.7%、38.9%、36.8%。

现代服务业保持快速增长。2019 年，信息传输、软件和信息技术服务业，租赁和商务服务业两大门类增加值合计比上年增长 14.2 个百分点。服务业创新发展态势良好。2019 年 1—11 月，战略性新兴服务业、科技服务业和高技术服务业营业收入同比分别增长 12.4%、12.0%和 12.0%。新业态新模式成为重要引擎。2019 年 1—11 月，规模以上互联网和相关服务、软件和信息技术服务业营业收入同比分别增长 25.7 个百分点和 16.6 个百分点。战略性新兴产业、高技术制造业保持较快增长，支撑作用持续增强。2019 年战略性新兴产业增加值增长 8.4 个百分点，增速高于规模以上工业 2.7 个百分点。

1.1.9　工业大类行业全部正增长

2019 年，全国规模以上工业增加值比上年增长 5.7 个百分点，保持在合理区间运行。年内变化趋势呈现缓中趋稳、回升向好态势。第二、三季度下行压力较大，第四季度明显回升。从 2019 年各季度看，全国规模以上工业增加值同比分别增长 6.5%、5.6%、5.0%和 6.0%，在前三季度逐季回落，第四季度明显回升。

全部行业实现正增长，半数行业增速加快。2019 年，41 个大类行业增加值全部实现增长，其中 20 个大类行业增速较上年有所加快。化纤、造纸、电气机械和仪器仪表行业增速均加快 3 个百分点以上，黑色金属矿采选、建材和钢铁行业受需求增加、价格上涨影响，分别增长 7.1%、8.9%和 9.9%，增速较上年加快 2.9～11.8 个百分点。六成产品产量实现增长，半数产品增速回升。在统计的 605 种主要工业产品中，364 种产品产量比上年增长，增长面为 60.2%，半数产品增速较上年加快或降幅收窄。其中，燃气轮机、石油钻井设备、风力发电机组、环境监测专用仪器仪表、散货船、铁路货车等产品产量分别增长 50.5%、48.1%、36.9%、36.3%、30.0%、20.0%，增速较上年加快 27.9～122.8 个百分点。

1.1.10 “幸福产业”高质量发展

随着人民对美好生活的需求日益品质化、个性化、高端化，旅游、文化、体育、健康、养老及教育培训等“幸福产业”蓬勃发展。“品质化旅游”带动旅游产业高质量发展。据中国旅游研究院估计，2019 年国内旅游人数将达 60.15 亿人次，旅游总收入将达 6.6 万亿元。“数字化文体”赋能文体产业活跃发展。2019 年 1—11 月，规模以上娱乐业和文化艺术业营业收入同比分别增长 8.7 个百分点和 8.0 个百分点。“智慧化养老”助力养老产业创新发展。2019 年 1—11 月，规模以上居民服务、修理和其他服务业，卫生和社会工作营业收入较快增长，同比分别增长 9.8 个百分点和 9.7 个百分点。

1.2 2019 年收入分配活动运行状况

1.2.1 居民收入持续增长，城乡倍差缩小，但绝对差额仍在增加

2019 年，全国居民人均可支配收入 30 733 元，比上年名义增长 8.87 个百分点，扣除价格因素，实际增长 8.03 个百分点，比上年提高了 1.53 个百分点，居民收入增长加快。2018 年 GDP 实际增速为 6.95%，虽然居民人均收入的实际增长比 GDP 增速高 1.08 个百分点，但基本与经济发展速度持平。

农村居民收入实际增速继续高于城镇居民，城乡居民收入差距继续缩小。按常住地分，城镇居民人均可支配收入 42 358.80 元，名义增长 7.90 个百分点，扣除价格因素，实际增长 7.08 个百分点，比上年增加 1.48 个百分点；农村居民人均可支配收入 16 020.67 元，名义增长 9.60 个百分点，扣除价格因素，实际增长 8.75 个百分点，比城镇居民人均可支配收入实际增速高 1.67 个百分点。从城乡差距的绝对额来看，二者之间的差额在不断增加，从 2013 年的 17 037 元增加到 2019 年的 26 338.13 元；但是从二者之间的倍差来看，城乡居民收入比由 2013 年的 2.81 下降到 2019 年的 2.64。从动态增速来看，农村居民人均可支

配收入同比增速连续多年均高于城镇居民的人均可支配收入增速(见图 1.10 和图 1.11)。

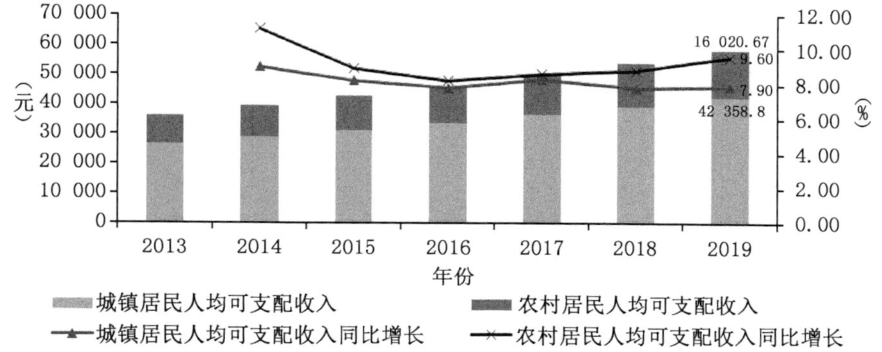

图 1.10　2013—2019 年城乡居民收入变化趋势

注:从 2013 年起,国家统计局开展了城乡一体化住户收支与生活状况调查,2013 年及以后数据来源于此项调查。与 2013 年前的分城镇和农村住户调查的调查范围、调查方法、指标口径有所不同。

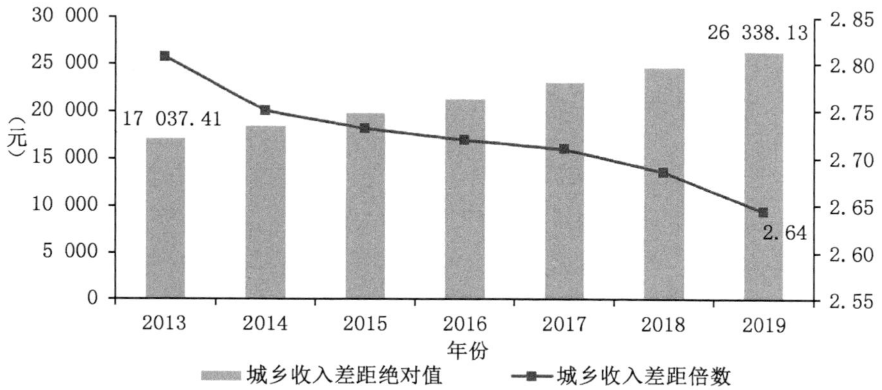

图 1.11　2013—2019 年城乡居民收入差距变化趋势

1.2.2　基尼系数自 2016 年起再次上升,收入分配差距进一步加大

我国基尼系数在 2003—2008 年一直呈上升趋势,但伴随着农产品价格的提高、农村居民收入的增加,从 2009 年开始,基尼系数逐渐在下降。2008 年全

国基尼系数为 0.491,达到近年来的最高值。此后,在国家多项政策的作用下,基尼系数逐渐降低,在 2015 年达到近年来的低点 0.462。但是近几年,基尼系数又再一次进入上升的通道,在 2018 年达到一个高点 0.468,在 2019 年下降到 0.465(见图 1.12)。根据国际标准,基尼系数在 0.4 以上就已经属于收入差距较大了,这说明我国面临着加快收入分配制度改革、缩小贫富差距的紧迫情势。

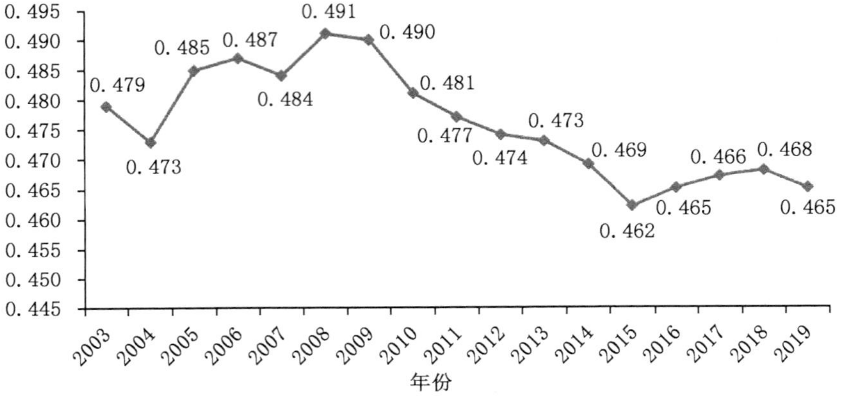

图 1.12 我国基尼系数走势

1.2.3 收入结构优化,工资水平提高,扶贫力度加大

按收入来源分,2019 年全国居民人均工资性收入 17 186 元,增长 8.57 个百分点,占可支配收入的比重为 55.93 个百分点;人均经营净收入 5 247 元,增长 8.14 个百分点,占可支配收入的比重为 17.07%;人均财产净收入 2 619 元,增长 10.09 个百分点,占可支配收入的比重为 8.52%;人均转移净收入 5 680 元,增长 9.91 个百分点,占可支配收入的比重为 18.48%(见图 1.13)。

工资、经营收入稳步增长,财产、转移收入较快增长。2019 年,全国居民人均工资性收入 17 186 元,增长 8.57 个百分点,其中,城镇居民人均工资性收入 25 565 元,增长 7.45 个百分点,农村居民人均工资性收入 6 583 元,增长 9.79 个百分点。全国居民人均经营净收入 5 247 元,增长 8.14 个百分点,增速比上年加快 0.37 个百分点,主要是深化放管服改革带来营商环境持续优化,减税降费力度进一步加大,带动居民经营净收入加快增长。全国居民人均财产净收入 2 619 元,增长 10.09 个百分点,增速比上年降低 2.82 个百分点。全国居民人

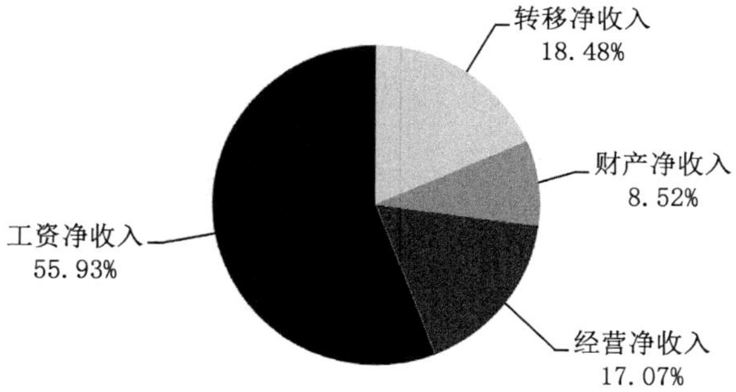

图 1.13　2019 年全国居民收入结构

均转移净收入 5 680 元，增长 9.91 个百分点，主要是各地全面落实中央关于改善民生和打赢脱贫攻坚战的要求，进一步加大惠民扶贫政策力度，推进城乡居民基本医疗保险制度整合，带动全国居民转移净收入保持较快增长。

从收入结构来看，城镇居民的收入主要来源于工资性收入和转移净收入。其中工资性收入占比在 60%以上，但是呈现逐年递减的趋势；转移净收入在 2019 年上升到 17.85%(见图 1.14)。农村居民的收入主要来自工资性收入和经营净收入，且在 2014 年后工资性收入开始超过经营净收入的占比，成为农村居民可支配收入中占比最高的收入来源(见图 1.15)。

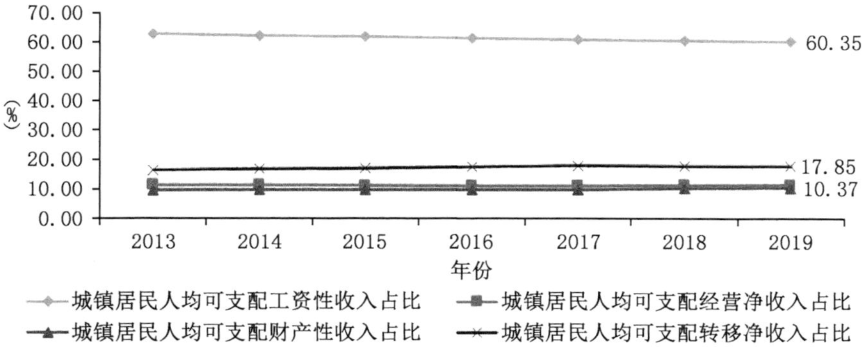

图 1.14　城镇居民可支配收入结构及其变化

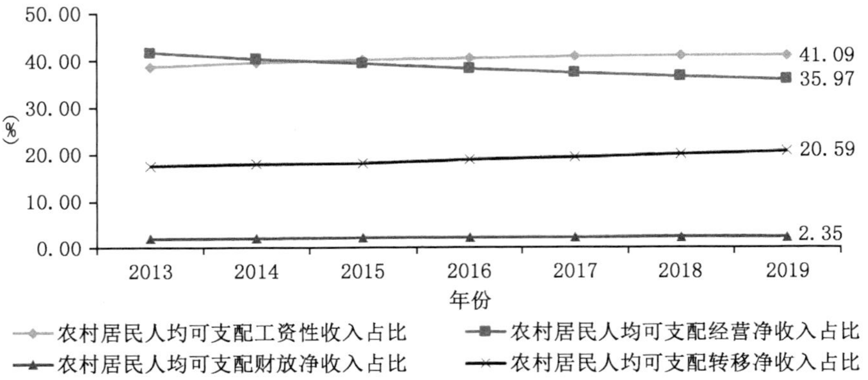

图 1.15　农村居民可支配收入结构及其变化

此外，2019 年全国各地稳步开展各项精准扶贫政策，大力支持脱贫攻坚，也提升了贫困人口的收入水平。中央财政专项扶贫资金规模 1 261 亿元，增长 18.5 个百分点，脱贫攻坚成效显著。按照每人每年 2 300 元(2010 年不变价)的农村贫困标准计算，年末农村贫困人口 551 万人，比上年末减少 1 109 万人；贫困发生率 0.56%，比上年下降 1.13 个百分点(见图 1.16)。2019 年贫困地区农村居民人均可支配收入 11 567 元，比上年名义增长 11.5 个百分点，扣除价格因素影响，实际增长 8.0 个百分点。

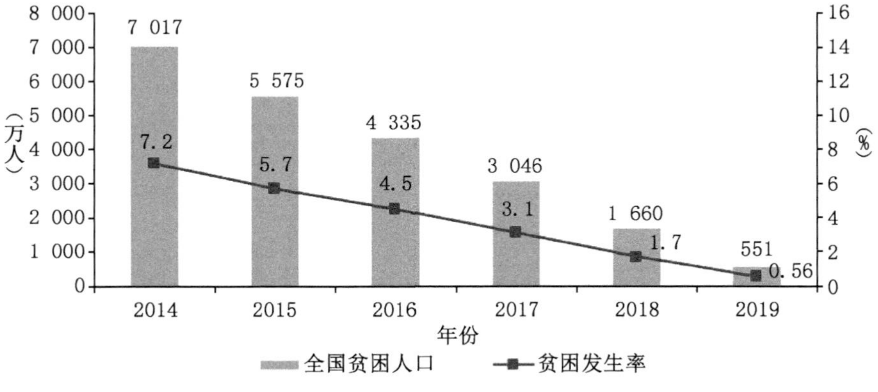

图 1.16　2014 年至 2019 年末全国农村贫困人口及贫困发生率

注：贫困发生率是指贫困人口占目标调查人口的比重。

1.2.4 就业形势总体平稳，失业率降至 3.6%

2019 年末全国就业人员 77 471 万人，其中城镇就业人员 44 247 万人。而 2018 年这两个数据分别为 77 586 万人、43 419 万人。农村就业人员 33 224 万人。整体就业人员减少，但城镇就业人员增加，城乡就业结构随新型城镇化的推进在稳步变化。

2019 年以来，尽管面临来自中美贸易摩擦的外部竞争压力和国内经济结构调整、环保要求趋严和金融市场波动加大等内部环境压力，我国就业形势整体仍呈现稳定向好的态势。全年城镇新增就业 828 万人。第四季度末，全国城镇登记失业率为 3.6%，比 2018 年低 0.2 个百分点，这个数据为 2002 年以来的最低水平。2019 年末城镇调查失业率为 5.2%，该指标涵盖了进城务工的非城镇户籍人口，以及未到人社部资源登记失业的城镇人口。2019 年新增就业的重要动力来自政府减税降赋，创造良好的营商环境（见图 1.17）。

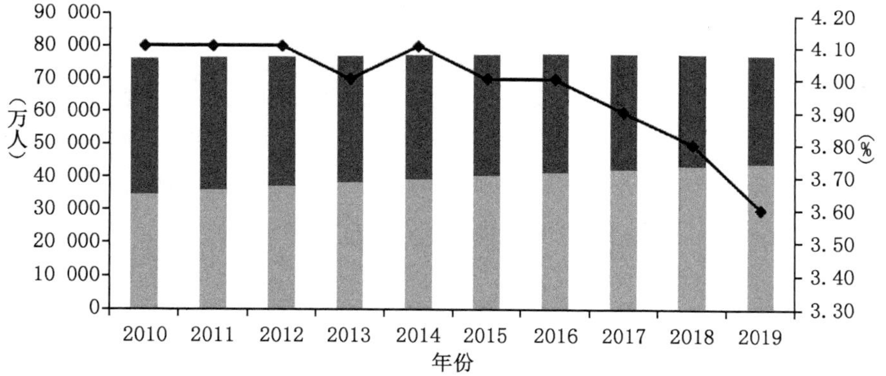

图 1.17 城乡就业人员数量和城镇登记失业率

从就业人群结构来看，重点群体就业保持稳定。2019 届高校毕业生就业水平与往年基本持平，就业形势总体平稳。全国前 11 个月累计实现城镇新增就业 1 279 万人，就业困难人员实现就业 164 万人，已经完成全年 130 万人的目标任务。全国农民工总量 29 077 万人，比上年增长 0.6 个百分点。其中，本地农民工 11 652 万人，比上年增加 82 万人，增长 0.7 个百分点；外出农民工 17 425 万人，比上年增加 159 万人，增长 0.9 个百分点。从失业人员和困难群体就业看，城镇失业人员再就业 546 万人，就业困难人员实现就业 179 万人。

1.2.5 全国财政收入增速放缓，深入推进减税降费

2019 年全国一般公共财政收入 190 382.23 亿元，比上年增加 7 023 亿元，同比增长 3.80 个百分点。其中，中央一般公共预算收入 89 305.41 亿元，同比增长 4.50 个百分点；地方一般公共预算本级收入 101 076.82 亿元，同比增长 3.24 个百分点（见图 1.18）。全国一般公共预算收入中的税收收入 157 992.21 亿元，同比增长 1.02 个百分点；非税收入 32 390 亿元，同比增长 24.64 个百分点。

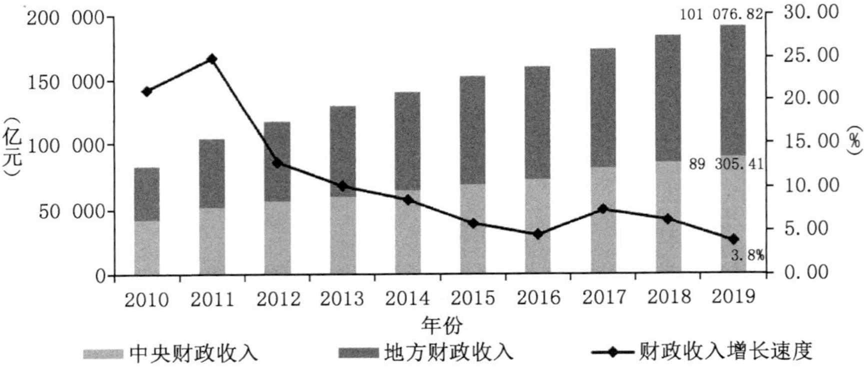

图 1.18 国家财政收入总量及同比增速

2019 年，国家继续深入推进减税降费，全年减税降费规模超过 2 万亿元，占 GDP 比重超过 2%，拉动全年 GDP 增长约 0.8 个百分点。所有行业税负均不同程度下降，有效激发了市场主体活力，增强了经济发展信心，特别是深化增值税改革后，月均净增一般纳税人 8.88 万户，相当于改革前的近两倍。企业所得税方面，放宽了小型微利企业标准，扩大了小型微利企业的覆盖面。在企业所得税减税优惠政策中，进一步放宽享受优惠的小型微利企业条件，与工业和信息化部等四部委小微企业标准高值衔接，在一定程度上使得绝大部分企业主体都能够从这个政策中受惠。引入超额累进计算方法，即对年应纳税所得额不超过 300 万元的小型微利企业，按应纳税所得额分为两段进行计算。增值税小规模纳税人免税标准提高，从月销售额 3 万元提高至月销售额 10 万元，免税政策受益面大幅扩大。同时，对于小规模纳税人在扣除本期发生的销售不动产的销

售额后仍未超过 10 万元的，其销售货物、劳务、服务、无形资产取得的销售额，可享受小规模纳税人免税政策。个人所得税改革，从 2020 年 1 月 1 日起，在扣除 5 000 元“起征点”和“三险一金”等专项扣除后，还可以扣除子女教育、继续教育、住房贷款、住房租金、大病医疗、赡养老人部分相关费用。

在大力实施减税降费情况下，2019 年全国财政收入能够完成年初预算目标，主要是经济运行总体平稳、稳中有进、发展质量和效益提升，为财政增收奠定了税源基础。全年国内增值税、企业所得税、个人所得税分别拉高全国财政收入增幅 0.44 个、1.08 个、−1.9 个百分点。2019 年 12 月份，全国工业生产者出厂价格(PPI)同比下降 0.5 个百分点，环比持平；工业生产者购进价格同比下降 1.3 个百分点，环比持平。2019 年全年，工业生产者出厂价格比上年下降 0.3 个百分点，工业生产者购进价格下降 0.7 个百分点。受减税降费政策等影响，2019 年全国税收收入增幅比上年回落 7.31 个百分点，全国非税收入同比上升 24.64 个百分点。其中，消费税增幅同比上升 14.7 个百分点。

1.3　2019 年消费活动运行状况

1.3.1　社会消费品零售增速放缓，消费连续第五年成为拉动经济增长第一驱动力

2019 年社会消费品零售总额名义和实际增速放缓，全年社会消费品零售总额 411 649.0 亿元，比上年增长 8.05 个百分点，净增 3 万亿元，名义同比增速相较 2018 年上升 3.25 个百分点(见图 1.19)。其中，限额以上单位消费品零售额 138 565 亿元，增长 3.7 个百分点(见图 1.20)。2019 年，最终消费支出对经济增长的贡献率为 57.31%，比上年提高 0.14 个百分点，消费连续第五年成为拉动经济增长的第一驱动力，继续发挥着对经济增长的基础性作用。

按经营单位所在地分，2019 年城镇消费品零售额 351 317 亿元，比上年增长 7.9 个百分点；乡村消费品零售额 60 332 亿元，增长 9.0 个百分点。其中，12 月份城镇消费品零售额 32 704 亿元，同比增长 7.8 个百分点；乡村消费品零售额 6 073 亿元，增长 9.1 个百分点。

按消费类型分，2019 年餐饮收入 46 721 亿元，比上年增长 9.4 个百分点；

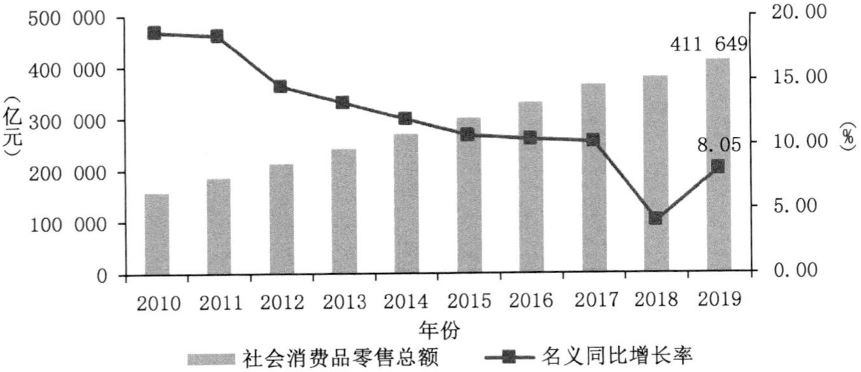

图 1.19 社会消费品零售总额及增长率变化趋势

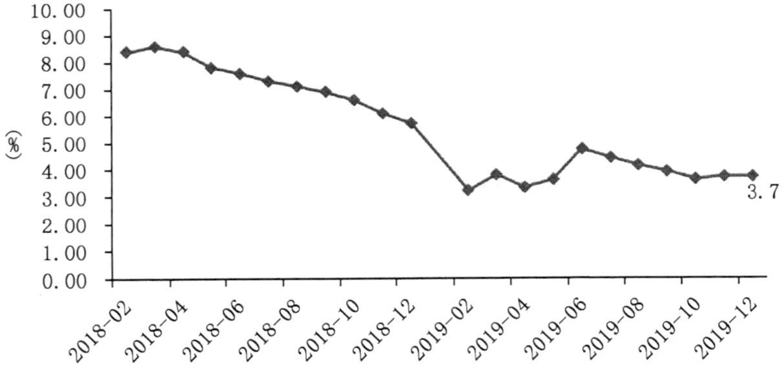

图 1.20 限额以上单位消费品零售额累计增长率

商品零售 364 928 亿元，增长 7.9 个百分点。其中，12 月份餐饮收入 4 825 亿元，同比增长 9.1 个百分点；商品零售 33 952 亿元，增长 7.9 个百分点。

在商品零售中，2019 年限额以上零售业单位中的化妆品、石油及制品类、建筑及装潢材料零售额比上年分别增长 11.9%、4.0%、0.6%(见图 1.21)。

1.3.2 居民消费价格指数(CPI)总体小幅上涨，食品价格呈现下降趋势

近 10 年来，我国 CPI 一般都处于 100 以上。2012 年以来，CPI 每年保持基本平稳。2019 年 CPI 为 102.9，略高于 2018 年(见图 1.22)。

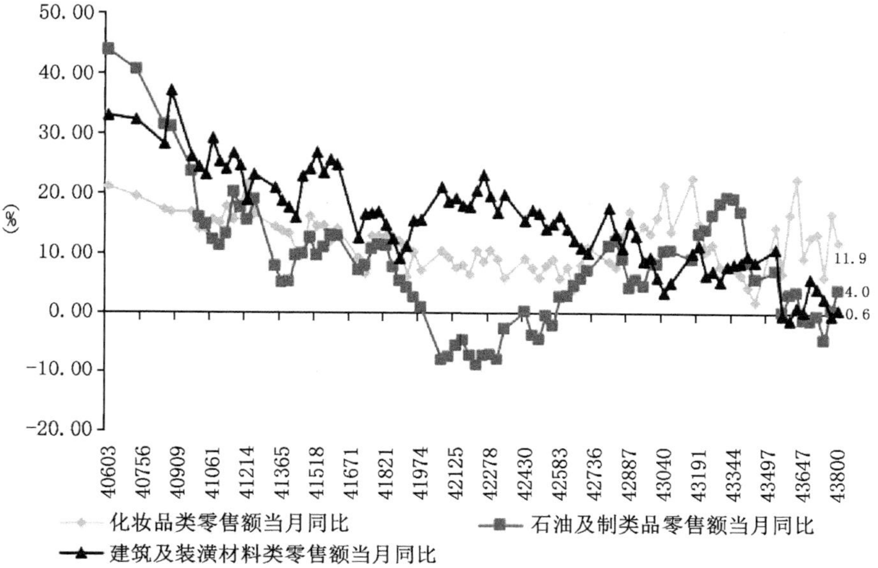

图 1.21　行业限额以上企业商品零售额当月同比增长率

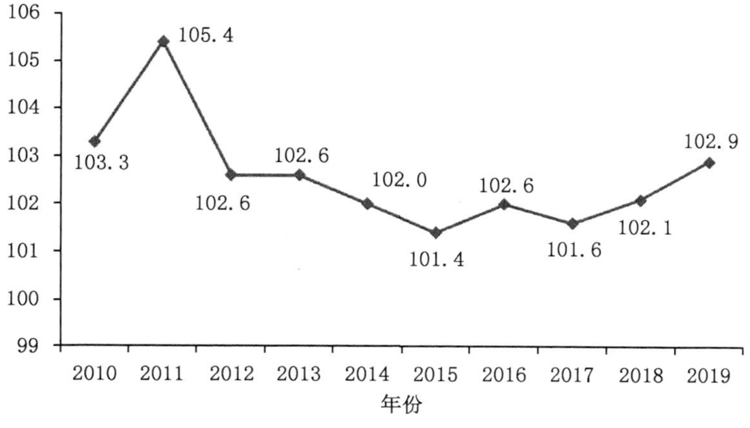

图 1.22　居民消费价格指数历史数据

从月度数据来看，2019 年 CPI 月度同比温和波动，总体呈现小幅上涨。月度环比涨幅在－0.2％～0.78％波动，月度同比涨幅在－1.36％～2.55％波动。12 月份，食品烟酒类价格同比上涨 10.25％，影响 CPI 上涨约 3.82 个百分点。

食品中，畜肉类价格上涨 66.4 个百分点，影响 CPI 上涨约 2.94 个百分点，其中猪肉价格上涨 97.0 个百分点，影响 CPI 上涨约 2.34 个百分点；鲜菜价格上涨 10.8 个百分点，影响 CPI 上涨约 0.26 个百分点；蛋类价格上涨 6.2 个百分点，影响 CPI 上涨约 0.04 个百分点；水产品价格上涨 1.3 个百分点，影响 CPI 上涨约 0.02 个百分点；粮食价格上涨 0.6 个百分点，影响 CPI 上涨约 0.01 个百分点；鲜果价格下降 8.0 个百分点，影响 CPI 下降约 0.15 个百分点。

其他七大类价格同比六涨一降。其中，衣着、居住、生活用品及服务价格、教育文化和娱乐价格、医疗保健分别下降 0.69%、1.66、0.99、0.49、0.39 个百分点；交通和通信价格与上年持平；其他用品和服务上涨 2.76 个百分点(见图 1.23)。

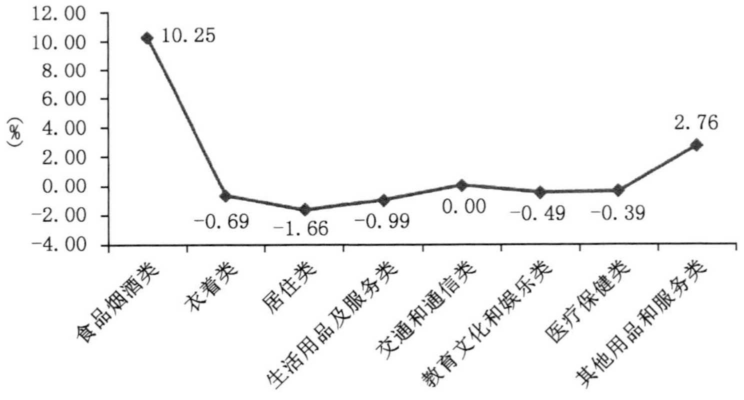

图 1.23　2019 年 12 月份居民消费价格分类别同比涨跌幅

从环比看，12 月 CPI 环比由上月上涨 0.67 个百分点转为持平(见图 1.24)。其中，食品价格由上月上涨 1.8 个百分点转为下降 0.4 个百分点，影响 CPI 下降约 0.08 个百分点。食品中，随着生猪生产出现积极变化，中央和地方储备猪肉陆续投放，进口量有所增加，猪肉供给紧张状况进一步缓解，价格由上月上涨 3.8 个百分点转为下降 5.6 个百分点，影响 CPI 下降约 0.27 个百分点。在猪肉价格下降的影响下，牛肉和羊肉价格涨幅分别由 2.8%和 1.3%回落至 0.1%和 0.2%，鸡肉和鸭肉价格分别由上涨 4.3 个百分点和 3.6 个百分点转为下降 4.9 个百分点和 1.9 个百分点。鸡蛋供应充足，价格下降 5.5 个百分点，降幅扩大 4.8 个百分点。受冷空气及大范围降雪影响，鲜菜、鲜果生产和储运成本增加，价格分别上涨 10.6 个百分点和 0.6 个百分点。非食品中，受调价影响，液化石油气价格上涨 4.0 个百分点，汽油和柴油价格均上涨 1.4 个百分点。

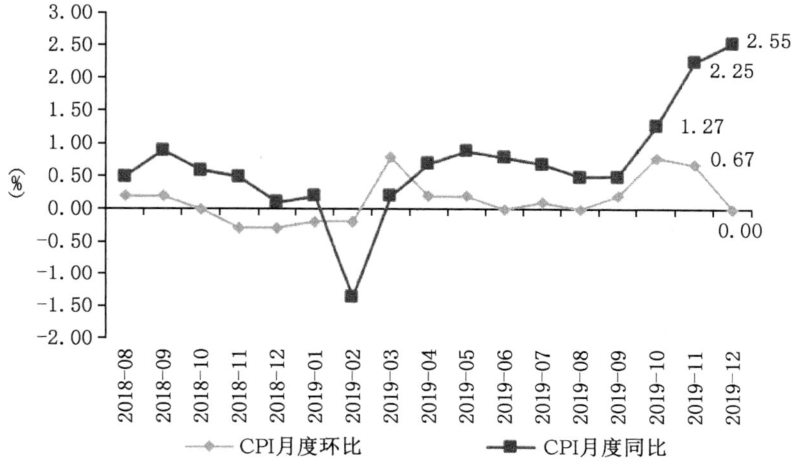

图 1.24 居民消费价格指数月度环比和同比

从分类数据来看，食品价格的环比波动幅度大于同比增速的波动幅度。食品价格环比增速 8—10 月增幅较大，9 月份环比上升 3.5 个百分点，10 月份环比上升 3.6 个百分点，成为拉高 CPI 价格指数的主要影响因素。食品价格环比增速在第一、四季度则有小幅的下降。3 月份环比下降 0.9 个百分点，12 月份环比下降 0.4 个百分点。同比数据则平稳上升(见图 1.25)。12 月份，非食品价格同比上涨 1.3 个百分点(见图 1.26)。其中，医疗保健、教育文化和娱乐、衣着价格分别上涨 2.1%、1.8%和 0.8%，交通和通信价格下降 0.7 个百分点。扣除食品和能源价格的核心 CPI 同比上涨 1.4 个百分点，2019 年，扣除食品和能源价格的核心 CPI 上涨 1.9 个百分点，涨幅比上年回落 0.3 个百分点。

1.3.3 恩格尔系数连续 8 年下降，步入富裕区间

恩格尔系数是食品支出总额占个人消费支出总额的比重。19 世纪德国统计学家恩格尔根据统计资料，对消费结构的变化得出一个规律：一个家庭收入越少，家庭收入中(或总支出中)用来购买食物的支出所占的比例就越大，随着家庭收入的增加，家庭收入中(或总支出中)用来购买食物的支出比例则会下降。推而广之，一个国家越穷，每个国民的平均收入中(或平均支出中)用于购

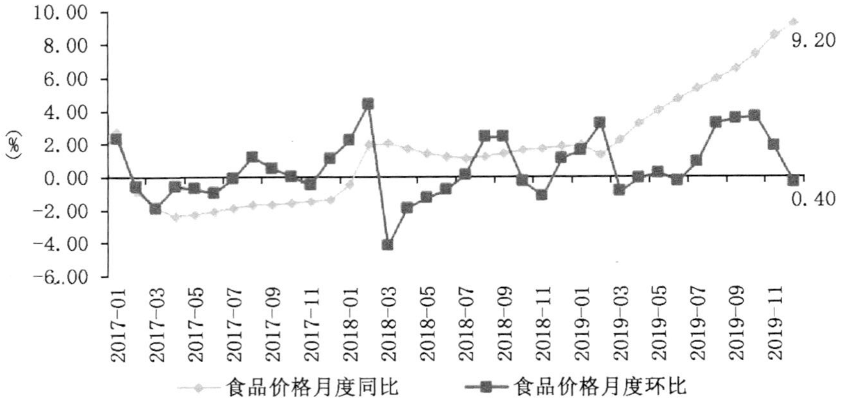

图 1.25　食品价格月度环比和同比

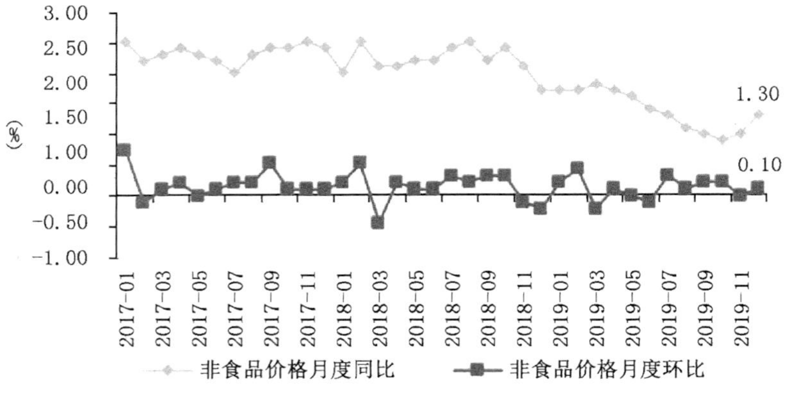

图 1.26　非食品价格月度环比和同比

买食物的支出所占比例就越大，随着国家的富裕，这个比例呈下降趋势。恩格尔系数达59%以上为贫困，50%～59%为温饱，40%～50%为小康，30%～40%为富裕，低于30%为最富裕。联合国根据恩格尔系数的大小，对世界各国的生活水平有一个划分标准，即一个国家平均家庭恩格尔系数大于60%为贫穷，50%～60%为温饱，40%～50%为小康，30%～40%属于相对富裕，20%～30%为富裕，20%以下为极其富裕。

2019年全国居民恩格尔系数为28.2%，进入联合国划分的20%～30%的富足区间，其中城镇居民恩格尔系数为 27.6%，农村居民恩格尔系数为 30.0%。随着消费升级的步伐加快以及城乡居民生活差距的进一步缩小，2019 年农村居民恩格尔系数比 2010 年前低了 12 个百分点，城镇居民恩格尔系数比 2010 年前低了 8.4 个百分点(见图 1.27)。

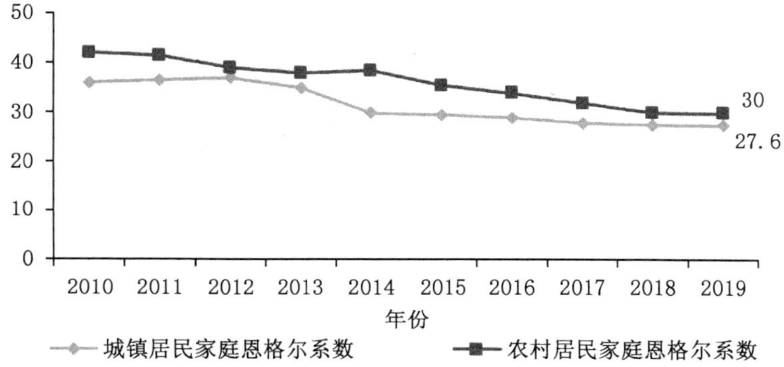

图 1.27　城镇居民家庭与农村居民家庭恩格尔系数变化

1.3.4　消费升级特征显著，服务性消费占比持续提升

2019 年，全国居民人均消费支出 21 558.85 元，比上年名义增长 8.6 个百分点，扣除价格因素，实际增长 7.75 个百分点。其中，城镇居民人均消费支出 28 063.35 元，增长 7.5 个百分点，扣除价格因素，实际增长 4.19 个百分点；农村居民人均消费支出 12 124.27 元，增长 8.43 个百分点，扣除价格因素，实际增长 7.47 个百分点。人均消费支出总额保持上升态势(见图 1.28)。

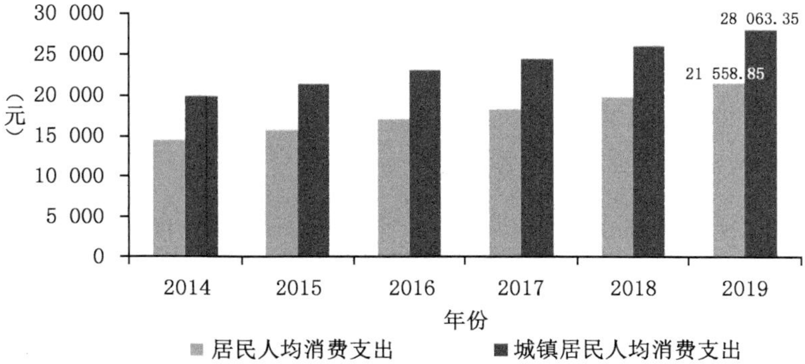

图 1.28　城镇与农村居民家庭人均消费支出

全年全国居民人均食品烟酒消费支出 6 084 元，增长 8.04 个百分点，占人均消费支出的比重为 28.22%；人均衣着消费支出 1 338 元，增长 3.80 个百分点，占人均消费支出的比重为 6.20 %；人均居住消费支出 5 055 元，增长 8.78 个百分点，占人均消费支出的比重为 23.45%；人均生活用品及服务消费支出 1 281 元，增长 4.74 个百分点，占人均消费支出的比重为 5.94%；人均交通通信消费支出 2 862 元，增长 6.99 个百分点，占人均消费支出的比重为 13.27%；人均教育文化娱乐消费支出 2 513 元，增长 12.89 个百分点，占人均消费支出的比重为 11.66%；人均医疗保健消费支出 1 902 元，增长 12.88 个百分点，占人均消费支出的比重为 8.82%；人均其他用品及服务消费支出 524 元，增长 9.85 个百分点，占人均消费支出的比重为 2.43 %（见图 1.29）。

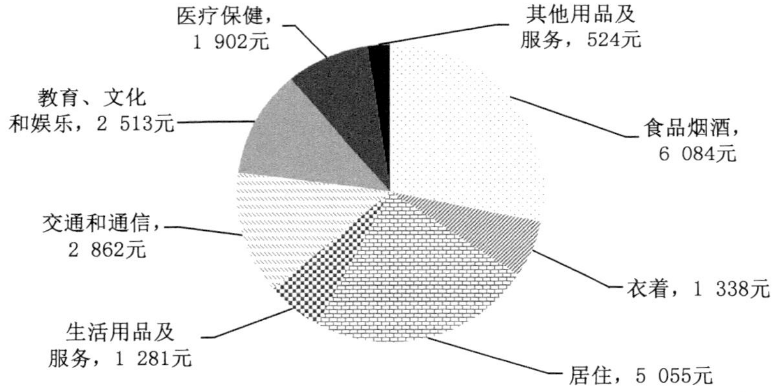

图 1.29　2019 年全国居民人均消费支出构成

中国居民 2019 年全年人均消费支出中，食品烟酒消费最多，其次是居住消费。虽然食品烟酒消费支出比重最高，但其比重较往年进一步降低，同时服务性消费支出增长较快，凸显居民生活品质不断改善、消费升级进一步加快。

对比城镇和农村居民的消费结构可以看出，二者的食品烟酒支出的绝对额比重都最高，但比重较往年都进一步降低，同比增长率较低。城镇居民人均医疗保健消费支出和城镇居民人均居住消费支出增速持续保持高位，分别为 11.58%和 8.39%。农村居民人均消费增长最快的一项支出仍然是医疗保健，比上年增长 14.60 个百分点，达到人均消费支出 1 421 元。此外，居住和生活用品及服务的支出增长也都较快，分别为 7.89 个百分点和 6.11 个百分点（见图

1.30)。

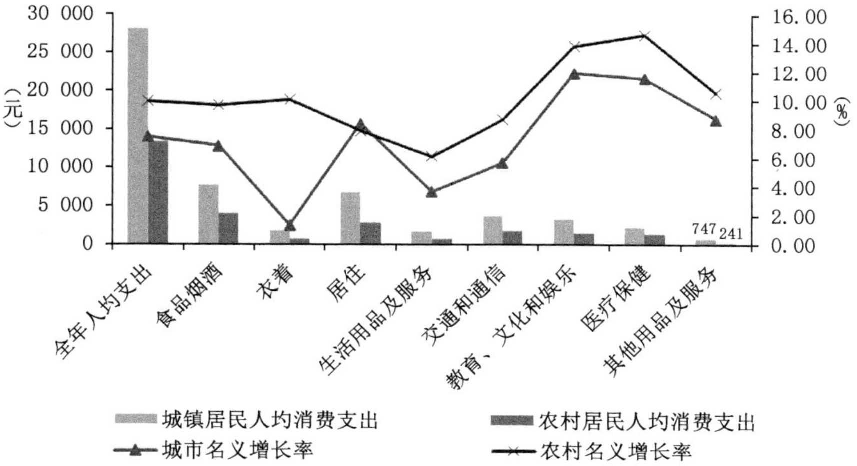

图 1.30　2019 年城镇与农村居民人均消费支出情况

1.3.5　网络消费增速持续下降

2019 年网上商品和服务零售额累计值 106 324.2 亿元,累计同比增速为 18.05 个百分点,较上年增速下降 5.85 个百分点,降幅较大(见图 1.31)。2019 年中国实物商品网上零售额为 8.5 万亿元,实物商品网上零售额占社会消费品额的 20.7%。2019 年中国社交电商增长势头迅猛,已发展成为网络消费的新生力量,中国社会电商交易额为 12 903.1 亿元,同比增长 110.5 个百分点。2019 年中国农村网上商品和服务零售额为 1.7 万亿元,同比增长 24.1 个百分点;农产品网络零售额为 3 975 亿元,同比增长 72.5 个百分点。2019 年中国海关跨境电子商务管理平台零售进出口商品额为 1 862.1 亿元,同比增长 38.2 个百分点。

1.3.6　全国一般公共预算支出持续增长,聚焦重点领域

全年国家财政支出 238 874.02 亿元,同比增长 8.13 个百分点(见图 1.32)。其中,中央财政支出 35 115.15 亿元,同比增长 7.36 个百分点;地方财政支出 203 759 亿元,同比增长 8.5 个百分点。

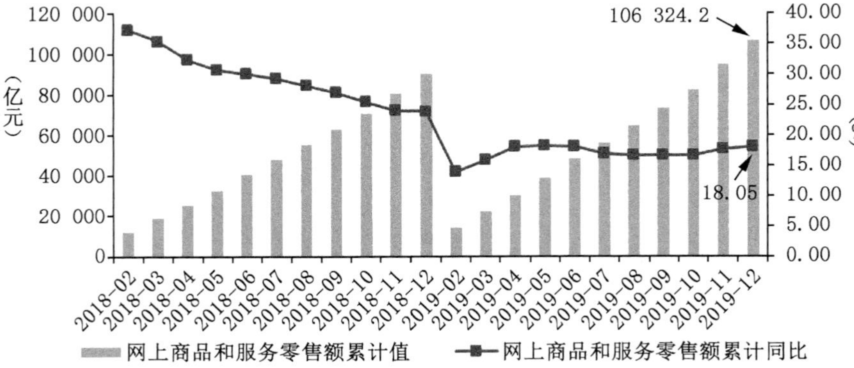

图 1.31　2018—2019 年网上商品和服务零售额累计值及同比增速

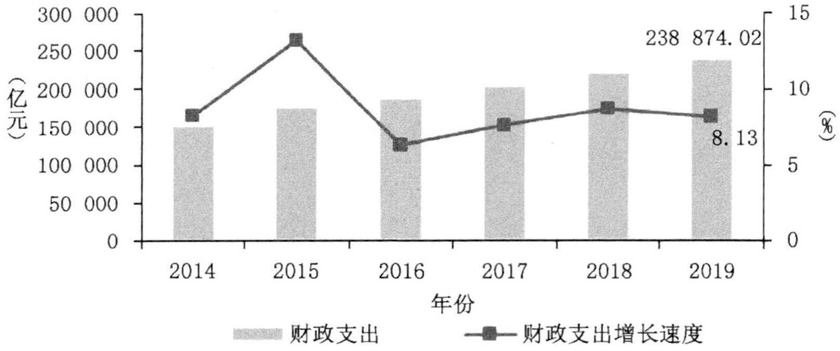

图 1.32　2014—2019 年财政支出及增速

2019 年财政主要支出科目情况如下：教育支出 34 913 亿元，同比增长 8.5%；科学技术支出 9 529 亿元，同比增长 14.4%；文化旅游体育与传媒支出 4 033 亿元，同比增长 2.3%；社会保障和就业支出 29 580 亿元，同比增长 9.3%；卫生健康支出 16 797 亿元，同比增长 10%；节能环保支出 7 444 亿元，同比增长 18.2%；城乡社区支出 25 681 亿元，同比增长 16.1%；农林水支出 22 420 亿元，同比增长 6.3%；交通运输支出 11 413 亿元，同比增长 1.2%（见图 1.33）。

脱贫攻坚方面，2019 年扶贫工作力度、深度和精确度都达到了新的水平，深度贫困地区的资金、项目、举措倾斜力度加大；产业、就业、教育、健康扶贫扎

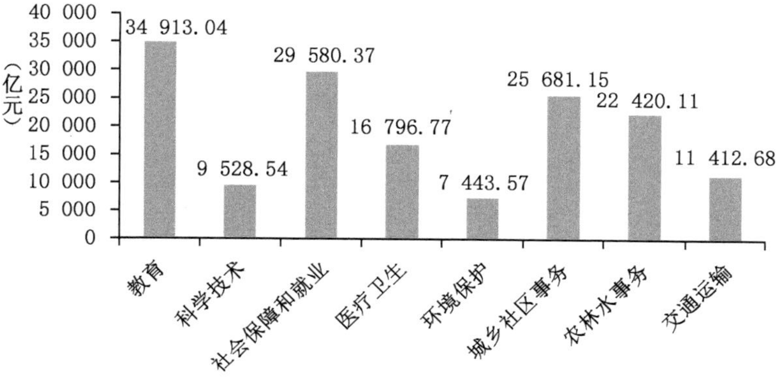

图 1.33 财政主要支出科目

实推进,全国又有近 340 个贫困县摘帽了;"十三五"异地扶贫搬迁任务基本完成。据最新统计,全国又有 1 109 万农村贫困人口实现了脱贫,连续七年脱贫人数在 1 000 万人以上。按现行贫困标准,2019 年末,农村贫困人口降到 551 万人。

1.4 2019 年积累活动运行状况

1.4.1 全年投资增速有所下降,投资结构不断优化

2019 年,全年全社会固定资产投资 560 874.30 亿元,全国固定资产投资(不含农户)551 478 亿元,比上年增长 5.4 个百分点(见图 1.34),增速比 1—11 月份加快 0.2 个百分点。从环比速度看,12 月份固定资产投资(不含农户)增长 0.44 个百分点。其中,民间固定资产投资 311 159 亿元,比上年增长 4.7 个百分点,增速比 1—11 月份加快 0.2 个百分点。2019 年第一季度、上半年和前三季度投资增速分别为 6.3%、5.8%和 5.4%,整体呈现小幅下降态势,有效投资持续发力,投资结构不断优化,投资对于保持经济运行在合理区间,促进经济持续健康发展和民生改善发挥了重要作用。

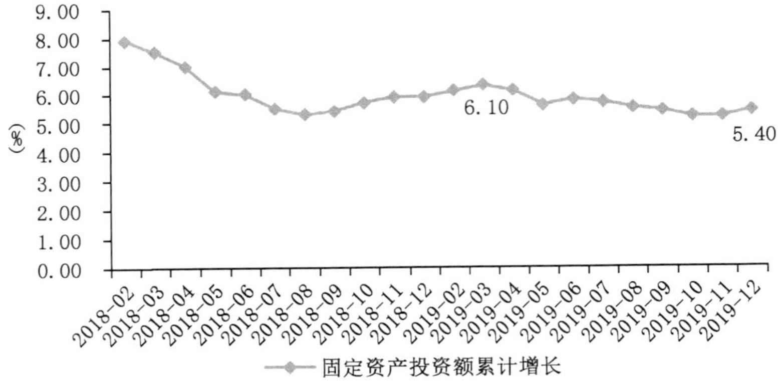

图 1.34 2018—2019 年月度固定资产投资完成额累计增长

1.4.2 第二、三产业投资增速平稳变动，第一产业增速回落较大

分产业看，第一产业投资 12 633 亿元，比上年增长 0.6 个百分点，1—11 月份下降 0.1 个百分点；第二产业投资 163 070 亿元，增长 3.2 个百分点，增速加快 0.8 个百分点；第三产业投资 375 775 亿元，增长 6.5 个百分点，增速回落 0.2 个百分点（见图 1.35）。第二产业中，工业投资比上年增长 4.3 个百分点，增速比 1—11 月份加快 0.6 个百分点。其中，采矿业投资增长 24.1 个百分点，增速回落 1.2 个百分点；制造业投资增长 3.1 个百分点，增速加快 0.6 个百分点；电力、热力、燃气及水生产和供应业投资增长 4.5 个百分点，增速加快 0.9 个百分点。第三产业中，基础设施投资（不含电力、热力、燃气及水生产和供应业）比上年增长 3.8 个百分点，增速比 1—11 月份回落 0.2 个百分点。其中，铁路运输业投资下降 0.1 个百分点，1—11 月份增长 1.6 个百分点；道路运输业投资增长 9.0 个百分点，增速加快 0.2 个百分点；水利管理业投资增长 1.4 个百分点，增速回落 0.3 个百分点；公共设施管理业投资增长 0.3 个百分点，增速加快 0.1 个百分点。

1.4.3 受民营企业优惠政策影响，民间投资增长较快

2019 年，中央进一步出台一系列政策措施支持民营企业发展，减轻企业负担，提振企业信心。2019 年 1—12 月，民间固定资产投资 311 159 亿元，比上年

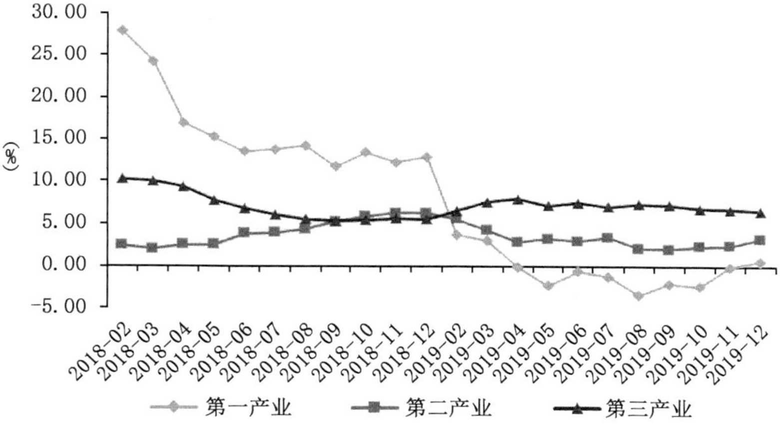

图 1.35 2018—2019 年三大产业月度固定资产投资完成额累计增长

增长 4.7 个百分点，增速比 1—11 月份加快 0.2 个百分点(见图 1.36)。

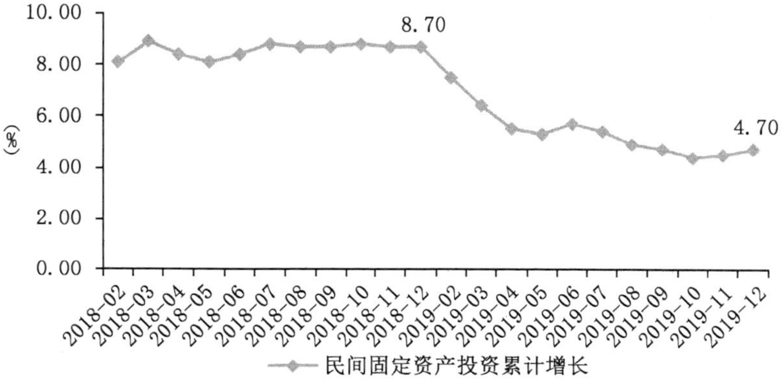

图 1.36 2018—2019 年民间固定资产投资累计增长

1.4.4 东、中、西部地区固定资产投资增速小幅上升，东北地区有所回落

分地区看，东部地区投资比上年增长 4.1 个百分点，增速与 1—11 月份持平；中部地区投资增长 9.5 个百分点，增速加快 0.2 个百分点；西部地区投资增长 5.6 个百分点，增速加快 0.7 个百分点；东北地区投资下降 3.0 个百分点，降

幅收窄 0.7 个百分点(见图 1.37)。

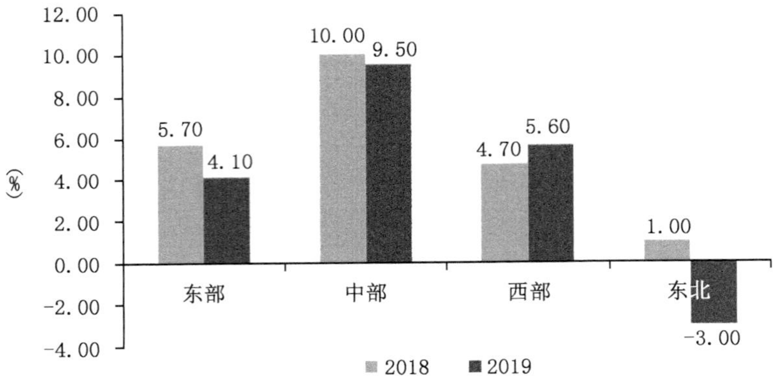

图 1.37　2018—2019 年分区域固定资产投资累计同比

1.4.5　基础设施投资和房地产投资增速回升,制造业投资增速大幅下滑

从投资的三大组成部分制造业、房地产和基建投资增速来看,房地产投资是主要支撑但总体放缓,制造业投资整体低迷,基建投资反弹乏力。2019 年房地产投资同比增长 9.1 个百分点,是投资最主要的支撑力量,但年内增速持续放缓;基建(含水电燃气)投资同比增长 3.8 个百分点,仍处于低位;制造业投资同比上升 3.1 个百分点(见图 1.38)。同时,民间固定资产投资同比下降 4.7 个百分点,较 2018 年下滑 4.0 个百分点。2019 年固定资产投资增速下行,主要源于:4 月 19 日政治局会议强调"房住不炒",房地产融资全面收紧,销售降温,土地购置大幅负增长,房地产投资持续缓慢下滑;土地财政收入大幅下滑和减税降费使得地方政府财政吃紧,同时严控地方隐性债务,基建投资发力空间有限。全球经济增长放缓和中美贸易摩擦致使出口低迷,内外需均疲软导致 PPI 通缩、企业盈利下行,制造业投资持续低迷。疫情后逆周期调节加强和中美贸易摩擦暂缓将支撑 2020 年固定资产投资。一是专项债提前下达,基建发力托底经济。2 月 11 日财政部第二次提前下达新增地方政府债务限额 8 480 亿元,其中一般债务 5 580 亿元,专项债务 2 900 亿元,已达到法定授权范围的上限。

高技术制造业投资快速增长,产业结构持续优化,短板领域投资加强。2019 年高技术制造业投资同比增长 17.7%,较 2018 年提高 1.6 个百分点,占制造业投资比重超过 20%。道路运输业、生态保护和环境治理业以及信息服务

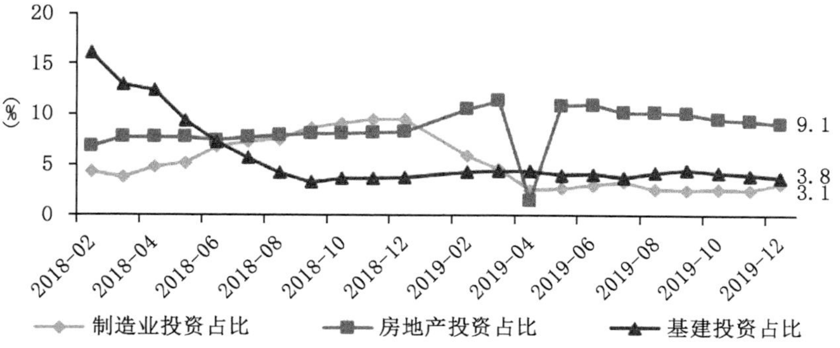

图 1.38 2018—2019 年全国三大类固定资产投资累计同比

业投资等短板领域投资得到加强，投资同比增长分别为 9.0%、37.2% 和 17.4%。

高技术服务业投资比上年增长 16.5 个百分点，增速比 1—11 月份加快 3.4 个百分点，比 2018 年加快 3.6 个百分点。其中，环境监测及治理服务业投资增长 33.4 个百分点，检验检测服务业投资增长 31.9 个百分点，研发设计服务业投资增长 29.1 个百分点，电子商务服务业投资增长 27.9 个百分点。高技术制造业投资比上年增长 17.7 个百分点，增速比 1—11 月份加快 2.9 个百分点，比 2018 年加快 1.6 个百分点，占全部制造业投资的比重超过 20%。其中，医疗仪器设备及仪器仪表制造业投资增长 36.4 个百分点，电子及通信设备制造业投资增长 18.7 个百分点，计算机及办公设备制造业投资增长 18.7 个百分点，医药制造业投资增长 8.4 个百分点。

从供给端看，2019 年 1—12 月份，全国房地产开发投资 132 194 亿元，比上年增长 9.9 个百分点，增速比 1—11 月份回落 0.3 个百分点，比上年加快 0.4 个百分点。其中，住宅投资 97 071 亿元，增长 13.9 个百分点，增速比 1—11 月份回落 0.5 个百分点，比上年加快 0.5 个百分点。2019 年，房地产开发企业房屋施工面积 893 821 万平方米，比上年增长 8.7 个百分点，增速与 1—11 月份持平，比上年加快 3.5 个百分点。从需求端看，2019 年，商品房销售面积 171 558 万平方米，比上年下降 0.1 个百分点，1—11 月份增长 0.2 个百分点，上年增长 1.3 个百分点。其中，住宅销售面积增长 1.5%，办公楼销售面积下降 14.7 个百分点，商业营业用房销售面积下降 15.0%。商品房销售额 159 725 亿元，增长 6.5 个百分点，增速比 1—11 月份回落 0.8 个百分点，比上年回落 5.7 个百分点。其中,住宅销售额增长10.3个百分点,办公楼销售额下降15.1个百分点,商业营业用房销售额下降16.5个百分点。

1.4.6 证券市场总体规模扩大,股市规模小幅上升

2019年证券市场总体规模上升,增长率为20.87%。从结构上看,基金和债券的市场规模在下降,股票的市场规模有小幅上升,同比上升12.79个百分点(见表1.3)。

表1.3 我国证券市场结构

金融工具	2019年12月		2018年12月		2019年比2018年	
	规模总额(亿元)	规模占比(%)	规模总额(亿元)	规模占比(%)	规模总额(亿元)	规模占比变化(%)
私募基金	140 830	9.13	127 064	9.96	−0.83	−8.30
公募基金	147 673	9.57	130 346	10.21	−0.64	−6.27
债券	661 146	42.86	583 889	45.75	−2.89	−6.32
股票	592 934	38.44	434 924	34.08	4.36	12.79
合计	1 542 583	100.00	1 276 223	100.00	0.00	−8.10

资料来源:Wind数据库。

注:本表以境内上市公司总市值表示股票市场规模,以债券市值表示债券市场规模,以基金管理公司管理基金规模表示基金市场规模。

从股市上来看,2019年上证综合指数从2 494点涨至3 050点,涨幅22.3%;沪深300指数从3 011点涨至4 096点,涨幅达到36.03%。

1.4.7 稳健的货币政策,宏观杠杆率稳定

综合来看,2019年我国金融市场运行平稳,金融业对实体经济支持力度加大,结构持续优化。下阶段,货币政策在保持灵活适度的前提下,重点是畅通货币政策传导机制,发挥好LPR市场化机制作用,切实降低实体经济融资成本。目前货币政策逆周期调节力度加大,并更加注重与财政政策协调配合,将与当前外部环境回暖一起为第一季度宏观经济企稳提供关键支撑。与此同时,在房住不炒、控制地方政府隐性负债的政策导向下,未来金融资源将更多流向制造业、民营及小微企业等实体经济,金融数据中的结构调整特征有望进一步显现。

2019年,全年人民币贷款增加16.81万亿元,同比多增6 439亿元。2019

年 12 月末，广义货币(M2)余额 198.65 万亿元，同比增长 8.7 个百分点，增速分别比上月末和上年同期高 0.5 个和 0.6 个百分点；狭义货币(M1)余额 57.6 万亿元，同比增长 4.4 个百分点，增速分别比上月末和上年同期高 0.9 个和 2.9 个百分点；流通中货币(M0)余额 7.72 万亿元，同比增长 5.4 个百分点(见图 1.39)。全年净投放现金 3 981 亿元。2019 年社会融资规模增量累计为 25.58 万亿元，比上年多 3.08 万亿元；2019 年末社会融资规模存量为 251.31 万亿元，同比增长 10.7 个百分点。2019 年 12 月份信贷、社融数据整体表现平稳，结构调整态势延续。全年来看，人民币贷款较 2018 年小幅多增，结构优化效果更为明显，主要表现为增速的“一降一升”：房地产相关贷款增速下行，而普惠口径小微企业信贷增速显著加快。全年来看，新增社融累计 25.58 万亿元，比上年多增约 3.08 万亿元，扭转了上年大幅少增约 3.6 万亿元的势头，局部信用收缩局面正在改善，金融对实体经济的支持力度加大。

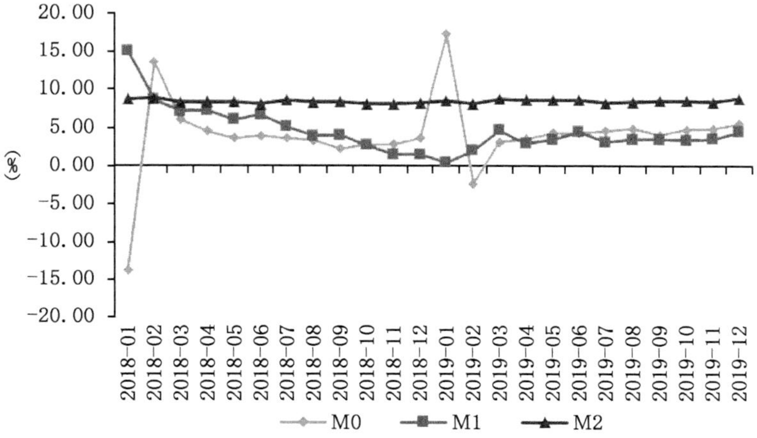

图 1.39　2018—2019 年货币供应量月度同比增速变化

1.4.8　融资规模增速上升，企业仍以间接融资为主

2019 年社会融资规模存量为 251.31 万亿元，同比增长 10.7 个百分点。其中，对实体经济发放的人民币贷款余额为 151.57 万亿元，同比增长 12.5 个百分点；对实体经济发放的外币贷款折合人民币余额为 2.11 万亿元，同比下降 4.6 个百分点；委托贷款余额为 11.44 万亿元，同比下降 7.6 个百分点；信托贷

款余额为 7.45 万亿元，同比下降 4.4 个百分点；未贴现的银行承兑汇票余额为 3.33 万亿元，同比下降 12.5 个百分点；企业债券余额为 23.47 万亿元，同比增长 13.4 个百分点；政府债券余额为 37.73 万亿元，同比增长 14.3 个百分点；非金融企业境内股票余额为 7.36 万亿元，同比增长 5 个百分点。

从结构看，2019 年末对实体经济发放的人民币贷款余额占同期社会融资规模存量的 60.3%，同比高 1 个百分点；对实体经济发放的外币贷款折合人民币余额占比 0.8%，同比低 0.2 个百分点；委托贷款余额占比 4.6%，同比低 0.9 个百分点；信托贷款余额占比 3%，同比低 0.4 个百分点；未贴现的银行承兑汇票余额占比 1.3%，同比低 0.4 个百分点；企业债券余额占比 9.3%，同比高 0.2 个百分点；政府债券余额占比 15%，同比高 0.5 个百分点；非金融企业境内股票余额占比 2.9%，同比低 0.2 个百分点。

总体看，目前银行体系的流动性合理充裕，2019 年末超储率是 2.4%，比上月末高了 0.7 个百分点。货币的派生能力比较强，货币乘数处于 6.13 较高的水平。从 12 月份的数据来看，应该说金融数据整体向好，结构在优化。企业的中长期贷款在企稳回升。金融机构对小微企业的贷款增速在持续加快，整个金融体系对实体经济的支持力度在不断增强。

1.5　2019 年我国对外经济活动运行情况

1.5.1　进出口规模逐季攀升，外贸平稳发展

2019 年，我国进口金额在 1—11 月变化较为平缓，但 12 月有大幅上升，同比上涨了 16.5 个百分点；出口金额除 2 月同比大幅下降 20.8 个百分点外，都有不同幅度的上涨(见图 1.40)。

2019 年，我国进出口总值 45 761.26 亿美元，其中，出口 24 990.28 亿美元，同比增加 0.5 个百分点；进口 20 770.97 亿元，同比下降 2.7 个百分点(见图 1.41)。2019 年全年贸易顺差 4 219.32 亿元，相比 2018 年贸易顺差 3 509.48 亿美元扩大 20.23 个百分点。2019 年我国货物贸易进出口总值 31.54 万亿元人民币，比 2018 年增长 3.4 个百分点。其中，出口 17.23 万亿元，增长 5 个百分点；进口 14.31 万亿元，增长 1.6 个百分点；贸易顺差 2.92 万亿元，扩大 25.4 个

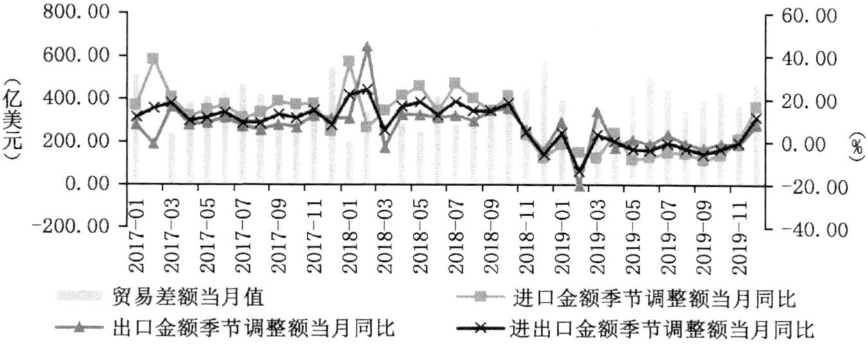

图 1.40 2017—2019 年我国贸易差额及进出口金额同比

资料来源:根据海关总署网站数据整理而得。

百分点。

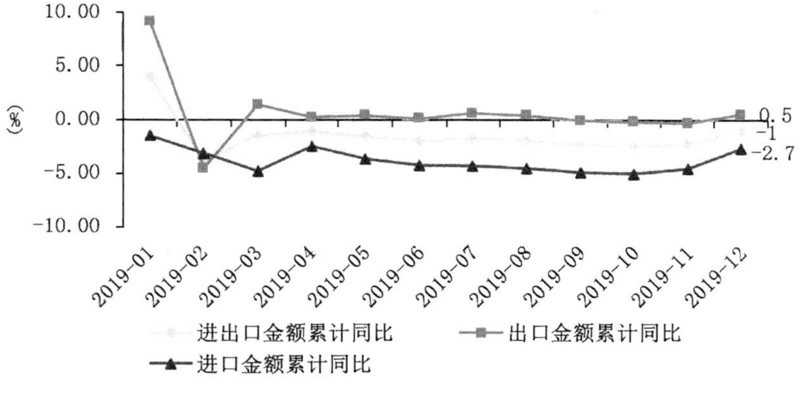

图 1.41 2019 年我国进出口金额月度累计增长同比

资料来源:根据海关总署网站数据整理而得。

3 月进出口增速大幅上升主要是由于 2019 年春节较晚导致出口增长恢复较慢形成的基数效应。当然,中美贸易谈判释放积极信号,中欧投资协定谈判取得积极进展,也会对外贸产生积极的引导作用(见图 1.42)。

国内需求平稳增长,进口量价波动稳定,在进口价格的小幅下降中,进口数量较 2018 年仍在大幅提升,说明进口需求在回暖(见图 1.43)。

2019 年 1—12 月,中国进出口数据受中美贸易摩擦影响较大。首先,2019

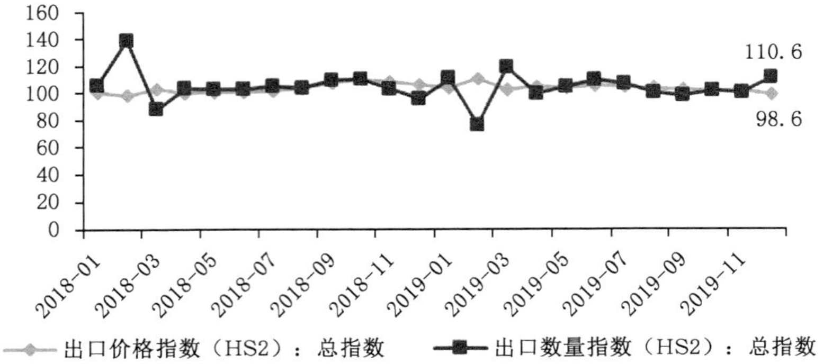

图 1.42　2018—2019 年中国出口价格指数和数量指数走势

资料来源：根据海关总署网站数据整理而得。

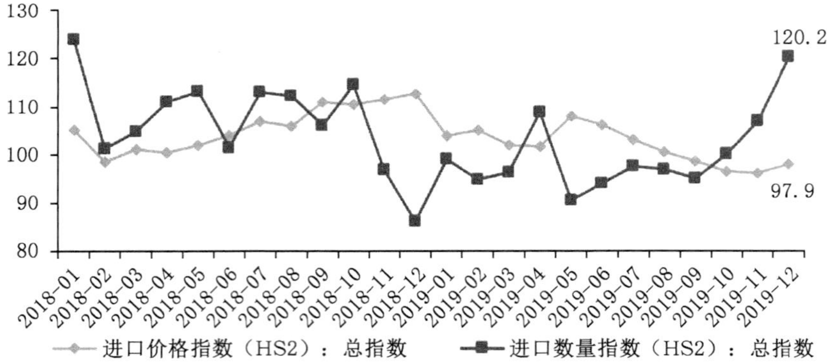

图 1.43　2018—2019 年中国进口价格指数和数量指数走势

资料来源：根据海关总署网站数据整理而得。

年中美贸易数据全面下滑。1—12 月中美进出口累计 5 412 亿美元，较 2018 年下降 14.6 个百分点；其中，出口 4 185 亿美元，下滑 12.5 个百分点，进口 1 227 亿美元，下滑 20.9 个百分点。中国对美进口则在上半年一直保持高压态势，1—6 月进口环比下降幅度均在 25%以上，但下半年后受非洲猪瘟影响，中国逐渐放宽对美肉类进口，进口环比下降幅度放松至 20%以下。而在出口方面，除了 2—3 月受春节影响比较异常外，其余月份数据都出现下降，特别是 9 月 1 日，美国对华 3 000 亿美元输美产品中第一批加征 15%关税措施正式实施后，中国对美出口进一步下滑，降幅达到两位数以上。值得注意的是，8 月初特朗普宣称拟对 3 000 亿美元中国输美商品加征 10%关税后，8 月 5 日美元兑人民币跌破 7 的关口。随后，美国将中国列为“汇率操纵国”。不过人民币汇率破 7 并没有挽救中美贸易，人民币汇率走低没能抵消关税增加的影响，中美进出口数据加速下滑。而且，即使剔除美国因素，人民币汇率破 7 对进出口的影响也很小。然而，总体来看，2019 年我国外贸运行整体平稳，其原因包括以下几个方面：

第一，高附加值的出口产品国际市场份额扩大。2019 年中国集成电路出口同比增长 25.3 个百分点，半导体器件出口增长 26.3 个百分点，太阳能电池出口增长 47.5 个百分点，金属加工机床增长近 15 个百分点。同期，中国自主品牌商品出口增长 12 个百分点，占出口总值比重比 2018 年提升了 1.1 个百分点。WTO 数据显示，2019 年前 10 个月，中国出口在全球十大贸易国中表现最优，1—9 月中国机电产品、劳动密集型产品的全球市场份额分别提高 0.2 个和 0.9 个百分点。

第二，开拓多元市场取得新进展。为分散风险，2019 年中国企业在守住欧盟、东盟、日本等传统贸易伙伴市场份额的同时，还加大了对新兴市场的开拓力度，对“一带一路”沿线国家以及非洲、拉丁美洲等地区进出口分别增长了 10.8%、6.8%和 8%。2019 年，我国主要贸易伙伴位次发生变化，东盟跃升为我国第二大贸易伙伴。长期来看，这是中国不断加强与东盟地区经贸合作、在中国产业升级背景下东盟与中国的产业融合程度不断加深以及中国消费升级加强了对东盟商品的吸收能力等因素综合的结果。市场多元，意味着中国外贸抗压能力更强。

第三，民营企业首次超过外企成为中国第一大外贸主体。2019 年，民营企业首次超过外商投资企业，成为我国第一大外贸主体。2019 年有进出口实绩的民营企业达 40.6 万家，比 2018 年增加 8.7 个百分点。同时，中部、西部地区民营企业进出口增速分别达 28.3%和 22.4%，增幅均比东部地区高。此外，民营企业对新兴市场开拓力度也不断增强，对东盟、拉美、非洲等新兴市场出口分别增长了 25.6%、11.4%及 15.6%。民营企业之所以成为我国第一大外贸主体，主要原因包括贸易摩擦之下越来越多的中国企业走出去投资，布局全球。此外，中国政府“走出去”及“一带一路”等多项开放政策，助力民营企业更好地开拓全球业务，增长国内生产力，提升生产要素质量，向外溢出。民营企业更有活力，发展更快，这样的结构调整将有利于中国外贸进出口规模的持续扩大，也有利于我国进出口商品结构的改善及在外贸中获得更多增加值，更好地促进中国经济发展。

第四，全面对外开放新格局进一步完善。中国不仅在产业上不断深化从制造业到服务业的全面开放，而且在制度上正在瞄准国际先进的营商环境来构建最优的开放型经济体制。中国从 2013 年 9 月开创上海自由贸易试验区开始，陆续分五批设立了 18 个自由贸易试验区，在区内实施更高水平的对外开放措施。2019 年 8 月开辟了上海临港特殊功能的自由贸易新片区，实施以投资自由、贸易自由、资金自由、运输自由、人员从业自由等为重点的制度体系创新。中国还通过举办国际进口博览会让中国市场对更多的国家开放，宣示中国维护自由贸易的决心。所有这些措施将给中国经济未来增长提供稳定坚实的动力。

1.5.2 服务贸易总额继续增长，出口结构持续优化

2019 年，我国服务进出口总额达到 54 152.9 亿元，同比增长 2.8%。在服务贸易创新发展试点等政策的激励下，我国服务贸易总体保持平稳向上态势，高质量发展成效初步显现。在全年服务进出口总额中，出口总额为 19 564 亿元，同比增长 8.9 个百分点；进口总额为 34 588.9 亿元，同比减少 0.4 个百分点。其中，服务贸易逆差明显下降。2019 年，我国服务业发展潜力不断释放，服务业增加值同比增长 6.9 个百分点，为服务出口的快速增长奠定了良好基础。服务出口总额在服务进出口总额中的占比达 36.1%，同比提升 2 个百分点。服务出口增速高于进口增速 9.3 个百分点，推动服务贸易逆差下降 10.5 个百分点至 15 024.9 亿元，同比减少 1 760 亿元。纵向来看，从 2014 年以来，服务进出口总额在平稳中上升，贸易逆差平稳变化（见图 1.44）。

从具体领域看，个人文化娱乐服务、电信计算机和信息服务、金融服务延续快速增长态势，进出口增速分别为 19.4%、18.9%、18.7%。其中，知识密集型服务表现尤为亮眼，全年进出口额 18 777.7 亿元，同比增长 10.8 个百分点，高于服务进出口整体增速 8 个百分点。其中，知识密集型服务出口额 9 916.8 亿元，同比增长 13.4 个百分点，占服务出口总额的比重达 50.7%，同比提升 2 个百分点；知识密集型服务进口额 8 860.9 亿元，同比增长 8 个百分点，占服务进口总额的比重达 25.6%，同比提升 2 个百分点。按官方 2015 年提出的目标，到 2020 年中国服务进出口额超过 1 万亿美元，服务贸易占外贸的比重进一步提

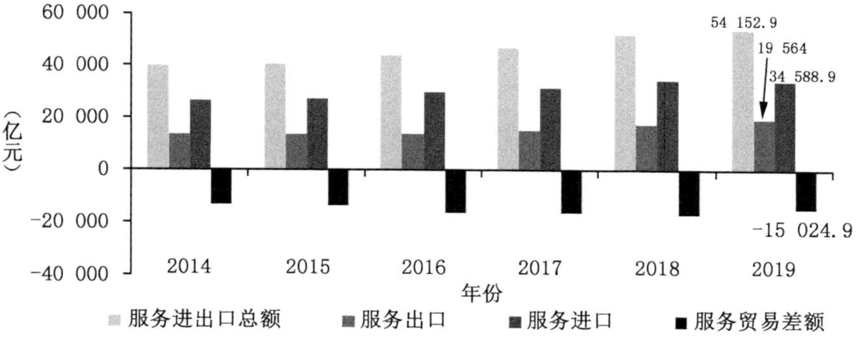

图 1.44　2014 年以来中国服务进出口金额及贸易差额变化

资料来源:根据商务部网站数据整理而得。

升。但眼下仍未有效控制的新冠肺炎疫情给服务贸易造成了一定冲击。相对货物贸易,此次疫情对跨境旅游、研发服务、技术服务、信息服务、专业服务等服务贸易的影响会更大。

2019 年,我国高附加值服务出口规模进一步扩大,服务出口结构继续优化。除旅游服务外,各项服务占服务出口的比重变化不大(见图 1.45)。

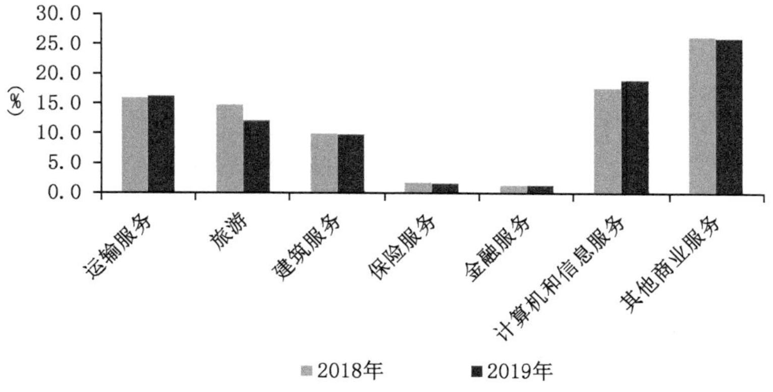

图 1.45　2018 年和 2019 年中国主要服务出口商品占比

资料来源:根据商务部网站数据整理而得。

我国服务贸易的逆差主要来源于旅游、运输服务、专有权利使用费和特许费、保险服务,其中以旅游服务的逆差最大,2019 年逆差金额达到 2 264 亿美元，占整个服务贸易逆差的91%，从侧面也反映了国民生活水平的提高和消费升级的趋势(见图1.46)。

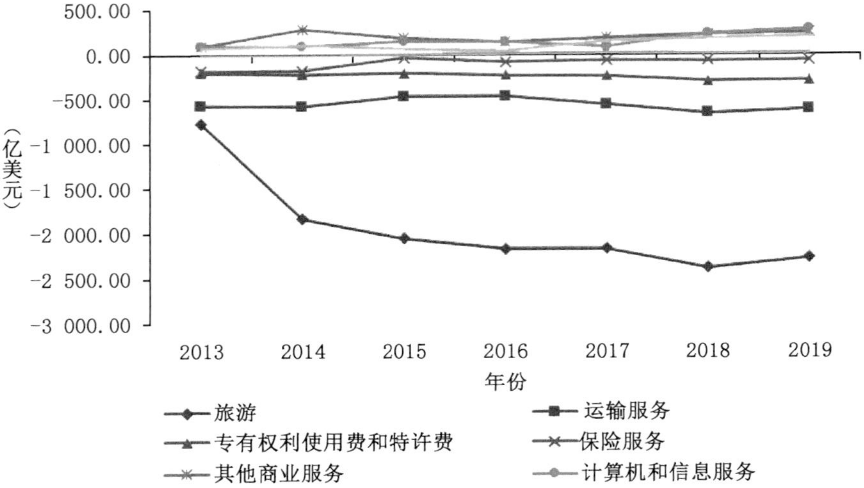

图1.46　2013年以来我国主要行业服务贸易差额变化

资料来源：根据商务部网站数据整理而得。

1.5.3　外商直接投资规模稳步增长

2019年外商直接投资(不含银行、证券、保险领域)新设立企业40 888家，比上年下降32.5个百分点(见图1.47)。实际使用外商直接投资金额9 415亿元，增长5.8个百分点，折合1 381亿美元，增长2.35个百分点。其中“一带一路”沿线国家对华直接投资新设立企业5 591家，增长24.8个百分点；对华直接投资金额(含通过部分自由港对华投资)576亿元，增长36.0个百分点，折合84亿美元，增长30.6个百分点。全年高技术产业实际使用外资2 660亿元，增长25.6个百分点，折合391亿美元，增长21.7个百分点。全年对外非金融类直接投资额7 630亿元，比上年下降4.3个百分点，折合1 106亿美元，下降8.2个百分点。其中，对“一带一路”沿线国家非金融类直接投资额为150亿美元，下降3.8个百分点。可以看到，除了2016年外商直接投资总金额有小幅度下降外，其他时候几乎是逐年上升的，2019年在中国经济增速放缓的情况下，外商对中国经济也持较为看好的态度。

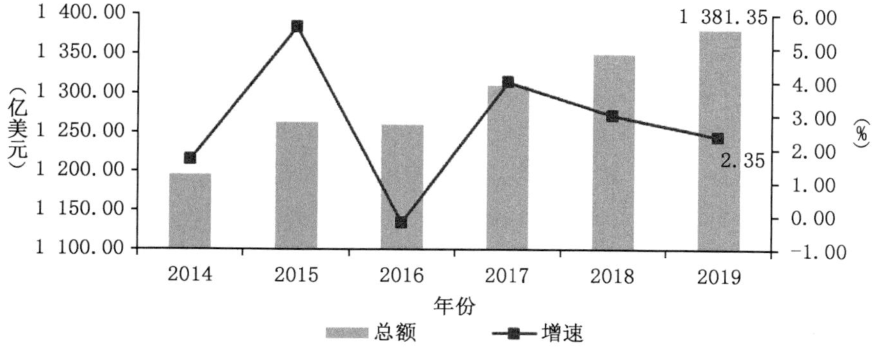

图 1.47 2014—2019 年我国实际利用外商直接投资的变化趋势

资料来源:根据国家统计局网站数据计算整理而得。

从企业类型划分,2019 年我国实际利用外商直接投资包括合资经营企业、合作经营企业、外商独资企业和外商投资股份制企业四类,投资金额分别为 344.93 亿美元、7.72 亿美元、893.9 亿美元、82.99 亿美元(见图 1.48)。我国实际利用外商直接投资主要来源于外商独资企业和合资经营企业,合作经营企业和外资投资股份制企业的比例一直比较小。从实际利用外资的结构走势来看,2019 年外商直接投资仍然主要来源于外商独资企业和合资经营企业,除合资经营企业、股份制企业的贡献率上升了 2.77%、1.20%左右,合作经营企业和外商独资企业的贡献率均有所下降,下降比例分别为 0.05%、3.92%。

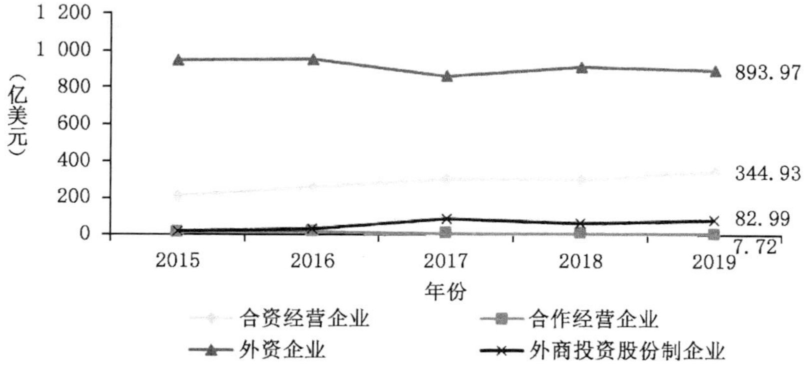

图 1.48 2015—2019 年我国 FDI 分投资主体的走势变化

资料来源:根据国家统计局网站数据计算整理而得。

2019 年全年吸引外资主要呈现以下特点：

第一，市场主体越来越多。2019 年全年新设外资企业 4.1 万家，日均设立 112 家。截至 2019 年底，我国累计设立外资企业数突破 100 万家，达到 1 001 377 家，这在我国利用外资乃至对外开放的进程中具有标志性意义。此外，开展进出口业务的外资企业有 8.4 万家，占我国外贸企业总数的 16.8%，进出口额 12.6 万亿元，占全国比重 39.9%，成为稳外贸的生力军。

第二，引资结构越来越优。服务业吸收外资 6817.7 亿元，增长 12.5 个百分点。其中，信息传输、软件和信息技术服务，租赁和商业服务业吸收外资分别增长 29.4 个百分点和 20.6 个百分点。制造业中，医药制造业、电器机械和器材制造业、仪器仪表制造业外资分别增长 61.3%、41.2%和 48.2%。三星、SK 海力士、康宁显示、卡特彼勒、英力士、松下、埃克森美孚等制造业巨头纷纷加大对华投资，全年实际投入均超过 1 亿美元。这对推动我国供给侧结构性改革、弥补产业升级短板、增加高质量商品和服务供给发挥了积极作用。

第三，引资质量越来越高。高技术产业吸收外资增长 25.6 个百分点，其中高技术服务业增长 44.3 个百分点。如科学研究和技术服务业增长了 68.4 个百分点，合同外资 1 亿美元以上的大项目 123 个，同比增长了 78.3 个百分点。新产业、新业态、新商业模式等“三新”活动外资增长了 11.4 个百分点，有力地助推了我国经济发展新旧动能转换。

第四，引资布局越来越好。东部地区外资增长 6.6 个百分点，占全国比重达到 86.2%，发挥了稳外资“压舱石”的作用。其中，上海、山东、浙江、河北分别增长了 15.1%、23.5%、12.7%和 19.7%，海南连续两年实现成倍增长。近年来，国家出台了一系列政策措施，鼓励中西部和东北地区承接外资转移，取得积极成效。中部地区外资稳步增长，其中，江西、湖南分别增长了 10.3 个百分点和 43.8 个百分点。西部地区中，广西、云南、贵州、新疆、青海、甘肃 6 个省份实现两位数及以上的增长。东北地区外资增长 5.7 个百分点，其中吉林增长 23.9 个百分点。

第五，外资“朋友圈”越来越大。2019 年投资来源地国家和地区达到 179 个，比上年又增加了 5 个。“一带一路”沿线国家、东盟国家对华投资分别增长 36 个百分点和 40.1 个百分点。其中，新加坡、泰国分别增长 51.1 个百分点和 140.6 个百分点。欧盟成员国家中，荷兰、爱尔兰、瑞典投资同比分别增长 43.1%、311.4%和 141.3%。

1.6 2020 年宏观经济走势分析

总体上看,2019 年全年宏观经济表现好于市场预期。有两项指标实现突破:一是我国人均 GDP 超过 1 万美元,迈上新台阶,基本达到世界平均水平;二是我国 GDP 总量接近 100 万亿元,这是一个重要的里程碑。从各项宏观指标看,预计全年居民消费价格指数(CPI)上涨 2.9 个百分点,PPI 下降 0.3 个百分点,月度城镇调查失业率为 5%~5.3%,处在年初预期目标范围之内。人民币对美元汇率虽一度出现较大波动,但总体稳定,没有出现大规模资本外流。我国外汇储备规模保持在 3.1 万亿美元以上,这对于稳定国际市场对中国经济的信心至关重要。

中美贸易摩擦对我国经济的影响逐步显现。2019 年前 11 个月,我国外贸出口按美元计价同比下降 0.3 个百分点,增速较上年同期回落 11.8 个百分点。对美出口大幅回落,前 11 个月下降 12.5 个百分点。我国通过开拓国际市场,对东盟、欧盟及其他一些经济体出口增速有所提升,形成一定的"贸易替代"效应。但是,中美贸易摩擦对其他一些领域的影响比贸易本身还要深远。比如供应链外移,一些产业向东南亚国家转移,也有向日本和韩国回流。在高科技领域,美国的打压对我国高技术产业供应链也形成一定冲击。与此同时,国际上政治因素驱动的"黑天鹅"事件明显增多,增大了外部环境的不确定性。

在这种背景下,我国投资增速回落到多年来的最低点。2019 年前 11 个月,固定资产投资同比增长 5.2 个百分点。在投资几大板块中,受货物贸易冲击影响,制造业投资增速回落幅度最大。民间投资在制造业投资中占 70%,制造业投资增速回落也带动民间投资大幅下降。基础设施投资增速也出现比较明显的回落。房地产投资增速相对稳定,但这与商品房销售额增速的持续回落相背离。房地产投资增速能否保持稳定仍取决于市场的变化。

消费延续缓慢下行态势。近两年来,社会消费品零售总额同比增速每年大约下降 1 个百分点。2017 年社会消费品零售总额增长 10.2%,2018 年增长 9.0 个百分点,2019 年前 11 个月增长 8.0 个百分点。消费增速下降,除了居民收入增长放缓之外,主要原因是家庭负债率上升。国际清算银行的数据显示,中国家庭债务与 GDP 之比为 52%左右。而国际清算银行统计的家庭债务并没有包括住房公积金贷款和消费贷款等项目，如果将这些项目都纳入，中国家庭债务与GDP之比将达到60%左右。这个水平在国际上来说也是比较高的，债务会对消费形成“挤出效应”。需求端走弱会逐步向供给端传导。2019年前11个月，工业增加值和制造业增加值同比分别增长5.6%和5.9%，均比2018年全年回落0.6个百分点。市场需求不足带来工业品出厂价格指数（PPI）下跌，规模以上工业企业利润增幅也大幅回落。2019年前11个月，规模以上工业企业利润总额累计同比下降2.1个百分点，与上年同期相比回落9.7个百分点。

面对经济下行压力，我国加大宏观政策逆周期调节力度。财政政策主要是加大减税降费力度。2019年减税降费规模超过2.3万亿元，对减轻企业负担、稳定市场预期、激发市场活力、促进企业投资和扩大就业都发挥了积极作用。货币政策保持松紧适度，社会融资规模存量增速在经历2018年下降后，2019年有所反弹，广义货币（M2）同比增速也较上年回升。由于流动性更加充裕，因而各类债券的利率水平趋于下降，尤其是信用债发行利率水平明显下降。

2019年中国经济在国内外不确定性明显上升的复杂局面下稳中求进，取得了6%以上的经济增长，实属不易，总体上抵御了增速大幅下滑的风险，为2020年应对内外部复杂局面打下了基础，但同时也面临经济下行压力加大以及体制性、结构性方面的问题，需要引起重视。综合来看，2020年中国经济依然存在下行压力，迫切需要深化竞争中性导向的改革和开放，以应对当前国内外复杂局面。

1.6.1 坚定不移贯彻新发展理念

理念是行动的先导。新时代抓发展，必须更加突出发展理念，坚定不移贯彻创新、协调、绿色、开放、共享的新发展理念，推动高质量发展。各级党委和政府必须适应我国发展进入新阶段、社会主要矛盾发生变化的必然要求，紧紧扭住新发展理念推动发展，把注意力集中到解决各种不平衡不充分的问题上。要树立全面、整体的观念，遵循经济社会发展规律，对重大政策的出台和调整要进行综合影响评估，切实抓好政策落实，坚决杜绝形形色色的形式主义、官僚主义。要把坚持贯彻新发展理念作为检验各级领导干部的一个重要尺度。

1.6.2 坚决打好三大攻坚战

要确保脱贫攻坚任务如期全面完成，集中兵力打好深度贫困歼灭战，政策、资金重点向“三区三州”等深度贫困地区倾斜，落实产业扶贫、易地搬迁扶贫等措施，严把贫困人口退出关，巩固脱贫成果。要建立机制，及时做好返贫人口和新发生贫困人口的监测和帮扶。要打好污染防治攻坚战，坚持方向不变、力度不减，突出精准治污、科学治污、依法治污，推动生态环境质量持续好转。要重点打好蓝天、碧水、净土保卫战，完善相关治理机制，抓好源头防控。我国金融体系总体健康，具备化解各类风险的能力。要保持宏观杠杆率基本稳定，压实各方责任。

1.6.3 确保民生特别是困难群众基本生活得到有效保障和改善

要发挥政府作用保基本，注重普惠性、基础性、兜底性，做好关键时点、困难人群的基本生活保障。要稳定就业总量，改善就业结构，提升就业质量，突出抓好重点群体就业工作，确保零就业家庭动态清零。要加快补齐民生短板，有效解决进城务工人员子女上学难问题。要兜住基本生活底线，确保养老金按时足额发放，加快推进养老保险全国统筹。要发挥市场供给灵活性优势，深化医疗养老等民生服务领域市场化改革和对内对外开放，增强多层次多样化供给能力，更好地实现社会效益和经济效益相统一。要加大城市困难群众住房保障工作，加强城市更新和存量住房改造提升，做好城镇老旧小区改造，大力发展租赁住房。要坚持房子是用来住的、不是用来炒的定位，全面落实因城施策，稳地价、稳房价、稳预期的长效管理调控机制，促进房地产市场平稳健康发展。

1.6.4 继续实施积极的财政政策和稳健的货币政策

积极的财政政策要大力提质增效，更加注重结构调整，坚决压缩一般性支出，做好重点领域保障，支持基层保工资、保运转、保基本民生。稳健的货币政策要灵活适度，保持流动性合理充裕，货币信贷、社会融资规模增长同经济发展相适应，降低社会融资成本。要深化金融供给侧结构性改革，疏通货币政策传导机制，增加制造业中长期融资，更好地缓解民营和中小微企业融资难、融资贵问题。财政政策、货币政策要同消费、投资、就业、产业、区域等政策形成合力，引导资金投向供需共同受益、具有乘数效应的先进制造、民生建设、基础设施短板等领域，促进产业和消费“双升级”。要充分挖掘超大规模市场优势，发挥消费的基础作用和投资的关键作用。

1.6.5 着力推动高质量发展

要坚持巩固、增强、提升、畅通的方针,以创新驱动和改革开放为两个轮子,全面提高经济整体竞争力,加快现代化经济体系建设。要狠抓农业生产保障供给,加快农业供给侧结构性改革,带动农民增收和乡村振兴。要加快恢复生猪生产,做到保供稳价。要深化科技体制改革,加快科技成果转化应用,加快提升企业技术创新能力,发挥国有企业在技术创新中的积极作用,健全鼓励支持基础研究、原始创新的体制机制,完善科技人才发现、培养、激励机制。要支持战略性产业发展,支持加大设备更新和技改投入,推进传统制造业优化升级。要落实减税降费政策,降低企业用电、用气、物流等成本,有序推进“僵尸企业”处置。要健全体制机制,打造一批有国际竞争力的先进制造业集群,提升产业基础能力和产业链现代化水平。要大力发展数字经济。要更多依靠市场机制和现代科技创新推动服务业发展,推动生产性服务业向专业化和价值链高端延伸,推动生活性服务业向高品质和多样化升级。要重视解决好“一老一小”问题,加快建设养老服务体系,支持社会力量发展普惠托育服务,推动旅游业高质量发展,推进体育健身产业市场化发展。要着眼国家长远发展,加强战略性、网络型基础设施建设,推进川藏铁路等重大项目建设,稳步推进通信网络建设,加快自然灾害防治重大工程实施,加强市政管网、城市停车场、冷链物流等建设,加快农村公路、信息、水利等设施建设。要加快落实区域发展战略,完善区域政策和空间布局,发挥各地比较优势,构建全国高质量发展的新动力源,推进京津冀协同发展、长三角一体化发展、粤港澳大湾区建设,打造世界级创新平台和增长极。要扎实推进雄安新区建设,落实长江经济带共抓大保护措施,推动黄河流域生态保护和高质量发展。要提高中心城市和城市群综合承载能力。

1.6.6 继续深化经济体制改革

要加快建设高标准市场体系。要加快国资国企改革,推动国有资本布局优化调整。要完善产权制度和要素市场化配置,健全支持民营经济发展的法治环境,完善中小企业发展的政策体系。要改革土地计划管理方式,深化财税体制改革。要加快金融体制改革,完善资本市场基础制度,提高上市公司质量,健全退出机制,稳步推进创业板和新三板改革,引导大银行服务重心下沉,推动中小银行聚焦主责主业,深化农村信用社改革,引导保险公司回归保障功能。对外开放要继续往更大范围、更宽领域、更深层次的方向走，加强外商投资促进和保护，继续缩减外商投资负面清单。推动对外贸易稳中提质，引导企业开拓多元化出口市场。要降低关税总水平。发挥好自贸试验区改革开放试验田作用，推动建设海南自由贸易港，健全“一带一路”投资政策和服务体系。要主动参与全球经济治理变革，积极参与 WTO 改革，加快多双边自贸协议谈判。

2　2019年中国财政收入分析

2.1　2018年财政收入决算回顾

2018年，面对错综复杂的国际环境和艰巨繁重的国内改革发展稳定任务，在以习近平同志为核心的党中央坚强领导下，各地区各部门以习近平新时代中国特色社会主义思想为指导，全面贯彻党的十九大和十九届二中、三中全会精神，坚持稳中求进工作总基调，贯彻新发展理念，落实高质量发展要求，以供给侧结构性改革为主线，按照党中央、国务院决策部署，认真落实十三届全国人大一次会议各项决议要求，保持了经济持续健康发展和社会大局稳定，朝着实现全面建成小康社会的目标迈出了新的步伐。在此基础上，财政改革发展各项工作取得新进展，中央和地方决算情况总体较好。

2.1.1　2018年财政收入决算

2018年全国公共财政收入183 359.84元，比2017年同口径增长6.2%。其中，中央财政收入85 456.46亿元，完成预算的100.1%，比2017年同口径增长5.3%，加上年初从中央预算稳定调节基金以及中央政府性基金预算、中央国有资本经营预算调入2 453.00亿元，收入总量为10 999.46亿元。2018年末中央财政国债余额149 607.41亿元，控制在年度预算限额156 908.35亿元以内。地方本级收入97 903.38亿元，加上中央对地方税收返还和转移支付69 680.66亿元，地方一般公共预算收入总量为167 584.04亿元，增长7.1%。

2018年全国政府性基金收入75 479.07亿元，增长了22.7%。其中，中央政府性基金收入4 034.81亿元，为预算的104.4%，与上年相比增加了4.3%。地方政府性基金本级收入71 444.26亿元，增长23.9%。其中，国有土地使用权出让收入 65 168.26 亿元，增长 25.2%。加上中央政府性基金转移支付 932.26 亿元，地方政府性基金收入为 72 376.52 亿元。

2018 年全国国有资本经营收入 2 905.79 亿元，比上年度增加 10.0%。其中，中央国有资本经营收入 1 326.38 亿元，为预算的 96.3%，较上一年度增加 1.7%，加上 2017 年结转收入 113.59 亿元，收入总量为 1 439.97 亿元。地方国有资本经营收入 1 579.41 亿元，为预算收入的 108.1%，较上一年度增加了 18.2%，中央对地方国有资本经营转移支付 86.88 亿元，收入总量为 1 666.29 亿元，与上一年度相比增加了 6.0%。

2.1.2　2018 年财政收入特点

2018 年财政收入的完成情况，正如表 2.1 和图 2.1、图 2.2 所显示的，主要有以下特点：

从收入总量来看，财政收入增长速度有所回升。2018 年全国公共财政收入 183 359.84 亿元，比 2017 年相比名义增长 6.2%，增幅比上一年度降低了 1.9 个百分点，从表 2.1 和图 2.1 可以看出，这一增幅自 2011 年连续下降 5 年后在 2017 年首次出现回升，在 2018 年又出现回落，且回落幅度高于 GDP 名义增长率，因此，财政收入占 GDP 的比重与 2017 年相比继续降低。

从中央与地方财政收入的比重关系来看，中央财政收入的名义增长率较 2017 年大幅度回落，为 5.3%，降低了 6.8 个百分点，且为近 10 年的较低值；而地方财政收入名义增长率自 2012 年起持续降低，2018 年首次回升 2.2 个百分点，达到 7%。中央财政收入的占比较 2017 年下降了 0.39 个百分点，但仍为近 5 年的较高值，为 46.61%。

从收入结构来看，来源于税收收入的比例继续回升。税收收入在财政收入中所占比重在 2016 年下降到最低点 81.68%，2017 年回升至 83.64%，2018 年继续回升至 85.30%，结合前文，2018 年财政收入增长较快的原因可能为中央和地方税收收入的增长，尤其是地方税收收入的增长。

表 2.1　　2008—2018 年财政收入及增长状况　　单位：亿元，%

年份	财政收入	财政收入名义增长率	GDP名义增长率	财政收入占GDP比重	中央财政收入			地方财政收入			税收收入	税收/财政收入
					收入	名义增长率	占收入比	收入	名义增长率	占收入比		
2008	61 330	19.5%	18.2%	19.2%	32 681	17.80%	53.29%	28 650	21.6%	46.71%	54 224	88.4%
2009	68 518	11.7%	9.2%	19.7%	35 916	9.9%	52.42%	32 603	13.8%	47.58%	59 522	86.9%

续表

年份	财政收入	财政收入名义增长率	GDP名义增长率	财政收入占GDP比重	中央财政收入			地方财政收入			税收收入	税收/财政收入
					收入	名义增长率	占收入比	收入	名义增长率	占收入比		
2010	83 080	21.3%	18.2%	20.2%	42 470	18.2%	51.12%	40 610	24.6%	48.88%	73 202	88.1%
2011	103 740	24.9%	18.4%	21.3%	51 306	20.8%	49.46%	52 434	29.1%	50.54%	89 720	86.5%
2012	117 254	13.0%	10.4%	21.8%	56 175	9.5%	47.91%	61 078	16.5%	52.09%	100 614	85.8%
2013	129 143	10.1%	10.1%	21.8%	60 174	7.1%	46.59%	68 969	12.9%	53.41%	110 531	85.6%
2014	140 370	8.7%	8.5%	21.8%	64 493	7.2%	45.95%	75 877	10.0%	54.05%	119 175	84.9%
2015	152 269	8.5%	7.0%	22.1%	69 267	7.4%	45.49%	83 002	9.3%	54.51%	124 922	82.0%
2016	159 605	4.8%	8.4%	21.4%	72 366	4.5%	45.34%	87 239	5.1%	54.66%	130 361	81.7%
2017	172 593	8.1%	11.5%	20.7%	81 123	12.1%	47.00%	91 469	4.8%	53.00%	144 370	83.6%
2018	183 360	6.2%	10.5%	19.9%	85 456	5.3%	46.61%	97 903	7.0%	53.39%	156 403	85.3%

资料来源：根据《中国统计年鉴 2019》和财政部和统计局网站相关资料汇总计算整理。

注：①中央财政收入与地方财政收入均指本级政府收入，未包括中央对地方的税收返还和转移支付。②为保证与当年财政收支状况统一口径，GDP 名义增长率未经过价格指数调整，以当年价格计算。③由于营改增等其他政策的影响，中央财政收入和地方财政收入的名义增长率可能与同口径增长率不相等。

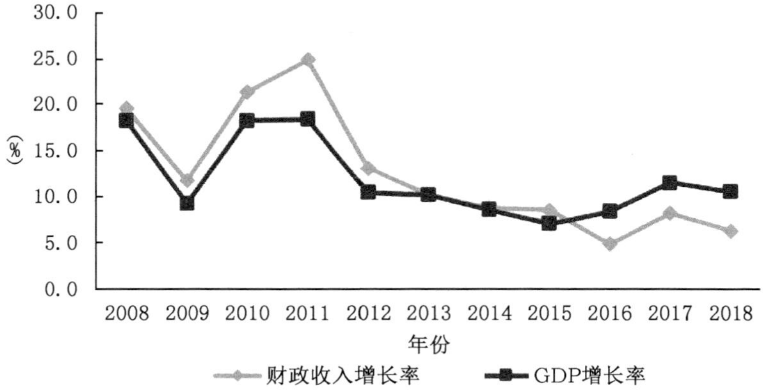

图 2.1　2008—2018 年财政收入增长率及 GDP 增长率比较

资料来源：根据《中国统计年鉴 2019》和财政部网站相关资料汇总计算整理。

注：图中财政收入增长率和 GDP 增长率同为未经过价格指数调整的名义增长率。

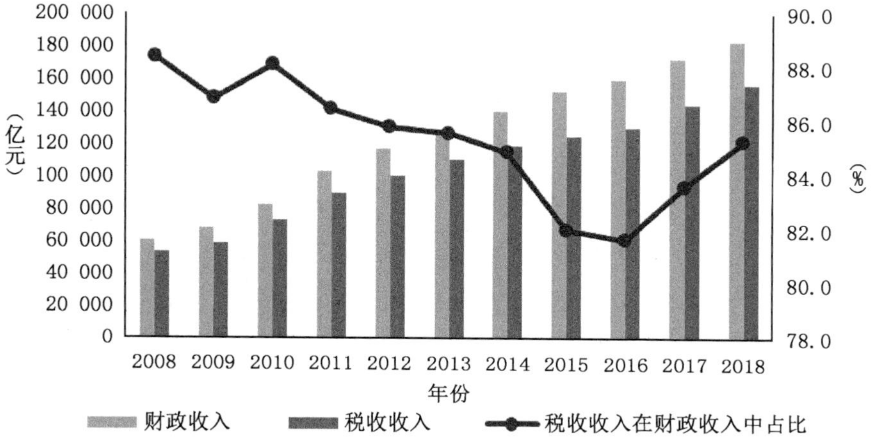

图 2.2 2008—2018 年税收收入在财政收入中占比

资料来源:根据《中国统计年鉴 2019》和财政部网站相关资料汇总计算整理。

2.2 2019 年财政收入总量分析

2.2.1 2019 年财政收入预算安排情况①

2019 年预算编制和财政工作的总体要求是:在以习近平同志为核心的党中央坚强领导下,以习近平新时代中国特色社会主义思想为指导,全面贯彻党的十九大和十九届二中、三中全会精神,统筹推进"五位一体"总体布局,协调推进"四个全面"战略布局,坚持稳中求进工作总基调,坚持新发展理念,坚持推动高质量发展,坚持以供给侧结构性改革为主线,坚持深化市场化改革、扩大高水平开放,加快建设现代化经济体系,继续打好三大攻坚战,着力激发微观主体活力,创新和完善宏观调控,统筹推进稳增长、促改革、调结构、惠民生、防风险工作。积极的财政政策要加力提效,实施更大规模的减税降费,实质性降低增值税等税率;优化财政支出结构,树立过紧日子的思想,严格压缩一般性支出,加

① 《关于 2018 年中央和地方预算执行情况与 2019 年中央和地方预算草案的报告》,中央政府门户网站。

大对重点领域支持力度，提高资金配置效率，有效降低企业负担；加快建立现代财政制度，建立权责清晰、财力协调、区域均衡的中央和地方财政关系；全面实施预算绩效管理，加快建成全方位、全过程、全覆盖的预算绩效管理体系；加强地方政府债务管理，较大幅度增加地方政府专项债券规模，积极防范化解地方政府债务风险，促进经济持续健康发展和社会大局稳定，为全面建成小康社会收官打下决定性基础，以优异成绩庆祝中华人民共和国成立 70 周年。按照上述要求，着重把握好五个方面：一是加大减税降费力度，促进实体经济发展；二是增加重点领域投入，提高支出精准度；三是树立过紧日子的思想，严格控制一般性支出；四是深化财税体制改革，加快建立现代财政制度；五是开大地方规范举债前门，严堵违法违规举债后门。在此原则下，我国 2019 年财政收入预算安排情况如下：

(1)公共财政预算安排情况

全国一般公共预算收入 192 500 亿元，增长 5%。加上调入资金 15 144 亿元，收入总量为 207 644 亿元。从中央财政预算来看，中央一般公共预算收入 89 800 亿元，比 2018 年执行数同口径增长 5.1%。加上从中央预算稳定调节基金调入 2 800 亿元，从中央政府性基金预算、中央国有资本经营预算调入 394 亿元，收入总量为 92 994 亿元。中央预算稳定调节基金余额 963.99 亿元。中央财政国债余额限额 175 208.35 亿元。从地方财政预算来看，地方一般公共预算本级收入 102 700 亿元，增长 4.9%。加上中央对地方转移支付收入 75 399 亿元、地方财政调入资金及使用结转结余 11 950 亿元，收入总量为 190 049 亿元。地方财政赤字 9 300 亿元，比 2018 年增加 1 000 亿元，通过发行地方政府一般债券弥补。地方政府一般债务余额限额 133 089.22 亿元。

2019 年中央财政主要收入项目指标安排如下①：

国内增值税 30 040 亿元，预算数为上年执行数的 97.7%；国内消费税 11 580 亿元，预算数为上年执行数的 108.9%；进口货物增值税、消费税 16 980 亿元，预算数为上年执行数的 100.6%；企业所得税 24 430 亿元，预算数为上年执行数的 109.8%；个人所得税 7 740 亿元，预算数为上年执行数的 93.0%；出口货物退增值税、消费税 15 940 亿元，预算数为上年执行数 100.2%；关税 2 750 亿元，预算数为上年执行数的 96.6%；非税收入 7 300 亿元，预算数为上

① 《2019 年中央公共财政收入预算表》，中华人民共和国财政部网站。

年执行数的 146.0%。

中央对地方税收返还和转移支付安排情况:中央对地方转移支付 75 399 亿元,增长 9.0%。其中,一般性转移支付 67 763.10 亿元,增长 7.5%;专项转移支付 7 635.90 亿元,增长 24.4%。在一般性转移支付中,均衡性转移支付 15 632 亿元,增长 10.9%,主要用于缓解地方减收增支压力;老少边穷地区转移支付 2 489.05 亿元,增长 14.7%;基本养老金转移支付 7 391.87 亿元,增长 10.9%;城乡居民医疗保险转移支付 3 346.32 亿元,增长 7.4%。中央对地方税收返还及固定补助 11 872.70 亿元,比 2017 年执行数增加 1.7%。

(2)政府性基金预算安排情况

中央政府性基金收入 4 193.15 亿元,增长 4.0%。加上上年结转收入 358.24 亿元,中央政府性基金收入总量为 4 551.39 亿元。地方政府性基金本级收入 73 754.56 亿元,增长 3.3%。其中,国有土地使用权出让收入 67 077.39 亿元,增长 3%。加上中央政府性基金对地方转移支付收入 1 151.61 亿元、地方政府专项债务收入 21 500 亿元,地方政府性基金相关收入为 96 406.17 亿元。汇总中央和地方预算,全国政府性基金收入 77 947.71 亿元,增长 3.4%。加上上年结转收入 358.24 亿元和地方政府专项债务收入 21 500 亿元,全国政府性基金相关收入总量为 99 805.95 亿元。

(3)国有资本经营预算安排情况

2019 年中央国有资本经营预算收入 1 638.11 亿元,增长 23.6%。加上上年结转收入 5.63 亿元,中央国有资本经营预算收入总量为 1 643.74 亿元。对地方转移支付 118 亿元,提高 18%。向一般公共预算调出 389.77 亿元,增长 21.2%,调入比例进一步提高到 28%。地方国有资本经营预算本级收入 1 727.73 亿元,增长 9.7%。加上中央国有资本经营预算对地方转移支付收入 118 亿元,地方国有资本经营预算收入 1 845.73 亿元,提高 18.25%。汇总中央和地方预算,全国国有资本经营预算收入 3 365.84 亿元,增长 16.1%。加上上年结转收入 5.63 亿元,全国国有资本经营预算收入总量为 3 371.47 亿元。

(4)社会保险基金预算

根据机关事业单位养老保险改革进展,2018 年开始编制中央和地方机关事业单位基本养老保险基金预算,社会保险基金预算首次按中央预算和地方预算分别编制。

2019 年中央社会保险基金预算收入 709.23 亿元,增长 21.8%。其中,保险费收入 377.54 亿元,财政补贴收入 324.25 亿元。地方社会保险基金收入 78 968.31 亿元,增长 9.6%,其中,保险费收入 56 616.19 亿元,财政补贴收入 19 144.71 亿元。2018 年中央社会保险基金收支增长较多,主要是来自机关事业单位基本养老保险基金。汇总中央和地方预算,全国社会保险基金收入 79 677.54 亿元,增长 9.7%,其中,保险费收入 56 993.73 亿元,财政补贴收入 19 468.96 亿元。

2.2.2 2019 年财政收入实际执行情况

2019 年中央和地方预算执行情况较好。

(1)公共财政收入情况

2019 年,全国一般公共预算收入 190 382.23 亿元,为预算的 98.9%,比 2018 年同口径增长 3.8%。其中,中央一般公共预算收入 89 305.41 亿元,为预算的 99.4%,比 2018 年增长 4.5%;地方一般公共预算本级收入 101 076.82 亿元,比 2018 年同口径增长 3.2%。

(2)政府性基金收入情况

2019 年,全国政府性基金收入 84 515.75 亿元,增长 12%。其中,中央政府性基金收入 4 039.62 亿元,为预算的 96.3%,增长 0.1%。地方政府性基金本级收入 80 476.13 亿元,增长 12.6%,其中国有土地使用权出让收入 72 584.42 亿元,增长 11.4%。

(3)国有资本经营收入情况

2019 年,全国国有资本经营预算收入 3 960.42 亿元,增长 36.3%。其中中央国有资本经营预算收 1 635.93 亿元,为预算的 99.9%,增长 23.3%。地方国有资本经营预算本级收入 2 324.49 亿元,增长 47.2%。

(4)社会保险基金收入情况

2019 年,全国社会保险基金收入 80 844.09 亿元,增长 2.3%,其中,保险费收入 57 849.05 亿元,财政补贴收入 19 392.61 亿元。

2.2.3 2019 年财政收入总体趋势

2019 年,影响我国财税收入的主要财税政策和重点财政工作主要包括:实施更大规模减税降费;实施小微企业普惠性减税;个人所得税专项附加扣除;深化增值税改革措施;降低社会保险费率;继续清理规范行政事业性收费和政府性基金;深入推进财政体制改革;完善预算管理制度;研究逐步健全稳定、可持续的地方税体系;积极推动国资国企改革;不断提高财政管理水平。

总的来看,2019 年预算执行情况较好,财政改革发展各项工作取得积极进展,为经济持续健康发展与社会和谐稳定提供了有力保障。这是以习近平同志为核心的党中央坚强领导的结果,是习近平新时代中国特色社会主义思想科学指引的结果,是全国人大、全国政协以及代表委员们监督指导的结果,是各地区、各部门以及全国各族人民共同努力的结果。

2.3 2019 年财政收入结构分析

2.3.1 财政收入的月度结构分析

从总体上来看,2019 年财政收入增幅比上年同期明显回升。2019 年 1—12 月累计,全国财政收入 190 382.23 亿元,为预算的 98.9%,比 2018 年同口径增长 3.8%。具体月度增长情况如表 2.2 和图 2.3 所示。

表 2.2 2019 年 1—12 月全国财政收入及其增长 单位:亿元,%

月份	2019 年			2018 年	同期增长额	同期增长率
	全国财政收入	中央财政收入	地方财政收入	全国财政收入		
1—2	39 104	19 415	19 689	36 553.41	2 550.59	6.98
3	14 552	5 923	8 629	13 993	559	3.99
4	18 995	9 329	9 666	18 472.93	522.07	2.83
5	17 268	8 730	8 538	17 631.12	−363.12	−2.06
6	17 927	8 192	9 735	17 680.22	246.78	1.40
7	17 777	8 822	8 955	17 460.67	316.33	1.81
8	11 438	5 490	5 948	11 076.85	361.15	3.26
9	13 617	6 144	7 473	12 963.12	653.88	5.04
10	17 026	8 617	8 409	15 726.61	1 299.39	8.26
11	11 263	5 454	5 809	10 774.75	488.25	4.53

续表

月份	2019 年		2018 年		同期增长额	同期增长率
	全国财政收入	中央财政收入	地方财政收入	全国财政收入		
12	11 415	3 189	8 226	11 019.16	395.84	3.59

资料来源:根据中经网数据中心和中国财政部网站有关数据整理编制。其中 2018 年 12 月份和 2019 年 12 月份的财政收入数据根据全年总额倒推计算得出。

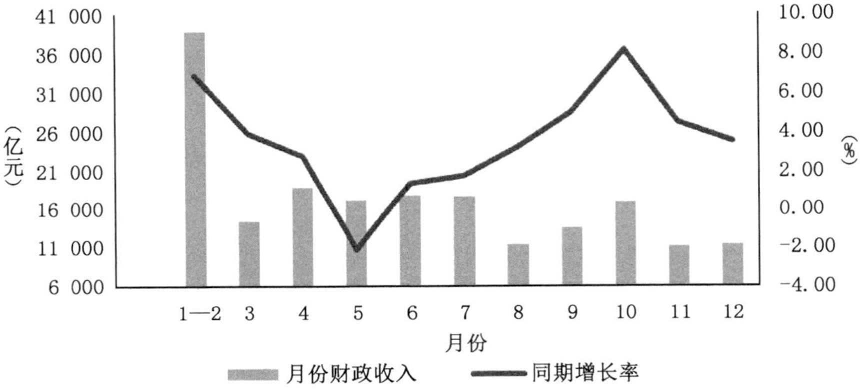

图 2.3 2019 年 1—12 月全国财政收入同比增长情况

资料来源:根据中经网数据中心和中国财政部网站有关数据整理编制。

在月度增长结构方面,2018 年各月全国财政收入较上年同期呈现"减—增—减"的增长态势,其中 5—10 月份财政收入同比增长率持续上升,在 10 月份达到当年峰值 8.26%;1—2 月、9—11 月的财政收入增速较高,其余月份的增速均在 3%以下,其中 5 月同期增长率最低,为−2.06%。

2.3.2 财政收入的省际结构分析

2019 年,全国一般公共预算收入 190 382.23 亿元,为预算的 98.8%,比 2018 年同口径增长 3.8%。其中,中央一般公共预算收入 89 305.41 亿元,为预算的 99.4%,比 2018 年增长 4.5%;地方一般公共预算本级收入 101 076.82 亿元,比 2018 年同口径增长 3.2%。

从全国各地方政府的财政收入来看,2019 年的增长情况相比 2018 年有所下降,绝大多数省份当年财政收入的增幅都较 2018 年的增长率有所降低。表

2.3 显示了各地区本级公共财政收入的完成情况和增长率。2019 年各省份公共预算收入完成情况有以下几个基本特点：第一，从各地方政府 2019 年公共预算收入的数量来看，规模最大的为广东省，为 12 654.53 亿元，与上年相比增长 4.6%，也是唯一超过万亿元的省份；规模最小的为西藏自治区，为 221.99 亿元，与上年相比降低 3.6%。第二，公共预算收入超过 5 000 亿元的有 6 个省份，分别是广东省、江苏省、上海市、山东省、浙江省和北京市；公共预算收入不足千亿元的有 5 个省份，分别是西藏自治区、青海省、宁夏回族自治区、海南省和甘肃省；其他地区的公共预算收入介于 1 000 亿～4 000 亿元。第三，从各地政府当年本级财政收入的增长率来看，天津市和内蒙古自治区增速最快，分别为 14.4%和 10.9%，其次是海南省的 8.2%；负增长的有 6 个省份，分别是甘肃省、西藏自治区、宁夏回族自治区、重庆市和吉林省，增速最低的为吉林省，达到 −10.0%；其他省份的增长率皆处于 0～10%。第四，2019 年本级一般公共预算收入增长速度与 2018 年相比有所提升的有 5 个省份，分别为天津市、广西壮族自治区、内蒙古自治区、湖南省、湖北省，增速分别提高了 23.2%、3.7%、1.9%、13.3%、0.7%，其中天津市提高最多，增速由上年的 −8.8% 转为 14.4%，提高了 23.2 个百分点；其他 27 个省份的增速与上年相比均有不同程度的回落。

表 2.3　　2019 年全国各省份地方财政情况　　单位：亿元，%

序号	省份	本级公共财政收入	2019 年增长率	2018 年增长率	占全国地方财政收入总额的比例
1	北京	5 817.1	0.5	6.5	5.8
2	天津	2 410.41	14.4	−8.8	2.4
3	河北	3 738.99	6.4	8.7	3.7
4	山西	2 347.75	2.4	22.8	2.3
5	内蒙古	2 059.69	10.9	9	2.0
6	辽宁	2 652.4	1.4	9.4	2.6
7	吉林	1 116.95	−10.0	2.5	1.1
8	黑龙江	1 262.76	−1.5	3.2	1.2
9	上海	7 165.1	0.8	7	7.1
10	江苏	8 802.36	2.0	5.6	8.7

续表

序号	省份	本级公共财政收入	2019 年增长率	2018 年增长率	占全国地方财政收入总额的比例
11	浙江	7 048.58	6.8	13.7	7.0
12	安徽	3 182.71	4.4	8.4	3.1
13	福建	3 052.93	1.5	7.1	3.0
14	江西	2 487.39	4.9	5.6	2.5
15	山东	6 526.71	0.6	6.3	6.5
16	河南	4 041.89	7.4	10.8	4.0
17	湖北	3 388.57	2.5	1.8	3.4
18	湖南	3 007.15	5.1	3.8	3.0
19	广东	12 654.53	4.6	7	12.5
20	广西	1 811.89	7.8	4.1	1.8
21	海南	814.14	8.2	11.7	0.8
22	重庆	2 134.93	−5.8	0.6	2.1
23	四川	4 070.83	4.1	9.2	4.0
24	贵州	1 767.47	2.4	7	1.7
25	云南	2 073.56	4.0	5.7	2.1
26	西藏	221.99	−3.6	23.9	0.2
27	陕西	2 287.9	2.0	11.8	2.3
28	甘肃	850.49	−2.3	6.8	0.8
29	青海	282.25	3.4	10.9	0.3
30	宁夏	423.58	−4.7	6.5	0.4
31	新疆	1 577.63	3.0	4.5	1.6
	全国	101 080.63	3.2	7.1	100.0

资料来源:中经网数据中心。

2.3.3 财政收入的类型结构分析

从 2011 年初开始,我国正式按照改革后的预算管理制度实施,将原预算外资金(不含教育收费)全部纳入预算管理,但当年各省份的实际执行结果有所不同,只有部分做到了将预算外资金全部纳入预算管理。而从 2012 年开始,全国范围都要求做到将全部财政收支纳入预算盘子中,预算外资金正式成为历史。

(1)全口径财政收入中四类收入构成比例分析

2014 年 8 月,第十二届全国人大常委会第十次会议表决通过了全国人大常委会关于修改预算法的决定,新预算法于 2016 年 1 月 1 日起施行。新预算法第五条规定了预算包括一般公共预算、政府性基金预算、国有资本经营预算、社会保险基金预算。一般公共预算、政府性基金预算、国有资本经营预算、社会保险基金预算应当保持完整、独立。政府性基金预算、国有资本经营预算、社会保险基金预算应当与一般公共预算相衔接。

2017 年 3 月,财政部和中国人民银行发布《关于修订 2017 年政府收支分类科目的通知》,从 2017 年 1 月 1 日起,将新增建设用地土地有偿使用费、南水北调工程基金、烟草企业上缴专项收入三项基金调整转列一般公共预算并统筹使用。

2019 年四类财政收入的占比情况见图 2.4。与上年相比,一般公共预算占比继续降低,由 55%下降为 53%,同时社会保险基金收入占比保持不变,政府性基金预算收入上升 2 个百分点。

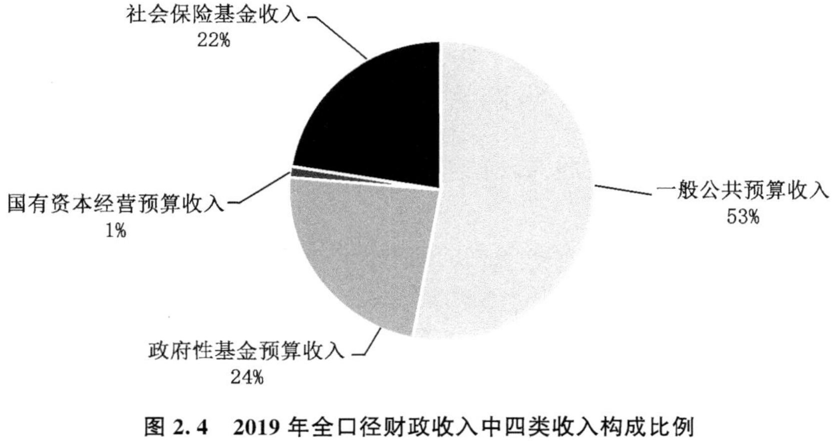

图 2.4　2019 年全口径财政收入中四类收入构成比例

资料来源:根据财政部公告整理得出。

(2)公共财政收入中税收收入构成结构分析

2019年全国公共财政预算收入为190 382.23亿元。其中,税收收入157 992.21亿元,占比为82.99%,与上年相比降低了2.31个百分点;非税收入32 390.02亿元,占比为17.01%。从收入增速上来看,2019年1—12月累计,全国公共财政收入同比增长为3.8%。其中,税收收入同比增长1%,非税收入同比增长20.2%。

2019年税收收入增长的主要特点有:

第一,税收总收入增速与上年相比有所回落,且为近10年的最低水平。2009—2019年全国税收收入增长率见图2.5。

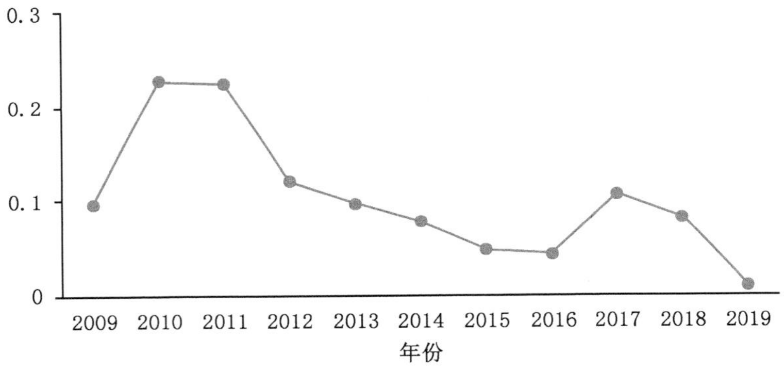

图2.5　2009—2019年全国税收收入增长率

资料来源:根据财政部公告整理得出。

第二,分季度看,税收收入较上年同期都有增长,但增速逐渐降低,第四季度略有回升(见图2.6)。

第三,分税种看,2019年各税种的收入规模大多有所增加,增幅较高的税种为环境保护税、证券交易印花税、国内消费税、土地增值税、资源税;收入规模有所下降的税种是进口货物增值税消费税、城市维护建设税、城镇土地使用税和个人所得税(见表2.4)。与此同时,我国的税制结构依旧呈现出流转税占主体的税制结构模式。2019年商品(或劳务)占税收收入的比重约为55.4%,占主要地位;财产税占比为13.7%;所得税占比30.2%。

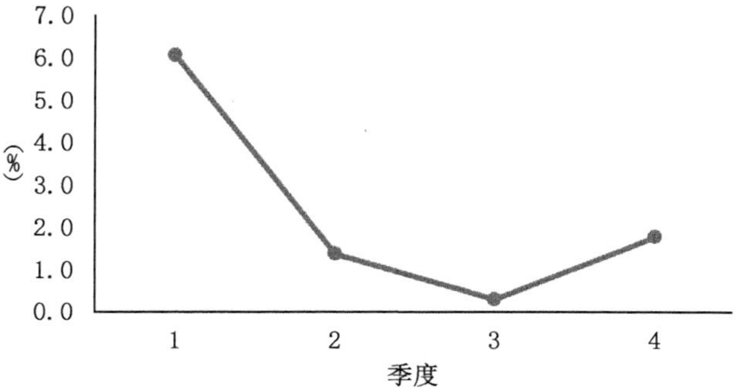

图 2.6　2019 年分季度全国税收收入同比增长

资料来源：国家税务总局公告。

表 2.4　　2019 年 1—12 月全国税收总收入和主要税种收入　　单位：亿元；%

	税种	收入规模	同期增长额	同期增长率	占总税额的比重
商品(劳务)税	国内增值税	62 346	817	1.3	39.5
	国内消费税	12 562	1 930	18.2	8.0
	进口货物增值税、消费税	15 812	−1 067	−6.3	10.0
	出口货物退增值税、消费税	−16 503	−590	3.7	−10.4
	关税	2 889	41	1.4	1.8
	城市维护建设税	4 821	−19	−0.4	3.1
	资源税	1 822	192	11.8	1.2
	车辆购置税	3 498	45	1.3	2.2
	环境保护税	221	70	46.4	0.1
	合计	87 468	1 420	1.7	55.4

续表

	税种	收入规模	同期增长额	同期增长率	占总税额的比重
财产税	契税	6 213	483	8.4	3.9
	证券交易印花税	1 229	252	25.8	0.8
	印花税(证券交易印花税以外)	1 234	12	1.0	0.8
	耕地占用税	1 390	71	5.4	0.9
	房产税	2 988	99	3.4	1.9
	城镇土地使用税	2 195	−193	−8.1	1.4
	土地增值税	6 465	823	14.6	4.1
	合计	21 714	1 548	7.7	13.7
所得税	企业所得税	37 300	1 977	5.6	23.6
	个人所得税	10 388	−3 484	−25.1	6.6
	合计	47 688	−1 507	−3.1	30.2
	其他税收	1 122	130	13.1	0.7
	税收总收入	157 992	1 591	1.0	100.0

资料来源:根据财政部公告整理。

(3)2019年全国税收收入特征分析

2019年,税务部门组织的税收收入增长1.8%,比2018年降低7.7个百分点。本年度税收收入的主要特征包括:

落实减税降费取得明显成效。国家税务总局数据显示,2019年全年累计新增减税降费超过2万亿元,占GDP比重超过2%,拉动全年GDP增长约0.8个百分点。所有行业税负均不同程度下降,有效激发了市场主体活力,增强了经济发展信心,特别是深化增值税改革后,月均净增一般纳税人8.88万户,相当于改革前的近两倍。累计办理出口退税15 740亿元,增长4.8%,有力支持了外贸出口。

纳税服务和营商环境得到切实改善。税务注销免办和即办比例提高13个百分点达到85%以上,全国无纸化退税申报户数、税额占比均超过90%。纳税人可在全国范围内实现网签划交税款，超过95%的企业纳税人使用电子税务局办税，小规模纳税人全部可以自行开具专用发票。

全面建成了增值税、电子发票公共服务平台，并升级完善了发票管理系统，同时税银互动得到不断深化，受惠企业的范围扩大了近一倍，全年发放贷款增长两成以上。2019年第三方当事人满意度得分比上年提高了1.4分。根据世界银行的营商环境评价，我国纳税指标排名连续三年实现提升。

2.4 2019年国债发行分析

2.4.1 2019年我国国债总量规模

根据2019年初公布的本年财政预算数与2018年决算数的比较，可以看出，2019年中央财政总收入的增长率为5.1%，比上年降低了0.1个百分点，而中央财政总支出的增长率是8.7%，比上年降低了0.2个百分点；从财政赤字的角度来看，2019年的赤字较2018年增加了近2 800亿元，增长了18.1%；国债余额增长率17.1%，提升了0.7个百分点(见表2.5)。

表2.5　2018年和2019年财政收支及债务数据比较　单位：亿元，%

项　目	2018年决算数	2019年预算数	增长率
中央财政总收入	87 900.34	92 994	5.8
中央财政总支出	103 400.34	111 294	7.6
中央财政赤字	15 500	18 300	18.1
中央财政国债余额	149 607.42	175 208.35	17.1

资料来源：财政部《关于2018年中央和地方预算执行情况与2019年中央和地方预算草案的报告》。

注：中央财政总收入包括中央一般公共预算收入、从中央预算稳定调节基金调入收入、从中央政府性基金预算、中央国有资本经营预算调入收入；中央财政总支出包括中央一般公共预算支出(包括本级支出、对地方税收返还和转移支付)和补充中央预算稳定调节基金支出。

在国债余额管理制度下，经全国人民代表大会批准，2019年末国债余额限额为175 208.35亿元。而根据2019年初公布的《2019和2020年中央财政国债余额情况表》,2019 年末中央财政债务余额实际数为 168 038.04 亿元,比预算数少 4.1%,与 2018 年决算数相比增长 12%。

2.4.2 2019 年国债余额结构分析

从国债余额内外债构成来看,2019 年末中央财政债务余额中,内债为 166 032.13 亿元,外债为 2 005.91 亿元,分别占全部国债余额的 98.81% 和 1.19%。近 5 年内内债与外债占全部国债余额的比例见表 2.6。

表 2.6　2015—2019 年我国国债余额中内债余额与外债余额所占比例　单位:%

债务类型	2015 年	2016 年	2017 年	2018 年	2019 年
内债	98.94	98.95	99.02	99.07	98.81
外债	1.06	1.05	0.98	0.93	1.19

资料来源:《2019 和 2020 年中央财政国债余额情况表》。

由表 2.6 看出,我国外债在全部债务余额中仅占 1% 左右,并且占比在 2016—2019 这 4 年中持续降低。

2.4.3 2019 年国债发行品种结构分析

2019 年发行国债 4.18 万亿元,同比增加 5 059.13 亿元。其中,储蓄国债 3 998.24 亿元,同比增加 707.95 亿元;记账式国债 3.78 万亿元,同比增加 4 351.19 亿元(见图 2.7)。

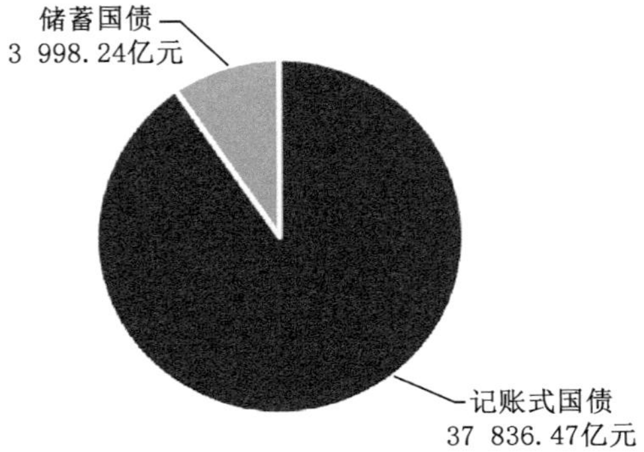

图 2.7　2019 年国债发行品种结构

2.4.4 2019 年国债发行期限结构分析

通常，政府发行的债券会具有多种不同的期限，我国的国债也是如此。2019 年国债平均发行期限 7.28 年，同比延长 0.97 年；储蓄国债平均发行期限 3.97 年，同比持平；记账式国债平均发行期限 7.62 年，同比延长 1.08 年。长期来看，我国近 10 年的国债加权平均期限先增后减，近两年国债期限有增加的趋势（见图 2.8）。

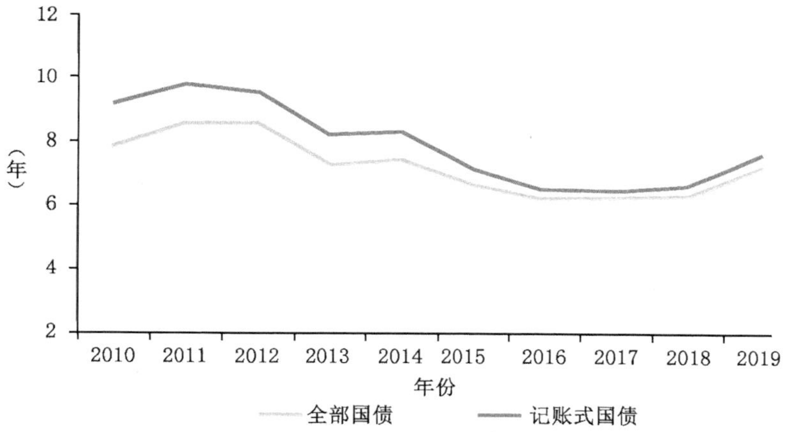

图 2.8 国债加权平均期限

2.4.5 2019 年国债发行利率结构分析

国债是由中央政府发行并以国家财力和国家信誉为保证的债券，是债券市场中信誉最高、安全性最好、风险最小的债券品种。按照市场上收益与风险对等的原则，国债利率在市场利率体系中往往是较低的，并可以作为基准利率供市场参照。不过，目前我国国债主要分为可以上市交易的记账式国债和不可以上市交易的凭证式国债及储蓄国债。记账式国债通过招标方式发行，其利率已经市场化；凭证式国债和储蓄国债由于不流通，因而发行时票面利率由财政部比照银行同期限储蓄存款利率设计。

2019 年国债平均发行利率 3.03%，同比下降 29 个基点。其中，储蓄国债平均发行利率 4.13%，同比保持不变。分期限看，3 年期、5 年期储蓄国债平均发行利率分别为 4%、4.27%，与上年同期持平。记账式国债平均发行利率 2.92%，同比下降 32 个基点。分期限看，3 个月、6 个月、1 年、2 年、3 年、5 年、7 年、10 年、30 年、50 年期记账式国债平均发行利率分别为 2.24%、2.37%、2.55%、2.69%、2.79%、2.97%、3.16%、3.17%、3.83%、3.92%，同比分别下降 39 个、45 个、41 个、30 个、44 个、34 个、40 个、37 个、25 个、8 个基点(见图 2.9)。

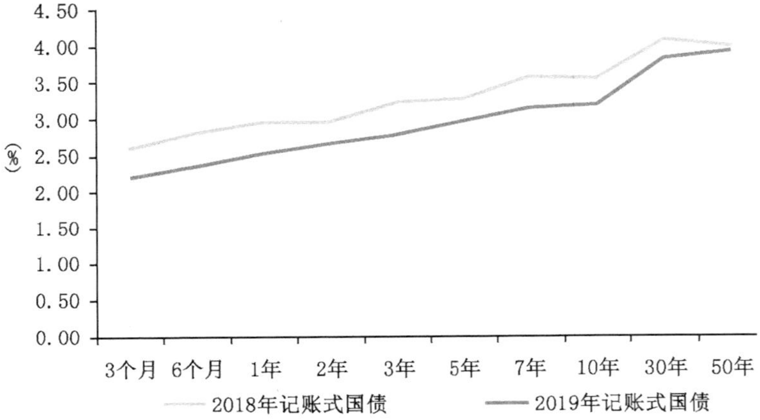

图 2.9　记账式国债加权平均发行利率

资料来源：根据财政部公告整理得出。

2.5　2019 年地方政府债券发行分析

2.5.1　我国地方政府债券改革历程

按照发行主体分类，公债可分为中央政府公债和地方政府公债。中央政府公债一般称为国债，其发行由中央政府决定，公债收入列入中央预算，由中央财政支配，还本付息由中央政府承担。地方政府公债一般称为地方债，由地方政府发行并偿还。考虑到财政风险因素，2015 年以前我国预算法规定禁止地方政府发债。2015 年修订后的《中华人民共和国预算法》实施后，正式赋予了地方政府发行债券的权利。但在这之前，我国已对地方政府发行债券有过多年的试点尝试。

2015年1月，修订后的《中华人民共和国预算法》正式实施，其中第三十五条规定：经国务院批准的省、自治区、直辖市的预算中必需的建设投资的部分资金，可以在国务院确定的限额内，通过发行地方政府债券举借债务的方式筹措。举借债务的规模，由国务院报全国人民代表大会或者全国人民代表大会常务委员会批准。省、自治区、直辖市依照国务院下达的限额举借的债务，列入本级预算调整方案，报本级人民代表大会常务委员会批准。举借的债务应当有偿还计划和稳定的偿还资金来源，只能用于公益性资本支出，不得用于经常性支出。

2015年12月，财政部发文《关于对地方政府债务实行限额管理的实施意见》，规定对地方政府债务余额实行限额管理。年度地方政府债务限额等于上年地方政府债务限额加上当年新增债务限额（或减去当年调减债务限额），具体分为一般债务限额和专项债务限额。地方政府债务总限额由国务院根据国家宏观经济形势等因素确定，并报全国人民代表大会批准。年度预算执行中，如出现下列特殊情况需要调整地方政府债务新增限额，由国务院提请全国人大常委会审批：当经济下行压力大、需要实施积极财政政策时，适当扩大当年新增债务限额；当经济形势好转、需要实施稳健财政政策或适度从紧财政政策时，适当削减当年新增债务限额或在上年债务限额基础上合理调减限额。

2016年11月9日，财政部印发《地方政府专项债务预算管理办法》和《地方政府一般债务预算管理办法》，对地方政府转向债务和一般债务的筹措方式、使用范围、债务限额和余额、预算编制、预算执行和决算等事项进行了规范。

2017年3月23日，财政部印发《新增地方政府债务限额分配管理暂行办法》，规定新增地方政府一般债务限额、新增地方政府专项债务限额（以下均简称新增限额）分别按照一般公共预算、政府性基金预算管理方式不同，单独测算。新增限额分配管理应当遵循立足财力水平、防范债务风险、保障融资需求、注重资金效益、公平公开透明的原则。

2017年5月16日，财政部、国土资源部印发《地方政府土地储备专项债券管理办法（试行）》。2017年6月26日，财政部、交通运输部印发《地方政府收费公路专项债券管理办法（试行）》。2017年6月，财政部印发《关于试点发展项目收益与融资自求平衡的地方政府专项债券品种的通知》。2018年3月1日，财政部、住房城乡建设部印发《试点发行地方政府棚户区改造专项债券管理办法》。多个文件对我国地方政府专项债券的管理办法进行了规定。

2018年8月14日，财政部印发《关于做好地方政府专项债券发行工作的意见》，表明为加快地方政府专项债券(以下简称专项债券)发行和使用进度，更好地发挥专项债券对稳投资、扩内需、补短板的作用，需要做到：加快专项债券发行进度；提升专项债券发行市场化水平；优化债券发行程序；简化债券信息披露流程；加快专项债券资金拨付使用；加强债券信息报送。

2018年7月30日和2018年8月14日，财政部分别印发了《地方政府债券公开承销发行业务规程》和《地方政府债券弹性招标发行业务规程》，对地方政府债券的公开承销发行业务和弹性招标发行业务进行了规范。

2018年12月20日，为进一步做好地方政府债务信息公开工作，增强地方政府债务信息透明度，自觉接受监督，防范地方政府债务风险，财政部发布《地方政府债务信息公开办法(试行)》，对地方政府债务信息公开提出了详尽、具体的要求。

2019年6月10日，中共中央办公厅、国务院办公厅印发了《关于做好地方政府专项债券发行及项目配套融资工作的通知》，要求进一步健全地方政府举债融资机制，推进专项债券管理改革，在较大幅度增加专项债券规模基础上，加强宏观政策协调配合，保持市场流动性合理充裕，做好专项债券发行及项目配套融资工作，促进经济运行在合理区间。

2.5.2 2019年我国地方政府债券总量分析

截至2019年末，全国地方政府债务余额213 072.26亿元，控制在全国人大批准的限额之内。其中，一般债务117 137.39亿元，专项债务94 045.54亿元；政府债券211 182.93亿元，非政府债券形式存量政府债务1 889.33亿元。如图2.10所示，2015—2019年，地方政府专项债券和一般债券的余额均持续上升，地方政府的债务负担率变化呈U形，在2017年达到最低值，2019年地方政府债务负担率达到21.5%。

2.5.3 2019年我国地方政府债券发行规模分析

2019年，全国发行地方政府债券1 093只，共计43 624.27亿元。其中，发行一般债券17 742.02亿元，发行专项债券25 882.25亿元；按用途划分，发行新增债券30 560.75亿元，占当年新增债务限额的70.1%，较上年相比规模和占比明显增多，发行置换债券和再融资债券13 063.52亿元。2019年新增限额

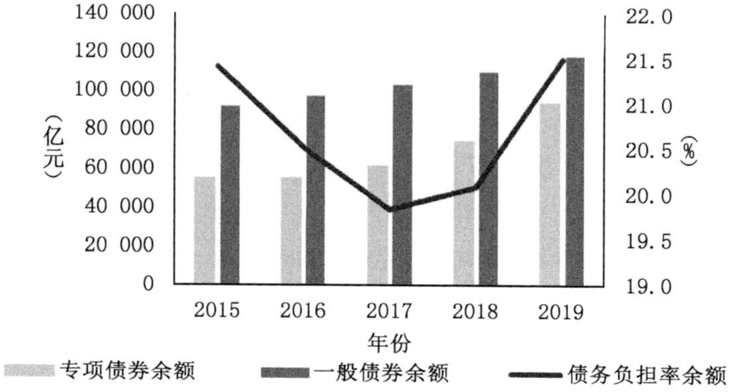

图 2.10 2015—2019 年地方政府债券余额和债务负担率

资料来源:财政部公告。

已基本使用完毕,全年额度仅剩 224.3 亿元,其中新增一般债额度剩余 211.6 亿元,新增专项债额度剩余 12.7 亿元。2019 年全国地方政府债务限额为 240 774.3 亿元。其中,一般债务限额 133 089.22 亿元,专项债务限额 107 685.08 亿元。

从省份来看,如图 2.11 所示,发行量超过 2 000 亿元的省份有 7 个,从大到小依次为江苏、湖南、山东、河北、四川、广东和浙江,其中江苏省发行量最大,达 2 852 亿元,西藏的地方债发行规模最小,仅为 128 亿元。

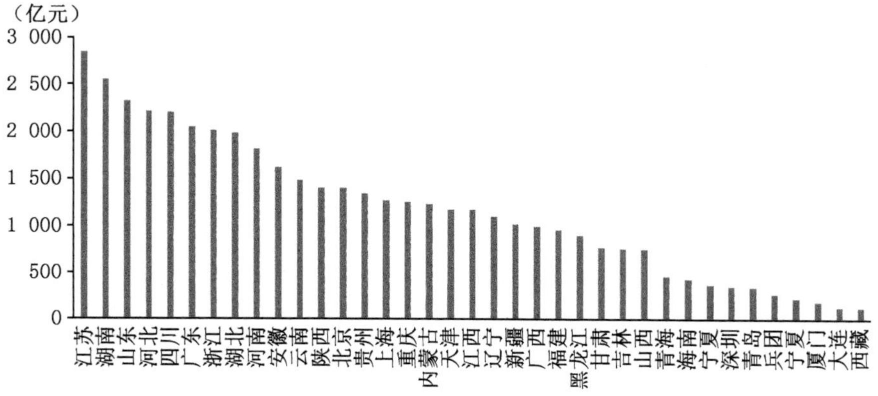

图 2.11 财政部发布 2019 年地方政府债券发行量(分地区)

注:“兵团”指新疆生产建设兵团,下同。

从发行时间来看，2019年地方债从1月份开始发行，与往年相比发行节奏明显提前。从全年来看，如图2.12所示，2019年地方债主要集中在1—3月和6—8月发行，发行规模占全年的90.8%；而2018年地方债主要集中在3—9月份发行，发行规模占全年的90.5%。2018年12月29日，十三届全国人大常委会第七次会议审议通过了关于授权国务院提前下达部分新增地方政府债务限额的决定，授权国务院在2019年以后年度，在当年新增地方政府债务限额的60%以内，提前下达下一年度新增地方政府债务限额，这使得地方债得以较往年提前发行。

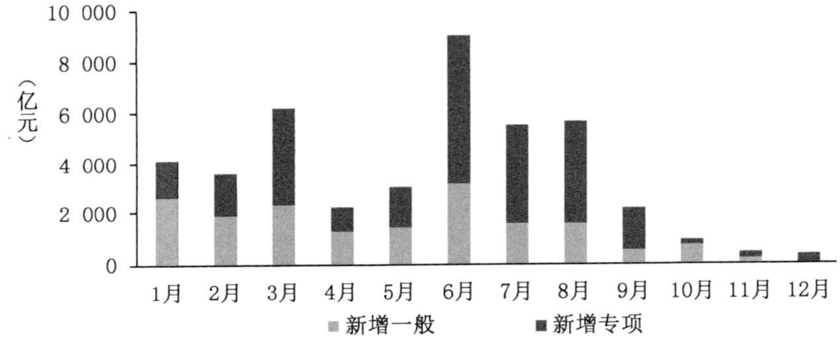

图2.12　2019年地方政府债券发行量(亿元)

2.5.4　2019年我国地方政府债券期限结构分析

2019年，地方政府债券平均发行期限10.26年，其中一般债券12.07年、专项债券9.02年；新增债券平均发行期限9.03年，再融资债券平均发行期限12.27年，置换债券平均发行期限19.43年。不同期限发行规模见表2.7。截至2019年末，地方政府债券剩余平均年限5.1年，其中一般债券5.0年，专项债券5.2年。

表2.7　　2019年1—12月地方政府债券发行额(分期限)

期限(年)	2	3	5	7	10	15	20	30
发行额(亿元)	169.30	2 058.94	13 787.86	7 178.71	12 324.60	1 686.86	1 917.50	4 500.50
一般债券(亿元)	51.80	1 101.94	2 909.53	3 453.63	5 990.69	363.00	952.11	2 919.32

续表

期限(年)	2	3	5	7	10	15	20	30
专项债券(亿元)	117.50	957.00	10 878.33	3 725.08	6 333.91	1 323.86	965.39	1 581.18

资料来源:财政部官网。

2.5.5 2019 年我国地方政府债券利率结构分析

2019 年地方债券平均发行利率 3.47%,同比下降 42 个基点,比国债利率平均高 27 个基点,其中一般债券 3.53%、专项债券 3.43%。分期限看,2 年、3 年、5 年、7 年、10 年、15 年、20 年、30 年平均发行利率分别为 2.99%、3.13%、3.28%、3.45%、3.45%、3.76%、3.83%、4.06%。

截至 2019 年末,地方债券平均利率 3.55%,其中一般债券 3.56%,专项债券 3.55%。

2.6 2020 年财政收入预期分析

2.6.1 2019 年财政收入总结

回顾 2019 年财政收入的完成情况,主要有以下特点:

从财政收入总量来看,2019 年全国一般公共预算收入 190 382.23 亿元,比上年增长 3.8%。其中,中央一般公共预算收入 89 305.41 亿元,占比为 99.4%,比上年增长 4.5%;地方一般公共预算本级收入 101 076.82 亿元,比上年增长 3.2%。全国一般公共预算收入中的税收收入 157 992.21 亿元,占比为 82.99%,同比增长 1%;非税收入 32 390.02 亿元,占比为 17.01%,同比增长 20.2%。

从财政收入走势看,2018 年各月全国财政收入较去年同期呈现"减—增—减"的增长态势,1—5 月财政收入的增速持续降低,6—10 月份财政收入同比增长率持续上升,在 10 月份达到当年峰值 8.26%;11—12 月增速再次降低,但仍保持在当年的较高水平。

从全国各地方政府的财政收入来看,2019 年的增长情况相对于 2018 年有所下降，绝大多数省份当年财政收入的增幅都较 2018 年的增长率有所降低。第一，从各地方政府 2019 年公共预算收入的数量来看，规模最大的为广东省，与上一年度相比增长 4.6%，也是唯一超过万亿元的省份；规模最小的为西藏自治区，与上一年度相比降低 3.6%。第二，公共预算收入超过 5 000 亿元的有 6 个省市，分别是广东省、江苏省、上海市、山东省、浙江省和北京市；公共预算收入不足千亿元的有 5 个地区，分别是西藏自治区、青海省、宁夏回族自治区、海南省和甘肃省。第三，从各地政府当年本级财政收入的增长率来看，天津市和内蒙古自治区增速最快；甘肃省、西藏自治区、宁夏回族自治区、重庆市和吉林省为负增长。第四，2019 年本级一般公共预算收入增长速度与 2018 年相比提高最多的地区是天津市；有 27 个省份的增速与上一年度相比有所回落。

从财政收入构成比例分析，全与上一年度相比，一般公共预算占比继续降低，由 2018 年的原来的 55%下降为 37%，同时社会保险基金收入占比上升 8 个百分点，政府性基金预算收入上升 9 个百分点。税收收入中环境保护税、证券交易印花税、国内消费税、土地增值税、资源税等税收的增长率较高。

2019 年末我国中央财政债务余额实际数为 168 038.04 亿元，比预算数少 4.1%，与 2018 年决算数相比增长 12%。2019 年国债总额同比增加 5 059.13 亿元，其中储蓄国债和记账式国债同比都有所增加。国债平均发行利率有所下降。2019 年，国债余额约 16.6 万亿元，存量国债平均票面利率 3.51%，平均剩余期限 7.48 年。

2.6.2 2020 年财政收入预期

2020 年是全面建成小康社会和“十三五”规划收官之年，也是脱贫攻坚决战决胜之年。然而，受全球疫情冲击，世界经济严重衰退，产业链供应链循环受阻，国际贸易投资萎缩，大宗商品市场动荡。国内消费、投资、出口下滑，就业压力显著加大，企业特别是民营企业、中小微企业困难凸显，财政收支矛盾加剧，财政运行压力增加。从财政收入看，受疫情冲击、减税降费等因素影响，2020 年上半年财政收入会有所下降，随着生产生活秩序恢复，疫情防控进入常态化新阶段，财政收入有望企稳回升，但仍有较大不确定性，下半年可能出现恢复增长并回补部分上半年减收。

2020 年积极的财政政策要更加积极有为，围绕做好“六稳”工作，落实“六保”任务，以更大的政策力度对冲疫情影响，真正发挥稳定经济的关键作用。财政部门将按照党中央、国务院决策部署，在疫情防控常态化前提下，加大减税降费力度，多渠道筹集资金，缓解地方财政困难，扩大政府投资规模，紧扣全面建成小康社会目标任务，统筹推进疫情防控和经济社会发展工作。

综合各方面因素，预计2020年财政收入可能会有所下降。

3　2019年中国财政支出分析

3.1　2018年财政支出决算回顾

2018年是全面贯彻党的十九大精神的开局之年，在以习近平同志为核心的党中央坚强领导下，面对错综复杂的国际环境和艰巨繁重的国内改革发展稳定任务，各级财政部门深入贯彻落实党中央、国务院决策部署，坚持稳中求进的工作总基调，按照高质量发展要求，大力实施减税降费。从总体情况看，随着减税降费政策陆续落地，财政收入增长稳中趋缓，财政政策更加“积极”，保持较高支出强度，优化财政支出结构，财政支出更为精准有效，全年财政收支运行情况良好。

3.1.1　公共财政支出决算

2018年，全国公共财政支出220 906.07亿元，比2017年增长8.7%。[①] 加上补充中央预算稳定调节基金1 018.54亿元，支出总量为221 924.61亿元。当年全国财政支出超过收入23 800亿元。[②]

(1)中央公共财政支出决算情况

首先，从中央公共财政支出决算的总体情况来看，2018年中央公共财政支出102 381.8亿元，完成预算的99.1%；其中，中央对地方税收返还和转移支付69 673.99亿元，较上年决算数增长7.2%。加上补充中央预算稳定调节基金1 018.54亿元，支出总量为103 400.34亿元。中央公共财政支出超过收入

---

① 在“2018年财政支出决算回顾”部分，如无特别说明，增长都是相对于2017年的增长。

② 全国一般公共预算支出大于收入的差额＝支出总量(全国一般公共预算支出＋补充中央预算稳定调节基金)－收入总量(全国一般公共预算收入＋全国财政使用结转结余及调入资金)。

15 500亿元，与预算持平。

其次，从中央本级公共财政支出决算的结构来看(见表3.1)，完成预算低于100%的支出项目包括外交支出、商业服务业等支出、其他支出、债务付息支出、债务发行费用、中央对地方税收返还和转移支付6项，除以上6项支出外，其他各项支出均完成或超额完成年初预算。其中，超出预算10%以上的支出项目有节能环保、资源勘探信息、住房保障支出3项，超出预算均不超过50%。此外，税收返还8 031.51亿元，一般性转移支付38 722.06亿元，专项转移支付22 927.09亿元。

表3.1　　2018年中央本级公共财政支出情况　　单位:亿元,%

项　目	调整预算数	决算数	决算数为调整预算的%	比上年增长
一、一般公共服务支出	1 453.88	1 503.68	103.4	15.3
二、外交支出	600.70	583.37	97.1	12.3
三、国防支出	11 069.51	11 069.70	100.0	8.1
四、公共安全支出	1 991.10	2 041.51	102.5	8.1
五、教育支出	1 711.22	1 731.23	101.2	7.6
六、科学技术支出	3 114.84	3 120.27	100.2	10.3
七、文化体育与传媒支出	280.60	281.13	100.2	1.3
八、社会保障和就业支出	1 180.16	1 184.55	100.4	8.7
九、医疗卫生与计划生育支出	209.05	210.65	100.8	55.1
十、节能环保支出	376.44	427.56	113.6	20.7
十一、城乡社区支出	78.62	86.38	109.9	6.2
十二、农林水支出	587.26	592.30	100.9	11.9
十三、交通运输支出	1 240.48	1 313.71	105.9	13.3
十四、资源勘探信息等支出	291.88	381.52	130.7	−0.8
十五、商业服务业等支出	94.65	73.28	77.4	31.0
十六、金融支出	831.72	845.59	101.7	−1.0
十七、国土海洋气象等支出	323.70	353.67	109.3	17.7
十八、住房保障支出	444.07	506.45	114.0	19.9

续表

项　目	调整预算数	决算数	决算数为调整预算的%	比上年增长
十九、粮油物资储备支出	1 371.50	1 375.64	100.3	−13.9
二十、其他支出	881.58	826.74	93.8	35.3
二十一、债务付息支出	4 286.52	4 161.65	97.1	10.2
二十二、债务发行费用支出	46.52	37.23	80.0	5.1
中央对地方税收返还和转移支付	70 344.00	69 680.66	99.1	7.3
中央预备费	500	—	—	—
中央一般公共预算支出	103 310.00	102 388.47	99.1	7.7
补充中央预算稳定调节基金	—	1 020.99	—	−69.5

资料来源：根据财政部网站数据计算得到。

最后，从中央本级公共财政支出决算的增长速度来看，增长率最大的项目是医疗卫生与计划生育支出，其支出增长率为 55.1%。增速位列第二、三位的为其他支出和商业服务业等支出，增长率分别为 35.3%和 31.0%，增长率在 10%～30%的项目主要包括一般公共服务、外交、科学技术、节能环保、农林水、交通运输、国土海洋气象、住房保障、债务付息支出 9 项；资源勘探信息、金融、粮油物资储备、补充中央预算稳定调节基金支出的增长率为负，其中补充中央预算稳定调节基金支出的增长率为−69.5%；除此之外，其余项目支出的增长率都位于 0～10%。

(2)地方公共财政支出决算情况

首先，从地方公共财政支出决算的总体情况来看，2018 年地方公共财政支出 188 196.32 亿元，为预算的 106.4%，增长 8.7%，地方公共财政支出超过收入 8 300 亿元。

其次，从地方公共财政支出决算的结构来看(见表 3.2)，除债务发行费用支出完成预算的比例低于 100%外，其他支出项均超额完成预算。其中超出预算最多的 4 个项目是其他支出、金融支出、外交支出和债务付息支出，超出幅度分别为 102.5%、81.2%、48.0%、31.3%；除此之外，其余项目超出预算的比例都在 20%以内。需要说明的是，以上各项支出中包括地方用中央税收返还和转移支付资金安排的支出。

最后，从各主要支出项目的增长速度来分析，金融支出的增长幅度最大，其增长率达 82.0%；排在第二位的是外交支出，增长率达到 43.8%。

表 3.2　2018 年地方公共财政支出情况　单位：亿元，%

项　目	预算数	决算数	决算数/预算数	增长率
一、一般公共服务支出	15 508.69	16 871.01	108.8	10.7
二、外交支出	2.02	2.99	148.0	43.8
三、国防支出	206.70	210.76	102.0	2.5
四、公共安全支出	10 654.98	11 739.97	110.2	10.7
五、教育支出	29 726.03	30 438.24	102.4	6.5
六、科学技术支出	4 480.01	5 206.38	116.2	17.3
七、文化体育与传媒支出	3 096.53	3 256.73	105.2	4.4
八、社会保障和就业支出	24 810.60	25 827.54	104.1	9.4
九、医疗卫生与计划生育支出	15 082.00	15 412.90	102.2	7.5
十、节能环保支出	5 513.04	5 870.05	106.5	11.5
十一、城乡社区支出	21 197.06	22 037.75	104.0	7.4
十二、农林水支出	18 692.94	20 493.29	109.6	11.5
十三、交通运输支出	9 358.02	9 969.05	106.5	4.8
十四、资源勘探信息等支出	4 580.04	4 694.90	102.5	0.9
十五、商业服务业等支出	1 443.71	1 533.68	106.2	0.9
十六、金融支出	294.79	534.03	181.2	82.0
十七、援助其他地区支出	397.16	442.16	111.3	10.8
十八、国土海洋气象等支出	1 887.58	1 919.91	101.7	−4.3
十九、住房保障支出	6 061.83	6 299.92	103.9	2.7
二十、粮油物资储备支出	643.18	685.11	106.5	4.9
二十一、其他支出	733.62	1 485.90	202.5	30.5
二十二、债务付息支出	2 468.24	3 241.07	131.3	29.9
二十三、债务发行费用支出	25.23	22.98	91.1	−5.4
地方一般公共预算支出	176 864.00	188 196.32	106.4	8.7

资料来源：财政部网站。

3.1.2 政府性基金支出决算

2018年,全国政府性基金支出80 562.07亿元,增长32.1%,收入大于支出8 728.02亿元。下面我们分别说明中央与地方政府性基金的支出决算情况。

(1)中央政府性基金支出决算情况

2018年,中央政府性基金支出4 021.55亿元,完成预算的94.7%,增长8.4%。其中,中央本级支出3 089.29亿元,增长13.4%。支出金额超过300亿元的项目有:可再生能源电价附加收入安排的支出768.56亿元,中央特别国债经营基金财务支出632.92亿元,铁路建设基金支出565.34亿元,彩票公益金安排的支出413.33亿元。中央本级政府性基金支出的具体项目见表3.3。

表3.3　　2018年中央本级政府性基金支出决算表　　单位:亿元,%

项　目	预算数	决算数	决算数/预算数	增长率
一、中央农网还贷资金支出	160.20	158.11	98.7	10.4
二、铁路建设基金支出	565.34	565.34	100.0	34.6
三、民航发展基金支出	238.38	212.26	89.0	100.6
四、港口建设费安排的支出	61.88	58.73	94.9	1.7
五、旅游发展基金支出	2.21	1.82	82.4	−23.2
六、国家电影事业发展专项资金支出	3.25	3.16	97.2	107.9
七、中央水库移民扶持基金支出	1.41	1.09	77.3	2.8
八、中央特别国债经营基金财务支出	632.92	632.92	100.0	−7.3
九、彩票公益金安排的支出	484.49	413.33	85.3	14.7
十、国家重大水利工程建设基金支出	179.42	177.88	99.1	−21.2
十一、核电站乏燃料处理处置基金支出	26.86	14.91	55.5	484.7
十二、可再生能源电价附加收入安排的支出	754.88	768.56	101.8	18.5
十三、船舶油污损害赔偿基金支出	1.94	0.16	8.2	1 500.0
十四、废弃电器电子产品处理基金支出	36.47	22.74	62.4	3 345.5
十五、彩票发行和销售机构业务费安排的支出	78.34	29.16	37.2	−5.0

续表

项 目	预算数	决算数	决算数/预算数	增长率
十六、国有土地使用权出让金收入相关支出	32.97	28.53	86.5	—23.2
十七、国有土地收益基金相关支出	0.61	0.03	4.9	—85.7
十八、农业土地开发资金相关支出	0.30	0.15	50.0	—83.5
十九、城市基础设施配套费相关支出	0.84	0.41	48.8	—69.6
中央本级政府性基金支出	3 262.71	3 089.29	94.7	13.4

资料来源:财政部网站。

此外,中央对地方政府性基金转移支付932.26亿元,中央政府性基金支出完成预算数的94.7%,中央政府性基金结转下年支出358.24亿元。

(2)地方政府性基金支出决算情况

同年,地方政府性基金支出77 512.33亿元,完成预算的103.6%,增长33.0%。其中支出额超过1 000亿元的有:国有土地使用权出让金收入安排的支出64 768.38亿元;车辆通行费相关支出2 755.49亿元;城市基础设施配套支出1 850.00亿元;国有土地收益基金相关支出1 844.90亿元。地方政府性基金支出的具体情况见表3.4。

表3.4　2018年地方政府性基金支出决算表　单位:亿元,%

项 目	预算数	决算数	决算数/预算数	增长率
一、地方农网还贷资金安排的支出	43.32	44.22	102.1	24.0
二、民航发展基金支出	281.90	264.46	93.8	32.1
三、海南省高等级公路车辆通行附加费相关支出	53.16	33.79	63.6	—13.7
四、港口建设费相关支出	43.32	44.22	102.1	24.0
五、新型墙体材料专项基金相关支出	0.06	—	—	—
六、旅游发展基金支出	14.85	18.49	124.5	121.7
七、国家电影事业发展专项资金相关支出	28.54	23.26	81.5	—1.1
八、城市公用事业附加相关支出	1.78	—	—	—

续表

项　目	预算数	决算数	决算数/预算数	增长率
九、国有土地使用权出让金收入相关支出	64 768.38	68 138.81	105.2	34.7
十、国有土地收益基金相关支出	1 844.90	1 660.32	90.0	21.3
十一、农业土地开发资金相关支出	318.80	125.94	39.5	−16.0
十二、中央水库移民扶持基金支出	213.63	239.57	112.1	−12.4
十三、彩票公益金相关支出	809.27	717.51	88.7	11.4
十四、城市基础设施配套费相关支出	1 850.00	1 707.15	92.3	33.5
十五、地方水库移民扶持基金相关支出	55.00	51.01	92.7	5.9
十六、国家重大水利工程建设基金相关支出	111.76	148.89	133.2	−10.9
十七、核电站乏燃料处理处置基金支出	0.06	0.06	100.0	?
十八、车辆通行费相关支出	2 755.49	2 402.63	87.2	28.6
十九、可再生能源电价附加收入安排的支出	84.00	70.23	83.6	10.8
二十、彩票发行和销售机构业务费安排的支出	180.03	158.06	87.8	10.1
二十一、污水处理费收入安排的支出	500.00	474.44	94.9	8.4
二十二、其他政府性基金支出	691.55	1 082.44	156.5	76.4
地方政府性基金支出	74 786.27	77 512.33	103.6	33.0
收入大于支出(结转下年)	—	8 364.19	—	0.1

资料来源:财政部网站。

3.1.3 国有资本经营支出决算

2018 年全国国有资本经营支出 2 159.26 亿元,增长 6.7%,全国国有资本经营收入 2 899.95 亿元,增长 9.8%。

(1)中央国有资本经营支出决算情况

2018 年,中央国有资本经营支出 1 111.73 亿元,完成预算数的 95.1%,增长 10.1%。其中,中央本级支出 1 024.85 亿元,完成预算的 95.9%,增长 32.4%。另外,对地方转移支付 86.88 亿元,调入一般公共预算 321.54 亿元,调入比例提高至 25%，结转下年支出 5.63 亿元。中央本级支出中，国有资本经营预算补充社会保险基金支出 13.29 亿元，是超出预算数最多的支出事项，超出幅度为 27.3%；其他国有资本经营预算支出是较上年决算数涨幅最大的支出事项，增长 1 352.5%。具体情况见表 3.5。

表 3.5　2018 年中央本级国有资本经营支出决算表　单位：亿元，%

项　目	预算数	决算数	决算数/预算数	决算数/上年决算数
一、国有资本经营预算补充社保基金支出	10.44	13.29	127.3	38.1
二、解决历史遗留问题及改革成本支出	431.14	393.19	91.2	99.6
三、国有企业资本金注入	351.72	324.65	92.3	128.7
四、国有企业政策性补贴	70.09	81.08	115.7	104.5
五、其他国有资本经营预算支出	205.48	212.64	103.5	1 452.5
中央本级国有资本经营支出	1 068.87	1 024.85	95.9	132.4
结转下年支出	—	5.63	—	5.0

资料来源：财政部网站。

(2)地方国有资本经营支出决算情况

地方国有资本经营本级收入 1 574.64 亿元，增长 17.8%；中央对地方国有资本经营转移支付 86.88 亿元；地方国有资本经营支出 1 134.41 亿元，下降 9.2%。地方国有资本经营收大于支的 440.23 亿元结转下年使用。其中，超出预算数最多的支出事项是国有企业资本金注入，超出幅度为 28.4%；较上年决算数变化最大的是解决历史遗留问题及改革成本支出，下降 33.8%。具体情况见表 3.6。

表 3.6　2018 年地方国有资本经营支出决算表　单位：亿元，%

项　目	预算数	决算数	决算数/预算数	决算数/上年决算数
一、解决历史遗留问题及改革成本支出	341.71	269.25	78.8	66.2
二、国有企业资本金注入	473.63	608.19	128.4	110.7
三、国有企业政策性补贴	45.20	40.12	88.8	113.1
四、其他国有资本经营预算支出	344.17	210.87	61.3	81.9

续表

项　目	预算数	决算数	决算数/预算数	决算数/上年决算数
地方国有资本经营支出	1 204.71	1 128.43	93.7	90.3
国有资本经营预算调出资金	356.13	563.38	158.2	158.0

资料来源:财政部网站。

3.1.4 社会保险基金决算

2018年全国社会保险基金支出64 586亿元,较上年增长32.7%,剔除机关事业单位基本养老保险后同口径增长12.7%。本年收支结余8 063亿元,年末滚存结余86 337亿元。

基本养老保险(含企业职工基本养老保险基金、城乡居民基本养老保险基金)本年支出34 506亿元,比上年增加6 550亿元,增长23.4%,完成预算的100.7%。其中,基本养老金支出32 838亿元,比上年增加8 009亿元,增长29.7%,完成预算的100.3%。本年收支结余6 885亿元,年末滚存结余55 309亿元。企业职工基本养老保险基金本年基本养老金支出30 280亿元,比上年增加5 451亿元,增长22.0%,完成预算的99.4%;城乡居民基本养老保险基金本年基本养老金支出2 558亿元,比上年增加453亿元,增长21.5%,完成预算的111.4%。

城镇职工基本医疗保险基金本年支出10 525亿元,比上年增加2 437亿元,增长30.1%,完成预算的101.2%。居民基本医疗保险基金本年支出7 269亿元,比上年增加1 797亿元,增长32.8%,完成预算的105.5%。工伤保险基金本年支出725亿元,比上年增加137亿元,增长23%,完成预算的104.1%。失业保险基金本年支出915亿元,比上年下降61亿元,下降6.3%,完成预算的87.2%。生育保险基金本年支出760亿元,比上年增加234亿元,增长44.5%,完成预算的93.1%。具体数据见表3.7。

表3.7　2018年全国社会保险基金支出决算情况表　单位:亿元

项　目	合　计	企业职工基本养老保险基金	城乡居民基本养老保险基金	城镇职工基本医疗保险基金	居民基本医疗保险基金	工伤保险基金	失业保险基金	生育保险基金
支出	54 699.75	31 567.28	2 938.39	10 524.54	7 269.45	725.03	915.31	759.75

续表

项　目	合　计	企业职工基本养老保险基金	城乡居民基本养老保险基金	城镇职工基本医疗保险基金	居民基本医疗保险基金	工伤保险基金	失业保险基金	生育保险基金
1. 基本养老金支出	34 505.67	31 567.28	2 938.39	—	—	—	—	—
2. 基本医疗保险待遇支出	17 793.99	—	—	10 524.54	7 269.45	—	—	—
3. 工伤保险待遇支出	725.03	—	—	—	—	725.03	—	—
4. 失业保险金支出	915.31	—	—	—	—	—	915.31	—
5. 生育保险待遇支出	759.75	—	—	—	—	—	—	759.75
本年收支结余	10 858.01	5 953.69	931.73	2 834.06	698.19	166.16	255.88	18.30
年末滚存结余	86 839.18	48 034.4	7 274.21	18 568.58	4 802.54	1 769.6	5 817.49	572.36

资料来源：财政部网站。

3.2　2019 年财政支出预算安排

2019 年 3 月 5 日，在第十三届全国人民代表大会第二次会议上，财政部发布了《关于 2018 年中央和地方预算执行情况与 2019 年中央和地方预算草案的报告》，该报告对 2019 年公共财政预算、政府性基金预算、国有资本经营预算以及社会保险基金预算的安排情况进行了说明，下面我们对其支出安排情况进行简要分析。

3.2.1　公共财政支出预算安排情况

2019 年，全国一般公共预算支出 235 244 亿元（含中央预备费 500 亿元），比上年执行数（扣除地方使用结转结余及调入资金）增长 6.5%。赤字 27 600 亿元，比 2018 年增加 3 800 亿元。其中，中央一般公共预算支出 111 294 亿元，增长 8.7%；在中央公共财政支出中，中央本级支出 35 395 亿元，增长 6.5%，比 2018 年预算增幅（8.5%）降低 2.0 个百分点。中央对地方税收返还和转移支付 75 399 亿元，增长 9.0%，比 2018 年预算增幅（8.0%）提高 1.0 个百分点。中央预备费 500 亿元，与 2018 年预算持平。收支总量相抵，中央财政赤字 18 300 亿元，比 2018 年增加 2 800 亿元。中央财政国债余额限额 175 208.35 亿元。中央预算稳定调节基金余额 963.99 亿元。地方财政支出 199 349 亿元，比上年执行数(扣除使用结转结余及调入资金)增长 6.2%。地方财政赤字 9 300 亿元,比 2018 年增加 1 000 亿元,通过发行地方政府一般债券弥补。地方政府一般债务余额限额 133 089.22 亿元。

(1)中央本级预算支出安排情况

2019 年中央本级公共财政预算各主要支出项目的情况见表 3.8。由表 3.8 可知,2019 年预算数比上年执行数增长最快的项目是卫生健康支出,增长 29.5%;商业服务业等支出、债务付息支出、债务发行费用支出、其他支出、科学技术支出、金融支出和文化旅游体育与传媒支出的增长速度分别位列第二到第八位,其增长幅度达到 10%以上,这反映了中央本级财政在 2019 年的支出重点;农林水支出、节能环保支出、粮油物资储备支出、自然资源海洋气象等支出、社会保障和就业支出、资源勘探信息等支出、城乡社区支出、一般公共服务支出预算数比上年执行数有所下降,分别下降 23.4%、15.1%、14.2%、9.0%、5.9%、5.6%、3.4%和 3.1%。

表 3.8　　2019 年中央本级公共财政支出预算安排情况　　单位:亿元,%

项　目	2019 年预算数	预算数/上年执行数	增长排序
一、一般公共服务支出	1 990.46	96.9	16
二、外交支出	627.1	107.4	11
三、国防支出	11 898.76	107.5	10
四、公共安全支出	1 797.8	105.6	13
五、教育支出	1 835.13	106	12
六、科学技术支出	3 543.12	113.4	6
七、文化旅游体育与传媒支出	309.54	110.8	8
八、社会保障和就业支出	1 135.71	94.1	19
九、卫生健康支出	243.58	129.5	1
十、节能环保支出	362.68	84.9	22
十一、城乡社区支出	83.4	96.6	17
十二、农林水支出	451.66	76.6	23
十三、交通运输支出	1 355.18	103.2	15
十四、资源勘探信息等支出	326.35	94.4	18

续表

项 目	2019 年预算数	预算数/上年执行数	增长排序
十五、商业服务业等支出	87.21	124.3	2
十六、金融支出	947.72	112.1	7
十七、自然资源海洋气象等支出	314.33	91	20
十八、住房保障支出	560.22	105.3	14
十九、粮油物资储备支出	1 177.15	85.8	21
二十、灾害防治及应急管理支出	357.36	108.6	9
二十一、其他支出	952.79	115.2	5
二十二、债务付息支出	4 994.23	120	3
二十三、债务发行费用支出	43.52	116.9	4
中央预备费	500	—	—
中央本级支出	35 395	106.5	—

资料来源:根据财政部网站数据计算得到。

最后,简要说明中央对地方税收返还和转移支付的情况。中央对地方税收返还和转移支付预算为 75 399 亿元,增长 9%,比 2018 年预算增幅 8%,提高了 1.0 个百分点,主要是用于保障教育、卫生健康、社会保障、农业农村、节能环保等领域共同财政事权有关政策的落实,以及用于保障污染治理、乡村振兴、重点区域发展等党中央、国务院重大决策部署的落实。其中,一般性转移支付 67 763.10 亿元,增长 7.5%;专项转移支付 7 635.90 亿元,增长 8.1%(扣除土地指标跨省域调剂收入安排的支出和整合新设自然灾害防治体系建设补助资金)。一般性转移支付中,均衡性转移支付 15 632.00 亿元,增长 10.9%;老少边穷地区转移支付 2 489.05 亿元,增长 14.7%。

(2)地方预算支出安排情况

2019 年地方一般公共预算支出 199 349 亿元,比上年执行数(扣除使用结转结余及调入资金)增长 6.2%。地方财政赤字 9 300 亿元,比 2018 年增加 1 000 亿元,通过发行地方政府一般债券弥补。地方政府一般债务余额限额 133 089.22 亿元。需要说明的是,地方财政收支预算由地方各级人民政府编制,报同级人民代表大会批准,相关汇总数据并未在《关于 2018 年中央和地方预算执行情况与 2019 年中央和地方预算草案的报告》中列示,因而限于数据的可得性，本报告中未列示地方预算支出安排的详细科目数据。

3.2.2 政府性基金支出预算安排情况

2019年，汇总中央和地方预算，全国政府性基金相关支出99 801.72亿元，增长23.9%。中央政府性基金支出和地方政府性基金支出的预算安排情况分别如下。

（1）中央政府性基金支出预算安排情况

2019年中央政府性基金支出3 395.55亿元，较去年执行数增长9.9%（见表3.9）。从各项目的增长速度来看，增长最快的是船舶油污损害赔偿基金支出，其增长速度高达1 175%，其次为国有土地收益基金相关支出，增长速度为933.3%，这主要是上年基数较小所致；之后是彩票发行和销售机构业务费安排的支出和核电站乏燃料处理处置基金支出，其增长速度分别为182.7%和101.2%，增长超100%；随后是废弃电器电子产品处理基金支出和彩票公益金安排的支出，其增长速度分别为69.7%和55.5%，增长超50%；国家重大水利工程建设基金支出、国家电影事业发展专项资金相关支出、城市基础设施配套费相关支出和民航发展基金支出项目有所下降，可以看出逐步减少了对基础设施建设的投入；中央特别国债经营基金财务支出与去年持平，其余项目都有不同程度的增长。此外，从各项目支出所占的比重来看，可再生能源电价附加收入安排的支出所占的比重最大，其支出数额为780.1亿元，占22.97%；其次为彩票公益金安排的支出，支出数额为642.89亿元，所占比重为18.93%；占比超过10%的有中央特别国债经营基金财务支出和铁路建设基金支出，支出数额分别为573.8亿元和632.92亿元，所占比重分别为18.64%和16.90%；其余项目所占比重则在10%以下。

表3.9　　2019年中央政府性基金支出预算安排情况　　单位：亿元，%

项　目	2019年预算数	预算数/上年执行数	各项目支出占比
一、中央农网还贷资金支出	183.34	116	5.40
二、铁路建设基金支出	573.8	101.5	16.90
三、民航发展基金支出	186.73	88	5.50
四、港口建设费安排的支出	78.46	133.6	2.31

续表

项　目	2019 年预算数	预算数/上年执行数	各项目支出占比
五、旅游发展基金支出	2.42	133	0.07
六、国家电影事业发展专项资金支出	2.49	78.8	0.07
七、中央水库移民扶持基金支出	1.26	115.6	0.04
八、中央特别国债经营基金财务支出	632.92	100	18.64
九、彩票公益金安排的支出	642.89	155.5	18.93
十、国家重大水利工程建设基金支出	118.55	66.6	3.49
十一、核电站乏燃料处理处置基金支出	30	201.2	0.88
十二、可再生能源电价附加收入安排的支出	780.1	101.5	22.97
十三、船舶油污损害赔偿基金支出	2.04	1 275	0.06
十四、废弃电器电子产品处理基金支出	38.6	169.7	1.14
十五、彩票发行和销售机构业务费安排的支出	82.43	282.7	2.43
十六、国有土地使用权出让金收入相关支出	38.3	134.2	1.13
十七、国有土地收益基金相关支出	0.31	1 033.3	0.01
十八、农业土地开发资金相关支出	0.16	106.7	0.01
十九、城市基础设施配套费相关支出	0.35	87.5	0.01
二十、污水处理费相关支出	0.4	—	0.01
中央本级政府性基金支出	3 395.55	109.9	100.00

资料来源：根据财政部网站数据计算得到。

(2)地方政府性基金支出预算安排情况

2019 年，地方政府性基金相关支出 96 406.17 亿元，增长 24.4%，其中，国有土地使用权出让收入支出 64 656.96 亿元(不包括专项债券相关支出)，增长 15.3%。地方政府专项债务余额限额 107 685.08 亿元。

3.2.3 国有资本经营支出预算安排情况

2019 年，安排全国国有资本经营预算支出 2 400.85 亿元，增长 11.2%。向一般公共预算调出 970.62 亿元。其中，中央国有资本经营预算支出 1 253.97 亿元，增长 12.8%，本级支出 1 135.97 亿元，增长 10.8%；对地方转移支付 118

亿元，增长18%。向一般公共预算调出389.77亿元，增长21.2%，调入比例进一步提高到28%。同年，地方国有资本经营预算支出1 264.88亿元，增长11.5%。向一般公共预算调出580.85亿元。表3.10列示了2019年中央国有资本经营支出预算安排情况的相关数据。可以发现，占比最高的是解决历史遗留问题及改革成本支出，占比为总支出的42.23%。限于数据可得性，本报告中未列示地方政府性基金支出的详细汇总数据。

表3.10　　2019年中央国有资本经营支出预算安排情况　　单位：亿元，%

项　目	2019年预算数	预算数/上年执行数	各项目支出占比
一、国有资本经营预算补充社保基金支出	0.25	1.9	0.02
二、解决历史遗留问题及改革成本支出	529.49	111.9	42.23
三、国有企业资本金注入	386.67	116.6	30.84
四、国有企业政策性补贴	82.07	101.2	6.54
五、金融国有资本经营预算支出	250	124.7	19.94
六、其他国有资本经营预算支出	5.49	45.3	0.44
中央国有资本经营支出	1 253.97	112.8	100.00
国有资本经营预算调出资金	389.77	121.2	—

资料来源：根据财政部网站数据计算得到。

3.2.4　社会保险基金预算安排情况

全国社会保险基金预算按险种分别编制，包括：基本养老保险基金（含企业职工基本养老保险、城乡居民基本养老保险）、基本医疗保险基金（含城镇职工基本医疗保险、城镇居民基本医疗保险和新型农村合作医疗）、工伤保险基金、失业保险基金、生育保险基金等社会保险基金。汇总中央和地方预算，2019年全国社会保险基金支出74 252.29亿元，增长15%。本年收支结余5 425.25亿元，年末滚存结余91 762.38亿元。

3.3 2019 年公共财政支出规模分析

3.3.1 预算完成情况

在预算完成方面(见表 3.11),2019 年 1—12 月份全国公共财政累计支出 238 874.02 亿元,比预算数多 3 630 亿元。分中央和地方看,中央本级一般公共预算支出 109 530.25 亿元,完成预算的 98.4%;地方财政用地方本级收入 101 076.82 亿元、中央税收返还和转移支付资金等安排的支出 74 415 亿元,比预算数少 984 亿元,完成预算的 98.7%。

此外,从年度增长的角度来看,2019 年全国公共财政支出比上年增加 17 968 亿元,增长 8.1%;其中中央本级支出比上年增加 2 410 亿元,增长 7.4%;地方财政支出比上年增加 15 561 亿元,增长 8.3%。无论是绝对数额还是增长率,2019 年都比 2018 年有一定程度的增加,这是我国在 2019 年实施积极财政政策的结果。

表 3.11　　2019 年公共财政支出数据　　单位:亿元,%

类别		预算数		预算执行数	
		金额	增长率	金额	增长率
全国财政支出	总额	235 244	6.50	238 874	8.10
	全国赤字	27 600	15.97	27 600	15.97
中央财政支出	总额	111 294	8.70	109 530	7.00
	本级支出	35 395	6.50	35 115	6.00
	对地方的税收返还和转移支付	75 399	9.00	74 415	7.50
	中央赤字	18 300	18.06	18 300	18.06
地方财政支出	总额	199 349	6.20	203 759	8.50
	地方赤字	9 300	12.05	9 300	12.05

资料来源:根据财政部网站数据计算得到。

3.3.2 公共财政支出与收入关系分析

从全年来看(见表 3.12),2019 年全年累计全国一般公共预算支出 238 874.02 亿元,同比增长 8.1%;中央财政加大对地方转移支付力度,全年下达对地方转移支付 7.4 万亿元,比上年增长 7.5%;同期公共财政收入 190 382 亿元,增长 3.8%。公共财政支出增长率远高于收入增长率。财政收入增幅较低,处于历史低位,这主要是因为:一方面,更大规模减税降费政策实施,相关税收收入同比下降或增幅明显回落;另一方面,预算支出执行管理进一步加强,中央带头严格支出管理。2019 年除刚性和重点项目外,其他项目支出平均压减幅度达到 10%。同时,中央要求地方 2019 年压减一般性支出 5%以上,力争达到 10%以上,从实际执行情况看,各地压减幅度都超过了 5%,不少达到 10%以上。民生等重点支出得到了切实保障。各级财政部门重点增加了对脱贫攻坚、"三农"、科技创新、生态环保以及教育、卫生等民生重点领域的投入,从而使支出增幅有所上升。从收支差额来看,月度收支差额不稳定,基本是正负交替出现。2019 年财政支出累计超过收入 48 492 亿元,比 2018 年高 10 938 亿元;从增长率来看,8 月份及 10—11 月份的支出增长率低于收入增长率,其余月份的支出增长率均高于收入增长率。

表 3.12　　2019 年 1—12 月财政支出与收入关系分析　　单位:亿元,%

月份	财政支出		财政收入		收支差额
	金额	同比增长率	金额	同比增长率	
1—2	33 314	14.6	39 104	7.0	5 790
3	25 315	15.4	14 552	4.0	−10 763
4	17 038	15.9	18 995	2.8	1 957
5	17 356	2.1	17 268	−2.1	−88
6	30 515	5.6	17 927	1.4	−12 588
7	14 425	3.4	17 777	1.8	3 352
8	15 106	−0.2	11 438	3.3	−3 668
9	25 543	12.9	13 617	5.0	−11 926
10	11 975	−0.5	17 026	8.3	5 051

续表

月份	财政支出		财政收入		收支差额
	金额	同比增长率	金额	同比增长率	
11	15 876	−3.4	11 263	4.5	−4 613
12	32 411	11.2	11 415	3.6	−20 996
1—12 月累计	238 874	8.1	190 382	3.8	−48 492

注：收支差额根据当月财政收入减去支出得到。

资料来源：财政部网站。

另外，从历年财政支出增长率与收入增长率的关系来看（见图 3.1），2011 年至 2017 年，除公共财政支出增长率在 2015 年和 2017 年有短期回升之外，公共财政收入和支出均基本呈下滑趋势。财政收入增长率这几年一直下滑的原因包括：一是工业生产、消费、投资、进出口、企业利润等指标增幅均不同程度回落，增值税、营业税、进口环节税收、企业所得税等主体税种增幅相应放缓。二是工业生产者出厂价格（PPI）持续下降，影响以现价计算的财政收入增长。三是房地产市场调整影响扩大，商品房销售额明显下滑，与之相关的房地产营业税、房地产企业所得税、契税、土地增值税等回落较多。四是扩大营改增试点范围等政策，在减轻企业负担的同时，对财政形成减收。伴随财政收入的放缓，财政支出增长率也有一定程度的降低。2018 年在大力实施减税降费背景下，公共财政收入下降幅度不大，超年初预算 0.1%完成执行，主要是因为经济运行总体平稳、稳中有进、发展质量和效益提升。2019 年中央提出减税降费 2 万亿元目标，前三季度全国减税降费 1.78 万亿元，财政部预计全年完成 2.3 万亿元，但经济下行叠加减税降费，导致财政形势尤其是地方财政极为严峻。2019 年前三季度税收收入负增长，下半年略有好转也接近零增长，全年公共财政收入增长 3.8%，创近十年最低点。

3.3.3　公共财政支出与 GDP 关系分析

表 3.13 反映了我国 2008—2019 年公共财政支出、GDP 增长率与公共财政支出占 GDP 的比重情况，从中可以看出：

第一，我国公共财政支出增长率受到经济增长状况的影响，但当经济增长趋缓时，财政支出增长率也相应下降，但财政支出增长率的下降存在 1～2 期的滞后，并且下降幅度要远低于 GDP 的下降情况。相反，当 GDP 增长率上升时，

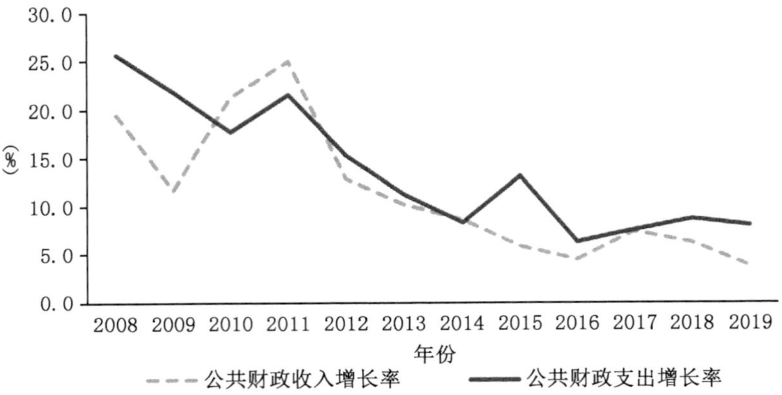

图 3.1　2008—2019 年公共财政收入增长率与支出增长率

财政支出的增速立即回升。

第二，除 2016 年外，我国公共财政支出增长率均超过 GDP 增长率，这主要是因为：当经济增长速度放缓时，政府往往趋向于采用扩张性政策以刺激经济，因此在经济增长放缓时，财政支出的增长速度反而提高；当经济增长速度提高时，由于财政刚性，财政支出的增速即使下降，亦不会有大幅度的降低，同时由于棘轮效应的存在，在经济增长较快时，财政支出也无法大幅度的下降，从而使得在绝大多数年份，公共财政支出的增长速度都超过 GDP 的增长速度。

第三，从 2008 年至 2016 年，公共财政支出占 GDP 比重不断提高，基本呈逐年增加态势，公共财政支出占 GDP 的比重由不足 20%一度上升到 25%以上。2017—2019 年公共财政支出占 GDP 比重呈现逐年下降，但总体数值变化不到 1 个百分点。

表 3.13　2008—2019 年公共财政支出与 GDP 的关系　单位：%

年份	增长率		公共财政支出占 GDP 比重
	公共财政支出	GDP	
2008	25.7	9.7	19.6
2009	21.9	9.2	21.9
2010	17.8	10.5	21.8
2011	21.6	9.3	22.4

续表

年份	增长率		公共财政支出占 GDP 比重
	公共财政支出	GDP	
2012	15.3	7.7	23.4
2013	11.3	7.7	23.6
2014	8.3	7.4	23.7
2015	13.2	6.9	25.6
2016	6.3	6.7	25.4
2017	7.6	6.9	24.7
2018	8.7	6.7	24.5
2019	8.1	6.1	24.1

资料来源：根据财政部网站和国家统计局网站数据计算得到。

3.4　2019 年公共财政支出结构分析

3.4.1　公共财政支出的月度结构

2019 年 1—12 月份全国公共财政支出执行情况如表 3.14 所示。从中可以看出，2019 年全国公共财政支出 238 874 亿元，比 2018 年增加 17 968 亿元，增长 8.1%。其中，第一、二、三、四季度的支出数额分别为 58 629 亿元、64 909 亿元、55 074 亿元和 60 262 亿元，第一季度的支出额相对较低，这是由人民代表大会批准预算的体制因素造成的，第二季度与第四季度的支出额均超过 6 万亿元，第三季度的支出额相对第二季度有 17.86%的回落，为全年最低，是由于减税降费带来的财政收支不平衡的压力导致。此外，从各月支出来看，每一季度中最后一个月的支出都比前两个月的支出要大，即在 3 月、6 月、9 月与 12 月都有较大的支出，这 4 个月支出所占的比重都是当季最高的，这反映了各预算单位在季末“突击花钱”的现象仍然存在。2019 年 12 月份支出数额为 23 769 亿元，占全年总支出的比重为 13.57%，这一比例相比前几年有所回升①，这表明年末“突击花钱”的现象仍然存在，主要可能与各级在减税降费执行到年末吃准了全年财政收入之后，再量入为出地执行支出项目有关。此外，表中还反映了各月支出数额的增加情况，同比 2018 年，除 8 月、10 月和 11 月外，各月财政支出额都有不同程度的提高，这主要是由于：一方面，财政支出在住房保障、医疗卫生以及社会保障和就业等民生领域的支出压力较大；另一方面，为支持地方财政平稳运行，今年中央财政安排对地方转移支付 7.54 万亿元，比上年同比增长 9%，力度是近几年最大的，2019 年 9 月末，除据实结算和应急救灾支出外，其他转移支付已基本下达完毕，而 12 月的增加额主要是由于年末“突击花钱”导致。

表 3.14　　2019 年 1—12 月全国公共财政支出及增长情况　　单位：亿元，%

月份	公共财政支出完成额	比上年同期增加额	同比增长	所占比重
1—2	33 314	4 252	14.63	13.95
3	25 315	3 380	15.41	10.60
4	17 038	2 342	15.94	7.13
5	17 356	353	2.08	7.27
6	30 515	1 618	5.60	12.77
7	14 425	481	3.45	6.04
8	15 106	−31	−0.20	6.32
9	25 543	2 927	12.94	10.69
10	11 975	−56	−0.47	5.01
11	15 876	−555	−3.38	6.65
12	32 411	3 257	11.17	13.57
1—12 月累计	238 874	17 968	8.13	100.00

资料来源：财政部网站。

① 2010—2019 年，12 月份支出数额占全年总支出的比重分别为 20.3%、18.6%、16.6%、17.9%、16.7%、14.5%、11.7%、13.2%和 13.6%，2017 年之前呈逐年下降趋势，但 2018 年开始有所回升，但回升幅度不大。从纵向角度来看，我国财政支出的均衡性趋于提高。

3.4.2 公共财政支出的项目结构分析

“十三五”时期是我国推进产业结构优化升级、实现经济发展方式转变的关键时期，2019 年是新中国成立 70 周年，是全面建成小康社会关键之年，做好经济工作至关重要。既要看到经济运行稳中有变、变中有忧，外部环境复杂严峻，经济面临下行压力，也要看到我国发展仍处于并将长期处于重要战略机遇期，结构优化升级、推动科技创新、深化改革开放、加快绿色发展、参与全球经济治理体系变革，都带来新的机遇。为了全面贯彻落实党的十九届三中全会精神、全面深化改革，财政部门紧紧围绕科学发展主题和加快转变经济方式，继续实施了积极的财政政策，着力调整国民收入分配格局，推进财税制度改革，优化财政支出结构。2019 年我国公共财政支出的项目结构见表 3.15。从表中可以看出：

第一，财政部门继续加大对教育、医疗卫生与计划生育、社会保障和就业以及城乡社区事务等民生支出的支持力度。2019 年，全国教育支出 34 913 亿元，同比增长 8.5%，其占全国财政支出总额的比重高达 14.6%，排在首位；全国社会保障和就业支出 29 580 亿元，同比增速高达 9.3%，占全国财政支出总额的比重达 12.4%，是仅次于教育的第二大民生支出。民生支出特别是由中低收入群体更多受益的民生支出的加大有助于调整国民收入分配格局，缩小收入分配差距。

第二，节能环保增长迅猛。2019 年，节能环保支出 7 444 亿元，比上年增长 18.2%，是增长率最高的项目。

第三，继续加大统筹城乡发展的城乡社区事务支出。2019 年，城乡社区事务支出的增幅较大，达到 16.1%，增速排第 2 位，支出的比重达到 10.8%，仅次于教育、社会保障和就业支出，排在第 3 位，其增幅和所占比重较高反映了我国政府对解决“三农”问题的高度重视。

综合上述重点支出项目，我们可以看出，尽管 2019 年存在经济增速放缓压力，以及减税降费带来的财政收支平衡压力，财政支出结构仍得到进一步优化，民生支出比重进一步增加。国家财政支出在刺激实体经济、实现经济发展方式转变、调节国民收入分配、实现社会经济可持续发展等方面进行了积极引导。

表 3.15　　2019 年公共财政支出项目结构　　单位:亿元,%

项　目	执行数	增长率	增长率排序	占比	占比排序
全国财政支出总额	238 874	8.1	—	100	—
一般公共服务	—	—	—	—	—
外交	—	—	—	—	—
国防	11 897	7.5	8	5.0	6
公共安全	—	—	—	—	—
教育	34 913	8.5	7	14.6	1
科学技术	9 529	14.4	3	4.0	8
文化体育与传媒	4 033	2.3	10	1.7	11
社会保障和就业	29 580	9.3	6	12.4	2
医疗卫生与计划生育	16 797	10.0	5	7.0	5
节能环保	7 444	18.2	1	3.1	10
城乡社区事务	25 681	16.1	2	10.8	3
农林水事务	22 420	6.3	9	9.4	4
交通运输	11 413	1.2	11	4.8	7
资源勘探电力信息等事务	—	—	—	—	—
商业服务业等事务	—	—	—	—	—
金融监管等事务	—	—	—	—	—
地震灾后恢复重建支出	—	—	—	—	—
国土资源气象等事务	—	—	—	—	—
住房保障支出	—	—	—	—	—
粮油物资储备事务	—	—	—	—	—
债务付息支出	8 338	12.6	4	3.5	9
其他支出	—	—	—		—

资料来源:财政部网站。

注:“—”表示数据未获得。

3.4.3　公共财政支出的上下级结构分析

表 3.16 反映了我国从 2001—2019 年中央本级和地方财政的支出数额及比重情况。从中可以看出:无论是中央本级还是地方财政支出的数额都逐年递增。中央本级财政支出数额由 2001 年的 5 768 亿元增加至 2019 年的 35 115 亿元;同期地方财政支出数额由 13 135 亿元增加到 203 759 亿元。但从中央和地方财政支出占总支出比重来看,2012 年前中央本级财政支出占比持续下降,由 2001 年的 30.5%下降到 2011 年的 15.2%,而地方财政支出比例在此期间逐年增加,由 69.5%增加到 84.8%。到 2012 年之后两项指标都基本趋于稳定。就这一财政支出结构而言,联系财政收入由中央政府占据较大的比例,说明中央对于地方的转移支付的力度不断加大。中央转移支付力度的加大,一方面有利于促进地方之间的平衡,但另一方面也说明中央对财政收入的控制能力不断加强,即"分税制"以来财政的"集权"程度反而是不断加强了,这对于地方积极性的提升存在一定的不利影响。

表 3.16　　中央本级和地方财政支出数额及比重

年份	绝对数(亿元)			比重(%)	
	全国	中央本级	地方	中央本级	地方
2001	18 903	5 768	13 135	30.5	69.5
2002	22 053	6 772	15 281	30.7	69.3
2003	24 650	7 420	17 230	30.1	69.9
2004	28 487	7 894	20 593	27.7	72.3
2005	33 930	8 776	25 154	25.9	74.1
2006	40 423	9 991	30 431	24.7	75.3
2007	49 781	11 442	38 339	23.0	77
2008	62 593	13 344	49 248	21.3	78.7
2009	76 300	15 256	61 044	20.0	80
2010	89 874	15 990	73 884	17.8	82.2
2011	108 930	16 514	92 416	15.2	84.8
2012	125 712	18 765	106 947	14.9	85.1

续表

年份	绝对数(亿元)			比重(%)	
	全国	中央本级	地方	中央本级	地方
2013	139 744	20 472	119 272	14.7	85.4
2014	151 662	22 570	129 092	14.9	85.1
2015	175 768	25 549	150 219	14.5	85.5
2016	187 841	27 404	160 437	14.6	85.4
2017	203 330	29 859	173 471	14.7	85.3
2018	220 906	32 708	188 198	14.8	85.2
2019	238 874	35 115	203 759	14.7	85.3

资料来源:根据财政部网站和《中国财政年鉴》数据计算得到。

3.5 2019 年财政支出重点项目分析

2019 年,国家财政继续加大民生方面的支出,同时也增加了节能环保、城乡社区事务和科学技术的支出。对民生领域倾斜力度继续扩大,尤其是对医疗卫生、社会保障和教育等重点支出领域的财政保障力度进一步加大。2019 年,全国财政支出用在与人民群众生活直接相关的教育、医疗卫生、社会保障和就业等民生方面的支出安排合计 81 290 亿元,比上年执行数增长 8.4%,占总公共财政支出的 34%;全国财政支出用于城乡社区事务的金额为 25 681 亿元,比上年执行数增长 16.1%;用于农林水事务的金额为 22 420 亿元,比上年执行数增长 6.3%,占总公共财政支出的 9.4%,占比排在第四位;用于节能环保的支出为 7 444 亿元,比上年执行数增长 18.2%,是涨幅最大的事项。因此,教育支出、社会保障和就业支出、医疗卫生支出、城乡社区事务和农林水事物等民生项目以及节能环保事务是 2019 年财政支出的重点项目。

3.5.1 教育支出

教育投入是支撑国家长远发展的基础性、战略性投资,是教育事业的物质基础,把教育摆在突出位置予以重点保障是公共财政的重要职能。多年来,各级财政部门积极采取措施进一步增加教育投入，努力拓宽财政性教育经费来源渠道，促进教育改革发展，全国财政性教育经费占 GDP 比例逐年提高，教育支出已经成为公共财政的第一大支出。各级财政部门落实教育经费法定增长要求，进一步加大财政教育投入。汇总公共财政预算、政府性基金预算中安排用于教育的支出以及其他财政性教育经费，2012 年国家财政性教育经费支出占国内生产总值达到 4%以上，这是我国自 1993 年提出国家财政性教育经费支出占 GDP 比重 4%的战略目标后，首次实现这一目标。2019 年，用于教育的全国财政支出为 34 913 亿元，比上年执行数增长 8.5%，增长率进一步提高。

2019 年的教育支出主要用于以下事项：第一，巩固城乡统一、重在农村的义务教育经费保障机制，促进学前教育、职业教育、高等教育发展。第二，启动实施义务教育薄弱环节改善与能力提升工作，加快消除城镇“大班额”问题。第三，全国约 1.5 亿城乡义务教育阶段学生免除学杂费并获得免费教科书，1 900 万家庭经济困难学生获得生活补助，1 400 万进城务工农民工随迁子女实现相关教育经费可携带，3 700 万农村义务教育阶段学生获得营养膳食补助。第四，设立中等职业教育国家奖学金，扩大高职院校奖助学金覆盖面、提高补助标准，支持高职院校扩招 100 万人目标顺利完成。

3.5.2 社会保障和就业支出

完善的社会保障体系是维护社会稳定和国家长治久安的重要保障。近年来，财政部门不断加大对社会保障和就业的支持力度，并取得了良好的效果。如新型农村社会养老保险覆盖范围扩大到 60%以上地区，连续 12 年提高企业退休人员基本养老金，进一步健全企业职工基本养老保险省级统筹制度。此外，各地普遍建立了社会救助和保障标准与物价上涨挂钩的联动机制，落实优抚对象等人员抚恤和生活补助政策等。

2019 年，全国财政安排社会保障和就业支出 29 580 亿元，比上年执行数增长 9.3%。资金的使用方向主要有：一是提高养老保障水平。出台改革和完善基本养老保险制度总体方案，推进养老保险省级统筹。养老保险基金中央调剂比例提高至 3.5%，22 个中西部地区和老工业基地省份全年受益 1 512 亿元。二是扎实推进划转部分国有资本充实社保基金工作，中央层面完成划转企业 81 家，划转国有资本总额 13 264 亿元。提高企业和机关事业单位退休人员基本养老金标准，平均增幅约 5%。三是继续提高城乡低保等社会救助水平和优抚对象等人群的补助标准,出台退役士兵社会保险断保接续等解困政策。四是促进扩大就业。支持实施就业优先政策,中央财政就业补助资金支出 539 亿元,增长 14.9%。从失业保险基金结余中拿出 1 000 亿元支持职业技能提升,加快培养各类技术技能人才。职业技能提升和转岗转业培训超过 1 500 万人次。提高自主就业退役士兵和重点群体创业就业税额扣减额度,扩大享受政策优惠的企业范围。

3.5.3 医疗卫生支出

医药卫生事业关系亿万人民健康,关系千家万户幸福,是重大民生问题。自 2009 年 4 月启动医改工作以来,各级财政部门优化财政支出结构,不断加大医疗卫生投入,为医改的成功推进提供了强有力的资金保障。通过政策创新和相应的制度安排,确保了医改的顺利实施。2009—2019 年,我们国家医疗卫生体制改革与制度创新进展迅猛,我国医疗卫生事业得到快速发展,国家财政对医疗卫生投入不断增加,占财政支出的比例从 2009 年的 4.4%提高到了 2017 年的 7.18%,2018—2019 年逐步稳定到 7.1%左右,全国财政医疗卫生支出预算安排自 2014 年首破万亿元大关后,继续保持增长。2019 年,全国财政对医疗卫生的投入为 16 797 亿元,比上年决算数增长了 10.0%。国家财政在医疗投入方面的效果体现在 4 个方面:一是人民群众得实惠。我国卫生和计划生育事业发展统计公报显示:个人卫生支出占卫生总费用的比重从 2007 年的 45.2% 下降到 2019 年的 28.4%,人民群众有更多的获得感。二是卫生事业得发展。2019 年末,全国医疗卫生机构拥有床位 880.7 万张,比 2008 年增长 118.1%;全国卫生人员总数达 1 292.8 万人,比 2008 年增长 109.6%。三是医务人员受鼓舞。从 2009 年起在公共卫生和基层医疗卫生事业单位实施绩效工资制度,基层医务人员收入得到有效保障。同时,完善内部人事和收入分配机制,一定程度上调动了医务人员的积极性。四是人民健康得改善。我国人均期望寿命从 2005 年的 73 岁提高到 2016 年的 77.3 岁,13 年增长了 4.3 岁,成绩非凡、国际罕见。孕产妇死亡率、5 岁以下儿童死亡率和婴儿死亡率等指标也持续下降。

2019 年,全国财政在医疗卫生方面的支出主要用于以下事项:一是推进健康中国建设,推动全面建立城乡统一的居民基本医疗保险制度,增加居民医保人均财政补助标准至 30 元。二是降低并统一大病保险起付线,报销比例由 50%提高到 60%,进一步减轻大病患者、困难群众医疗负担。三是将基本公共卫生服务经费人均补助标准提高到 69 元,支持地方做好预防接种、妇幼卫生等健康服务项目。四是出台罕见病药品等增值税减免政策,支持将高血压和糖尿病门诊用药纳入医保报销、覆盖 3 亿多患者。

3.5.4　住房保障支出

努力让更多的人特别是低收入群体“居者有其屋”是我们党和国家的住房政策。自 2008 年起,政府加快建设保障性安居工程,并将其作为扩大内需的 10 项措施之首。特别是在 2010 年以后,中央财政对住房保障支出的预算数大幅增长,2010 年政府新开工建设保障房 580 万套,2011 年 1 000 万套,2012 年 700 万套,2013 年 630 万套,2014 年 700 万套,2015 年 740 万套。

2019 年,全国财政住房保障支出主要用于:大力支持棚户区改造,继续推进公租房等保障房及配套设施建设,完善棚改安置和公租房分配方式,推动房地产库存量大的城市提高货币化安置比例;继续推进农村危房改造工作,中央财政补助资金集中用于低保户、农村分散供养特困人员、贫困残疾人家庭和建档立卡贫困户的危房改造,同时适当提高补助标准;开展中央财政支持住房租赁市场发展试点。

值得一提的是,为规范中央财政城镇保障性安居工程专项资金的使用和管理,提高资金使用效益,财政部、住房城乡建设部决定从 2014 年开始,将中央补助廉租住房保障专项资金、中央补助公共租赁住房专项资金和中央补助城市棚户区改造专项资金,归并为中央财政城镇保障性安居工程专项资金。

3.5.5　文化体育与传媒支出

文化是民族的血脉,是人民的精神家园。近年来,我国公共文化服务体系建设呈现出良好态势,覆盖城乡的公共文化设施网络基本形成,公共文化服务体系框架基本建立。在提高人民群众科学文化和思想道德素质、促进人的全面发展方面,发挥了重要作用。党的十七届六中全会对深化文化体制改革、推动社会主义文化大发展大繁荣做出了重要部署。为支持构建有利于文化繁荣发展的体制机制,促进社会主义文化大发展大繁荣,2019 年,财政部门继续加大文化体育与传媒投入。全国财政安排文化体育与传媒支出 4 033 亿元,较上年执行数增长 2.3%。中央补助地方公共文化服务体系建设专项资金支出 147 亿元,增长 14%;持续推进全国 5 万余个博物馆、纪念馆、图书馆等公共文化设施向社会免费开放;支持中华优秀传统文化传承发展,加强文化遗产保护。

3.5.6 农林水支出

“三农”问题是关系到我国经济和社会全面发展的根本问题。财政部门始终把支持解决“三农”问题作为重中之重来抓。2019年的“中央一号”文件连续第十六年聚焦“三农”。财政部门始终把支持解决好“三农”问题作为财政工作的重中之重。多年来,坚决贯彻落实党中央确定的“多予少取放活”的方针,不断完善支持农业农村发展的政策和机制,逐步建立健全财政强农惠农富农政策体系,有力地促进了农村经济社会发展和农民增收。具体来说,主要有以下几个方面:

第一,以促进农民增收为核心,充分调动农民积极性。积极拓宽农民增收渠道,通过取消农业税、实行农业直接补贴、完善粮食收储体系等措施,促进实现农民连年增收。

第二,以转变农业发展方式为主线,支持提高农业综合生产能力。大力支持农业基础设施建设,推动农业科技创新,扶持优势特色产业发展,积极引导社会资金投入现代农业建设,努力提高粮食和农业综合生产能力。

第三,以着力保障农村民生为目标,建设农民幸福生活的美好家园。积极调整支出结构,加大对农村教育、卫生、社会保障和文化等方面的投入,将农村义务教育全面纳入公共财政保障范围,实现新型农村合作医疗制度和新型农村社会养老保险制度全覆盖,支持丰富农村文化生活。建立完善财政综合扶贫政策体系,促进提高农村贫困地区和贫困人口自我发展能力。

第四,以创新体制机制为抓手,为深化农村改革提供财力和政策支撑。积极推进乡镇机构、农村义务教育和县乡财政管理体制改革,支持集体林权制度改革,促进解放和发展农村生产力。

2019年,中央财政用于“三农”的支出安排合计8 183.4亿元,比上年增加930.3亿元,增长12.8%,主要用于:

一是大力支持发展农业生产。建立健全财政支农资金稳定增长机制,政府公共投资、土地出让收入等向农业农村倾斜,提高支农资金使用的规模效益。支持建立健全农村金融服务体系。继续加大对产粮(油)大县和生猪、奶牛养殖大县的扶持,及时拨付生猪调出大县奖励和非洲猪瘟强制扑杀补助资金,支持生猪稳产保供。推动农业产业化经营和现代农业建设,下达农田建设补助资金

671 亿元，支持高标准农田和农田水利建设，促进农业科技进步，加强农业综合开发，加强农村基础设施建设。

二是促进增加农民收入。中央财政安排对农民的四项补贴（粮食直补、农资综合补贴、良种补贴、农机具购置补贴）支出 1 334.9 亿元，并不断完善补贴政策。并重点向中西部和困难地区倾斜，进一步提升区域间基本公共服务均等化水平。支持革命老区、民族地区、边疆地区、贫困地区加快发展。落实农资综合补贴动态调整机制。支持提高主要粮食品种最低收购价水平。加强农民培训和农民专业合作组织发展。推进农村扶贫开发。继续实施农作物保险保费补贴、原料奶收购贷款贴息等优惠政策。

三是推进农村社会事业和综合改革加快发展。中央财政安排支持农村教育、卫生等社会事业发展方面的支出 3 108.5 亿元，用于促进农村教育、社会保障、医疗卫生、文化等社会事业发展，将农村饮水工程维修养护经费纳入中央财政支持范围，重点对中西部地区给予补助。深入实施农村人居环境整治三年行动。加快乡镇机构改革。完善村级组织运转经费保障机制。全面推开农村义务教育债务清理化解工作，逐步扩大清理化解其他公益性乡村债务试点范围。开展城乡一体化综合改革试点。健全村级公益事业建设一事一议财政奖补制度，促进建立农村公益事业投入机制。

3.5.7　扶贫支出

2019 年，中央财政补助地方专项扶贫资金 1 261 亿元，增长 18.9%，进一步向“三区三州”等深度贫困地区倾斜。利用跨省域补充耕地收入和城乡建设用地增减挂钩节余指标调剂收入安排 817 亿元，全部用于脱贫攻坚和实施乡村振兴战略。下达易地扶贫搬迁地方政府一般债券 1 294 亿元，支持提前一年基本完成“十三五”规划建设任务。出台对企业扶贫捐赠支出所得税税前据实扣除、扶贫货物捐赠免征增值税、政府采购支持脱贫攻坚等政策，继续深入推进贫困县涉农资金整合试点。推进扶贫项目全过程绩效管理。财政扶贫资金动态监控平台建设取得初步成效。全年减少建档立卡贫困人口 1 109 万人，贫困县摘帽 344 个。围绕补齐“两不愁三保障”突出短板，为强化脱贫攻坚投入保障。

3.5.8　节能环保支出

2019 年，全国财政在节能环保方面支出 5 672 亿元。资金主要被用于以下几个方面：一是积极支持污染防治。将污染防治攻坚作为重点保障和优先支出领域，支持打好大气、水、土壤等污染防治标志性重大战役。二是扩大北方地区冬季清洁取暖试点范围。分两批将 40 个城市纳入黑臭水体治理示范政策范围。三是继续实施长江经济带生态保护修复奖励政策，加快推动形成长江大保护格局。深入推进山水林田湖草生态保护修复工程试点。四是实施"蓝色海湾"整治行动和渤海综合治理，支持海洋生态保护修复。五是对符合条件的从事污染防治的第三方企业减按 15%的税率征收企业所得税。六是积极推动设立国家绿色发展基金。

3.5.9 国防支出

2019 年，中央预算安排国防支出 11 896.56 亿元，比上年执行数增长 7.5%，完成预算的 100%；国防费规模的确定既要适应国家经济社会发展水平，也要适应国防需求。作为经济总量世界第二的大国，我国国防支出总量较低。世界主要国家军费开支一般占 GDP 的 2%～4%，而 2019 年我国只有约 1.2%。当前我国周边环境很不平静，恐怖主义等非传统安全威胁也不容忽视。这些必然要求我们加大国防建设投入，才能持续推进中国特色军事变革，为国家安全提供可靠保障。

3.6 财政支出总结与展望

3.6.1 2019 年财政支出总结

回顾过去的 2019 年，根据中央经济工作会议提出的要求，我国继续实施积极的财政政策和稳健的货币政策。要完善和强化"六稳"举措，健全财政、货币、就业等政策协同和传导落实机制，确保经济运行在合理区间，财政政策必须更加积极有效，预算安排要适应推进供给侧结构性改革、降低企业税费负担、保障民生兜底的需要。2019 年的财政支出呈现以下特点：

一是发挥积极财政政策作用，全国财政支出总体保持较快增长。2019 年，全国一般公共预算支出 238 874 亿元，比上年增长 8.1%。上半年、前三季度的全国一般公共预算支出分别完成年初预算的 52.5%、75.9%，超过序时进度。

中央财政加大对地方转移支付力度，全年下达对地方转移支付 7.4 万亿元，比上年增长 7.5%。

二是优化支出结构，重点支出预算执行情况良好。各级财政部门大力压减一般性支出，重点增加了对脱贫攻坚、“三农”、科技创新、生态环保以及教育、卫生等民生重点领域的投入，并切实抓好预算执行。2019 年，农林水支出中的扶贫支出增长 11%；科学技术支出中的科技条件与服务、基础研究，分别增长 28%、26.7%；节能环保支出中的污染减排、可再生能源支出，分别增长 48.6%、38.3%；教育支出中的普通教育、职业教育支出，分别增长 8.9%、7.5%；卫生健康支出中的公立医院、公共卫生支出，分别增长 11%、9%。

三是各地财政支出普遍增长。2019 年，地方一般公共预算支出同比增长 8.5%。东部、中部、西部、东北地区财政支出增幅分别为 7.3%、10.5%、8.5%、6.5%，中部地区支出增长最快。全国 31 个地区中，29 个实现增长，其中贵州、浙江、青海、天津等 12 个省份增幅在 10%以上，海南、湖北、湖南、辽宁等 14 个省份增速在 5%～10%，3 个省份增幅在 0～5%，2 个省份同比略有下降。

同时，预算执行和财政工作中还面临一些问题和挑战。主要是：部分地方基层财政收支矛盾加剧，“三保”压力加大。一些领域支出固化僵化现象依然存在，有些资金利用效率不够高。预算绩效目标设定还不够科学，绩效自评还不够准确规范，绩效结果运用还需要强化。有的地方政府债务负担较重，隐性债务风险不容忽视。

3.6.2　2020 年财政支出展望

2019 年年末中央经济工作会议强调了积极的财政政策要更加积极有为。2020 年突如其来的新冠肺炎疫情对我国经济社会发展带来前所未有的冲击，党中央将疫情防控作为头等大事来抓。为了统筹推进疫情防控和经济社会发展工作取得积极成效，为了更好地发挥积极财政政策统筹推进稳增长、促改革、调结构、惠民生、防风险、保稳定，保持经济运行在合理区间中的作用，我们预计 2020 年的财政支出安排将会有如下特征：

第一，公共财政支出可能呈现一定程度的增幅，公共财政收入进一步减少，收入财政赤字有所增加。2020 年公共财政支出增幅可能与 2019 年有所下降，公共财政收入也会进一步下降，从总量上来看，2020 年公共财政支出仍将超过财政收入，与 2019 年相比，财政赤字将进一步增加。这主要是因为：受到减税降费政策和疫情影响，经济增长进一步放缓，2020 年公共财政收入增长应该不会太快，但财政刚性支出增加，要增加保障改善民生支出，尤其是保障疫情防控工作顺利，巩固农业基础地位，保持对经济增长和结构调整的支持力度，必须增加财政赤字和国债规模。

第二，公共财政支出结构进一步优化，要体现特殊时期全力保民生的意图，民生支出比重进一步上升。2019 年我国国家财政性教育经费占 GDP 的比重超过 4%，已经连续 8 年实现超过 4%的目标。因此，我们可以预计在 2020 年这一比重可能更高，教育支出的总规模会更大。除教育支出外，2020 年公共财政支出将继续向医药卫生、社会保障以及住房保障等民生领域和薄弱环节倾斜。与人民群众生活直接相关的医疗卫生、社会保障和就业、保障性安居工程、文化方面的支出的增幅也会比较大，中央预算内投资主要投向保障性安居工程，农业、水利、城市管网等基础设施，社会事业等民生工程，节能减排和生态环境等领域。另外，会继续加大脱贫投入力度，中央财政补助地方专项扶贫资金已连续 5 年每年增加 200 亿元，在脱贫攻坚战的关键时期，这项投入规模会更大。因此，民生支出的比重可能会进一步提高。行政管理支出等行政经费比重会下降。2019 年 4 月 2 日，财政部发布了《中央本级"三公"经费 2018 年预算执行和 2019 年预算安排情况》，对中央本级，包括中央行政单位、事业单位(含参照公务员法管理的事业单位)和其他单位 2018 年"三公"经费财政拨款执行数和 2019 年的中央本级"三公"经费预算进行了公示，中央部门贯彻落实厉行节约反对浪费和过紧日子等有关要求，从严控制和压缩"三公"经费支出，做到了只减不增，"三公"经费的透明度得以提高。在疫情背景下，按照中央部门带头过紧日子有关要求，可以预计行政经费比重应会进一步下降。此外，"三农"支出仍应是 2020 年财政支出的重点项目，这主要是由于：近年来，党中央、国务院始终把解决好"三农"问题作为全党工作的重中之重，出台了一系列强农惠农富农政策。预计 2020 年，我国应会进一步加大"三农"投入，在此基础上，用好财政支农资金以强化农业支持保护制度。

第三，转移支付结构将进一步优化，政府预算体系将更加完善。从前面五年增加一般性转移支付规模、提高一般性转移支付比重的经验①以及预算扩大的财政赤字规模来看，2020 年我国转移支付中一般性转移支付的比重仍会进一

---

① 2007—2019 年，一般性转移支付占转移支付总量的比例由 2007 年的 50.8%提高到 2019 年的 89.8%。2020 年预算安排中，一般性转移支付增长 4.9%，专项转移支付增长 2.5%。

步提高，同时应会进一步加大归并和清理专项转移支付的力度，另外中央财政发行抗疫特别国债的收入也是用于支持地方基础设施建设和抗疫相关支出的一项支撑，从而使转移支付结构进一步优化。中央对地方转移支付相应形成地方财政收入，并由地方安排用于保障和改善民生等方面的支出，将有力地促进基本公共服务均等化和区域协调发展。由于疫情影响，用于应对下半年不确定因素的保基本民生、保基层运转、公共卫生体系建设、应急物资保障体系建设等资金也会有相关支出。此外，在政府预算体系方面，十八届三中全会明确提出要深化财税体制改革，建立现代财政制度。由此我们推测，2020年我国政府将继续深化财税金融体制改革，在推进中央和地方收入划分改革、深化增值税改革等方面有所行动，建立全面规范、公开透明的现代预算制度，建立健全有利于科学发展、社会公平、市场统一的税收制度体系，调整中央和地方政府间财政关系，建立事权和支出责任相适应的制度，逐步完成建立现代财政制度的目标。

4 中国财政经济运行计量分析

4.1 概 述

本章采用计量经济模型对中国财政经济体系进行分析和评价。虽然由于时间序列数据的不连续、统计口径的不完全一致以及宏观经济变量的时间滞后性等，使得建立一个完整的财政经济计量模型体系存在着相当大的困难，但我们仍尝试构建计量模型，力图反映出我国财政经济体系主要变量的运动轨迹、变化规律以及它们之间的相互影响关系。

财政的良好运转在国民经济体系和社会发展中作用巨大。财政是实现国家宏观调控的重要手段之一，对实现资源的优化配置起着重要作用。国家通过对财政收支数量和方向的控制，有利于实现社会总需求和总供给的平衡及结构的优化，保证国民经济的持续、快速和健康发展。同时，财政也可以有力地促进科学、教育、文化、卫生事业的发展。此外，财政还可以通过税收和社会保障支出，对社会分配进行着广泛的调节。可以说，财政问题渗透到一国经济和社会发展的方方面面，处理和分析财政问题仅仅从定性的角度去分析和理解是不充分的，往往还需要结合现实数据，从定量的角度进行探究和讨论，从而全面把握财政问题。从计量角度连续地对财政体系进行建模分析，可以宏观地描述和预测财政经济体系主要变量的未来取值、范围和趋势，从总体上把握我国财政经济体系的运行规律，为相关财税政策的制定提供理论依据。

在建模的设计中，为便于事后对预测精度进行分析，我们基本保证了所选择的预测指标与同名的官方统计指标有相同的统计口径，在此基础上尽可能准确地确定中国财政计量经济模型的变量。在模型结构设定和行为方程设计上，尽可能遵循中国财政和经济体系运行的客观过程和实际结构。在建模方法上，除了传统的最小二乘之外，本章还运用了时间序列的协整理论分析。如果数据是平稳的，则采用传统的最小二乘法，而数据若是单位根过程，则采用协整估计和等价的误差纠正估计。

本章的第二节将简要介绍基本的建模思路、方法和数据，第三节将简要介绍数据来源和统计描述，第四节将展示计量分析结果。

4.2 经济模型构建的基本思路和方法

一般而言，构建经济系统模型遵循两种思路：一种是基于机理（或者理论）的分析，在经济学理论的指导下，运用数理分析方法，对经济系统中关键因素之间所满足的守恒律或者因果关系予以描述，用意刻画各种因素之间的关联以及相互影响机制，从而反映出经济系统的运行状态。另一种是基于数据（或计量）的分析，主要利用经济系统中关键因素的时间数据或者空间数据，通过时间序列或者面板数据分析等计量工具，描述各个因素之间的相关性和因果律，从而反映经济系统中的关键指标或变量在时间、空间上的变化规律及其相互影响。目前，这两种建模思路有相互融合的趋势，或者说，仅仅依靠机理分析或者数据分析，都不能全面、客观地揭示出经济系统的复杂运行机制。

在计量的方法选取上，考虑到时间序列的伪回归以及经济惯性，本文采用如下方式处理：

为降低数据的波动性，采取对变量的水平值取对数并适当加以差分以消除趋势，运用 ADF 检验法对时间序列进行变量平稳性检验。对平稳序列的处理则采用普通最小二乘法估计，而对非平稳序列的处理，采用线性协整估计，并给出其误差纠正形式。

4.3 数据来源及主要变量的描述统计分析

需要说明的是由于我国 2007 年度财政支出分类科目进行了大规模的调整，与 2011 年的发展报告一样，对财政支出的计量分析模型中，本文采用了 2007 年以后的月度数据进行分析，此外在财政计量分析模型不包含预算外的收入和支出方程。最后，本文的计量建模和数据分析采用了 STATA 14.2 和 Eviews 8.0 软件，数据来源为中国经济信息网统计数据库（详见表 4.1）。

表 4.1　　数据来源说明

数据名称	数据来源
财政总收入年度数据（1979—2019）	中经网统计数据库
税收总收入年度数据（1979—2019）	中经网统计数据库
中央财政收入年度数据（1979—2019）	中经网统计数据库
地方财政收入年度数据（1979—2019）	中经网统计数据库
国内生产总值年度数据（1979—2019）	中经网统计数据库
第二产业增加值年度数据（1980—2019）	中经网统计数据库
第三产业增加值年度数据（1980—2019）	中经网统计数据库
工业增加值年度数据（1985—2019）	中经网统计数据库
增值税收入年度数据（1985—2019）	中经网统计数据库
营业税收入年度数据（1985—2019）	中经网统计数据库
关税收入年度数据（1980—2019）	中经网统计数据库
进口总额年度数据（1980－2019）	中经网统计数据库
社会消费品零售总额年度数据（1985—2019）	中经网统计数据库
财政总支出年度数据（1979—2019）	中经网统计数据库
中央财政支出年度数据（1979—2019）	中经网统计数据库
地方财政支出年度数据（1979—2019）	中经网统计数据库
一般公共服务支出月度数据（2007.1—2018.12）	中经网统计数据库
教育支出月度数据（2007.1—2020.8）	中经网统计数据库
科学技术支出月度数（2007.1—2020.8）	中经网统计数据库
社会保障支出月度数据（2007.1—2020.8）	中经网统计数据库
环境保护支出月度数据（2007.1—2020.8）	中经网统计数据库
医疗卫生支出月度数据（2007.1—2020.8）	中经网统计数据库
城乡社区事务支出月度数据（2007.1—2020.8）	中经网统计数据库
农林水事务支出月度数据（2007.1—2020.8）	中经网统计数据库
交通运输支出月度数据（2007.1—2020.8）	中经网统计数据库

对表 4.1 中的几个主要变量，特别是 GDP 和财政总收入，财政总支出数

据，我们分别进行拟合。我国改革开放以来经济持续增长，相应的财政收入和支出也呈现出持续的增长，这可以从图 4.1 的简单散点图看出，而要进一步准确估计财政收入、财政支出与 GDP 等主要变量之间的关系，则需要进一步的计量实证分析。

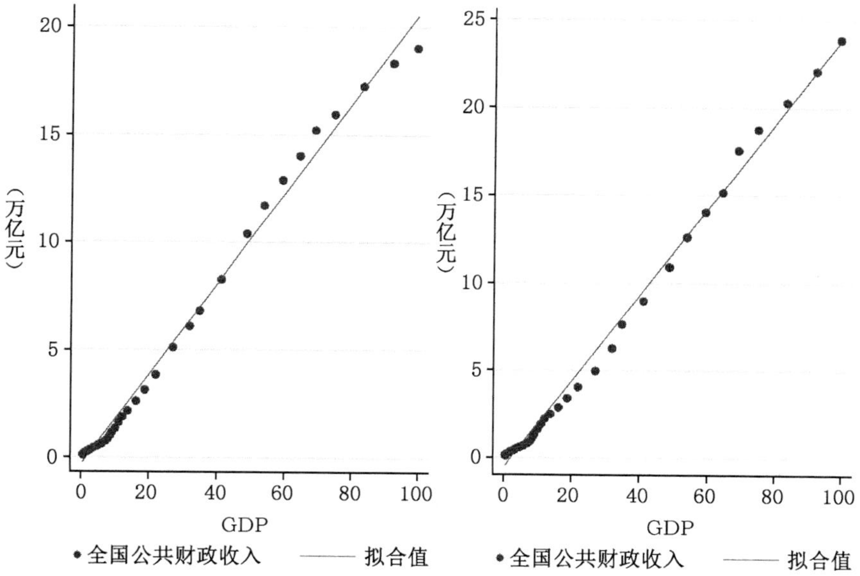

图 4.1　全国财政总收入和财政总支出与 GDP 的关系

4.4　中国财政计量经济模型的设定

4.4.1　财政收入计量经济模型

财政收入计量经济模型包括收入总量模型和收入增长模型。

(1)收入总量模型的 4 个方程

①财政总收入和税收总收入之间的关系方程，财政总收入增量和税收总收入增量之间的关系方程；

②税收总收入与国内生产总值之间的关系方程，税收总收入增量与国内生

产总值增量之间的关系方程；

③增值税收入和工业总产值增量之间的关系方程，增值税收入和最终消费之间的关系方程；

④关税收入与进口总额之间的关系方程。

(2)收入增长模型的 4 个方程

①中央财政收入增长率与地方财政收入增长率对财政总收入增长率的贡献作用分析方程；

②税收总收入增长率与国内生产总值增长率之间的关系方程；

③财政收入增长率与第二产业增加值及第三产业增加值之和的增长率之间的关系方程；

④财政收入增长率与营业税收入增长率、增值税收入增长率之间的关系方程。

4.4.2 财政支出计量经济模型

财政支出计量经济模型包括支出总量模型和支出增长模型。

(1)支出总量模型的 10 个方程

①财政总支出与财政总收入、国内生产总值之间的关系方程；

②一般公共服务支出与财政收入的关系方程；

③教育支出与财政收入的关系方程；

④科学技术支出与财政收入的关系方程；

⑤社会保障和就业支出与财政收入的关系方程；

⑥环境保护支出与财政收入方程；

⑦医疗卫生支出与财政收入方程；

⑧城乡社区事务支出与财政收入方程；

⑨农林水事务支出与财政收入方程；

⑩交通运输支出与财政收入方程。

(2)支出增长模型的 2 个方程

①中央财政支出增长率与地方财政支出增长率对财政总支出增长率的贡献作用分析方程；

②一般公共服务支出增长率、教育支出增长率、社会保障和就业支出增长率和环境保护支出增长率对财政支出增长率的贡献作用分析方程。

4.4.3 经济增长及其构成因素模型的4个方程

①国内生产总值增量与总消费规模增量、全社会固定资产总投资规模增量和进出口差额增量之间的关系方程；

②财政决算支出增长率滞后量对国内生产总值增长率的贡献作用分析方程；

③第一产业增加值增长率、第二产业增加值增长率和第三产业增加值增长率对国内生产总值增长率的贡献作用分析方程；

④工业总产值增加率和建筑业增加值增长率对第二产业增加值增长率的贡献作用分析方程。

4.5 中国财政税收计量经济模型运行结果分析

4.5.1 财政收入计量经济模型运行结果分析

(1)收入总量模型运行结果分析

①财政总收入与税收总收入的关系方程：

当样本取值为1979—2019年时，首先进行财政总收入[$\ln rev_t=\ln(rev_t)$]与税收总收入[$\ln tax_t=\ln tax_t$)]的平稳性单位根检验，其ADF统计量分别为-1.335和-1.275，而差分后的财政正总收入($\Delta\ln rev_t=\ln rev_t-\ln rev_{t-1}$)和税收总收入($\Delta\ln tax_t=\ln tax_t-\ln tax_{t-1}$)其ADF统计量则为$-2.913$和$-5.543$，均在10%水平上通过平稳性检验[①]，可知财政总收入与税收总收入均为一阶单整时间序列。要考察二者是否具有共同方式变动，也就是说是否具有协整关系，还需要进行协整关系检验，这里采用恩格尔与格兰杰(Engle &

① 单位根ADF检验的原假设为序列是单位根过程，拒绝原假设则意味着无法认定原序列具有单位根，相应的ADF统计量1%水平显著的临界值为-3.616，5%水平显著的临界值为-2.941，10%水平显著的临界值为-2.609，下面几个变量的单位根检验临界值都与此相同。

Granger，1987）[①]的协整检验，其统计量值为－3.532，在5%水平上通过显著检验[②]，也即两者之间存在协整关系。接下来估计这两者之间的协整方程，这里采用约翰森（Johansen，1995）的极大似然法（MLE）来估计其协整关系。

财政总收入[$\ln rev_t = \ln(rev_t)$]与税收总收入[$\ln tax_t = \ln(tax_t)$]之间的协整关系方程：

$$\text{协整估计式为}\ \widehat{\ln rev_t} = \underset{(1.55)}{-0.4717} + \underset{(-32.50)}{1.066}\ln tax_t$$

这表明按照年度数据测算，就长期而言财政总收入对税收总收入的弹性为1.066，这表明税收总收入每增加1%，会使得财政总收入平均增加约1.066%，这表明全国财政收入超税收增长，对此的一个解释是税收的增加意味着税基的扩大，进而也会使得非税收入增加，比如一些政府基金，且这些非税收入增长更快。

财政总收入增量（$\Delta\ln rev_t$）与税收总收入增量滞后一期（$\Delta\ln tax_{t-1}$）之间的关系方程：

$$\widehat{\Delta\ln rev_t} = \underset{(7.23)}{-0.1190} \underset{(-0.90)}{-0.0555} ecm_{t-1} + \underset{(0.84)}{0.0753}\Delta\ln tax_{t-1}$$

上述方程的估计，这里采用的是恩格尔与格兰杰（Engle & Granger，1987）的两步法也即误差修正方法，误差修正项 ecm_{t-1} 的系数反映了对短期偏离长期均衡路径的调整力度，其系数为－0.0555，当短期波动偏离长期均衡时，将以0.0555的调整力度把非均衡状态拉回到均衡状态，且平均每年对上年的调整幅度大约为5.55%。

②税收总收入与国内生产总值之间的关系方程：

当样本取值为1979—2019年时，首先对国内生产总值[$\ln gdp_t = \ln(gdp_{it})$]进行平稳性单位根检验，其ADF统计量为－2.540，而国内生产总值的一阶差分（$\Delta\ln gdp_t = \ln gdp_t - \ln gdp_{t-1}$）单位根ADF检验统计量为－3.383，这显示国内生产总值[$\ln gdp_t = \ln(gdp_{it})$]为一阶单整变量。由上文

---

① Engle, R. F. & Granger, C. W. J. 1987. "Co-integration and Error Correction: Representation, Estimation and Testing", *Econometrica*, Vol. 55, pp. 251—276.

② 两变量的恩格尔与格兰杰（Engle & Granger，1987）的协整检验变量回归的残差的平稳性，采用ADF检验，相应统计量值ADF统计量1%水平显著的临界值为－3.627，5%水平显著的临界值为－2.946，10%水平显著的临界值为－2.612，如果拒绝原假设则为不存在单位根即存在稳定的协整关系，以下几个协整检验的统计量临界值也都相同。

的检验得知税收总收入($\ln tax_t$)也为一阶单整变量，接下来考察二者之间是否具有协整关系，首先进行恩格尔与格兰杰(Engle & Granger，1987)协整检验，检验统计量为－3.522，这显示二者具有显著的协整关系(5%水平)，接下来可以放心进行协整估计。

税收总收入($\ln tax_t$)与国内生产总值[$\ln gdp_t = \ln(gdp_{it})$]之间的关系方程为：

$$\widehat{\ln tax_t} = -2.4095 + 1.0437 \ln gdp_t$$
$$(-11.99) \quad (59.11)$$

模型运行的结果是：税收总收入除按自身惯性规律运行外，显著的依赖于国民经济的发展。按照年度数据测算，税收总收入对国内生产总值的长期弹性约为1.043 7，这意味着国内生产总值每增加1%，税收总收入平均增加1.043 7%，这说明税收总收入与国内生产总值的增长并非同步，经济体所承受的税收负担增加幅度仍然略快于国民经济的增幅。税收超 GDP 增长将不利于经济增长，比如说，企业盈利水平越高，所得税增收的幅度越大，净收益增加幅度相对减少；同样在这种情况下，个人所得税的增收也会降低劳动者的收益增幅。长此以往，将不利于经济的持续发展。这说明我国的税制结构需要进一步调整，给经济体创造一个良好的发展空间。

税收总收入增量($\Delta\ln tax_t$)与国内生产总值增量滞后一期($\Delta\ln gdp_{t-1}$)之间的关系方程：

$$\widehat{\Delta\ln tax_t} = 0.0746 - 0.1497 ecm_{t-1} + 0.5013 \Delta\ln gdp_{t-1}$$
$$(1.57) \quad (-1.57) \quad (1.59)$$

上述误差纠正方程实证分析的结果是：误差修正项 ecm_{t-1} 的系数反映了对短期偏离长期均衡路径的调整力度，其系数为－0.149 7，当短期波动偏离长期均衡时，将以0.149 7的调整力度把非均衡状态拉回到均衡状态，且平均每年对上年的调整幅度大约为14.97%。

③增值税收入相关的几个方程：

当样本取值为1985—2019年时，首先进行增值税收入[$\ln vat_t = \ln(vat_t)$]与工业增加值[$\ln ivi_t = \ln(incresed\ value\ of\ industry_t)$]的平稳性单位根检验，其 ADF 统计量分别为－2.201 和－2.962，而差分后的增值税收入($\Delta\ln vat_t = \ln vat_t - \ln vat_{t-1}$)和工业增加值($\Delta\ln ivi_t = \ln ivi_t - \ln ivi_{t-1}$)其 ADF 统计量则为－4.513 和－4.010 通过平稳性检验，可知增值税收入与工业总产值增加值

增量均为一阶单整时间序列。而要考察二者是否具有共同方式变动，也就是说是否具有协整关系，还需要进行协整关系检验，这里继续采用恩格尔与格兰杰(Engle & Granger，1987)的协整检验，其统计量值为－2.806，在10%水平上通过显著检验，也即两者之间存在协整关系。

A. 增值税收入[$\ln vat_t = \ln(vat_t)$]与工业增加值[$\ln ivi_t = \ln(incresed\ value\ of\ industry_t)$]之间的关系方程是：

$$\widehat{\ln vat_t} = -5.0479 + 1.2619 \ln ivi_t$$
$$(-24.97) \quad (67.68)$$

模型运行的结果是：增值税收入对工业增加值的弹性为1.261 9，建模过程中发现，增值税与工业增加值的回归系数在1%水平上显著，这表明增值税增长快于工业增加值的增长，对此的一个解释是诸如税收制度、征管水平、经济结构的变化，以及经济和税收在计算、统计口径上的差异等，使得增值税税收收入增长过快。

B. 增值税税收入增量($\Delta \ln vat_t$)与工业增加值增量滞后一期($\Delta \ln ivi_{t-1}$)之间的关系方程：

$$\widehat{\Delta \ln vat_t} = 0.0291 - 0.3650 ecm_{t-1} + 1.0506 \Delta \ln ivi_{t-1}$$
$$(0.54) \quad (-2.01) \quad (3.01)$$

误差纠正模型实证分析的结果是：误差修正项 ecm_{t-1} 的系数反映了对短期偏离长期均衡路径的调整力度，其系数为－0.365 0，当短期波动偏离长期均衡时，将以0.365 0的调整力度把非均衡状态拉回到均衡状态，且平均每年对上年的调整幅度大约为36.50%。

由于我国税制改革的逐步实施，增值税已由生产型转变为消费型，为此建立了模型B，研究最终消费对增值税收入的长期影响。

当样本取值为1985—2019年时，首先进行最终消费[$\ln fvc_t = \ln(final\ value\ of\ consumption_t)$]的平稳性单位根检验，其ADF统计量分别为－1.833，而差分后的最终消费($\ln fvc_t = \ln fvc_t - \ln fvc_{t-1}$)其ADF统计量则为－3.174，可知最终消费 $\ln fvc_t$ 为一阶单整时间序列，由上文得知增值税 $\ln vat_t$ 也为一阶单整序列。要考察二者是否具有共同方式变动，也就是说是否具有协整关系，还需要进行协整关系检验，这里继续采用恩格尔与格兰杰(Engle & Granger，1987)的协整检验，其统计量值为－2.029，在5%水平上通过显著检验，也即两者之间存在协整关系。

增值税收入($\ln vat_t$)与最终消费($\ln fvc_t$)之间的关系方程：

$$\widehat{\ln vat_t} = -5.160\ 2 + 1.265\ 8 \ln fvc_t$$
$$(-14.59) \qquad (38.99)$$

从长期协整关系来看，增值税的最终消费弹性为 1.265 8，这表明增值税收入增长会快于最终消费增长，也就是说，最终消费增长 1%，增值税收入会增长 1.265 8%。

增值税税收入增量($\Delta \ln vat_t$)与最终消费增量滞后一期($\Delta \ln fvc_{t-1}$)之间的关系方程：

$$\widehat{\Delta \ln vat_t} = 0.033\ 2 - 0.142\ 6 ecm_{t-1} + 1.023\ 5 \Delta \ln fcv_{t-1}$$
$$(0.47) \qquad (-1.28) \qquad (2.13)$$

误差纠正模型实证分析的结果是：误差修正项 ecm_{t-1} 的系数反映了对短期偏离长期均衡路径的调整力度，其系数为 $-0.142\ 6$，当短期波动偏离长期均衡时，将以 0.142 6 的调整力度把非均衡状态拉回到均衡状态，且平均每年对上年的调整幅度大约为 14.26%。

④关税收入与进口总额之间的关系方程：

在样本取值为 1980—2019 年时，关税收入[$\ln dut_t = \ln(duty\ taxation_t)$]与进口总额($\ln im_t$)这两个变量首先需要进行平稳性单位根检验，其水平值的 ADF 统计量值分别为 -1.878 和 -2.708，差分值的 ADF 统计量值分别为 -6.144 和 -4.167，这显示这两个变量都为一阶单整过程。要考察这二者是否具有共同方式变动，也就是说是否具有协整关系，还需要进行协整关系检验，这里继续采用恩格尔与格兰杰(1987)的协整检验，其统计量值为 $-2.108$①，在 5%水平上通过显著检验，也即两者之间存在协整关系。

关税收入($\ln dut_t$)与进口总额($\ln im_t$)之间的关系方程是：

$$\widehat{\ln dut_t} = -0.093\ 4 + 0.668\ 8 \ln im_t$$
$$(-0.48) \qquad (33.24)$$

模型运行的结果是：关税对税收收入的系数为正值，说明关税收入和税收收入存在同向变化关系，且进口总额每增加 1%，关税收入将增加 0.668 8%，关税收入显著依赖于进口总额。

---

① 三变量的恩格尔与格兰杰(Engle & Granger，1987)的协整检验统计量值 ADF 统计量 1%水平显著的临界值为 -4.872，5%水平显著的临界值为 -4.071，10%水平显著的临界值为 -3.687，以下相同。

关税收入增量($\Delta \ln dut_t$)与进口总额增量滞后一期($\Delta \ln im_{t-1}$)之间的关系方程：

$$\widehat{\Delta \ln dut_t} = \underset{(2.16)}{0.1050} - \underset{(-1.41)}{0.1982} ecm_{t-1} + \underset{(0.03)}{0.0008} \Delta \ln im_{t-1}$$

误差纠正模型实证分析的结果是：误差修正项 ecm_{t-1} 的系数反映了对短期偏离长期均衡路径的调整力度，其系数为－0.198 2，当短期波动偏离长期均衡时，将以 0.198 2 的调整力度把非均衡状态拉回到均衡状态，且平均每年对上年的调整幅度大约为 19.82%。

(2)收入增长模型运行结果分析

①中央财政收入增长率与地方财政收入增长率对财政总收入增长率的贡献作用分析方程：

当样本取值为 1980—2019 年时，国家财政总收入增长率(rtr_t＝*rate of total revenue increased*)中央财政收入增长率(rcr_t＝*rate of central revenue increased*)和地方财政收入增长率(rlr_t＝*rate of local revenue increased*)需要进行单位根检验，相应的 ADF 统计量为－3.079、－6.362 和－6.420，这表明这三个变量都是平稳的，因此可以进行普通的最小二乘法回归。

中央财政收入增长率(rcr_t＝*rate of central revenue increased*)与地方财政收入增长率(rlr_t＝*rate of local revenue increased*)对财政总收入增长率(rtr_t＝*rate of tatal revenue increased*)的贡献作用分析方程是[①]：

$$\widehat{rtr_t} = -\underset{(1.37)}{0.0099} + \underset{(14.90)}{0.2071} rcr_t + \underset{(17.61)}{0.6763} rlr_t + \underset{(0.88)}{0.0077} d93 - \underset{(-1.35)}{0.0114} d09$$

$$R^2 = 0.9433 \qquad DW = 1.3401$$

模型运行的结果是：财政总收入增长率对中央财政收入增长率的依存度为 0.207 1。财政总收入增长率对地方收入增长率的依存度为 0.676 3。这说明财政总收入增长率显著地依赖于中央财政收入增长率与地方财政收入增长率。同时，1993 年税改后的虚拟变量回归值和 2009 年增值税转型虚拟变量的回归系数分别为 0.007 7 和－0.011 4，并且均不显著。

②税收总收入增长率与国内生产总值增长率之间的关系方程：

当样本取值为 1980—2019 年时，下面需要对税收收入总额增长率和国内

① 这里 $d93$ 和 $d09$ 为 1993 年和 2009 年的时间虚拟变量，以此来表示 1993 年税改和 2009 年开始的增值税转型改革影响。

生产总值增长率进行平稳型单位根检验，其 ADF 统计量分别为－5.859 和－3.403，可知这两者皆为平稳的过程，因此可以进行普通最小二乘法的回归。

税收总收入增长率（$rttr_t$）与国内生产总值增长率（$rgdp_t = rate\ of\ GDP\ increased$）之间的关系方程是：

$$\widehat{rttr_t} = 0.0028 + 1.0686 gdp_t$$
$$(0.05) \qquad (2.92)$$
$$R^2 = 0.1830 \qquad DW = 1.9450$$

模型运行的结果是：税收总收入增长率对国内生产总值增长率的依存度为 1.068 6，且在 1％水平上显著，这说明税收总收入增长率显著地高于国内生产总值增长率。在样本取值区间内，税收总收入的平均增长率为 16.21％，国内生产总值平均增长率为 14.91％，高于国内生产总值平均增长率 1.3 个百分点。值得注意的是，若税收远高于国民收入的增长速度，将会对经济产生一系列负面的影响。我国经济要长期稳定、均衡发展，应推进税制改革，同时注重实行结构性减税，用减税、退税或抵免的方式减轻税收负担，促进企业投资和居民消费，实行积极财政政策，促进国民经济稳健发展，从而对税收形成良性的影响。

③财政总收入增长率与第二产业增加值及第三产业增加值之和的增长率之间的关系方程：

当样本取值为 1980—2019 年时，考虑第二产业增加值及第三产业增加值之和的增长率之间的关系（$rfs_t = rate\ of\ increased\ value\ of\ first\ and\ second\ industry$）对财政总收入增长率（$rtr_t$）的贡献程度，首先进行单位根检验，财政总收入增长率和第二产业增加值及第三产业增加值之和的增长率的 ADF 统计量分别为－3.357 和－3.526，这表明二者都为平稳的过程，可以进行普通最小二乘法回归。

财政总收入增长率（rtr_t）与第二产业增加值及第三产业增加值之和（value added first and second industry）的增长率（rfs_t）之间的关系方程是：

$$\widehat{rtr_t} = -0.0605 + 0.4955 rfs_t$$
$$(2.58) \qquad (3.73)$$
$$R^2 = 0.2680 \qquad DW = 0.6303$$

模型运行的结果是：第二产业增加值及第三产业增加值之和的增长率对财政总收入增长率的依存度为 0.495 5，即第二、三产业每增长 1％，将会使得财政收入增长 0.495 5％，这说明第二产业和第三产业增加值对财政总收入的增长贡献具有很重要的作用。

④财政总收入增长率与营业税收入增长率、增值税收入增长率之间的关系方程：

当样本取值为 1985—2016 年[①]时，财政总收入增长率(rtr_t)与营业税收入增长率($rtut_t$)及增值税收入增长率($rvat_t$)的平稳性 ADF 检验统计量分别为 −3.178、−5.004 和 −4.413，可知这三者都为平稳的，可以进行普通的最小二乘回归，而不必担心会产生伪回归问题。

财政总收入增长率(rtr_t)与营业税收入增长率($rtut_t$)及增值税收入增长率($rvat_t$)之间的关系方程是：

$$\widehat{rtr_t} = \underset{(1.103)}{0.1157} + \underset{(2.002)}{0.0508} rtut_t + \underset{(3.023)}{0.1349} rvat_t$$

$$R^2 = 0.8014 \qquad DW = 2.1327$$

模型运行的结果是：营业税收入增长率财政总收入增长率的依存度为 0.050 8，增值税收入增长率财政总收入增长率的依存度为 0.134 9，这说明增值税的变动对财政收入的影响很大，充分说明了增值税作为我国主体税种对财政收入的重要性很大。

4.5.2 财政支出计量经济模型运行结果分析

财政支出计量经济模型结果分析包括支出总量分析、支出增量分析和经济增长分析三个部分。

(1)支出总量模型运行结果分析

①财政总支出与财政总收入、国内生产总值之间的关系方程：

财政总支出按自身惯性规律运行之外，显著地依赖于财政总收入和国内生产总值。

当样本取值为 1979—2019 年时，财政总支出的对数值[$\ln exp_t = \ln(total\ fscal$ expenditure)]需要进行单位根检验，其 ADF 统计量为 −0.645，其差分值的 ADF 统计量为 −3.343，这表明其在 5%水平上为一阶单整过程，结合上面的单位根检验结果，得知财政总支出($\ln exp_t$)与财政总收入($\ln rev_t$)和国内生产总值($\ln gdp_t$)都为一阶单整过程，要考察三者是否具有共同方式变动，也就是说

① 尽管 2016 年 5 月 1 日起开始全面“营改增”，但作为过渡，我国 2016 年的统计数据中仍包含营业税。

是否具有协整关系，还需要进行协整关系检验，这里继续采用恩格尔与格兰杰(Engle & Granger，1987)的协整检验，其统计量值为－6.559，在1%水平上通过显著检验，也即三者之间存在协整关系。

财政总支出($\ln exp_t$)与财政总收入($\ln rev_t$)、国内生产总值($\ln gdp_t$)之间的协整关系方程是：

$$\widehat{\Delta \ln exp_t} = -0.1715 - 0.9680 \ln rev_t + 0.0494 \Delta \ln gdp_t$$
$$(-2.44) \quad (33.69) \quad (1.71)$$

模型的运行结果是：财政总支出对国内生产总值的弹性为0.049 4，这说明随着经济的增长，财政支出也在随着增加，经济增长对财政支出的需求为正，财政总支出按自身惯性规律运行之外，财政总支出对财政收入的弹性为0.968 0，这说明财政收入增加也会导致财政支出增加，财政支出显著地依赖于财政总收入和国内生产总值。

②一般公共服务支出与财政收入的关系方程：

当样本取值为2007年1月—2018年12月时，一般公共服务支出($\lg pe_t$)和财政收入[$lrev_t = \ln(rev_t)$]这两个变量需要进行平稳单位根检验，其ADF统计量分别为－4.780和－3.347，这说明其都是平稳的，可以进行普通的最小二乘估计。

一般公共服务支出($\lg pe_t$)与财政收入[$lrev_t = \ln(rev_t)$]之间关系的方程：

$$\widehat{\lg pe_t} = 1.8438 + 0.5458 lrev_t$$
$$(3.506) \quad (9.477)$$
$$R^2 = 0.4086 \qquad DW = 2.4304$$

模型估计结果表明政府财政收入每增加1%，相应的一般公共服务则会增加0.545 8%，由于公共服务支出在财政支出的比重较小，这就意味着公共服务的开支不足，需要进一步加大公共服务的支出比重，实现民生财政的转型。

③教育支出与财政收入的关系方程：

当样本取值为2007年1月—2020年8月时，教育支出($lfee_t$)的水平值ADF统计量为－4.319，说明其是平稳的，结合上文的财政收入($lrev_t$)也是平稳的，可以进行普通的最小二乘估计。

教育支出($lfee_t$)与财政收入[$lrev_t = \ln(rev_t)$]的关系方程：

$$\widehat{lfee_t} = -2.4370 + 1.0555 lrev_t$$
$$(-4.03) \quad (16.01)$$
$$R^2 = 0.6370 \qquad DW = 2.2112$$

模型的运行结果是：教育经费支出的财政收入弹性为 1.055 5，这表明财政收入每增加 1%，将使得教育支出增加 1.055 5%，这使得教育支出的增长率略高于财政收入增长率，这与这几年国家对教育的财政投入力度加大有关。

④科学技术支出与财政收入的关系方程：

当样本取值为 2007 年 1 月—2020 年 8 月时，通过平稳性检验，科学技术支出[$lfes_t=\ln(fiscal\ \text{expenditure}\ of\ science_t)$]的 ADF 统计量为−6.650，这表明其是平稳的变量，结合财政收入($lrev_t$)也为平稳的，所以可以进行普通的最小二乘估计。

科学技术支出[$lfes_t=\ln(fiscal\ \text{expenditure}\ of\ science_t)$]与财政收入($lrev_t$)之间的关系方程：

$$\widehat{lfes_t}=-5.093\,7+1.175\,2lrev_t$$
$$(-5.24)\qquad(11.11)$$
$$R^2=0.458\,1\qquad DW=1.821\,8$$

模型估计结果表明科学技术支出对财政收入的弹性为 1.175 2，也即政府财政收入每增加 1%，将使得科学技术支出增加 1.175 2%。

⑤社会保障和就业支出与财政收入之间的关系方程：

当样本取值为 2007 年 1 月—2020 年 8 月时，通过平稳性检验，社会保障和就业支出[$lfese_t=\ln(fiscal\ \text{expenditure}\ of\ social\ \text{security}\ and\ employment_t$]的 ADF 统计量为−5.795，结合财政收入($lrev_t$)也为平稳的，可以使用普通最小二乘进行估计。

社会保障和就业支出($lfese_t$)与财政收入($lrev_t$)的关系方程：

$$\widehat{lfese_t}=-2.992\,4+1.089\,8lrev_t$$
$$(-4.46)\qquad(14.93)$$
$$R^2=0.604\,2\qquad DW=2.040\,5$$

模型的运行结果显示社会保障和就业支出对财政收入的弹性为 1.089 8，也即财政收入每增加 1%，社会保障支出将会增加 1.089 8%，在国民经济增长过程中，应该逐步增加民生投入，这一比重比较小，需要进一步增加社会保障支出。

⑥环境保护支出与财政收入方程：

当样本取值为 2007 年 1 月—2020 年 8 月时，通过平稳性检验，环境保护支出[$lfeep_t=\ln(fiscal\ \text{expenditure}\ of\ environmert\ protection_t)$]的 ADF 统计

量为－6.312，这说明其是平稳的变量，结合上文的财政收入变量 $lrev_t$ 也是平稳的，那么可以进行最小二乘估计。

环境保护支出（$lfeep_t$）与财政收入（$lrev_t$）之间的关系方程：

$$\widehat{lfeep_t}=-7.5561+1.3999lrev_t$$
$$(-7.18)\qquad(12.22)$$
$$R^2=0.5057\qquad DW=1.5289$$

上述模型的运行结果显示环境保护支出对财政收入的弹性为 1.399 9，这表明财政收入每增加 1%，环境保护支出将会增加 1.399 9%，这说明在经济增长过程中，环保支出投入日益重要。

⑦医疗卫生支出与财政收入方程：

当样本取值为 2007 年 1 月—2020 年 8 月时，通过平稳性检验，医疗卫生支出[$lfem_t=\ln(fiscal$ expenditure of $medcine_t)$]的 ADF 统计量为－4.381，这说明其是平稳的变量，结合上文的财政收入变量也是平稳的，那么可以进行最小二乘估计。

医疗卫生支出（$lfem_t$）与财政收入（$lrev_t$）之间的关系方程：

$$\widehat{lfem_t}=-7.5452+1.5102lrev_t$$
$$(-9.10)\qquad(16.72)$$
$$R^2=0.6569\qquad DW=2.1276$$

上述模型的运行结果显示医疗卫生支出对财政收入的弹性为 1.510 2，这表明财政收入每增加 1%，医疗卫生支出将会增加 1.510 2%，这说明在经济增长过程中，医疗卫生支出投入日益重要。

⑧城乡社区事务支出与财政收入方程：

当样本取值为 2007 年 1 月—2020 年 8 月时，通过平稳性检验，城乡社区事务支出[$lfecr_t=\ln(fiscal$ expenditure of $city$ and $rural_t$]的 ADF 统计量为－3.616，这说明其是平稳的变量，结合上文的财政收入变量 $lrev_t$ 也是平稳的，那么可以进行最小二乘估计。

城乡社区事务支出（$lfecr_t$）与财政收入（$lrev_t$）之间的关系方程：

$$\widehat{lfecr_t}=-5.5523+1.3285lrev_t$$
$$(-5.92)\qquad(13.00)$$
$$R^2=0.5366\qquad DW=2.5288$$

上述模型的运行结果显示城乡社区事务支出对财政收入的弹性为 1.328 5，

这表明财政收入每增加 1%,城乡社区事务支出将会增加 1.328 5%。

⑨农林水事务支出与财政收入方程:

当样本取值为 2007 年 1 月—2020 年 8 月时,通过平稳性检验,农林水事务支出[$lfeafw_t=\ln(fiscal\ \text{expenditure}\ of\ agriculture\ foreign\ and\ water_t)$]的 ADF 统计量为−4.529 8,这说明其是平稳的变量,结合上文的财政收入变量 $lrev_t$ 也是平稳的,那么可以进行最小二乘估计。

农林水事务支出($lfeafw_t$)与财政收入($lrev_t$)之间的关系方程

$$\widehat{lfeafw_t}=-5.290\,3+1.305\,2lrev_t$$
$$(-7.11)\qquad(16.11)$$
$$R^2=0.639\,9\qquad DW=1.667\,5$$

上述模型的运行结果显示农林水事务支出对财政收入的弹性为 1.305 2,这表明财政收入每增加 1%,农林水事务支出将会增加 1.305 2%。

⑩交通运输支出与财政收入方程:

当样本取值为 2007 年 1 月—2018 年 10 月时,通过平稳性检验,交通运输支出[$lfet_t=\ln(fiscal\ \text{expenditure}\ of\ transportation_t)$]的 ADF 统计量为−3.727,这说明其是平稳的变量,结合上文的财政收入变量 $lrev_t$ 也是平稳的,那么可以进行最小二乘估计。

交通运输支出($lfet_t$)与财政收入($lrev_t$)之间的关系方程:

$$\widehat{lfet_t}=-5.787\,8+1.309\,3lrev_t$$
$$(-6.34)\qquad(13.17)$$
$$R^2=0.543\,0\qquad DW=1.564\,0$$

上述模型的运行结果显示交通运输支出对财政收入的弹性为 1.309 3,这表明财政收入每增加 1%,交通运输支出将会增加 1.309 3%。

(2)财政支出增长模型运行结果分析

①中央财政支出增长率与地方财政支出增长率对财政总支出增长率的贡献作用分析方程:

当样本取值为 1979—2019 年时,首先对中央财政支出增长率($rce_t=rate\ of\ increased\ centural\ fiscal\ \text{expenditure}$)与地方财政支出增长率($rle_t=rate\ of\ increased\ local\ fiscal\ \text{expenditure}$)对财政总支出增长率($rte_t=rate\ of\ increased\ total\ fiscal\ \text{expenditure}$)进行单位根检验,ADF 统计量分别为−3.729、−4.717 和−4.140,这表明这三者皆为平稳的,可以进行普通的最小

二乘法估计。

中央财政支出增长率(rce_t)与地方财政支出增长率(rle_t)对财政总支出增长率(rte_t)的贡献作用分析方程是：

$$\widehat{rte_t} = -0.0081 + 0.5678 rle_t + 0.3972 rce_t$$
$$(1.31) \quad (19.72) \quad (12.45)$$
$$R^2 = 0.9410 \qquad DW = 1.2895$$

模型运行结果是：财政总支出增长率对中央、地方财政支出增长率的依存度分别为0.397 2、0.567 8，进一步计算它们在1979—2019年这段期间内的平均增长率之后，可得到地方财政支出平均增长率为16.00%，高于中央财政的平均增长率10.83%，这表明财政总支出增长率显著地依赖于中央财政支出增长率与地方财政支出增长率。

②一般公共服务支出增长率、教育支出增长率、社会保障和就业支出增长率和环境保护支出增长率对财政总支出增长率的贡献作用分析方程：

当样本取值为2007年1月—2018年12月时，一般公共服务支出增长率、教育支出增长率、社会保障和就业支出增长率、环境保护支出增长率和财政支出增长率都通过了平稳性检验，其ADF统计量分别为－7.415 9、－10.147 9、－7.114 4、－6.186 9和－8.086。这表明这些变量皆为平稳的，可以进行普通的最小二乘法估计。

财政总支出增长率(rte_t)与一般公共服务支出增长率($rgpe_t$)、教育支出增长率($rfee_t$)、社会保障和就业支出增长率($rfese_t$)和环境保护支出增长率($rfeep_t$)的回归方程：

$$\widehat{rte_t} = -0.0156 + 0.1845 rgpe_t + 0.3429 rfee_t + 0.0989 rfese_t + 0.1766 rfeep_t$$
$$(-1.90) \quad (4.42) \quad (6.44) \quad (3.06) \quad (9.01)$$
$$R^2 = 0.9277 \qquad DW = 2.5262$$

回归结果显示一般公共服务的增长率对财政总支出增长率的贡献为0.184 5，教育支出增长率对财政总支出增长率的贡献为0.342 9，社会保障和就业支出增长率对财政总支出增长率的贡献为0.098 9，环境保护支出增长率对财政总支出增长率的贡献为0.176 6。

(3)经济增长及其构成因素的运行结果分析

①国内生产总值增量与总消费规模增量、全社会固定资产总投资规模增量和进出口差额增量之间关系的方程：

当样本取值为1980—2019年时，通过平稳性检验，可知国内生产总值增量($dgdp_t$)与总消费增量(dtc_t)、全社会固定资产总投资增量($difc_t$)和进出口差额增量($dexm_t$)的ADF统计量分别为2.999、－1.933、1.032和－3.066，而其差分值的*ADF*统计量值分别为－8.063、－7.192、－3.635和－8.355，这表明这几个增量为一阶单整过程。且这几个变量之间具有协整关系，其恩格尔与格兰杰(Engle & Granger，1987)的协整检验统计量为－5.682也就是说，长期来看这四者在以相同的方式共同变动。模型的误差纠正运行结果：

国内生产总值增量($dgdp_t$)与总消费规模增量(dtc_t)、全社会固定资产总投资规模增量($difc_t$)和进出口差额增量($dexm_t$)之间的协整方程为：

$$\widehat{dgdp_t} = \underset{(3.19)}{-3\,962.89} + \underset{(-19.89)}{3.200\,4}\,dtc_t + \underset{(9.97)}{0.989\,1}\,difc_t + \underset{(-4.11)}{1.406\,8}\,diexm_t$$

从协整方程来看，总消费增量和进出口差额增量有助于国内生产总值增加，二全社会固定资产增量不利于经济增长。

②财政决算支出增长率滞后量对国内生产总值增长率的贡献作用分析方程：

当样本取值为1979—2019年时，通过平稳性检验，国内生产总值增长率($rgdp_t$)和财政决算支出增长率滞后量(rte_{t-1})的ADF统计量为－3.899和－4.190，皆为平稳过程。

国内生产总值增长率($rgdp_t$)和财政决算支出增长率滞后量(rte_{t-1})之间的回归方程：

$$\widehat{rgdp_t} = \underset{(4.67)}{0.116\,3} + \underset{(1.51)}{0.233\,4}\,rte_{t-1}$$

采取一般线性回归分析得知财政决算支出增长率滞后量对国内生产总值增长率的贡献为23.34%。

③第一产业增加值增长率、第二产业增加值增长率和第三产业增加值增长率对国内生产总值增长率的贡献作用分析方程：

当样本取值为1979—2019年时，第一产业增加值增长率(rfi_t)、第二产业增加值增长率(rsi_t)和第三产业增加值增长率(rti_t)的ADF统计量分别为－3.752、－3.840和－4.630，通过平稳性检验。第一产业增加值增长率(rfi_t)、第二产业增加值增长率(rsi_t)和第三产业增加值增长率(rti_t)对国内生产总值增长率($rgdp_t$)的贡献作用分析方程是：

$$\widehat{dgdp_t}=0.0149+0.2019rfi_t+0.4819rsi_t+0.2420rti_t$$
$$(6.51)\quad(13.14)\quad(25.69)\quad(12.77)$$
$$R^2=0.9937\qquad DW=1.02$$

模型运行的结果是:国内生产总值增长率对第一产业增加值增长率、第二产业增加值增长率和第三产业增加值增长率的依存度分别为 0.201 9、0.481 9 和 0.242 0。这说明国内生产总值增长率显著地依赖于第一产业增加值增长率,第二产业增加值增长率和第三产业增加值增长率,尤其依赖于第二产业的增长率。

④工业总产值增加率和建筑业增加值增长率对第二产业增加值增长率的贡献作用分析方程:

当样本取值为 1979—2018 年时,工业总产值增长率($ravi_t$)和建筑业增加值增长率($rava_t$)的 ADF 统计量为−3.477 和−3.237,通过平稳性检验。工业总产值增长率($ravi_t$)和建筑业增加值增长率($rava_t$)对第二产业增加值增长率(rsi_t)的贡献作用分析方程是:

$$\widehat{rsl_t}=0.0006+0.8864ravi_t+0.1098rava_t$$
$$(1.05)\quad(171.37)\quad(27.74)$$
$$R^2=0.9996\qquad DW=0.9421$$

模型运行的结果是:第二产业增加值增长率对工业总产值增加率和建筑业增加值增长率的依存度分别为 0.886 4 和 0.109 8。这说明第二产业增加值增长率显著地依赖于工业总产值增加率和建筑业增加值增长率。

4.5.3 中国财政及宏观经济主要指标预测

结合对中国财政及经济运行规律与机制的理解和把握,并向有关专家咨询后,我们对中国财政及宏观经济主要指标进行短期预测,见表 4.2。

表 4.2 中国财政及宏观经济主要指标预测 单位:亿元

经济变量	2019 年	2020 年	2021 年
财政总收入	190 390.1*	180 870.6	192 294.2
税收总收入	158 000.5*	152 107.1	161 160.5
财政总支出	238 858.4*	224 526.9	243 635.57
国内生产总值	990 865.1*	1009 691.5	1089 457.1

续表

经济变量	2019 年	2020 年	2021 年
国内增值税收入	62 347.4*	57 112.7	63 252.843
中央财政收入	89 305.4*	80 374.9	83 589.2
地方财政收入	101 076.8*	100 495.7	108 704.1
中央财政支出	35 115.2*	34 307.6	36 545.336
地方财政支出	203 758.9*	190 219.4	207 090.23
第一产业增加值	70 466.7*	72 087.4	74 250.022
第二产业增加值	386 165.3*	389 640.8	425 226.43
第三产业增加值	534 233.1*	547 963.3	589 980.65
工业增加值	317 109*	339 306.63	369 844.23

注：带 * 号的数值来自 Wind 数据库。

表 4.2 的预测结果表明，受制于新冠肺炎疫情的影响，主要的几个变量，如财政总收入、税收总收入、财政总支出、增值税收入、中央财政收入、地方财政收入、中央财政支出和地方财政支出在 2020 年有所下降。总体看，由于中国政府在抗疫中的优良表现和民众的配合，国内生产总值有望在全年实现增长，我们估计同比增长在 2%左右。2020 年，各项指标有望转好，其中国内生产总值将会增长较多，大约在 8%～10%，而其他有关财政的宏观指标也会相比疫情前一年(2019 年)略有上升。

第二编

财政应对风险的基础理论

5 财政应对风险的定义和内涵

5.1 公共财政的定义和内涵

财政是国家或政府为实现其职能，参与社会产品和国民收入分配和再分配的行为。在市场经济体制下，财政的实质是公共财政。公共财政是指国家（政府）集中一部分社会资源，用于为市场提供公共物品和服务，满足社会公共需要的分配活动或经济行为。它以促进社会福利最大化为宗旨，以满足社会公共需要为目标，提供公共产品和公共服务，弥补市场缺陷，依法规范理财，并最大限度地实行民主决策，充分接受民主监督。

公共财政是与市场经济体制相适应的一种财政管理体制。在市场经济条件下，资源配置的方式有两种：市场和政府。一般情况下，市场是一种有效率的运行机制，能够使资源的利用发挥最大效率，实现社会福利最大化。但市场不是万能的，垄断、信息不对称、外部效应等市场失灵领域和收入分配不公、经济波动等市场缺陷的客观存在，要求政府必须发挥相应的作用来弥补市场缺陷。私人产品具有排他性和竞争性，在市场经济体制下，私人产品的资源配置应由市场完成。相反，公共产品具有非排他性和非竞争性，市场难以有效配置，这就要求国家通过财政手段来配置相应资源，满足公共需要。私人产品领域的资源配置由市场完成，政府应负责社会公共领域的资源配置，这是市场经济体制下符合规律的分工，如果违背了这一规律，就会出现财政的“越位”和“缺位”。

公共财政的内涵对民主和法制同样提出了要求。公共财政的目标是满足社会公共需要。在私人产品领域，人们可以通过自愿购买来满足个人需要。与此不同的是，在公共品领域，由于公共品满足的是社会全体成员的集合性需要，每个人偏好不同且存在“搭便车”心理，政府作为公众授权的代理机构，提供公共产品难以通过买卖行为做出决定，只能通过公众的“政治投票”做出决策，因此，公共财政需要最大限度地实行民主决策，并接受民众监督。而市场经济是法制经济，作为一种与其相适应的财政模式，公共财政必然是建立在法制基础之上的，一切公共财政收支活动必须纳入法制规范的范围。

5.2 风险财政的定义和内涵

风险财政是公共财政的组成部分，与公共财政具有一致的本质要求。风险财政是指国家(政府)集中一部分社会资源，为及时化解公共风险提供财力保障的经济活动。它是公共财政面对社会突发紧急事件的应急反应机制，以保护社会绝大多数成员利益为宗旨，通过财力保障以及相应的政策措施，力求将紧急事件的负面影响降至最小，维护或恢复正常的社会运行机制。

从历史上看，公共风险与公共危机与人类社会相伴而生。社会面临的风险来自两个方面的不确定性：自然环境的不确定性和社会发展过程内部的不确定性。一旦各种不确定性转为现实性，就演变为危机。人类历史上的各种社会形态，也可以说是人类在应对各种公共风险与危机过程中形成的。从一般意义上说，人类社会的各种制度的出现，都是公共风险与公共危机的产物。

建立风险财政是完善我国国家应急反应机制的重要部分，将风险财政纳入公共财政框架体系之内是十分必要的。公共风险与危机普遍存在，具有突发、频发、扩散快、波及面广、影响力大的特点。公共风险进一步发展成公共危机后，在一定阶段、一定范围内可能会处于失控状态，对社会经济的负面影响非常大。但由于公共风险较为隐蔽和不可分割，责任边界不清晰，市场机制难以承担防范和化解公共风险的使命，企业、个人等微观经济主体很难有充分的积极性和能力去防范和化解公共风险。公共危机爆发之后，企业、个人等微观经济主体虽然有解决危机的需要，但由于决策不统一、信息不对称、个体能力不足、“搭便车”心理等因素，没有足够的能力解决公共危机。由此可见，社会具有对公共危机管理的共同需求，公共危机管理具有非竞争性和非排他性，可以视为社会公共需要领域内的公共品，应当由国家(政府)提供。风险财政以满足这部分需求为目的，向社会提供公共危机管理这种公共品。国家(政府)必须对公共风险和公共危机予以密切关注，并在防范公共风险和管理公共危机中发挥主导作用。

风险财政作为公共危机应急反应机制的一部分，其重要性早已被认识。早期的马克思主义者便提出了后备理论，强调了后备资金在经济发展中的地位和作用。马克思在《资本论》中指出："从整个社会的观点来看，必须不断地有超额生产，也就是说，生产必选大于单纯补偿和再补偿现有财富所必要的规模进行——完全撇开人口的增长不说——以便掌握一批生产资料，来消除偶然事件和自然力所造成的异乎寻常的破坏。"恩格斯也指出："劳动产品超出维持劳动的费用而形成的剩余，以及社会生产基金和后备基金从这种剩余中的形成和积累，过去和现在都是一切社会的、政治的和智力的继续发展的基础。"这表明，从社会生产的产品中拿出一部分来作为后备资金应对各种可能的突发事件和灾害是十分重要的。改革开放之后，我国学者也不断深入和发展了后备理论。后备理论给风险财政提供了理论基础，这部分作为后备的产品的筹集、分配和使用正是风险财政的主要内容。

构建风险财政是一个复杂的系统工程，需要综合考虑多方面因素。总的来说，可以从收入、支出和财政管理三个方面来分析危机财政的组成。从收入角度看，风险财政资金的筹集途径可以分为以下几种：预备费、税费、政府债务、转移支付、征用、政府资产、赤字、外汇储备等，不同的筹集方式具有不同的特点，发挥不同的功能，需要根据风险的起因、性质、结构、发展趋势等来选择使用。预备费是正常情况下从预算中按比例提取的后备应急资金，在紧急状态下，一般应优先使用，使用的阻力也最小。除此之外，其他资金筹集方式都属于在突发危机时紧急采用的手段，具有突发性，使用时需要付出一定的代价，因此需要谨慎、规范使用。从支出角度看，风险财政的支出范围取决于危机产生的领域和范围，支出的内容包括危机发生时的人员动员费用、物资保障费用、设施建设费用等，还包括危机之后的人员安置费用、减税降费产生的税式支出以及恢复生产生活秩序产生的其他费用等。从财政管理角度看，风险财政应当包括危机状态下财政权力的界定和紧急状态下特殊决策程序的制度等机制，例如立法部门对行政部门的授权、国务院对财政部的授权、立法机构处理紧急事项的特别程序等。在正常情况下，调整预算的权力归立法机构，紧急状态下则可以一定程度地授予行政部门。而在行政体系内部，危机状态下财政权力在纵向和横向上都应当趋于集中。最后，应对突发公共危机时，政府采取的各种举措都离不开财政资金的支持，因此，需要对公共危机应对过程中的政府收支情况进行及时的监测、分析和反馈，对资金使用的效果做出评价。

在全球化的背景下，现代生活中的风险和不确定性大大增加，公共危机呈现复杂化和多元化的趋势，从局部扩散到更大范围的可能性也更大，新冠肺炎疫情对全球的冲击深刻地体现了这一点。在这种条件下，政府作为社会公众授权的公共管理者，更要承担起应对风险和不确定性的责任。因此，构建风险财政不仅能够解决危机时的财力问题，还将帮助我们树立风险忧患意识、完善风险管理的制度框架，对于我国政府提升应急反应能力、防范和化解公共危机具有重大意义。

6 财政应对风险的基础理论

6.1 提供公共品

在公共经济学的理论框架下，公共安全是一类典型的公共品，需要政府筹集资金向整个社会提供。具体到公共健康安全这一细分公共品，其公共品的特征则更加明显。例如，2020 年新冠肺炎疫情在中国境内的广泛流行严重地危害了公众生命健康，政府为公众提供的免费公立医疗资源、大数据人口流动信息、公共场所消毒、流行病防护用品和社区隔离等公共品有效地保护了整个社会的公众健康。

公共健康安全具有效用的非分割性、消费的非竞争性和受益的非排他性，是典型的公共品。公共健康安全由各级政府向整个社会共同提供，国内全体社会成员联合消费，共同受益，体现了公共健康安全效用的非分割性；在可控的感染病例数量范围以内，中央政府在全国范围内进行医护人员等医疗资源的跨区域调配，确保有救助需要的公众能够迅速地获取医疗资源，同时维护了健康人群的正常生活秩序，不排斥任何社会成员对公共健康安全的同时享用，体现了公共健康安全消费的非竞争性；此次新冠肺炎疫情的防控工作整体而言十分成功，即使存在零星的疫情反复和境外输入，全社会的经济活动已经基本回到正常的运行轨迹，全体社会成员都享受到了公共健康安全良好、经济社会运行正常的正向收益，体现了公共健康安全受益的非排他性。总而言之，中国政府提供的公共健康安全具有典型的公共品特征，事实证明其具有极高的正外部性，中国境内良好的公共健康安全状况保障了中国经济能够迅速地恢复至疫情前水平，保护了广大人民群众生命健康不受侵害的基本人权。

及时地向整个社会提供公共健康安全是中国财政运行良好的一次直观体

现。新冠肺炎疫情具有不同于常规公共健康安全威胁的显著特点，其传播迅速、症状猛烈且致死率高，极有可能在短时间内从公共健康安全风险转化为公共健康安全危机，危及全社会的稳定和安全。因此，时效性成为风险财政最为关键的核心特征，这也是风险财政区别于其他公共财政的显著特点之一。在此次新冠肺炎疫情爆发初期，习近平总书记在 2020 年 1 月 7 日就已经在中央政治局常委会会议上就疫情防控工作提出具体要求；1 月 22 日，中央政府要求湖北省全面严控人员跨区域流动，并组织 29 个省区市和新疆生产建设兵团、军队等 330 多支医疗队援助湖北省，配合武汉市地方政府迅速开设火神山、雷神山等集中收治医院和方舱医院，为疫情严重地区提供海量的医疗资源；全国各级政府在第一时间统筹区域内医疗物资生产厂家增加流行病防护用品的产能，有效阻止了新冠肺炎疫情在全国范围内的蔓延。整体而言，政府极强的动员能力和治理能力是中国风险财政得以及时为全社会提供公共健康安全公共品的基础。

6.2 熨平经济波动

凯恩斯学派早已证明，自发的市场机制并不能自行趋向于充分就业、物价稳定和适度经济增长的平衡路径，政府需要在市场失灵的领域发挥非市场的要素配置职能。从公司金融的角度来看，当公司遇到负向的宏观经济冲击时，公司收益减少、资产缩水，资产负债表状况恶化，外部融资条件严峻。微观企业理性的收缩经营活动的行为将最终导致宏观经济的萎缩和有效产出的下降。特别地，在突然爆发公共健康安全危机的外部冲击下，公司普遍具有中国经济下行的理性预期，主动或被动地减少投资将必然地减缓中国的宏观经济增长。

公共健康安全危机爆发的初期，国民经济会出现突然、部分地停摆。餐饮、运输和零售等服务业首当其冲，而服务业是吸纳就业最多的部门，服务业的大量停摆将造成极大的稳定就业压力。随着危机逐渐蔓延，公众将普遍形成经济下行的预期，这种经济收缩的预期将沿着产业链传递，从采矿业、金属冶炼、能源进口等基础工业逐渐蔓延至整个实体经济，直至所有的微观个体都具有收缩经营规模的投资预期。国际上，在疫情爆发初期，只有中国境内报告了新冠肺炎疫情，国际资本对中国经济的增长将不可避免地产生怀疑态度，在中长期可能会调整国际间产业分工结构，转移一部分产能进而避免疫情对全球产业链的影响；在疫情全球爆发期，全世界所有国家都面临着严峻的疫情防控压力，经济活动出现了持续性减缓，其消费能力也随之下降。固定资产投资下滑、居民消费停滞、商品出口受阻，这将导致中国宏观经济的增长停滞。

风险财政能够及时地熨平危机带来的经济波动，缓解公众对经济收缩的预期。风险财政能够在短时间内将资源集中起来用于应对危机，有针对性地提供财政工具，将危机带来的负面影响降低至最小。例如，根据本报告的汇总，中央政府在疫情爆发初期，就已经针对此次新冠肺炎疫情，从支持防护救治、支持研发攻关、支持物资生产、支持物资流通、鼓励公益捐赠和支持复工复产这六大方面给出力度巨大的财政刺激政策，切实地增强了各行各业各类市场主体的风险抵抗能力，避免出现大规模的失业潮和经济萧条，缓解了市场主体普遍的悲观情绪，为 2020 年下半年中国经济的强劲复苏提供了制度保障。

6.3 消除不确定性

宏观经济中的不确定性将严重阻碍财政政策和货币政策对实体经济的影响。凯恩斯(1936)强调，企业家估计投资回报率会考虑到宏观经济波动性，产出波动幅度越大，公司投资项目隐含的风险就越大，那么公司投资需求就越低。宏观经济的不确定性将提高等待期权的价值，公司将变得非常谨慎，即使不存在外部的融资约束，公司的投资行为也会趋于收缩，这将导致积极的财政政策和货币政策无法传导至微观企业。

具体到本次新冠肺炎疫情，宏观经济的不确定性十分明显。持续一整年的新冠肺炎疫情在全世界呈现出多点爆发，迅速蔓延的态势。除此之外，新冠病毒具有传播途径多、变异速度快和潜伏时间长的显著特点。这些特点导致此次新冠肺炎疫情在很长一段时间内都不能得到彻底的控制，即使在防控工作最为完善的中国大陆境内，新冠肺炎疫情仍然存在频繁的境外输入和局部聚集性传染病例。这意味着，在新冠肺炎疫情全球泛滥的情况下，即使中国境内的疫情得到良好的管控，国内的防疫工作仍然十分严峻。由此可见，新冠肺炎疫情的发展存在较大的不确定性，微观企业的投资行为受到不确定性的抑制，在中长期，不确定性导致的投资不足将损害中国经济的持续增长。

风险财政能够有效地消除不确定性。具体到此次新冠肺炎疫情期间，中央政府在刺激经济的财政政策之外，部署了大量的财政政策用于尽可能地消除疫情发展的不确定性。首先，中央政府在疫情爆发初期就已经部署国有企业和科研单位迅速研制新型冠状病毒疫苗，随后在全世界范围内开展疫苗的临床试验工作，并于2020年12月31日宣布向全民免费提供，这为公众消除了新冠肺炎疫情可能反复爆发的不确定性；其次，中央政府在此次疫情期间着重强调各级政府在抗击疫情之外最为重要的政治任务是保障当地的“六稳”“六保”工作，“六稳”指的是稳就业、稳金融、稳外贸、稳外资、稳投资、稳预期工作；“六保”分别是：保居民就业、保基本民生、保市场主体、保粮食能源安全、保产业链供应链稳定、保基层运转，这为公众消除了经济社会秩序可能滑向不稳定的不确定性；最后，在此次疫情期间，国有企业承担了大部分的医疗物资的生产工作，确保中国在较短的时间内能够迅速提升医疗物资的产能，保障各个产业内劳动力的正常工作，保护了中国产业链的完整，这为公众消除了中国实体经济可能出现产业链断裂的不确定性。

第三编

中国历史上应对风险的财政

7 中国历史上的公共风险及其影响

在中国历史上，无论是频繁的战争、冲突，还是由气候与环境变化所引起的自然灾害、瘟疫，都会导致严重的公共风险和财政经济问题。

7.1 战　争

中国是一个拥有五千年历史的文明古国，也是一个统一的多民族国家。与存在于世界上其他国家的发展道路相类似，中国在民族融合与统一、王朝更迭、政制变迁的漫长历史发展过程中，往往伴随着频繁的战争和大规模的冲突。据统计，自原始社会至1911年清王朝灭亡，中国大地上共发生有史可稽的具有一定规模的战争近4 000次，如表7.1所示。

表7.1　中国历代战争次数统计表　单位：次

起止年代	历史阶段	作战次数
前26世纪—前22世纪	传说时代—五帝	5
前22世纪—前770年	夏、商、西周	38
前769年—前476年	春秋	384
前475年—前221年	战国	230
前220年—前207年	秦	9
前206年—公元24年	西汉	124
公元25年—公元220年	东汉	278
公元220年—公元265年	三国	71
公元265年—公元316年	西晋	84

续表

起止年代	历史阶段	作战次数
公元 317 年—公元 420 年	东晋	272
公元 421 年—公元 580 年	南北朝	178
公元 581 年—公元 617 年	隋	88
公元 618 年—公元 906 年	唐	192
公元 907 年—公元 959 年	五代十国	73
公元 960 年—公元 1127 年	北宋、辽、金、西夏	256
公元 1127 年—公元 1279 年	南宋、金、蒙	295
公元 1280 年—公元 1368 年	元	208
公元 1368 年—公元 1643 年	明	579
公元 1644 年—公元 1911 年	清	427
前 26 世纪—公元 1911 年	合计	3 791

注:历史各阶段年代的划分只为统计方便,不做历史分期。

资料来源:《中国军事史》编写组编:《中国军事史》附卷《历代战争年表》(上),解放军出版社 1985 年版;《中国军事史》编写组编:《中国军事史》附卷《历代战争年表》(下),解放军出版社 1986 年版。

那么,如此频繁的战争对历代国家财政到底造成了怎样的影响? 因篇幅所限,本节仅试举三个典型例子做简要分析。

第一个例子:唐代的安史之乱与南北财政格局。

公元 755 年,安禄山、史思明突然起兵范阳,叛乱爆发。在承平时期运转自如的唐朝财政体系面临仓促之变,一时不能应付战争财政的急需,陷入收支严重失调的紊乱状态之中。而唐肃宗朝廷为应付安史之乱所引起的战时财政困难而采取的开征杂税和实行榷盐措施,也彻底破坏了财政旧体系的预算收入结构,成为该体系崩坏的一种标志。① 最为关键的是,安史之乱对唐代财政体系造成了两大主要影响:一则为财政收支布局的地域性失衡;二则为经济基础的剧变。首先,唐朝预算收入的地域分布,到开元天宝年间已形成以河南河北、江淮、剑南、河陇等四大经济区为四翼,向西京长安和东都洛阳辐辏的均衡格局;

① 陈明光:《唐代财政史新编》,中国财政经济出版社 1999 年版,第 165—174 页。

预算支出则以两京为中心，偏重于西北边境，尚未造成全局性的失调。安史之乱后，受其直接冲击及其连锁反应的影响，唐朝财政收支的地域布局严重失调，畸重畸轻。简言之，自安史之乱发生以来，相比于过去，唐朝的财政收入在地域上已失河北、河陇二隅，只能偏倚于江南和剑南两大赋税供应地，尤其偏重于江淮地区。这就形成了此后"唐立国于西北而植根本于东南"的局面，即政治中心与赋税中心之间的游离状态加剧了。财政收支活动区域的畸重畸轻，迫使旧的一套财政体系必须随之改弦更张。[①] 其次，唐前期财政体系赖以建立的经济基础是自耕农经济，反映到预算管理制度上，则是通过运用籍账制度实行对以自耕农为主的课户与课口的控制来体现的。安史之乱后的五年，唐朝控制在籍的课户与课口数量大幅度下降。兹据《通典·历代盛衰户口》记载的数据，唐朝天宝十四载(公元 755 年)与乾元三年(公元 760 年)唐朝控制在籍的户口构成变动如表 7.2 所示。[②]

表 7.2　唐天宝十四载与乾元三年户口构成变动

年代	天宝十四载	乾元三年	减耗数
总户数	8 914 781	2 932 197	5 982 584
不课户	3 565 501	1 173 592	2 391 909
课户	5 349 280	1 758 605	3 590 675
总人口	52 909 309	16 970 576	35 938 733
不课口	44 700 988	13 980 687	30 720 301
课口	8 208 321	2 989 889	5 218 432

因此，自安史之乱以后，中国古代财政制度的演变可归纳为两点：一是财政收入主要来源于江南；二是田赋在财政收入中的地位下降。安史之乱使北方广大地区都遭到战事的破坏，对北方农业经济造成了毁灭性的打击。唐代财政经济逐渐形成"赋出天下而江南居十九"(韩愈)、"今天下以江淮为国命"(杜牧)的局面。这种南北财政格局此后延续了一千多年也未有根本变化。而且，安史之乱以后，田赋之外的税收慢慢成为王朝财政一大来源。由于手工业和商业的发展，国家财政收入的重点开始由田赋转向茶、盐、酒税，国家对手工业和商业的

① 陈明光：《唐代财政史新编》，中国财政经济出版社 1999 年版，第 177 页。
② 陈明光：《唐代财政史新编》，中国财政经济出版社 1999 年版，第 178 页。

依赖逐步加大。据唐宣宗大中七年(公元 853 年)度支部的统计,盐、酒专卖收入占全国税钱 38.9%。① 自北宋时期开始,货币税入在农业税收中的比例逐渐增加。到了明清之际,田赋在财政收入中的占比和重要性进一步下降,至晚清 1894 年和 1911 年时已分别下降到 36.9%和 20%。②

第二个例子:鸦片战争与晚清财政收支规模。

进入近代以后,在外国侵略势力在华逐步扩张的形势下,军费、赔款与由此而来的借债占了清政府财政支出的大部分,而这种恶性循环构成了近代财政的主要内容。③ 例如,有关鸦片战争的支出可分为三个方面:战争开支、赔款以及英军掠夺和勒索的钱款。其中直接上报户部的战争开支有白银一千数百万两,还不包括战事停止后追报的款项。战争赔款包括由清政府向英方赔偿的鸦片烟价、代偿行商欠款、英军军费三项,总计有 1 200 万银元,分四年偿清,如未能按期付款,每年支付 5%利息。而 1842 年清政府户部账面存银不过 1 300 万两,如果扣除亏空,则所剩无几。④ 根据彭泽益的统计,鸦片战争赔款共 2 100 万银元,合银 1 470 万两;英国侵略者在各地劫取的纹银和现金,除了赔款中作了扣除的以外,至少达 7 302 844 银元;又清政府所耗军费为白银几千万两。⑤ 总之,清政府在鸦片战争中的各项开支达白银 4 500 万两,这相当于清政府一年的全部财政收入,这里还不包括因战争而减少的税收。

同时,鸦片战争也对晚清财政经济造成了摧毁性的打击。鸦片战争后,晚清政府不仅在财政方面表现为国库空虚、左支右绌,而且因鸦片进口导致的白银大量外流、银贵钱贱,使得封建社会的经济基础遭受了根本性的破坏。为了弥补国库空亏,清政府以关税、盐税乃至厘金、田赋为担保,不断向列强举借外债。据统计,包括战争赔款转化而来的外债在内,清政府共向列强举借了 158 笔外债,外债总额高达 18.75 亿两白银。⑥ 仅以第一次鸦片战争赔款为例,表 7.3 为支付这笔款项的来源组成。

---

① 孙翊刚:《中国财政通史・隋唐卷》,中国财政经济出版社 2006 年版,第 89 页。

② 王业键:《清代田赋刍论(1750—1911)》,高风等译,人民出版社 2008 年版,第 105 页。

③ 梁义群:《鸦片战争与清廷财政》,《近代史研究》1989 年第 5 期。

④ 杨梅:《晚清中央与地方财政 C 关系研究——以厘金为中心》,知识产权出版社,2012 年版,第 52 页。

⑤ 彭泽益:《论鸦片战争赔款》,《经济研究》,1962 年第 12 期。

⑥ 宓汝成:《近代中国外债》,载孙健编:《中国经济史论文集》,中国人民大学出版社 1987 年版,第 433—451 页。

表 7.3　　第一次鸦片战争的赔款

赔款来源	银　两	百分比(%)
总数	14 760 000	100
关税	6 388 000	43.28
地丁	3 125 800	21.18
盐课	601 200	4.07
兵饷	650 000	4.40
商捐	3 995 000	27.07

资料来源:彭泽益,《论鸦片战争赔款》,《经济研究》,1962 年第 12 期。

要知道,清廷在道光末年以前的一百年左右,财政岁出每年徘徊于库平银三千六七百万两至四千多万两,变动并不大。鸦片战争后到清廷灭亡的 70 年中,收支规模快速增长,如表 7.4 所示。

表 7.4　　清代中后期财政收支规模变化表　　总额单位:库平银百万两

年　份	岁入		岁出	
	总额	指数	总额	指数
1749 年(乾隆十年)	36.0	—	36.0	—
1791 年(乾隆五十六年)	43.6	—	31.8	—
1812 年(嘉庆十七年)	40.1	—	35.1	—
1841 年(道光二十一年)	38.6	100	37.3	100
1845 年(道光二十五年)	40.6	105	38.6	104
1849 年(道光二十九年)	37.0	96	36.4	98
1885 年(光绪十一年)	77.1	200	72.7	195
1890 年(光绪十六年)	86.8	225	78.4	210
1893 年(光绪十九年)	83.1	216	75.5	202
1894 年(光绪二十年)	81.0	210	81.3	218
1901 年(光绪二十七年)	88.2	230	101.1	271
1903 年(光绪二十九年)	104.9	272	134.9	362
1905 年(光绪三十一年)	102.9	267	136.5	366

续表

年　份	岁入		岁出	
	总额	指数	总额	指数
1908 年(光绪三十四年)	234.8	608	237.0	635
1911 年(宣统三年)	297.0	769	338.7	908

资料来源:陈光焱:《鸦片战争后清廷财政预算状况的变化》,现代财经,2004 年第 2 期。

表 7.4 中,光绪十一年(1885 年)的岁入岁出以较道光末年(1849 年)均增加了一倍左右。在 35 年的时间内,财政规模增长了一倍,对于封建社会财政体系而言,增速不能不令人吃惊。这一段时间,前有太平天国运动,接着有捻军起义、苗回族人民起义、西征新疆、中法战争等一系列重大事件。1885 年以后,一直至 1893 年,由于当时国内局势比较稳定,每年岁入岁出大致维持在七八千万两的水平。但自 1894 年甲午中日战争以后,特别是在 1900 年八国联军战争以后,财政收支规模再度极度膨胀,岁出自 1894 年的八千一百多万两,上升到 1905 年的一亿三千六百多万两,短短十余年间,计增加了五千五百多万两,约增长 68%。总之,在经济发展遭到破坏的历史背景下,从 1841 年至 1911 年岁入增加了 6.69 倍,岁出增长了 8.08 倍。与道光末年以前一百年左右财政变化不大的情况相比较,财政收支的膨胀趋势是异常明显的。①

第三个例子:太平天国运动与晚清财政体系。

太平天国运动是中国近代史上规模最大的一次农民运动,对中国社会的经济发展、政治格局均有深远影响,尤其是对晚清财政体系有着根本性的影响。1851 年太平天国运动爆发到 1873 年陕甘回民起义被镇压,其间爆发了众多农民起义,清政府陷入一场前所未有的大危机。为了镇压农民运动,筹集军费,同时满足帝国列强的需要,清政府进行了财政改革,使得清朝的财政管理体制发生巨大变化,财权下移,地方财政的势力逐渐增强,前清高度中央集权的财政管理体制日益动摇和瓦解。

首先,财政管理体制发生了明显变化。与清朝前期相比,晚清的财政收支规模绝对额急剧膨胀。连年增加的庞大军费加大了中央和地方的支出规模,因此而不得不增加的各种债务和赋税也提高了各级政府的收入水平。同时财政收支结构也较前清有所不同,朝着近代财政收支模式变化。在收入方面,传统

① 陈光焱:《鸦片战争后清廷财政预算状况的变化》,《现代财经》,2004 年第 2 期。

的以田赋为主的收入结构转变为以关税、盐税和厘金为支柱的间接税收入结构。在支出方面,传统的以俸禄为主的支出结构变化为以军费、债务和洋务费用为主体的支出结构。

其次,社会的生产关系有所转变,资本主义的经济结构得以体现。一方面,传统的封建农业遭受强烈冲击,田赋及其附加名目多、负担重,加上银贵钱贱,中国的农村濒临破产;另一方面,新型的生产方式逐渐形成,外国洋货的销售带动了本国工商业的发展,各种捐税应运而生。除了厘金之外,烟捐、酒捐、房捐等消费税性质和牙税、当税等营业税性质的各种捐税都反映了社会生产关系的变化,体现出当时资本主义的经济结构逐步确立。

再次,政治上出现了官僚政治与殖民主义相结合的局面。为了镇压太平天国运动,筹集军费,清政府大力推行捐输出卖官爵封典,加广学额,造成了封建官僚政治的恶性膨胀;地方督抚和各地统兵用捐厘就地筹饷,为逐步形成"督抚权重"的地方割据奠定了基础。而用关税和盐税作担保举借外债,则便于外国侵略者通过控制中国的经济命脉进而进行政治控制。清政府逐渐丧失了自主确定关税税率的能力,连海关行政管理的权限也被掠夺,更重要的还在于外国列强把持了各种主要的税收,进而干预和控制中国的内政。

最后,社会结构朝着多元化方向发展,中国的社会性质开始转变成半封建半殖民地社会。资本主义生产关系的出现,如外国殖民者对中国政治的强力干预,中国社会的殖民主义色彩日渐浓厚;而传统的农业社会生产方式也还在继续残留并发挥作用,封建官僚也仍旧牢牢控制着国家的政治生活。两种因素交织的结果,使得中国的社会性质逐步发生转变,中国逐渐进入半封建半殖民地社会。①

7.2 自然灾害

自然灾害是一种自然环境因素变异的现象,包括地震、海啸、水灾、旱灾、台风等。中国因其所处的地理位置和气候条件等因素,可谓是世界上自然灾害多

---

① 付志宇、缪德刚:《太平天国运动时期清政府财政危机与财政对策探析》,《贵州社会科学》,2007年第9期。

发国之一。[①] 据邓云特统计，从公元前 1766 年至 1937 年的 3 703 年间，各种灾害总计发生 5 258 次，平均差不多每半年即罹灾一次，详见表 7.5。[②] 其中，水灾、旱灾最多，水灾 1 058 次，旱灾 1 074 次。

表 7.5　　中国历代自然灾害分类统计　　单位：次

	水灾	旱灾	蝗灾	雹灾	风灾	疫灾	地震	霜雪	歉饥	总计
殷商	5	8	—	—	—	—	—	—	—	13
两周	16	30	13	5	—	1	9	7	8	89
秦汉	76	81	50	35	29	13	68	9	14	375
魏晋	56	60	14	35	54	17	53	2	13	304
南北朝	77	77	17	18	33	17	40	20	16	315
隋	5	9	1	—	2	1	3	—	1	22
唐	115	125	34	37	63	16	52	27	24	493
五代	11	26	6	3	2	—	3	—	—	51
两宋(附金)	193	183	90	101	93	32	77	18	87	874
元	92	86	61	69	42	20	56	28	59	513
明	196	174	94	112	97	64	165	16	93	1 011
清	192	201	93	131	97	74	169	74	90	1 121
民国(至 1937 年)	24	14	9	4	6	6	10	2	2	77
总计	1 058	1 074	482	550	518	261	705	203	407	5 258

资料来源：邓云特，《中国救荒史》，商务印书馆 1937 年版，第 55—56 页。

注：①凡见于记载的各种灾害，不论其灾情的轻重及灾区的广狭，也不论其是否在同一行政区域内，只要是在一年中所发生的，都作为一次计算。②灾害中有"歉饥"一项，如记载中已说明造成饥荒的原因为水、旱、蝗、雹等时，就按水、旱、蝗、雹灾等计算；如不明白其原因，仅有"大饥""大无禾"等记载的时候，就列于"歉饥"一项中。

中国古代自然灾害的发生有以下特点：

---

① 中国是典型的大陆季风性气候，气象灾害的产生与中国不稳定的季风气候有关。此外，中国幅员广大、地理环境复杂也是导致自然灾害多发的一个重要因素。当然，人类活动对自然环境的破坏和干扰也在一定程度上提高了自然灾害的发生频率。

② 邓云特：《中国救荒史》，商务印书馆 1937 年版，第 51 页。

(1)普遍性

所谓普遍性,就是说从时间和空间上来在看,每年有灾,无处不灾,每一年都有一些地区会发生这样或那样的灾害。近代学者如竺可桢、陈达、邓云特等都对我国历史上水、旱、蝗、风、疫、霜、雪、地震等自然灾害进行了初步统计。竺可桢对中国古代水灾和旱灾的地域分布进行了考察。如 16 世纪,河北共发生了水旱灾害 6 次,山东 6 次,山西 2 次,河南 5 次,江苏 6 次,安徽 2 次,江西 10 次,浙江 26 次,福建 16 次,湖北 25 次,湖南 6 次,陕西 15 次,甘肃 1 次,四川 2 次,广东 9 次,广西 8 次,云南 22 次,贵州 2 次,可见灾害分布之广泛。

自然灾害是客观存在的一种自然现象,是自然界某些内部矛盾如气象矛盾、地质矛盾激化的结果。我国幅员辽阔,气候、地质等自然条件各不相同,因此,自然灾害在空间和时间上分布广泛。同一时间内,不同地区发生不同的自然灾害的现象很多。例如:清嘉庆十五年(1810 年),山东春夏大旱,河北七州县大水大饥,浙江地震,湖北雨雹;嘉庆十六年(1811 年),山东大旱,河北等地十三州县大水,十六州县大饥,甘肃大疫,四川地震。

(2)周期群发性

各种自然灾害不是孤立存在的,它们之间存在着客观的联系。首先,在地球漫长的历史演变过程中,地球表面形成了各种地质构造。它们决定了山川形势、地貌轮廓,影响了土壤、植被的分布和水文系统,还影响了天气系统与天气形势,由此形成了统一的自然环境系统。自然环境的统一性决定了自然灾害在空间分布上的联系性。自然灾害总是在一定环境下发生,这种环境又可能孕育着其他的灾害。如在地质构造凹陷带上的盆地和平原是干旱、洪涝、地面沉降等自然灾害易发的地区。其次,大规模自然灾害在其发生和发展的过程中,常会引发一系列的次生灾害和衍生灾害。这种自然灾害继起发生的现象被称为"灾害链"。如干旱发生以后会引发生物灾害、土壤沙化、土地盐碱化、森林火灾等灾害。因此,自然灾害在时间和成因上也存在着联系。相互联系的自然灾害形成了一个自然灾害系统。这一系统一般包括大气灾害、岩石圈灾害、生物圈灾害、水圈灾害等。自然灾害的发生与地球各圈层的运动和地球的整体运动有关,是大气、地壳、生物、海洋等地球各圈层发生突变的结果。自然灾害的发生还与太阳活动和其他天体运动有关。地球运动、太阳活动和其他天体的运动有着特有的活动周期,受其影响,自然灾害的发生亦有一定周期。反映在历史时期,自然灾害的发生呈现出周期群发性的特点,也就是不同类型的自然灾害在某一时间或某一地区相对集中出现，形成灾害群；轻灾期与重灾期、多灾期与少灾期交替出现。中国古代至少可以分出四大自然灾害的群发期，即夏禹群发期、两汉群发期、明清群发期、清末群发期。在此期间自然灾害发生的频率和强度均高于其他时期。正因如此，在一定的时间和地域内，自然灾害集中发生后，如果防治不当，势必会连续遭灾。各种灾害接踵而至，灾情加重在所难免。我国历史上自然灾害的群起发生十分显著。

(3)区域性

由于自然环境的不同，自然灾害的空间分布具有区域性。如受季风影响使降水条件变化而产生的灾害(干旱、洪涝、暴雨等)，主要分布在东部季风区。地震灾害主要分布于新构造运动活跃的板块缝合线及地质构造带上，如东部环太平洋地震带、喜马拉雅地震带及华北、西北和川西地震带。历史上由于社会经济的差异和人口分布的不均一，自然灾害多发区域中心发生明显的迁移。由于政治原因，历代建都之地所在省份自然灾害的记载较其他地区为多，西汉、唐代以陕西为多，东汉以河南最多。此外，宋代以前有记载的自然灾害主要分布在黄河中下游和淮河上中游。宋、元以后，重灾区的记载集中在长江三角洲江浙一带。自然灾害对社会经济具有很大破坏力，经济越发达的地方，自然灾害造成的人员与财产损失越大，对自然灾害的记载也越多。多灾中心的迁移反映了社会经济的变动。

(4)积累性

自然灾害的积累性表现在灾害的发生周期逐渐变短，其次数越来越多，频度越来越密，受灾范围也越来越大。从史籍记载分析，周朝在其 867 年的统治中，较大的自然灾害只有 89 次，发生次数较少；秦汉时期自然灾害明显增多，在 440 年中共发生各类自然灾害 375 次，平均 1.4 年就发生一次；魏晋南北朝时期的 369 年中，各类灾害共发生 619 次，平均 0.59 年一次；隋唐五代时期共 372 年，发生自然灾害 566 次，平均 0.65 年一次；到两宋和元代时，在 416 年中发生自然灾害 1 387 次，平均每年三次多；明代自然灾害更为频繁，267 年中发生灾害 1 011 次，平均每年有三四次；清代是中国古代自然灾害发生最多的朝代，历时 267 年，受灾面积 1 211 次，三四个月即遭灾一次。①

自然灾害对人类社会和经济发展具有长期深远的影响。

---

① 齐涛主编：《中国古代经济史》，山东大学出版社 2011 年版，第 57—59 页。

首先，在中国古代封建社会，自然灾害动辄导致数万人丧生，不计其数的人流离失所。例如，明清是中国历代自然灾害最为频繁的时期。据初步统计，明代因自然灾害而死亡的人数逾 627 万人，清代为 5 135 余万人，合计明清两代共 5 762.6 万余人。[①] 根据高建国对我国历史上地震、台风风暴潮、洪涝、干旱和低温冻害死亡千人以上的灾害统计，自公元前 161 年至 1949 年共计 610 次，其中宋以前 80 次，宋元时期 52 次，明朝 157 次，清朝 227 次，民国时期 94 次。按灾种分，地震 74 次，台风风暴潮 71 次，洪涝 232 次，干旱 221 次，风雹 4 次，冻害 8 次。从高建国的统计数字看，其中地震单次死亡人数最多，超过 10 万的有 5 次，按时间排列为：1290 年，发生在内蒙古宁城的 6.8 级地震，死亡 10 万；1303 年发生在山西洪洞、赵城的 8 级地震，死亡人数为 47.58 万；1556 年发生在陕西华县的 8 级地震，死亡人数为 83 万；1786 年四川泸定磨西 7.5 级地震，死亡人数为 10 万；1920 年发生在宁夏海原的 8.5 级地震，死亡人数 23 万。洪涝死亡人数过 10 万的有 15 次，按时间排列为：516 年发生在江苏涟水的洪涝，死亡人数为 10 万；1117 年发生在河北沧州的洪涝，死亡人数 100 万；1810 年发生在河北的洪涝（并他省旱），死亡人数为 900 万；1849 年发生在河北、浙江、湖北的洪涝（并他省旱），死亡人数为 1 500 万；1811 年河北（并他省旱），死亡人数 200 万；1846 年江苏、山东、江西（并他省旱），死亡人数 28 万；1857 年发生在湖北、山东的洪涝，死亡人数为 800 万；1898 年发生在山东济阳的洪涝，死亡人数为 10 万；1911 年发生在江苏、安徽的洪涝，死亡人数为 80 万；1912 年发生在浙江青田、云和的洪涝，死亡人数为 22 万；次年发生在青田、永嘉的洪涝，死亡人数为 15 万；1931 年发生在安徽霍县、芜湖的洪涝，死亡人数为 11 万人；1923 年十二省（并旱），死亡人数为 10 万；1930 年发生在河南新蔡的洪涝，死亡人数为 15 万；1931 年发生在河南汝南、确山的洪涝，死亡人数为 11 万。干旱死亡 10 万人以上的有 18 次，按时间排列为：22 年发生在陕西关中、河南新安的干旱，死亡人数为 30 万；401—403 年发生在甘肃武威的干旱，死亡人数为 10 万人；166 年发生在陕西、河南、安徽的干旱，死亡人数为 10 万人；501 年发生在山东青州、济南的干旱，死亡人数为 20 万人；944 年发生在河南、山东的干旱，死亡人数为 30 万人；1148 年发生在浙江绍兴、江苏的干旱，死亡人数为 14 万人；1208 年发生在江苏、浙江的干旱，死亡人数为 30 万人；1616 年发生在山东、江苏涟水的干旱，

---

① 赫治清主编：《中国古代灾害史研究》，中国社会科学出版社 2007 年版，第 23—24 页。

死亡人数为100万人；1877年发生在山西的干旱，死亡人数为250万人，同年发生安徽、山东、陕西的干旱，死亡人数为1 000万人，这一年全国8个省份出现干旱，不完全统计死亡人数约1 300万。1920年陕、豫、冀、鲁、晋干旱，死亡人数50万；1928年山西雁北，死亡人数30万；1929年甘肃，死亡200万人；1930年陕西，死亡人数250万；1943年广东台山，死亡15万人；1943年河南，死亡人数300万。①

从以上统计数字不难看出，历史上自然灾害对人口死亡的影响巨大。人口的锐减导致劳动力的减少，对农业生产造成了严重的影响。特别是一些连续灾害的年份，因劳动力的减少常常导致大量土地荒芜。在小农经济社会中，农业的发展必须实现劳动力与土地的结合，丧失劳动力就丧失了最基本的生产条件，农业生产就无法实现，社会经济必然受到影响。

其次，自然灾害对农业生产造成了巨大的破坏。自然灾害直接危害农作物的生长，造成了农业的减产，引发了严重的饥荒。仅以气象灾害为例便可清楚历代自然灾害对农业经济发展之破坏。根据史书记载，西汉时期的公元前138年、前135年、前120年和前115年4个年份，发生了严重的雨涝灾害，造成了农业的严重歉收，出现了"人相食"的现象。公元前135年（建元六年），今河南地区先旱后涝，农作物遭到破坏，出现大饥馑，父子相食，政府便开仓发粟赈济灾民。水灾严重的元狩三年（公元前120年）、元狩四年（公元前119年），政府不仅发粮赈济，为了恢复生产还向百姓贷放种子，迁徙灾民到他乡垦殖。初元元年（公元前48年）、初元二年（公元前47年）因水灾严重，齐地出现了饥荒，粮价猛涨，谷石三百余，民多饥饿而死，琅琊郡人相食。西汉永光元年（公元前43公年）三月陨霜杀桑，九月，陨霜杀稼，天下大饥。第二年农业收成不佳，粮价上涨，京师长安谷石二百余，边郡四百，关东五百，四方饥馑。与丰年相比谷价奇高。宣帝时，"岁数丰穰，谷至石五钱"。②

东汉时期，因灾害稼的记载颇多。因干旱伤麦、伤秋稼的年份为：公元75年、80年、92年、94年和97年。公元76年、87年和95年出现了因旱灾粮价上涨。公元107年、109年水灾严重，农作物遭到严重的破坏，出现了大饥馑。因灾害而农业歉收，粮食价格不断上涨，永初四年（公元100年），连年不登，谷石

---

① 高建国、李致森等：《灾害群发和天文异常》，载施雅风、黄鼎成、陈泮勤主编：《中国自然灾害灾情分析与减灾对策》，湖北科学技术出版社1992年版，第133—143页。

② 《汉书·食货志》。

万余。《古今注》载:永元二年,郡国十四旱;十五年,丹阳郡国二十二并旱或伤稼。延光元年,郡国五并旱,伤稼。阳嘉三年大旱,"是岁,河南、三辅大旱,五谷灾伤,天子亲自露坐德阳殿东厢请雨"。[①] 延熹九年(公元 166 年),灾情相当严重,扬州六郡连年水旱。正月己酉诏:"比岁不登,人多饥穷。又有水旱疾疫之困,盗贼征发,南州尤甚。灾异日食,谴告累至。政乱在予,仍获咎征。其充大司农绝今岁调度征求,及前年所调未毕者,勿复收责。其灾旱盗贼之郡,勿收租,余郡悉半入。""三月司隶、豫州饥死者什四五,至有减户者,遣三府掾赈禀之。"[②]"青、徐炎旱,五谷损伤,民物流迁,茹菽不足。"[③]东汉中后期,水旱灾害严重,灾害导致了严重农业歉收,为稳定社会,每遇到饥馑之年政府对灾区人民一般以钱、粮赈济。

三国时期,水旱灾害时常发生,尤其是中原地区灾害严重。如黄初元年(公元 220 年)8、9 月间许昌一带大雨 50 日;黄初四年(公元 223 年)、太和四年(公元 230 年)伊、洛流域大雨成灾,庄稼被淹,人畜多溺死。青龙五年(公元 237 年),冀、兖、徐、豫四州大水,造成财产和人员严重损失,政府开仓赈济。220 年、222 年、228 年中原发生三次旱灾,由于干旱严重,庄稼歉收,一些地区甚至颗粒无获,出现了严重的粮荒,政府发粮救济灾民。[④]

隋唐时期气象灾害严重,给农业生产造成了巨大的损失。据记载,较大的灾害有:大业三年(公元 607 年)河南大水漂没三十余郡;七年(公元 611 年)秋,山东、河南大水,漂没四十余郡,民相食、相买为奴婢;十三年(公元 617 年)河南、山东九月大水,饿殍遍野,死者数百万人。旱灾引起大面积饥荒和灾民流亡的年份有开皇四年(公元 584 年)六月,雍、华、同、岐、宜五州大旱,因灾情严重,令无出今年租调,九月关内出现严重的饥荒。开皇十四年(公元 594 年),豫西大旱,陕西尤甚,八月、关中大旱,人饥,文帝令民就食洛阳。大业七年(公元 611 年)关内大旱导致饥荒,次年(公元 612 年)大旱并出现了疫情,人口多有死亡,山东地区尤甚,百姓流亡。589 年和 617 年,由于旱情严重,淮河出现了数百里水绝无鱼的现象。唐朝多水灾,常常因雨涝导致庄稼受到破坏。760—770 年的 11 年间,有 7 个年份出现过雨涝,大部分年份出现了因涝引起粮价上涨或饥馑。

---

① 《后汉书·周举传》。

② 《后汉书·桓帝纪》。

③ 《后汉书·陈蕃传》。

④ 许汝贞、魏鹏:《环境变迁与经济发展关系研究》,山东人民出版社 2013 年版,第 143 页。

乾元三年（公元 760 年）大雨，斗米八百文，人相食，殍骸蔽野。广德二年（公元 764 年）陕西自七月大雨不止，京城斗米值千文。大历七年（公元 772 年）、大历十二年（公元 777 年）的河南大水和德宗建中元年（公元 780 年）幽、镇、魏、青及关中的大雨都造成了漂溺农田和破坏农作物的灾害。[①]

宋元时期的气象灾害也造成了严重的经济损失。宋乾德五年（976 年），因大雨宋河暴溢，导致大面积农田被淹，民舍被毁。开宝六年（973 年），大名府、宋、亳、淄、青、汝、澶、滑诸州因水灾淹没农田，出现了大饥荒。这一时期旱灾虽然不多，但一旦发生致灾程度相当严重，常因旱灾导致不能下种，出现粮食短缺、粮价上涨的现象。例如，隆兴二年（1164 年），兴化、漳、福州大旱，庄稼无法播种；孝宗乾道五年（1169 年）出现了秋、冬不雨，导致淮郡的小麦无法下种。乾道七年（1171 年）夏、秋，江、洪、筠、谭、饶州、南康、兴国、临江等地严重干旱，庄稼无法播种。由于旱灾严重，农业出现歉收、失收，粮价上涨和酿成饥馑的年份也时有记载。嘉定六年（1213 年）五月，今河东、陕西大旱，京兆斗米至八千钱；七月米有至万二千者。面对严重的经济危机，政府不得不通过减租、免租或放粮等措施赈济灾民，稳定社会。元代洪水灾害严重，因洪水导致的农业经济灾害时有发生。《元史・五行志》记载：延祐六年（1319 年），“大名路属县水，坏民田一万八千顷”。1324 年 7 月，真定等郡 37 县大雨连绵 50 多天，造成农田被淹。至元二十三年（1286 年），钱塘江流域大水，损害农田 17 200 顷。至治二年（1322 年），江苏平江路大水，损坏农田 49 600 顷。而受灾面积最大、受灾人数最多的是至顺元年（1330 年）七月发生在浙江一带的大水，淹没、损坏农田 50 100 顷。元代河患严重，对黄河下游地区形成了巨大的威胁，导致农田大量淹没。至元二十七年（1290 年），河决太康，淹没农田 319 800 多亩。[②] 明清时期，关于自然灾害对农业生产危害的记载更加丰富，但总体来讲其危害结果与前代记载的情况大致相同，故不再引录。

古代中国是以自给自足为主的小农经济，这是封建统治的经济基础。然而，小农经济由于自身的局限性，对自然环境有很强的依赖性。一旦自然环境发生变化，自然灾害的发生对整个农业生产会造成严重的破坏，轻则农业歉收，重则颗粒无获，引发严重的饥荒，国家财政和经济发展也会因此陷入困境。此外，在灾荒年间，完全依靠小农经济来维持生计的中国古代农民阶级，一旦无法

① 许汝贞、魏鹏：《环境变迁与经济发展关系研究》，山东人民出版社 2013 年版，第 143 页。

② 许汝贞、魏鹏：《环境变迁与经济发展关系研究》，山东人民出版社 2013 年版，第 143—144 页。

承担田赋重税，往往选择流离迁徙甚至铤而走险。中国历史上发生的无数次农民起义，大多与严重的自然灾害密切相关。

7.3 瘟 疫

瘟疫，古人或单称瘟、温或疫，是一种流行性急性传染病。在缺乏健全医疗卫生体系的古代中国，瘟疫是最可怕的灾难之一。根据中国中医科学院研究员张志斌所编的《中国古代疫病流行年表》的统计，从公元前 674 年至 1840 年的两千多年间，有载于史册的古代疫病共 826 条，平均每隔 3 年就会爆发一次瘟疫。[①] 具体到各代，魏晋南北朝和北宋的疫灾爆发概率约 20%，元朝和南宋约 33%，明朝为 61%，清朝近 82%。疫灾有越来越频繁的趋势，其中在魏晋南北朝达到第一高峰期，南宋至明清进入第二高峰期。[②] 兹将有史料可考的 73 次大规模瘟疫罗列如表 7.6 所示。

表 7.6　　中国古代大规模瘟疫统计

发生时间	公元年份	史料记载	资料来源
新王莽始建国三年	11 年	大疾疫，死者过半	《后汉书·刘玄传》
新王莽天奉三年	16 年	二月大疫，冯茂在句町，士卒死于疾疫者十有六七	《后汉书·王莽传》
新王莽地皇三年	22 年	大疾疫，死者且半	《后汉书·刘吉传》
建武十四年	38 年	会稽因大疫而死者万数	《后汉书·钟离意传》
建武二十年	44 年	马援在交趾，军吏经瘴疫死者十之四五	《后汉书·马援传》
建武二十五年	49 年	武陵五溪大疫，人多死	《后汉书·马援传》
延熹五年	162 年	皇甫规在陇右，军中大疫，死者十有三四，规亲入庵庐巡视	《后汉书·皇甫规传》
建宁二年	169 年	疫气流行，死者极众	《备急千金要方·伤寒》
建安元年	196 年	南阳自此连年疾疫，不到十年之间，张仲景宗族两百余口，死者竟达三分之二	《伤寒杂病论·序》
建安十三年	208 年	十二月，大疫，魏军吏士多死	《三国志·魏志·武帝纪》
黄初四年	223 年	三月，宛许大疫，死者万数	《三国会要》《宋书·五行志》

① 张志斌：《中国古代疫病流行年表》，福建科学技术出版社 2007 年版，第 6—105 页。

② 龚胜生：《中国疫灾的时空分布变迁规律》，《地理学报》2003 年第 6 期。

续表

发生时间	公元年份	史料记载	资料来源
太元二年	252 年	夏四月，围新城，大疫，兵卒死者大半	《三国志・吴志・孙亮传》
嘉平五年	253 年	四月，新城大疫，死者大半	《宋书・五行志》
泰始九年	273 年	吴疫，三年内仅京都死者竟达十万	《宋书・五行志》
咸宁元年	275 年	十一月，大疫，京都死者十万人	《宋书・五行志》
永昌元年	322 年	十一月，大疫，死者十有二三，河朔亦同	《宋书・五行志》
太元元年	376 年	冬，大疫，延至明年五月，多绝户者	《宋书・五行志》
太元五年	380 年	五月，自冬大疫，至于此夏，多绝户者	《宋书・五行志》
隆安元年	397 年	八月，北魏大疫，人与马牛死者十有五六	《北史・魏本纪》
宋景平元年	423 年	魏，士众大疫，死者十有二三	《北史・魏本纪》
魏皇兴二年	468 年	十月，豫州疫，民死十四五万	《魏书・灵徵志》
魏永平三年	510 年	四月，平阳郡的禽昌和襄陵二县大疫，死二千七百三十人	《魏书・世宗宣武帝纪》
隋开皇十八年	598 年	九月，汉王谅师遇疾疫而旋，死者十八九	《隋书・高帝纪》
隋大业八年	612 年	大旱疫，人多死，山东尤甚	《北史・隋本纪》
唐永淳元年	682 年	加以疾疫，自陕至洛，死者不可胜数。死者枕籍于路	《旧唐书・五行志》《旧唐书・高宗纪》
唐垂拱三年	687 年	是春自京师至山东疾疫，民死者众	《旧唐书・中宗纪》
唐景龙元年	707 年	夏，自京师至山东、河北疫死者千数	《新唐书・五行志》
唐宝应元年	762 年	江东大疫，死者过半	《新唐书・五行志》
唐广德元年	763 年	江东大疫，死者过半	《旧唐书・代宗纪》
唐贞元五年	789 年	是夏淮南浙东西福建等道旱，井泉多涸，人渴乏，疫死者众	《旧唐书・德宗纪》
唐元和元年	806 年	夏，浙东大疫，死者大半	《新唐书・五行志》
唐广明元年	880 年	春末，贼在信州疫疠，其徒多丧。赋众疫疠	《旧唐书・僖宗纪》
唐大顺二年	880 年	春，淮南大饥，军中疫疠，死者十三四	《旧唐书・昭宗纪》
南宋建炎元年	1127 年	三月，金人围汴京，城中疫死者几半	《宋史・五行志》
南宋绍兴元年	1131 年	六月，浙西大疫，平江府以北，流尸无算	《宋史・五行志》
南宋绍兴二年	1132 年	春，涪州疫，死数千人，会稽时行痢疾	《宋史・五行志》《续名医类案・痢类》
金正隆六年	1161 年	诸道工匠至京师，疫死者不可胜数，天下骚然	《金史・完颜匡传》

续表

发生时间	公元年份	史料记载	资料来源
南宋隆兴二年	1164 年	冬淮甸流民二三十万，避乱江南，结草舍遍山谷，暴露冻绥，疫死者半，仅有还者亦死。是岁浙之铠饥民疫者尤众	《宋史·五行志》
南宋淳熙八年	1181 年	行都大疫，禁旅多死。宁国府民疫，死者尤众	《宋史·五行志》
南宋绍熙二年	1191 年	涪州疫，死数千人	《宋史·五行志》
宋嘉定二年	1209 年	夏，都民疫，死去甚众，淮民流江南者，饥与暑并，多疫死	《宋史·五行志》
南宋嘉定三年	1210 年	四月，都民多疫死	《宋史·五行志》
南宋德佑二年	1276 年	数月间城中疫气薰蒸，人之病死者，不可以数计	《宋史·五行志》
元大德元年	1297 年	八月，真定、顺德、河间旱疫；河间之乐寿、交河疫死六千五百余人。（十二月）般阳路饥疫，兵多死于瘴疠	《元史·成宗本纪》《新元史·史耀传》
元至大元年	1308 年	春，绍兴、庆元、台州疫死者二万六千余人	《元史·五行志》
元至顺二年	1331 年	疫疠死者十九	《元史·文宗本纪》
元至顺三年	1332 年	宜山县饥疫，死者众	《元史·文宗本纪》
明永乐六年	1408 年	正月，江西建昌、抚州、福建建宁、邵武，自去年至是月，疫死者七万八千四百余人	《明史·五行志》
明永乐八年	1410 年	登州、临海诸州县自正月至六月，疫死者六千余人	《明史·五行志》
明永乐十一年	1413 年	六月，湖州三县疫；七月，宁波五县疫；邵武大疫，绝死者万二千户	《明史·五行志》
明正统九年	1444 年	冬，绍兴、宁波、台州瘟疫大作；及明年死者三万余人	《明史·五行志》
明景泰七年	1456 年	五月，桂林疫，死者二万余人	《明史·五行志》
明成化十一年	1475 年	八月，福建大疫，延及江西，死者无算	《明史·五行志》
明成化二十一年	1485 年	新野疫疠大作，死者无虚日	《名医类案·瘟疫》
明弘治六年	1493 年	吴中大疫，常熟尤甚，多阖门死	《都公谭纂》
明正德元年	1506 年	六月，湖广、平溪、清凉、镇远、偏桥、四卫大疫，死者甚众，靖州诸处自七月至十二月大疫，建宁、邵武自八月始亦大疫	《明史·五行志》
明嘉靖二年	1523 年	七月，南京大疫，军民死者甚众	《明史·五行志》
明嘉靖四年	1525 年	九月，山东疫，死者四千一百二十八人	《明史·五行志》

续表

发生时间	公元年份	史料记载	资料来源
明嘉靖九年	1530年	痘灾盛行，死者过半	《痘症理辨·序》
明嘉靖十三年	1534年	春，痘毒流行，死者十有八九	《痰症集说》
明万历十年	1582年	四月，京师疫，霸州、文安、大城、保安，患大头瘟症，死者枕籍	《明史·五行志》《顺天府志·祥异》
明万历十四年	1586年	大梁瘟疫大作，甚至灭门	《万病回春》
明天启二年	1622年	(时行疫痢)夏末秋初，沿门阖境患此，病势极为危迫	《先醒斋笔记·痢门》
清康熙二十年	1681年	晋宁疫，人牛多毙；曲阳大疫，余姚痘疫盛行	《清史稿·灾异志》《学箕初稿·天花仁术序》
清康熙四十二年	1703年	春，琼州、灵州大疫；五月，景州大疫，人死无算；六月，曲阜大疫，东昌疫，巨野大疫；八月，文登大疫，民死几半	《清史稿·灾异志》
清康熙四十三年	1704年	春，南乐疫，河间大疫，块献县大疫，人死无算；六月荷泽疫；秋，章邱、东昌、青州大疫，福山瘟疫，人死无算，昌乐疫；羌州宁海、潍县大疫	《清史稿·灾异志》
清雍正元年	1723年	秋，平乡大疫，死者无算	《清史稿·灾异志》
清雍正五年	1727年	夏，揭扬、海阳大疫；秋，澄海大疫，死者无算；冬，汉阳疫，黄冈大疫，钟祥、榆明疫	《清史稿·灾异志》
清雍正十年	1732年	崑山大疫，死者数千人；夏，会城疫	《洄溪医案·瘟疫》
清雍正十一年	1733年	镇洋大疫，死者无算；昆山疫；上海、宝山大疫	《清史稿·灾异志》
清乾隆五十一年	1786年	春，泰州、通州、合肥、赣榆、武进、苏州大疫；夏，日照、范县、莘县、莒州大疫，死者不可计数；昌乐疫，东光大疫	《清史稿·灾异志》
清道光元年	1821年	三月，任邱大疫；六月，冠县、武城、范县大疫，巨野疫，登州府属大疫，死者无算；七月，东光、元氏、新乐、通州、济南大疫，死者无算，东阿、武定、滕县、济宁州大疫；八月，乐亭大疫，青县时疫大作，至八月始止，死者不可胜计；清苑、定州瘟疫流行，病毙无数；滦州、元氏、内邱、唐山、蠡县、望都大疫，临榆疫，南宫、曲阳、武强、平乡大疫；九月，日照、沂水大疫	《清史稿·灾异志》
清道光十二年	1832年	三月，武昌、咸宁、潜江大疫；四月，蓬莱疫；五月，黄陂、汉阳、宜都、石都大疫，死者无算；崇阳大疫；监利疫，松滋大疫；八月，应城、黄梅、公安大疫	《清史稿·灾异志》

就疫灾爆发时间、周期和地区而言，魏晋南北朝约41%的疫灾发生在夏季，宋代则以春夏为疫灾高发期。较大、重大、特大疫情在公元前多为百年一遇，公元后发展为数十年一遇，十几年一遇，12—15世纪约6～7年一遇；16—18世纪为2～3年一遇；清末则近一年一遇。在中国文明的发展过程中，随着人群聚落的不断出现、商路与战线的持续向外延伸，以及垦殖活动的一再增加，瘟疫的细菌、病毒的散布范围也在不断扩大。其中以华东沿海、长江中下游的浙江、江苏、湖北、江西、安徽和湖南，以及黄河中下游的山东、河北、河南、陕西、山西发生较多，约占历史大疫发生的四分之三。①

在中国古代，因医疗技术条件的落后，瘟疫造成的死亡率非常高。每当战争或自然灾难过后，气温过高，又会加速瘟疫的流行。古代瘟疫病死率虽然没有准确数字，不过从个别史料的记载中也能略窥一斑，如表7.6所示。例如，《后汉书·刘玄传》记载，西汉末年的绿林军在遭遇疾疫时死了将近一半人；《后汉书·马援传》记载，东汉初年伏波将军马援的军队在南征交趾、平定叛乱时，在岭南班师途中，军中士兵因瘴疫而死者近四五成。又如，明末自万历年间开始，华北地区爆发鼠疫，崇祯时蔓延至北京。李自成率军来到北京城下时，竟不遇抵抗，因为当时的京城已是一座被疫病蹂躏的鬼城。据《明史》记载，当时京城"十室九空，甚至户丁尽绝，无人收殓者"。据研究者估算，万历至崇祯年间华北两次大规模爆发的鼠疫导致华北三省死亡人口合计超过1 000万人。明王朝正是在灾荒、民变、鼠疫和清兵的联合作用下灭亡的。②

除了造成人口的大量死亡之外，瘟疫也常扭转战争的局势，或带来政治、社会和经济的变迁。历史学家威廉·麦克尼尔在1970年代出版的《瘟疫与人》一书中，率先以编年手法，从史前时代写至20世纪前半叶，探讨传染病如何肆虐欧洲、亚洲、非洲等文明发源地，而这些疾病又如何塑造不同文明特色，从而影响人类历史的变迁和文明发展。对于古代中国，麦克尼尔在《瘟疫与人》书中提出，从"驯化"黄河流域冲积平原起，差不多1 000年后中国人才在长江流域出现了类似的进展。这种在移居南方方面的迟缓，很大程度上便是为疫病所阻。因为南方湿热的气候容易滋生出更多病毒和细菌，而寒冷的北方则有利于杀死那些不耐寒的微生物。也就是说，古代中国人在南下潮湿地区时，越往南行进，越受到疟疾、血吸虫病和登革热等疾病带来的威胁。虽然长江流域温热的气候、

① 孙关龙：《中国历史大疫的时空分布及其规律研究》，《地域研究与开发》，2004年第6期。

② 曹树基：《鼠疫流行与华北社会的变迁(1580—1644年)》，《历史研究》，1997年第1期。

丰沛的雨水都对农作物生长有利，长江也没有黄河那样有沉积物淤塞在下游河道的问题，但是南方湿热的环境却可以滋生出更多的寄生物。因此，长期以来，中国人在移居南方这一问题上进展非常迟缓。简言之，在麦克尼尔看来，瘟疫是影响中国早期南方文明发展落后于北方的重要因素。[①]

余新忠教授循着麦克尼尔的思路在考察清代江南社会时发现，清代是我国历史上瘟疫发生的高峰期，而江南又是清代瘟疫的多发区。首先，在时间上，瘟疫大致随社会、经济和人口的发展而渐趋增多。就总体而言，江南的瘟疫频率在清代呈不断增多的态势。其次，在空间上，瘟疫的分布呈现出主要以苏、松、太地区为中心，一般来说，府州以上官府驻地以及经济发达、人口稠密、地处要冲的地区，爆发瘟疫较多，尤其沿海地区瘟疫爆发次数明显高于内陆山区地区。这种与现代状况相矛盾的现象也反映了古代因经济发展滞后而导致的防疫机制总体上还无法有效控制和抵消社会上的瘟疫感染机会。[②] 总的来说，清代江南瘟疫有几个特点：①瘟疫的频数基本与社会经济发展水平和人口密度呈正相关；②以霍乱、伤寒等肠道传染病为主；③疾病多发于春夏两季；④水传播在诸种疫病传播途径中意义重大；⑤不时有新的疫病出现；⑥瘟疫的频数增加，而杀伤力减弱。

当然，明清之际的瘟疫对古代社会的影响，不仅限于江南地区，更不止于人口经济方面。例如，宗教观念是人类信仰中非常关键的内容，但其与瘟疫的关系却往往被人所忽视。在嘉靖、隆庆年间"倭寇"侵扰福建，造成瘟疫流行时，莆田大族林兆恩便利用自己家族和学术团体的力量，积极救治瘟疫，扩大了自己在当地的威望，并且在这一过程中，逐渐将学术团体演变为宗教团体，从而建立了长期影响福建和东南地区的"三一教"。瘟疫恰为"三一教"兴起的关键因素。从该例也可看出，瘟疫对区域社会的影响方式及程度，是建基于区域社会原有的社会关系之上的。正如"三一教"的兴起，在于福建社会不仅是儒家大族集居的地方，而且是宗教力量十分兴盛的地方，因此瘟疫蔓延的契机，容易促使士绅和宗教团体发展起来，而"三一教"恰是二者的结合。同是瘟疫流行的地带，万历至崇祯年间，北方诸省未发展出类似于"三一教"那样的儒家大族建立的宗教组织，却发展出了被称为白莲教的，主要由下层人领导的宗教团体，这应该与北

---

① (美)威廉·麦克尼尔：《瘟疫与人》，余新忠、毕会成译，中国环境科学出版社 2010 年版。

② 余新忠：《清代江南的瘟疫与社会——一项医疗社会史的研究》，中国人民大学出版社 2003 年版。

方缺乏福建那样强大的儒家宗族有关，值得进一步探索。①

到了近代，危害人们生命和健康最为严重的疫病包括霍乱、细菌性痢疾、伤寒、天花、斑疹伤寒、猩红热、白喉、鼠疫、结核病等。从下面的一组数据中可大致反映出它们的流行情况和危害程度。

鼠疫：1893、1901、1907、1910、1917 的年发病人数在 4 万以上，其余各年也超过万人。1893—1984 年鼠疫死亡者达 10 万人；1910—1911 年东北鼠疫流行延及华北，死亡者 6 万余人；1917—1918 内蒙古、陕西、山西鼠疫流行，死亡者近 5 000 人。

霍乱：霍乱是 1817—1823 年第一次世界霍乱大流行期间传入中国的，至 1949 年前，霍乱在我国的流行十分频繁，比较严重且有详细记载的就有 60 次以上。1925 年霍乱患者的病死率高达 30%，1931 年上海霍乱患者的病死率在 13%。

伤寒：1926—1932 年，北京伤寒死亡率为 0.01%～0.03%，病死率为 30%～40%。

白喉：据李庆坪考证，从 1785—1909 年我国有 12 次白喉流行。在 1935—1940 年北平几家主要医院的病例数为 1 898 例，死亡 476 人，病死率为 25%。

天花：近代天花的流行十分频繁，而且每隔几年还有一次大流行，每年因患天花死亡的人数以万计。1933—1944 年全国的天花患者约有 38 万人。

猩红热：猩红热在中国十分严重，在中国的死亡率高于欧洲国家。在英格兰该病的死亡率为 1.1%，而在中国的死亡率则为 18.2%。对于这种疾病中国人还没有产生抵抗力。

结核病：据估计，在 1930 年代末，我国结核病的患病率为 2%～3%，死亡率为 0.2%～0.30%，是我国疾病死亡的最重要原因之一。

结膜炎：在西方国家，已经采取了有效的措施来控制这种疾病，但是中国依然没有采取官方公共手段，所以导致了难以言传的痛苦和出现很多盲人。据一项有关致盲因素的调查，发现其中有 37.5%是结膜炎引起的；估计在近代中国共有 868 000 名盲人。②

---

① 赵献海：《简评〈清代江南的瘟疫与社会——一项医疗社会史的研究〉》，《中华医史杂志》2004 年第 3 期。

② 中国中医研究院主编：《中国疫病史鉴》，中医古籍出版社 2003 年版，第 132—133 页。

8 应对中国历史上公共风险的政策措施

历史上的战争、自然灾害与瘟疫等任何一种公共风险的发生，都会迫使国家和民间基层推出一系列治理政策和救济措施。无论是早在先秦时期的“荒政十二策”[①]，还是封建社会的建立医馆和仓储等预防措施，或是在灾疫发生之后调粟、蠲免、安置流民等施赈方式，都随着朝代的变迁而日益丰富。在中国历代救灾救荒、防疫治疫的过程中，中央政府与民间社会推行了一系列应对自然灾害和疫病的财政政策和社会救济措施。

8.1 救灾与救荒

8.1.1 赈济

所谓赈济，是指国家对受灾地区灾民所采取的最及时、最有效的救助措施之一。遭受严重灾害的灾民无力维持基本生活，处于生死边缘，国家往往会及时提供粮食、物资等以帮助灾民度过荒年，维持生计。早在先秦时期，思想家们就积极主张国家应在灾荒之年把积蓄的粮食物资拿出来，赈济灾民，强调“散粟赈民”，维持社会稳定。

赈济大致可分为赈谷、赈银和工赈三大形式，一般以赈谷为主。所谓赈谷，即遇灾荒，以粮食作为赈济物发放给贫民和受灾者。在古代，赈谷的数量、时限均无一定的标准，大体上视灾情而定。例如，明洪武一朝，给散赈粮单纯依灾民

---

① 《周礼·地官·大司徒》：“以荒政十有二聚万民（防止百姓离散）：一曰散利（发放救济物资），二曰薄征，三曰缓刑，四曰弛力（放宽力役），五曰舍禁（取消山泽的禁令），六曰去几（停收关市之税），七曰眚礼（省去吉礼的礼数），八曰杀哀（省去凶礼的礼数），九曰蕃乐（收藏乐器，停止演奏），十曰多婚，十有一曰索鬼神（向鬼神祈祷），十有二曰除盗贼。”

的户数或口数施赈，常用的额数为每户或每口米粟一石。[①]

赈济银两或钱钞，也是古代赈济常用的手段，可以让灾民直接购买他们所急需的物资，如宋代之后的政府基本都采取赈银与赈谷并行的赈济措施。只不过，赈银的效果有时并不如赈谷。因为在荒年，银两或钱钞易贬值，百姓的购买力下降，加上粮商囤积居奇，谷价暴涨，所以相对于赈银，赈谷对于灾民而言更为有利。

工赈，亦称“以工代赈”，即政府组织工役，向灾民提供就业机会，以有偿赈济方式，让灾民获取最低限度的生活保障。最早的工赈的案例出自《晏子春秋》。齐景公执政的时候发生了饥荒，晏子谏请给百姓发放救济粮，景公不允。适逢修建路寝台，晏子就命令官吏增加修台的工价，加长运输距离，放缓修台的日期，不去催促修台的工期。三年后路寝台修成，满足了景公游览的乐趣，百姓也得到了足够的粮食。在古代封建社会时期，工赈大多与农业生产和农田水利建设有关，这既有官府积极的救荒性质，又有灾民生产自救和重建家园的本意。

8.1.2 安置或安辑

安置或安辑，是中国古代最为普遍的一项救灾救荒措施，指的是国家给予灾区灾民或流民土地、房屋，使其就地或还乡安顿生活，恢复生产。当荒乱之后，农民离乡极为严重，倘若任由田地荒芜，庄稼无收，对于国家财政收入以及农民生计、社会安宁均有严重的影响。因此，历代政府常依环境的需要，竭力设法抚辑流亡。

在汉代，安置分为就地安置、给田安置和给复安置等。就地安置，即诏令灾民逃荒所经过的地方政府提供必要的条件，安置流民，让流民定居下来。如果逃荒灾民欲返乡生产，则返乡途中所过之地方政府负责其返乡的衣食住宿费用。给田安置，即给流民以间田并免租赋，安置其返乡生产。给复安置，即以减免赋役的方法安置流民返乡生产。

到了明代，安辑政策具体包括提供基本生存条件、编籍管理和鼓励垦荒等措施，对逃户实行整顿户籍、免租税和随地占籍等。明代的安辑流民政策不仅救助了灾民，而且加强了对流民的编甲管理，稳定社会秩序，同时也鼓励流民开垦荒地，增加政府财政收入。[②] 到了清代，安辑措施进一步简化为两个环节，一

---

① 顾颖：《明代的赈粮初识》，《中国社会经济史研究》，1993 年第 4 期。

② 戴卫东：《明代安辑流民政策述论》，《苏州大学学报(哲学社会科学版)》，2003 年第 1 期。

为对遇灾流亡在外的灾民的安置，二为由官府赍送流民返回原籍。

8.1.3 蠲免与缓征

蠲免，指在灾荒发生时，国家对灾区灾民应负担的赋税或劳役给予酌情减免。大灾之后，为节省民力，尽快恢复农业生产，缓和阶级矛盾，统治者不得不根据受灾程度，酌情蠲免赋役，以减轻灾民的负担。减免的方法多种多样，有受灾郡国全部免税；有受灾地区按实际受灾面积分别免税。例如，在两汉时期，减免原则即重灾全免，轻灾按受灾成数减免。而且，两汉时期的蠲免赋役政策不仅只针对田租，还包括刍藁，甚至更赋、口赋和算赋也在免除范围之内。

明万历年间，政府通过除豁、改折等方式对灾民的赋税进行蠲免，其中田赋存留部分的蠲免形式主要是改折。该时期特别针对无田之民制定了蠲免的规定，这在古代也是很少见的。到了清前期，政府在遭遇自然灾害时，减征或免征的对象还涉及地丁、耗羡、漕项、官租等各项。顺治年间，规定江浙等省旱灾受灾八分、九分、十分者，免三分；五六七分者，免二分；四分者免一分。对江浙等省的这一灾蠲分数即成为顺治朝比较固定的常例灾蠲分数。康熙朝，因其时正值"三藩"之乱，清政府财政拮据，于是重新拟定了蠲免规定，即受灾十分，蠲免三分；受灾八分、九分，蠲免二分；受灾六分、七分，蠲免一分；受灾六分以下，不算灾。也就是说取消了受灾四分、五分的蠲免额度。雍正年间，因社会经济发展日盛，政府又大幅度提高了蠲免的额度，规定受灾十分，蠲免七分；受灾九分，蠲免六分；受灾八分，蠲免四分；受灾七分，蠲免二分；受灾六分，蠲免一分。[①] 由于清代前期国力的逐渐增强，灾蠲和恩蠲数量也明显增多。根据李向军统计，清代总计灾蠲州县 15 713 个，约免地丁银 1.2 亿两，年平均免 65 万两。[②]

针对赋税方面的减免政策，除了蠲免之外，另一种常见形式为缓征，即政府对灾民应纳钱粮赋税的延期征收。缓征的年限一般与受灾程度的多寡有关。明清两朝都对缓征做了详细的规定：先勘明灾地钱粮，勘报之日起即行停征。如被灾达十分、九分、八分者，三年带征；如七分、六分、五分者，分二年带征；如五分以下，不成灾，有奉旨缓征及督抚具名缓征者，至次年麦熟后，逐年征缴。一般而言，缓征的适用范围要比蠲免宽泛。

---

① 黄天华：《中国财政制度史》第 4 卷，上海人民出版社 2017 年版，第 2232 页。

② 李向军：《清代荒政研究》，中国农业出版社 1995 年版，第 57 页。

8.1.4 调粟

在古代，若是某地发生特大的自然灾害，百姓无谷可食，官府就将灾民暂迁于富粮地区就食避难，简称移民就粟。反之，调粟还有另一种方式——移粟就民，即从产粮或无灾的地区调运储粮等物品到灾区救济灾民。据《资治通鉴》载，隋朝开皇五年(585 年)，关中大旱，隋文帝令官员买牛驴分给灾民，让他们前往山东就食。开皇十四年(594 年)，关中又发大旱，接踵而来的是大范围的饥荒。为救灾民，隋文帝亲自率民到洛阳就食。这一次出关的队伍非常庞大，关中百姓举家东行，络绎不绝。不过，移民就粟容易引起灾民盲目流徙和社会动乱，因此，相较于移民就粟，移粟就民是更为稳健的救济方法，仅需考虑古代交通运输能力的制约这一因素。

到了清代，政府把移粟就民和平粜两者有效地结合起来，并以平粜为主，主要有三种方法：其一，截漕，即截留其他行省相当数量的漕粮，运至灾区及时救荒；其二，采买，即责令灾区相邻行省采购粮食运至灾区，平抑粮价，实行救荒；其三，拨运，即由政府统筹安排，发运通仓之粮，至灾区减价出售，抑制粮价。①

8.1.5 平抑物价

灾荒时期，食物稀缺，粮价腾贵，平抑物价是政府荒政的主要措施之一。平抑物价在古代亦称为“平粜”“平准”“平籴”，最早源于西周。具体意思是，在粮食丰收的年份，官府用高于市场的价格购进粮谷，储以仓库，以备凶年；在粮食歉收的年份，官府则以低于市场的价格出售粮谷，以赈灾民之急。平抑物价制度，从管仲的“准平”到范蠡的“平籴”，再到李悝的“平粜”之法，经历了一个逐步完善的过程。例如，战国时期魏国的宰相李悝运用“平粜法”来平抑物价，使得灾荒时经济能得以正常运转。具体而言，他把丰年分为三等，即“下熟”“中熟”和“上熟”，荒年也分为三等，“小饥”“中饥”和“大饥”，以此规定什么样的丰收年收多少粮食，什么样的荒年则卖出与相应等级丰年所收粮食相等的数目。这样一来，丰年国家按一定的价格向农民收购余粮用以储备，不至粮价暴跌；荒年再按一定的价格出售存粮，以丰补歉，保持粮价稳定，即所谓的“取有余而补不足”。因此，“平粜法”在古代不仅起到了经济杠杆的作用，而且在一定程度上促

① 黄天华：《中国财政制度史》第 4 卷，上海人民出版社 2017 年版，第 2235 页。

进了农业生产。

8.1.6 赈贷

赈贷制度，即在灾荒之后，官府给予缺乏生产生活资料的幸存灾民以适量的钱、粮、物资为贷款，保障他们正常的生产生活，帮助他们尽快地恢复生产、重建家园。赈贷与赈济不同，赈济是无偿赠与，而赈贷是先行贷给，到期还本付息，是一种有偿的慈善。赈贷的实施时间一般在春季，而偿还期多在秋季。到了偿还期，如果又发生严重的灾害，统治者通常会下诏宣布豁免该项赈贷或者推迟偿还期限。

明初，对灾情不重的缺粮户规定，一口之家准借1斗；2—5口之家借2斗；6—8口之家借3斗；9口以上之家借4斗；家中有人淹死者借2石，房屋或牲畜被洪水冲走者减半。借贷于秋后如数还官，一般年息3分以下，最高7分。清朝时，政府规定赈贷的对象主要有三种人：一是受灾五分的贫民，可酌借来春的口粮；二是蠲、赈之后，还未完全恢复的灾民；三是在青黄不接之际，缺乏种子、口粮、牛具的灾民。赈贷的钱粮来源，主要是常平仓、社仓的仓谷，其次是截漕或发库银出贷。出贷米谷时，州县官必须按名单给，秋熟后按户缴还。灾年借贷米谷的利息，最初是每担加息1斗。自乾隆二年(1737年)始，赈贷是否还息还要看当年是丰年还是欠年，若是后者就可以只还本不收息。

8.1.7 养恤

养恤，收养恤赈灾民之意，为古代最为及时的救灾措施，主要形式有发放寒衣、施粥、赎子、就医、居养、提供栖身之所等内容，以提供最低的生活保障。

以施粥为例。施粥，一般由政府出资出粮，在固定的地点煮粥发放，救助灾民饥民，往往被视为救灾最急切的办法，能够解决灾民饥民的燃眉之急。此外，佛教寺院也经常在灾荒期间发起广泛的赈灾活动，在寺院门口施粥。宋代以后，施粥措施更加兴盛，到明朝时期，施粥措施演变为“粥厂”制度，管理也更加规范化。万历年间，御史钟化民受命赈济河南饥民，莅任后即令所属各府、州、县官到辖区调查，选择可靠的人负责粥厂工作，而且为方便饥民就食，在多处设立粥厂。他规定，每座粥厂收养饥民200人，无论是当地居民还是逃荒的外地人都在救济之列。根据年龄和性别分类，每人发一张用油纸包好的小纸片，上面注明就食地点，领粥者须将纸片别在衣袖上，作为领粥凭证，粥厂负责人也有花名册，施粥时可以随时查点。[①]

又如，居养，即灾荒时通过设立临时性的收容机构和场所，以使灾民免于流离、冻饿和疾疫。明代时期遍布全国的收容收机构类型众多，诸如居养院、安济坊、福田院等都属于居养机构，在灾荒时期可以起到安民、给药、抚婴和抢救病人等作用。其中，居养院是古代最为典型的收养救济灾民和贫民的机构。这些机构虽然不全是专为灾民设立，但为受灾难民和因灾荒而流离失所、无以为生之人提供临时性收容场所，却是最为主要的功能。

8.1.8　仓储备荒

中国古代的财政，大多时期都奉行量入为出的原则。首先，这取决于自夏、商、西周三代便开始实行的实物财政制，即国家财政收入均以实物课征，财政支出也以实物拨付。因此，一收一支均以入库为标准，如果收入未曾入库，财政是无法透支的。其次，这一原则也与当时的生产力发展水平相适应的。过于低下的劳动生产率以及无法抵御的自然灾害，使农业的丰歉难以估算，只能根据收入安排支出，并留有充分的储备。

从春秋战国到魏晋南北朝，为应付当时群雄割据、连年征战之需，各朝统治者大量修建储存粮食的仓库，出现了各种不同的仓窖：中央有官仓、太仓，地方有常平仓，民间为了预防灾年，也纷纷建立义仓或社仓。从隋代开始，古代仓储制度逐步完善。隋代所修建的仓储库藏也是古代任何一个封建王朝中最多的，可以分为太仓、正仓、屯仓、转运仓、常平仓和义仓，其中以常平仓和义仓最为典型。

常平仓起源于西汉时期，是古代政府为调节粮价、储粮备荒及供应官需民食而设置的粮仓。西汉常平仓的设置主要是利用籴粜谷粟这一杠杆平衡粮价，防止丰年谷贱伤农，饥年平抑粮价惠民。宋代政府在平抑粮价的基础上，赋予常平仓在灾荒之年为灾民提供粮食作物的功能。常平仓的灾荒救助作用功能主要体现在三个方面：其一，赈粜。赈粜是通过平抑粮价达到救助灾民的一种方法，基本原则为“小饥则发小熟之敛，中饥则发中熟之敛，大饥则发大熟之敛”。[②] 其二，救助灾民。当灾害发生后，用常平仓对灾民进行救助。此外，常平仓除给灾民提供粮食救助外，还向灾民提供粮种、耕牛等帮助。其三，通过常平

---

① 岳宗福：《近代中国社会保障立法研究（1912—1949）》，齐鲁书社 2006 年版，第 109 页。

② 《救荒活民书》卷 2《常平》。

钱谷兴修工程，发挥以工代赈的救荒作用。[①]

古代义仓成型于隋初。隋文帝开皇五年(585 年)时，水灾、旱灾等自然灾害频繁发生，饥荒严重，因此初上任的度支尚书长孙平就向隋文帝建议每年全国粮食丰收时，向每户征收 1 石以下的粮食全部存入义仓中，借此来应对将来可能会出现的灾荒年。而征收的具体数量以贫富为准，上户不过 1 石，中户不过 7 斗，下户不过 4 斗。义仓属无偿赈济的特殊形式，在突发自然灾害时，可以发挥减灾和防灾的作用。义仓还具有民间互助备荒性质，是民间公共积累的一种方式。到了唐代，统治者在全国各州县强制组织、普遍设立义仓，并由地方政府直接掌握，专用于赈灾和农业借贷的粮食储备。到了宋代，义仓职能有所发展，以赈济为主，增加了赈贷、赈粜的功能。尽管此后义仓屡设屡废，但在政府统筹调度下，仍发挥了较好的荒政作用。

8.1.9 入粟补官与劝输

入粟补官，即富人交粮给官府，而后政府授与其官爵。入粟补官制度，最早并不是为了赈灾救荒的需求而创设的，而是源于汉代桑弘羊建议汉武帝以入粟补官之制“及罪人赎罪”。直到宋代，入粟补官制度以应对自然灾害才普遍推行。在宋代，政府对于救灾方面的财政支出十分吝啬，因此不得不通过这种卖官鬻爵的方法来补贴赈灾款项。元朝政府在平衡财政收支和赈灾济荒时，也选择将救灾救荒与入粟补官制相结合，鼓励民间救灾，诱劝富室殷户捐献粮谷赈济灾民。

到了明清时期，政府一般会劝谕官绅士民和富裕之家出粮出银帮助政府共同救荒，并给有出粮出银者，予以昭彰奖励，简称劝输。一般来说，捐粮至数百石，为官者可以晋升加级，为民者可以顶戴荣身；捐粮较少者，也给予花红匾额，以示鼓励。例如，在明正统年间，政府先后制定了诸多鼓励富民助赈的政策，如冠带荣身、优免徭役、捐纳入学、捐纳卖官以及输粟赎罪等。

8.1.10 救灾程序

古代救灾救荒的基本程序随着政府救灾工作的推行而逐步完善，至清代前期时已形成了一套较为严密的制度。汪志伊在《荒政辑要》中载，清前期政府酌

① 刘芳、毕可影主编：《社会保障制度史》，上海交通大学出版社 2018 年版，第 10 页。

参历代荒政的经验教训，规定了灾伤蠲赈办法，其救灾的基本操作程序大致分为报灾、勘灾、查赈等。

(1)报灾

报灾是指灾区的地方官吏逐级向上汇报灾情，使政府能够及时、准确地了解灾情。这是政府全面了解灾情的主要信息渠道，也是政府着手谋划救灾措施的第一步。

自秦汉时期开始，中央政府对报灾工作非常重视，明令各级地方要及时上报雨泽。秦朝田律规定，如遇到旱灾、暴风雨、水灾或虫灾损伤了禾稼，地方官要及时如实上报。汉代继承了秦代的雨泽报告制度，在中央设立了专门的灾害测报机构太史院，负责管理灾害信息收集工作。宋代之后，包括报灾在内的救灾程序逐渐制度化。至清代时，为了提高救灾工作的效率，清政府明确规定：受灾、报灾、勘灾，州县造册申报司道，再呈报督抚，扣除程限，州县官府定于 40 天之内完成，督抚 5 天之内必须上报朝廷。也就是说，45 天内中央必须拿到灾情报告。①

(2)勘灾

勘灾是指勘查核实农田受灾程度，确定灾情的等级，以便作为救灾的依据。

早在西周时期，我国就产生了灾害等级评估的基本原则和方法，并且在灾害抗救中得到推广应用。战国时期，魏国宰相李悝在平籴法中对荒年的等级进行了细分，进一步确立了大饥、中饥、小饥三级灾情评估准则，并据此给予灾民下相应的赈济或救助。至东汉时期，灾情勘验制度趋于规范，其特点是灾赈的规模以灾情勘验结果为依据。

到了清代，凡地方遇灾，一方面须迅速上报灾情，另一方面要在知府、同知内遴选委员，会同官员踏勘灾情，确查"被灾分数"。地方官吏须勘查核实田亩受灾程度，将成灾分数分为十等，如农田颗粒无收即为"被灾十分"；农田收获只占常年收获的十分之一，则为"被灾九分"。清初顺治时，钦定受灾四分即为灾；康熙十七年(1678 年)改为五分以下不为灾；雍正六年(1728 年)钦定六分即为灾；乾隆初年起，凡受灾五分之处即算成灾上报，遂成清代定制。勘灾之后，州县官府将勘灾结果汇总造册，按清代规定，造册用青色表示水灾，红色表示旱灾，注明受灾的村庄及灾情逐级上报到户部。户部接到地方勘灾报告后，派员

---

① 黄天华：《中国财政制度史》第 4 卷，上海人民出版社 2017 年版，第 2230 页。

复勘，查证属实，结果即作为蠲免的依据。

（3）查赈

查赈，又称为审户，是指核实灾民户口，划分极贫、次贫等级，以备赈济。查赈是整个救灾过程的关键环节，也是最烦琐、最困难的程序，一旦审户不清，则很容易导致赈济等第不均。在清朝，查赈程序十分严格，受灾人户要填写简明申报表，待勘灾人员一一核查后，州县官再将结果汇总造册上报。审户按受灾程度分为“极贫”和“次贫”两等。

审户之后须发给赈票。赈票一共两联，发放时须当面填写，当面裁给。赈票中注明姓名、人数、灾分、极次、应领粮数等，一联发给灾民作为领赈凭据，一联留底备查。这种做法能够有效地避免冒领赈灾物资现象的发生，防止官吏利用职权谋取私利。地方审户完毕，上级官府抽查验证无误后，灾民便可凭票到赈灾处领赈米、赈银。

8.2 防疫与治疫

在中国历史上，大规模的自然灾害通常伴随着重大疫情的传播与流行，饥荒加剧，疫情加重。所谓“凶年之后，必有疠疫”，灾情疫情互相作用，即是这个意思。疾病救济与灾荒救济，原理趋同，方法不一。中国历史上很多朝代在大疫之年，都实行过减免租税，减轻民众负担，重振生产和经济发展。在发生大疫后，政府官员还到疫区巡视，安抚百姓，或开仓赈济，或派遣医师施药救治。

8.2.1 隔离

隔离，指的是将病人与外界隔开，集中安置，以免疾病传播。自秦代始，对传染病有一套报告、鉴定、隔离的完整制度，后代承秦制，也沿用至今。据湖北云梦县出土的《睡虎地秦墓竹简》载，早在公元前三世纪时，“秦律”中就有关于指定医生检查麻风病人的专门法律规定。根据“秦律”规定，一旦检查发现有麻风病人，必须与家人隔离，立即送往为收容麻风病人设立的“病所”。在病所里，麻风病人将得到医务人员的治疗和生活上的照顾。这种设立具有隔离性质和医疗使命的麻风病所，即“疠迁所”，是世界医学史上最早的隔离病院。在医学技术有限的古代，将患病者隔离再进行治疗无疑是最简单也是最实用的方法。

据《汉书・平帝纪》记载,汉平帝时期,蝗灾过后,疾疫流行,其应对方法是将染病的百姓集中隔离于空宅之中,然后进行医治。又如,东汉末年,皇甫规讨伐陇右,但是道路断绝,军中发生大瘟疫,死亡的人占到十分之三四。皇甫规将传染病患者安置在临时搭建的庵庐中,使其与健康的士兵隔离开来,以免扩大传染范围,并亲自巡检,给予医药。到晋朝时,政府已经制定了详细严格的隔离制度。据《晋书》记载,在宫廷方面,只要大臣家中有传染性病人且超过 3 人,即便大臣本人没染病,也得在家中隔离至少 100 天。此后,各代广泛设立专门隔离和收养疫病患者的机构,如萧齐时的六疾馆、北魏的别坊、唐代由僧人开设的患坊。到了宋代,统治者诏令各郡广泛设置专门隔离病患者的安济坊,防疫效果显著。如苏轼在杭州为官时,捐资创立了收养贫病的安乐病坊。明清时期的养济院有时也承担隔离患者的任务。

8.2.2 医疗救助

在古代,"医"一般都为贵族官僚医治疾病,近乎特权阶层的内侍。官府基本掌握着医疗卫生事业主导方向,国家设置专职医疗官员,负责控制疾疫,维护公共卫生环境,保障社会健康发展。地方政府虽然也设有专职医官,但实际上仅为地方军政官员服务。因此,在自然灾害和瘟疫爆发时,贫困百姓的医疗保障极为有限。如在自然灾害和疫病频发的隋代,政府虽开展了社会赈济,但并没有派遣医官赶赴灾区送医送药。贫苦百姓受灾或染病,除了烧香拜佛,毫无他法。① 直到唐代,在出现大规模疾疫时,中央政府会派遣太医署医官前往疫区治疗、送药,控制疫情。因此,在疗救助问题上,唐代政府跨出了关键的一步,统治者也不再垄断医疗资源,开始兼顾百姓的就医问题。②

到了北宋时期,京师每遇疫情,政府一般都会及时采取应对措施,选派良医亲赴疫区检视,无偿配药赐予疫民。虽然地方的医疗机构和条件无法与京城相比,但宋代地方官府及官员的疾疫救治态度还是比较积极的。如北宋神宗熙宁年间,刘彝任虔州知府时,因该地位于山区,偏向东南方,气候湿热,当地百姓生病的很多,他为此编了《正俗方》,详细论述伤寒之疾。他还召集医者及辖下的三千七百余名巫师,责成他们以医为业,诊治百姓疾疫。③

---

① 黄天华:《中国财政制度史》第 2 卷,上海人民出版社 2017 年版,第 806 页。

② 黄天华:《中国财政制度史》第 2 卷,上海人民出版社 2017 年版,第 1007 页。

③ 黄天华:《中国财政制度史》第 2 卷,上海人民出版社 2017 年版,第 1357 页。

8.2.3 惠民药局

宋代以前，民间社会中没有固定的地方医疗机构，只在大疫时才有对平民的官方医药救治措施及私人慈善性质的临时收容所。到了宋代，政府开始在地方建立类似门诊部的官方药局——惠民药局。可以说，始于宋代的惠民药局，是世界历史上最早的国家医药局。惠民药局最初建立的目的，除了救济穷困病者，向百姓提供廉价的医药之外，主要是遇疾疫爆发时，承担和药、施药的职责，防止疫病蔓延，救治疫病患者。到了元代，惠民药局全面推行，遍及各府、州、县，成为地方的主要医疗机构。

明代的医疗机构设置参考了宋元旧制，惠民药局的设立也分为中央和地方惠民药局，属官和职能各有不同，其中的以地方惠民药局为主体。作为荒政体系的一部分，地方惠民药局的分布极广，发挥着一般诊疗、大型事件应对、社会服务作用。明代皇帝虽然屡次强调惠民药局的重要性，但该机构一直得不到重视，甚至只有在相关的大型瘟疫中才能看到其身影。与宋朝相比，明代惠民药局的数量有所下降，效果已十分有限。梁其姿通过对方志资料的考察，发现 55 个江南县治内的惠民药局，到 1566 年时只有 9 个仍然有实际的施药功能。[①]

总而言之，两汉以来，中国古代政府和百姓在防治疫病方面积累了丰富的经验。尽管古代的科学技术很不发达，但劳动人民群防群治中的创见有许多是值得当今借鉴的。比如：①隔离治疗，阻断传染：汉元始二年（公元 2 年）就已采取隔离措施，并设立“临时时疫医院”，切断传染源，此后历代效仿，至今也是一条根本措施。②颁布医方，群防群治：古代往往会在村坊要路立牌晓示或编撰一些“简要济众方”“广利方”等引导群众运用，客观上增强了机体抵抗力，控制了瘟疫蔓延。③开仓放粮，减免租税：这些措施都是让百姓能得到休息，且有粮则稳。④巡视散药，赐棺埋瘗：未感染者送药预防，一旦死亡，政府免费制棺深埋。⑤政府重视，全国动员：防疫事业历来靠政府，北宋仁宗赵祯将自己用的珍贵药材“通天犀”碎之和药以救民疫。一些官员、文豪、富户也会参与捐赠。如：苏轼在公元 1089 年杭州大疫时，捐黄金五十两建“病坊”，使活者甚众。瘟疫流行，官员损膳减乐。⑥禁止人员聚集：[②]可以看出，当今所采取的措施古代多曾采用过。

---

① 梁其姿：《施善与教化：明清的慈善组织》，河北教育出版社 2001 年版，第 44—45 页。

② 中国中医研究院主编：《中国疫病史鉴》，中医古籍出版社 2003 年版，第 130—131 页。

在近代与疫病的抗争中,从政府到民间都曾采取过诸多防疫、验疫和治疫的措施。[①]

(1)防疫

1906 年,清政府设立民政部卫生司,掌管全国卫生行政,是为中国近代卫生事业之开端。1910 年,再设京师临时防疫事务局,以防止鼠疫在全国蔓延,开疫病预防之先声。但各地防疫工作发展极不均衡,以上海为最优。

1917 年 11 月,肺炎疫情始于内蒙古之伯子、巴隆等地,12 月蔓延至包头,乘势直达商业繁盛之归化,再经京绥铁路北上大同,直至山西太原、山东济南。疫情发生后,上海工部局卫生处立即向市民发出预疫通知。通知先是公布疫情:此症之传染由于咳呛,病疫者先患头痛,继而发热、咳呛、吐血,不二日而死,无药可医。凡病疫而垂危者,其传播疫症之危险尤烈。疫之传染,往返舟车中反易散布,故居民不宜迁徙。后提出三种防疫方法:①隔离染疫者以及接近传疫之人;②疑似之症亦宜隔离,勿与他人同居,以 7 日为限;③宜用布或面具(即口罩)紧密遮覆于口鼻之上,用过之面具须焚毁或浸入沸水之中杀菌,面具可自卫生处得之。

当时宁波地区则由警察厅担任防疫工作。1918 年 10 月 14 日,该厅发布布告称:近日时疫流行,死者甚伙,此种疫症易于传染,亟应设法防止。唯鄞邑习俗,每逢病死者,家属往往将尸体舁放灵床,须经过两三天始行棺殓;或有家属在外经商,必俟其回籍入殓,竟有延至四五天者,以致尸体变坏,导致疫气蔓延。小之则传染一家,大之则波及一方。为防止疫患起见,本厅长不得不革此陋习,以保人民健康。辖境人民如有染疫病死者,务须由家属速即殡殓,勿得抗违。

1929 年 4 月初,上海流行脑脊髓膜炎和猩红热,市卫生局在全市张贴公告,介绍两种疫病的危害与症状,并提出 6 种预防方法:①凡有此两病症状者,应立即送往医院诊察;②患者须与家人隔离,小儿更勿许接近;③患者发病前用过之物品,应实施消毒;④该病由口鼻排泄物传染,如唾液、鼻涕等,故市民自备白纱口罩,遮盖口鼻,防其传染;⑤公共场所暂少去为妥;⑥患者应立即报告本局,以便派员进行消毒,并指示一切。

1933 年,上海工部局报告在总结防疫工作时称,除按照每年惯例,由工部局张贴标语、卫生局打防疫针外,尚有时疫医院联合会播放疫情纪录片、举办卫生

① 周利成、左力:《近代中国的防疫、验疫与治疫》,《中外文摘》,2020 年第 11 期。

运动的宣传大会,倡导社会人士健康饮食。当然,最有效的措施还是接种霍乱疫苗,其有效率可达 90%以上,各医院均可免费注射。由于数年来的积极宣传,平民阶层也都主动到医院接种疫苗。疫苗最早来源于日本、德国,后来则以国货居多,特别是“九一八”事变后在抵制日货的声浪中,几乎找不到日本货了。上海时疫医院红十字会使用中央防疫处产品,各急救时疫医院则用庞敦研究所出品。

由此可见,上海作为中国最早的开放城市之一,在防疫方法、措施和具体实施等方面,均领先于全国,基本与世界接轨。

1946 年初,霍乱首发宜昌,次至广州,6 月开始大面积扩散至东北,侵入京津冀。据《大公报》载,8 月,为防止霍乱蔓延,天津市卫生局除积极为患者注射盐水外,还对市民饮水进行消毒。并派员配制消毒液,各饮用河水、井水和自来水住户均可持瓶前往卫生局第四科领取,不取分文,并配有《消毒液用法说明》一份。疫情结束后,市卫生局特制定公众、个人、医药的预防办法:一为公众的预防法:在团体生活里,对于患者一切用具,当施行蒸汽消毒或煮沸消毒,并注意一般卫生,尤应注意水道、水井之清洁和厕所之消毒。家中若有患疫病者,当迅速隔离;二为个人的预防法:病从口入,为防止病菌由口侵入,饮食时当先煮沸,凡生冷瓜果不能任意取食。所有用具当先实行消毒,然后用沸水或用 3%之稀盐酸水洗涤,以防污染;三为医药的预防法:除春季普遍种痘外,每届夏令或流行疫病之时,应举行防疫运动,注射霍乱疫苗三次,尤以众人杂居之宿舍、共营工厂及人烟稠密之处为重,宜及早预防为要。

(2)验疫

中国海港检疫始于 1873 年,检疫权与海关主权均由外国人控制,办事者则以华人为多,唯受外国人支配。据 1904 年 4 月 25 日上海《新闻报》载,据津海关道唐绍仪致函北洋大臣周馥称,大沽轮船进口查船验病,向由洋人用西法检验中国人,残酷异常,时起争端,甚至殒命。后奉清帝圣旨变通办法,妥定章程,以全民命。时在大沽建盖一所医院,选派两名北洋医学堂毕业的医生、一名华人女医和美国医士斐思理,在此负责验疫。凡华人进关者统由华医自验,由华医带入该院,分别男女予以检查。遇有患疫者,须入院治疗,各分住所,妥备饮食,各给服役、伺佐、洗涤。至患者病愈时,由华医验明出院。如遇洋人搭船者,税务司专派洋医查验,与华人两不相涉。该洋医如查有患疫洋人,亦令其入院,另有住所,专交斐思理医诊。营口来津火车各站,如营口、前所、北塘、新河四处，均分布华医，租用民房，设立医所。此医所华医亦由北洋学堂毕业生中选派，照料病人服食、起居，与大沽医院无异。其具体细则可参酌西人防疫之法酌拟章程。

1911 年 2 月 2 日《新闻报》载，年初，有一批外国人来沪，发现其中有染疫之人，已请示沈仲礼观察，赴其旅居之各中国旅馆查验。经沈仲礼核准后即派员查验，如查有染疫之人，须移往中国医院治疗。另有一些外国人旅居法租界内，则与法国领事商议，准至法租界客栈查验，并将染疫者运往中国医院医治。这条消息说明，国人已对染疫来华外国人实施验疫。

而 1912 年 5 月 23 日《新闻报》刊登的一则消息，说明当时的商民对验疫尚不甚理解和重视。上海各轮船公司时因吴淞口验疫章程过于严密，颇为不平。时因香港地区流行鼠疫，但此疫与 1909 年中国各地肺疫有所不同，鼠疫轻于肺疫。但现时的防疫章程反而比昔日防肺疫更为严苛，殊为不解。当时所有香港入口船只均被扣留吴淞口，由验疫会人员登船，在船中熏以硫黄，以除疫毒。然而船中所载货物一经硫黄，实有损害，遂群起反对，公请防疫会更改此项新章。若必熏硫黄，应请上海工部局担认此项费用。当时我国尚无消毒液，仍采用老旧的硫黄消毒法。

据 1931 年 1 月 24 日《晶报》报道，当时全国海港验疫处为新设之机关，过去海港验疫均由外国人负责，每一海关必设一验疫所，权力甚大。凡轮船入口，必先由其检验，签字后方可通行，主权旁落于外人之手久矣。此项机关经费充足，办事人员收入亦佳。自伍连德被任命为全国海港验疫所所长后，已次第接收各验疫处，隶属卫生部，而当时卫生部已经裁撤，不知是否归由内政部管理。

据史料记载，民国时期，北京政府改民政部为内务部，下设卫生司。1928 年南京民国政府设置卫生行政专管机关——卫生部，1931 年裁撤，在内政部附设卫生署。而伍连德是中国检疫、防疫事业的创始人，并为中国从“洋人”手中收回检疫权做出了重要贡献。

(3)治疫

随着疫情的频发，从民间到官方皆竭力治疫，但由于医学技术水平所限，往往效果有限，直到清末才略具规模，民国时期较有进步。

据 1911 年 7 月 11 日上海《时报》载，当年安徽遭受特大水灾，大灾之后必有大疫，皖北灾后患疫百姓众多。在上海华洋义振会会长福开森的号召下，该会于 7 月初成立救疫队赴皖救治，就诊者纷至沓来，一时应接不暇。该会除施医外，还择极贫病重者再施钱、米，并备牛肉干、牛奶等滋补之品，以助患者速愈。

民国初期，每到七八月份，各大城市纷纷成立临时时疫所，免费收治疫病患者。1919 年 8 月 24 日《新闻报》消息称，苏州市公益事务所在东区菉葭巷设立临时除疫所，22 日开放，各机关各团体均派员莅场参观。由省立医校蔡禹门校长主任其事，医士吴帙书、庞京周、吴佑生、蒋乙生等分别担任诊治义务，针药并施，不分昼夜，任凭疫者投所求治，随到承医，不取分文。

20 世纪二三十年代，上海各慈善团体、民间社团每年均成立时疫救治医院，有上海时疫医院、普善山庄时疫医院、沪南神州医院在沙布弄所设的临时治疫所、中国红十字会沪城分会在城内老县附设的临时时疫医院和济生会的华医施医局等近 20 家。

称之为时疫，有两层含义：一是广义上的时疫，包括夏令各种急性疾病，如急性肠炎、疟疾、中暑、霍乱等；二是狭义上的时疫，专指当年流行的瘟疫。因此，时疫医院大都以救治患疫者为主。瘟疫不是年年流行，有时虽有疫情但患者不多，或是疫情得到缓解，这时，时疫医院也常收治一些其他急症。更有时虽有疫情，但患者不明原委，时将中毒、疟疾、中风等各种患者送至时疫医院。医院本可不收，但因皆为慈善机构，也酌量容纳一些。

1934 年第 2 卷第 4 期《新医药杂志》详细记录了当年各时疫医院概况和疫情。上海各时疫医院联合会由上海时疫医院与急救时疫医院所联合发起，先后有 9 家医院加盟，如红十字会、南市、虹口、普善山庄等各时疫医院。该会宗旨为促进各院工作的联络与互助，不仅随时救治疫患，而且还制定防疫方法、研究阐发医理。各院之间的床位、收治患者人数、疫情状况等均随时相互报告，以便患者就近求治。遇有复发的病人均指导其至原收治医院治疗，凡病人出院时均发给一册白话韵语的《养病须知》，以指导民众如何进一步调养。该会每月召开一次医务会议，集合各院医师讨论疫情发展和诊治情况。是年，上海时疫医院添置一些医疗器械，病床达 140 张，看护方面由法国女护士负责指导。急救时疫医院的新建筑也已落成，床位总额时有 260 张，预计将添设至 300 张，病房一律改用铁质小床后更易于消毒，配有医师 9 名、男女护士 40 名。依据时疫医院建筑新章，该院水电工程、浴室、消毒、防蝇等基础设施建设一应俱全。之前，检查疫病病源大都送往工部局卫生处，该院设立细菌室后也可完成检疫工作。天津路上的红十字会医院位于闹市中央，便于居民就近就诊。当年，因为没有发生大面积疫情，这些医院收治了不少伤寒、中毒、肠胃炎、恶性痢疾等类患者，真正的霍乱病患者很少。总之，近代中国，在防疫、检疫、治疫方面，官方虽也有机构设置、制定相关法律法规、建立时疫医院、配备医务人员，但由于战乱频频、灾害丛生，仍是疫情多发且死亡率较高。①

而在西方文明的影响下，近代中国社会应对疫病的观念发生了较大改变。从传统到近代，应对疫病的重点基本上经历了从避疫、治疗到防疫的转变，近代的防疫除了更强调预防以外，也确立了清洁、检疫、隔离和消毒等为主要内容的基本模式，同时还将种痘等免疫行为纳入防疫的范畴之中。针对这一转变，首先，传统时期对疫病的应对基本是一种比较消极的个人行为，相对积极的举措也主要是染病之后的治疗，而近代的防疫则是一种重在预防，作为卫生行政一部分的积极主动的行为。其次，传统有关戾气、养内防病等一些认识，并未与近代西方的防疫思想在观念上发生明显的冲突，相反，经过适当的改造，很自然地被融入近代防疫体系之中。也就是说，传统的一些有关防疫的认识对近代防疫观念的形成起到了积极的铺垫作用。②

---

① 周利成、左力：《近代中国的防疫、验疫与治疫》，《中外文摘》2020 年第 11 期。

② 余新忠：《从避疫到防疫：晚清因应疫病观念的演变》，《华中师范大学学报》2008 年第 2 期。

9 中国历史上应对风险的财政及其发展

无论是在奴隶制社会还是封建社会，各朝各代都曾面对因战争、自然灾害或政局动荡而导致的财政危机，其主要表现为财政收支的失衡，以及原有财政类型中的主体收入无法支持不断攀升的支出而导致的制度性危机。应对上述收支危机，古代政府的传统做法主要是“节流”和“开源”两个方面。所谓“节流”，主要是降低军事活动的频率与力度（减少征伐、更多采用怀柔手段等）、减少工程建设、降低皇室消费与官俸支出、将再分配方面的支出责任更多地转移给下级政府或民间来承担、改善财政支出管理以减少中间漏损等。所谓“开源”，主要有以下几个方面：以正税附加（田赋附加、商税附加等）的形式，获取额外收入；扩大特权收入（如早期的卖官鬻爵收入，后期更正式的捐纳报效制度等）；向下级政府摊派或将原由下级政府支配的收入划归上级政府（特别是中央政府）；扩大来自工商业的收入（增加捐税种类或提高税率，扩大专卖商品种类或提高上缴比例）；改善收入管理，如减少优免范围、减少中间漏损、减少“民欠”的数额等。①

就一般而言，社会升平时期，财政量入为出，略有积余；及至战乱或天灾降临，财政收不抵支频仍，有的战费无着，事关国家存亡，有的国库空虚，致使政权摇摇欲坠。就在这些政权因财政拮据而动荡的年代，几乎所有的政府都是竭尽全力研究财政收入问题的。从财政资金的来源进行分析，这些政策大体上可作如下分类：凡是政府凭借政治权力，按照法律程序参与国民收入分配，例如宾、贡、赋、租、税、捐、派、没等，都属于行政性财政渠道的收入；凡是利用价值规律，在商品流通领域对部分国计民生产品或某些奢侈品实施垄断经营（即专卖），比如盐、铁、酒、烟、茶、糖、火柴等专卖，政府从中直接获取巨额商业利润，这类财政资金的来源都属于商业性财政渠道的收入；凡是政府以生产资料国有为基

① 刘守刚：《中国财政史十六讲——基于财政政治学的历史重撰》，复旦大学出版社 2017 年版，第 321—322 页。

础，使用军事手段招募劳动者进行工业或农业生产，以生产者基本上义务服役为条件，或者以少量的成本支出为前提，政府直接获取大量货币或物质产品用于财政支出，如官营的冶铁、煮盐等，达到增收减支的目的，都属于生产性财政渠道的收入；凡是政府以某些劳动资料出租为由，向生产者定期定额收取货币或者实物，如军屯、民屯等屯田制度的财政来源，都属于租赁性财政渠道的收入；凡是国家发放过量货币或者持权出售债券等取得货币资金来源，都属于债务性财政渠道的收入；凡是在土地国家所有权基础上，对其使用或使用权进行交易，政府以所有者身份向经营者收取一定量的货币，都属于资源性财政渠道的收入；凡是运用战争办法暴力勒索其他国家资财，或者凭军事威力，对别的国家实施殖民政策而掠取财物者，都属于掠夺性财政渠道的来源；凡是采用胁迫手段，对战俘或罪犯分子实行强制性工业或农业劳动，国家基本无偿占有他们的物化劳动，作为财政抵付款，都属于劳役性财政渠道的收入。①

有鉴于此，本章从开源与财政收入的角度，尝试对中国古代危机财政的应对及其发展做进一步探讨。②

9.1 汉代应对风险的财政

9.1.1 均输与平准

汉初，官府各自争购物资，富商大贾囤积居奇，操纵物价，引起物价上涨。而且，各种贡品长途运输，费时费力，消耗颇大，尤其是一般贡品，价值不抵运费。于是，元封元年(公元前 110 年)，汉武帝采纳桑弘羊的建议，在全国实行均输平准政策。所谓均输法，即将民间进贡给各地方政府的土产，有用不完者，中央政府规定不必再运送京师，可送到中央政府派驻各地的“均输官”处暂时储存，随时听候京师命令。均输官就地收取贡物，转卖于价格昂贵之地，收入归国家。京师所需之物，则就近收购。与此同时，汉代政府还推行了与均输法相配合的平准法。平准法即由政府收集储存天下百货，价贵时卖出，价廉时买入，使

① 财政部财政科学研究所编：《中国财经改革研究报告(1996—1997)》，经济科学出版社 1999 年版，第 155—157 页。

② 限于篇幅，这里仅以汉、唐、明三个汉族建立且统一时间较长的朝代为例做简要论述。

得商贾无法获利。

均输平准之策，主要是通过调节物资供求，平抑市场物价，既有效地减轻了各郡国的负担，又充裕了国库收入。在昭帝始元六年（公元前81年）盐铁会议的论战中，尽管贤良文学攻击均输和平准是与民争利，但这一制度未被罢废，仍然坚持实行。[①]

9.1.2 盐铁专卖

盐铁专卖是中国封建社会政府为打击富商大贾，增加财政收入而实行的对盐和铁的垄断经营政策。早在先秦时期，盐铁专卖制度就已萌芽。《周礼》记载有掌盐政之官，名“盐人”。春秋时期，管仲首次提出“官山海”，对盐铁实行专卖。当时的山海之产主要是盐、铁，官府垄断经营，寓税于价。汉代初期，政府对盐铁的管理相对宽松，开放民营，仅对食盐实行征税制，盐铁逐渐为贵族富豪垄断经营。特别是文帝时，盐铁经营采取了放任政策。到了汉武帝时，因与匈奴开战而导致军费开支庞大，国家财政捉襟见肘。因此，从元狩四年（公元前119年）开始，汉武帝采纳孔仅和东郭咸阳的建议，将私人垄断的冶铁、煮盐改为国家垄断经营，设立盐铁专卖衙门，并任命大盐铁商为主管官员，同时规定对私铸铁器和煮盐者处以刑罚，并没收生产工具。

在专卖垄断方式上，盐和铁有所相同。汉代的盐专卖，采用民制、官收、官运、官销的办法，即由官府招募人民煮盐，官府除供给煮盐工具之外，其他费用由人民自理。盐生产出来后，由官府收购，组织销售，获取盐利收入。在铁专卖方面，从铁的生产到铁器的制造、制品的销售，都由汉代政府负责。

盐铁专卖，自武帝以后一贯施行，元帝初元五年（公元前44年）曾一度废止，后因财政困难，不数年又恢复。至东汉时期，盐铁专卖为时甚暂。汉代以后，历代统治者对盐铁专卖制度也多采用，且扩大专卖范围。如唐代由官营盐、铁扩大到茶；宋代除盐、铁、茶由国家经营和专卖外，又进一步扩大到酒、矾以及香药宝货等。总的来说，盐铁专卖确实解决了汉代的财政困难问题，有助于国力扩张，防止了外部侵略对国民经济和社会文化发展的巨大破坏。[②]

---

① 黄天华：《中国财政制度史》第1卷，上海人民出版社2017年版，第274页。

② 马大英：《汉代财政史》，中国财政经济出版社1983年版，第128页。

9.1.3 鬻爵卖官

爵在古代封建社会是一种政治地位和政治荣誉。不同爵位的人，享有不同的政治权利和政治待遇，而一定等级的爵位可以转为相应等级的官吏，并享有免役、免税和免刑的权利。鬻爵就是国家出售某种政治权利所获得的代价，是封建制度下的一种特殊收入。鬻爵一般发生在国家遭遇重大自然灾害或战争军需不足的非常时期。

鬻爵制度最早是秦孝公时商鞅所设。汉初基本袭用了秦爵二十等级制。汉代的卖官鬻爵始于惠帝六年(公元前 189 年)。到了公元前 180 年，汉文帝刘恒即位，边塞粮食运输困难，他便采纳晁错的建议，以爵换粟，使天下入粟于边。臣民们可以用粮食买爵，向朝廷缴纳的粮食越多，买的爵位就越高。汉武帝时期，因北伐匈奴，支出浩大，国库枯竭。为弥补战费需要，汉武帝又增设卖武功爵，支付方式是黄金。这是古代最大的一次卖武功爵的政府行为，出售的武功爵位和总价值均创历代之最。而立功受爵的将士可以补吏，可以赎罪，功劳超等者，大者封侯，小者补郎，都能得到实际利益。

9.1.4 算缗与告缗

元狩四年(公元前 119 年)，在御史大夫张汤和桑弘羊等人的具体筹划下，汉代政府颁布了算缗告缗令。所谓算缗，就是向工商业者和高利贷者征收财产税；告缗，就是向朝廷揭发工商业者和高利贷者隐产漏税的违法行为。算缗以商人手中积存的现金及货物为征税对象。商人、高利贷者和手工业者都要将自己的财物估价据实上报，官府经过查验后按率征收，规定商人财产(包括动产和不动产)在 3 万钱以上的按 2%的税率征税，其他人为 1.2%，后又将商人的税率提高到 6%。

算缗令施行中，由于豪富巨商争相匿财逃税，武帝又颁布告缗令，并任命专人主持告缗工作，鼓励大家揭发检举偷税漏税之人，规定：凡隐瞒不报或自报不实者，一旦被告发，即没收其全部财产，并罚戍边一年；凡主动告发者，则把罚没人财产的一半作为奖励，赏予告发之人。据《史记》记载，这一政策实施后，中等以上的人家大多被告发，武帝专门委派酷吏来审理，很少有人能够翻案，没收的钱物数以亿计，田地大县数百顷，小县百余顷，房产更是难以统计。

9.2 唐代应对风险的财政

9.2.1 改革专卖制度

隋代和唐代前期，政府并不实行专卖政策，即所谓官不与民争利。安史之乱后，农业税难以征收，专卖收入成为消除财政危机的重要措施。乾元元年（758 年），唐肃宗任命第五琦制定专卖政策，规定：凡产盐的地区，都设立监院，亭户（制盐户）生产出来的盐，统归官卖。亭户可免杂徭，但要承担租庸。亭户生产的盐，除了折纳租庸外，全部由监院收买，然后再由监院加税出售。专卖的特点就是垄断产、销，寓税于价。从此盐税成为政府的一项重要收入。经第五琦改革盐法后，政府每年盐税收入达到六十万贯。

乾元三年（760 年），刘晏代替第五琦任度支、盐铁、铸钱等使，对官营专卖制度进行改革。他在产盐地设盐官，收亭户的盐后，再转卖给商人，任其贩卖，各州县不再设盐官，即所谓的民制、官收、商运、商销制度。官府转卖给商人的盐已经加了税收，这样官府虽然放弃了销售环节，但却保证了盐税的收入。据《资治通鉴》记载，刘晏改革盐法后，生产和销售方面的情况都是比较好的。到了唐代宗年间，唐朝每年盐税收入达到了六百万贯，是第五琦时的十倍，盐利在财政收入中占有的比重更是接近一半。

9.2.2 常平法与和籴法

常平法是国家出本钱储存粮食，粮食价格低时购进，价格暴涨时抛售，以调剂供应，稳定市场。和籴法是国家通过市场采购粮食，以解决国家粮食储备问题。唐代宗永泰二年（766 年），刘晏了解到物资余缺、物价涨落和生产丰歉等情况，制定最优收购法，规定在比较方便的地区，把近数年的粮食价格和收购的数量定为五等，价格高的地区按最少的数量收购，价格最低的地区按最多的数量收购，以较少的资金收购较多的粮食。扩大和籴范围，把国家一部分赋税变现，在低价地区购土特产品，转运到京师和洛阳等价格高的地方出售，既调剂了物价又增加了财政收入。[①]

9.2.3 租庸调制

租庸调是唐代前期实行的以均田制为基础的赋税制度。租庸调,实际可说是古代"粟米之征""布帛之征"和"力役之征"的变称。它的主要负担者,是广大农民和平民,即凡有田则有租,有家则有调,有身则有庸,达到了三征的完整地步。其具体规定是:"租"是田赋,税率为每丁每年纳粟二石或稻三石;"调"是户税,以丁立户才有户税,税率根据乡土出产,为每丁每年纳绢、绫、絁各二丈及绵二两,或纳布二丈五尺、绵二两及麻二斤;"庸"是丁税,其原始形式是力役,每丁每年须无偿地服劳役二十日,闰年二十二日,不服劳役的人,以绢代纳,一日劳役,折绢三尺。国家有事,加役十五日,可免调;加役三十日,租调全免;加役连同正役,总数不得超过五十日。租庸调的课税标准是田、户、身,而其基础都是丁。以丁定赋的目的,在于鼓励开垦,而国家也可以增加收入。

9.2.4 两税法与三分制

安史之乱后,各地藩镇林立,民生困苦,大量农民背井离乡成为流民,原先统计的户籍也完全丧失。面对这样的情况,唐德宗于780年采纳宰相杨炎建议,实行两税法,以改革租庸调制。其主要内容为:两税征收总额以国家全部费用实际需要为准,按贫富等级和土地多少征财产税及土地税;把租庸调合并为户税和地税,不管主客户,一律在现居住地立户籍,无固定居处的商人,于所在地按其收入的三十分之一征税;各地赋税分夏、秋两次征收。夏税不得过六月,秋税收不得过十一月;地税征粮,户税征钱,粮可折钱代税,钱也可折物代税。两税法从按人丁征税到按财产征税,改变了自战国以来人丁税居重要地位的局面,是中国古代封建社会赋税制度的一项重大改革。两税法按财产课税,将官吏列入税户,削弱大户特权,并统一纳税时间,简化复杂税制,在一定程度上减轻人民负担。

为了保障中央的财政收入,杨炎还制定实行了"两税三分制",规范了中央与地方分配关系。安史之乱后,藩镇割据,地方不仅不向中央缴税,而且还截留其他州县上缴中央的租赋,致使中央的财政收入难以得到保障。在这种情况

① 赵云旗:《唐代盛世背后的财政危机》,《经济研究参考》,2009年第40期。

下，为了协调中央与地方的分配关系，保障中央财政收入的完成，政府实行了“两税三分”的分税制度，即把国家的两税收入划分成上供、送使和留州三部分：上供部分是各地上缴中央的税收，为中央财政所有；送使部分是地方交解诸道节度使的军费，保障节度使的财政支出；留州部分是各州留在本州的财政收入，以供地方政府的支出。在这种财政体制下，中央财政收入占总收入的 1/3，地方收入占 2/3。这种制度既是中央对地方的让步，也是对地方的限制，最重要的是达到了保障中央财政支出，平衡中央与地方分配关系的目的，改变了财政分配的混乱状态，使中央和地方的财政分配关系走向了规范。

9.3 明代应对风险的财政

9.3.1 均征加耗法

明代初期赋税制度中的一个突出矛盾是各地田赋税率的畸轻畸重。由于明成祖迁都北京，南方税粮须由江南向北方解运，以至运输耗费不一，大部分以杂派或加耗形式由江南人民承担，导致江南地区田赋负担远重于其他地区。换言之，除田赋正税之外，为了应付收征、解送中的费用以及经手人员的中饱，正供之外还有地方自定的耗米之征。所谓加耗，是封建统治者为了弥补田赋征收过程中发生的损耗而在赋税正额以外加征的部分。征收加耗不是自明代开始，但至明代这一问题最为突出。这种沉重赋役的明显地域性和局部性，使得从洪武朝起就已在某些地区出现反抗斗争。到宣德时，赋役已到了非改不可的地步。

为了维护封建社会秩序、减轻百姓的负担，周忱进行了以均征加耗法为核心的改革。均征加耗法又称平米法，具体规定：无论大户或小户，耗米均随正米依一定的比例摊派，不分强弱智愚一律征课，并且根据各类田土原有田赋税率的轻重不同实行差别摊派。如官田税重少纳耗米，民田税轻则多纳耗米，以期使耗米负担均平。

均征加耗法在推行过程中，虽受到豪强地主阶级的极力反对，但在江南地区颇受欢迎。其后近百年，江南田赋均按此法原则征收加耗。后来至明代中叶，巡抚欧阳铎与苏州知府王仪根据周忱的均征加耗法创行了征一法，又称均摊法，以里甲、均徭银两并入丁、田征收，将官田与民田的田赋税率进一步拉平，成为明中叶以后实行“一条鞭法”赋税改革的直接先驱。可以说，周忱改革是明代一系列以折征为主线的赋役改革的开端。

9.3.2 一条鞭法

明代中叶，由于统治阶级的贪污腐败，土地兼并和广大农民的破产流亡，农业经济萎缩衰退等原因，财政收入日益减少，但财政开支尤其是用于非生产性的支出却与日俱增。针对这种状况，万历初年有志于改革弊政的内阁首辅张居正采取了一系列治理措施，主要有：严格考成，整顿吏治；改革赋役制度，推行一条鞭法；压缩皇室支出；减汰冗员；缓和周边关系，减少军费开支。其中以一条鞭法的赋役改革最为主要。一条鞭法的内容可归纳为以下几点：①

第一，合并赋役和传统的土贡。赋、役分别征派，是自古以来的传统制度。这一制度是征税对象既有人身，也有土地资产，其中役一项长期要由人丁亲往承担，即征发活劳动，是自然经济的产物，唐宋以来，才有代役金的出现。而土贡则是在赋役之外，官府额外索要的一些土特产品。

“一条鞭”法将夏税、秋粮、里甲、均徭、杂役和土贡合并在一起，编成总数来征收，这有利于国家财政的统一管理，杜塞各级官吏的舞弊，在某种程度上减轻了农民的负担。

赋役合并的总精神是“役归于地”，计亩征收，这是唐代两税法“唯以资产为宗，不以丁身为本”的赋税原则的发展和继续。“一条鞭”法基本上按土地多少征税，但户丁仍有负担，有的地方是丁六粮四，有的地方是丁粮各半，也有的地方是丁居四分之一，粮居四分之三。将役摊入田亩征收，反映了封建社会晚期土地集中、无地和少地农民大量增加的现实，也反映了商品经济发展，劳动者要求摆脱人身束缚的要求。

第二，赋税直接交官，简化了征收手续。明初，设粮长征解税粮，里长协助官府管理户籍、催督赋税。粮长、里长往往与胥吏勾结，将豪强应纳的田粮转嫁给贫弱税户。当然，也有粮长因受官府或豪强欺诈而致赔累者。再有官吏往往通过改变税粮交纳地点，缩短交纳期限来敲诈贫苦农民。“一条鞭”法规定赋税的收解由政府派官担任，不再通过粮长、里长。“官收官解”代替了“民收民解”

① 叶振鹏主编：《中国历代财政改革研究》，中国财政经济出版社 1999 年版，第 511—513 页。

制度后，减少了层次，简化了征收手续，同时还加强了国家对财税征收的管理。

第三，赋役改为征银。过去田赋虽然有押交银两的(即金花银、折色银)，差役也有交银的(如银差)，但都是局部的，这次改革规定“概以银征收”，赋税中除漕粮和白粮外，其他一切物税都改为征银。差役中的力差也全部改为交纳代役银，政府收银后自行雇役。从此，雇役制完全代替了差役制。

第四，赋役按田亩和人丁计算，不再依据过去三等九则的户等制了。这样一来，既减少了编审户对的工作，又杜绝官吏舞弊的途径。

第五，实行“一条鞭”法后，赋役银征收以县为单位，具体办法是将全部赋役银统筹分配于一县的田亩和丁口上，使原来徭役按里平摊，人多田多的里负担轻，人少田少的里负担则重的现象得到改变。

总而言之，尽管一条鞭法有其局限性，在实行过程中也出现过一些弊病，但一条鞭法仍体现了赋税发展的方向，也改变了明代后期赋役征收上的混乱与不均。

第四编

“非典”疫情期间的中国财政

10 “非典”疫情对财政的冲击

10.1 “非典”疫情对中国经济的影响

“非典”疫情是21世纪以来第一次大规模的传染病突发事件。“非典”疫情2002年11月始发于广东省，大致持续8个月，直到2003年6月24日世界卫生组织将中国从疫区名单中除名才正式宣告抗击“非典”战疫的胜利。当时的广东、北京、香港等地非典疫情较为严重。总体而言，“非典”疫情对我国经济的影响是有限和短暂的，尽管对部分行业造成了较大冲击，但2003年的中国经济正处于一个加速增长期，疫情并未伤及经济增长的基本面，更未改变中国经济增长的内在动力和经济发展的长期态势。

10.1.1 局部受损但总体影响不大

“非典”给经济增长带来的不利影响，主要体现在2003年第二季度，GDP(不变价)当季同比增长速度从第一季度的11.1%下降到了9.1%。但是相比于2002年同期，其增速仍然上升了0.2个百分点，且这种不利影响很快就过去了，第三季度增长率就恢复到了10%。2003年全年GDP的增长率高达10%，高于2002年的9.1%、与2004年的10.1%相当。

“非典”疫情的发展对三产的增加值也产生了不同的影响，但总体的增长趋势是相同的，均在第二季度产生了不同幅度的下降，其中第一产业、第二产业和第三产业在第二季度的增加值增速分别为1.7%、11.3%、8.7%，相比于第一季度分别下降了1.1%、1.9%、1.8%。但从第三季度开始，第一产业和第二产业增加值的增速有所回升，第三产业增加值增速则在第四季度逐渐回升。

10.1.2 短期消费受冲击明显

总体来看,“非典”对人们短期消费影响非常明显,旅游、住宿、餐饮、零售、交通运输等行业受到的暂时性冲击最大。

旅游业深受其害,损失明显。据悉,2003 年头两个月,我国旅游业开局良好,但 3 月份下旬开始恶化。数据显示,2003 年 4 月,入境旅游人数同比下降了 37%,外国人入境旅游人数同比下降了 54%。5 月份,同比分别下降了 31%和 71%。因为旅游人数的减少,旅游外汇收入也受到了巨大的影响,2003 年 4 月,旅游外汇收入和外国人旅游外汇收入分别同比下降了 49%和 60%。到了 5 月份,下降幅度分别达到了 59%和 76%。6 月份以后,这种现象得到了有效的缓解。但基于上半年已经造成的损失以及“非典”后续影响,我国旅游业出现 1989 年来第一次负增长。

住宿餐饮业经历寒冬,销售额下降。自 2003 年 4 月份以来,全国的住宿餐饮业销售额经历大幅度的回落,相比于第一个季度增幅下降了 3.6%,相比于 2002 年同期增幅下降了 3.9%。而在第三季度,增速显现出了强劲的回升态势。

消费品零售增速出现明显下滑。2003 年 3 月消费品零售增速为 9.3%,随后 5 月份快速下滑到 4.3%,但这一现象并没有持续,随着疫情好转,消费品零售增速迅速反弹,7 月份增至 9.8%的水平。

交通运输业受到冲击,运输量减少。交通运输主要分为货运和客运两种。除铁路货运量一直保持不低于 5%的增速以外,总货运量和公路货运量增速均发生了不同程度的下降,2003 年 5 月,总货运量同比下降了 15.2%,公路货运量同比下降了 21%。客运量增速同比全面下降,2003 年 5 月达到最大下降幅度,客运量、铁路客运量和公路客运量分别下降了 41%、61%和 40%。加上防疫措施导致的成本上升,运输企业经营亏损,特别是民航客运亏损严重。但无论是客运还是货运,均在 8 月份以后开始逐渐回升,达到了一个相对稳定的增长态势。

“非典”给我国经济社会带来很大冲击,但也孕育了新的发展契机。在旅游业、交通运输业、住宿餐饮业等受到严重打击的同时,此次疫情促进了传媒业、电信业、医药业等行业的市场需求,为中国经济的发展提供了新的契机。

10.2 “非典”疫情对全国财政的影响

10.2.1 收入短期受到影响，整体态势较好

“非典”对财政收入的影响可以分为两个方面：一是经济增长因“非典”而遭受负面影响会传导至税收，带来财政收入的减少；二是基于应对“非典”冲击考虑而采取的各种税费减免措施，将直接减少财政收入。从数据看（见图 10.1），全国财政收入在第二季度增幅明显回落，但总体形势是好的。4、5 月份，全国财政收入分别增长 15.5%、20.7%，比第一季度平均增幅分别低 21.2%和 16%。2003 年 1 至 5 月的预算执行情况总体比较正常，全国财政收入 9 039.98 亿元，完成预算约 44%，比 2002 年同期增加 1 978.66 亿元，增长 28%。全年的数据显示，2003 年我国财政收入增速相比 2002 年下降。但 2003 年全国财政收入仍然以 14.9%的增速增长，完成预算的 105.9%，国家财力明显增强，全国财政收入第一次突破 2 万亿元，达到 21 715.25 亿元（不含债务收入），比上年增加 2 787 亿元。中央财政总收入 12 483.83 亿元（已扣除新增出口退税指标 838.59 亿元），比预算增加 543.34 亿元，完成预算的 104.6%，比上年增长 9.8%。其中，中央本级收入 11 865.27 亿元，完成预算的 104.7%；地方上解中央收入 618.56 亿元，完成预算的 101.9%。可见，尽管遭受了“非典”疫情冲击，但收入方面均完成了预算目标。

10.2.2 支出短期激增，全年支出压力不大

“非典”对支出的影响可以从两个层面来分析：在短期层面上，政府的短期应急性举措会增加财政支出；在长期层面上，政府加大对公共卫生领域的投入也会增加财政支出。从全年数据看（见图 10.2），在疫情最严重的时期，出现财政支出短期激增，但全年支出压力不大。在 4、5 月份，我国一般公共预算支出同比增速分别达到 16.6%、26.5%。2003 年全国财政支出 24 649.95 亿元，增长 11.8%，低于财政收入的增长率，完成预算的 104%；全国财政收支相抵，支出大于收入 2 934.7 亿元。中央财政总支出 15 681.51 亿元，完成预算的 103.6%，比预算增加 542.72 亿元，比上年增长 8.4%。其中，中央财政本级支

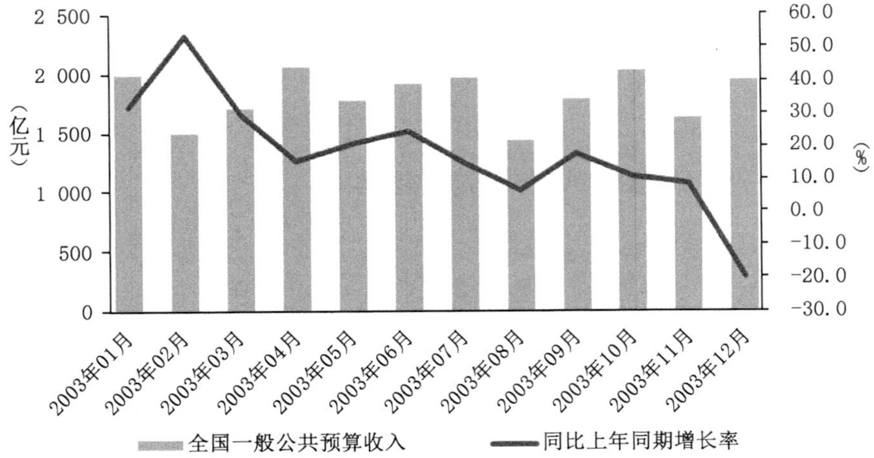

图 10.1　2003 年全国月度一般公共预算收入与当期同比变动

出 7 420.1 亿元，完成预算的 103%；对地方税收返还和补助支出 8 261.41 亿元，完成预算的 104.1%。中央财政收支相抵，赤字 3 197.68 亿元，比十届全国人大一次会议批准的赤字数额 3 198.3 亿元减少 0.62 亿元。可见，从全年整体数据来看，疫情对财政支出并未造成较大压力。

在政府的短期应急性举措方面，据测算，在"非典"高峰爆发期的两周内用于"非典"预防、治疗和控制的费用就需要 22.3 亿元，其中很大一部分将由中央和地方各级财政负担。这部分新增的财政支出很难对经济的增长产生乘数效应，刺激经济的增长。截至 5 月 31 日，全国财政拨付的直接费用超过 107 亿元。

10.2.3　总结

2003 年"非典"疫情爆发后，为了应对疫情对人民群众生活和企业生产经营的冲击，中央加大了财政对冲力度。如表 10.1 所示，为了应对"非典"，各级财政共支出 166 亿元，其中 20 亿元来自 2003 当年的中央预算总预备费，2003 年的中央预备费为 100 亿元，占中央本级支出的 1.4%。具体而言，财政为防治"非典"支出的 166 亿元支出中，20 亿元用于中央财政设立的"非典"防治基金，136 亿元用于各级财政安排"非典"防治资金（其中中央财政安排 28 亿元）；10 亿元用于中央财政下半年加强公共卫生体系建设。

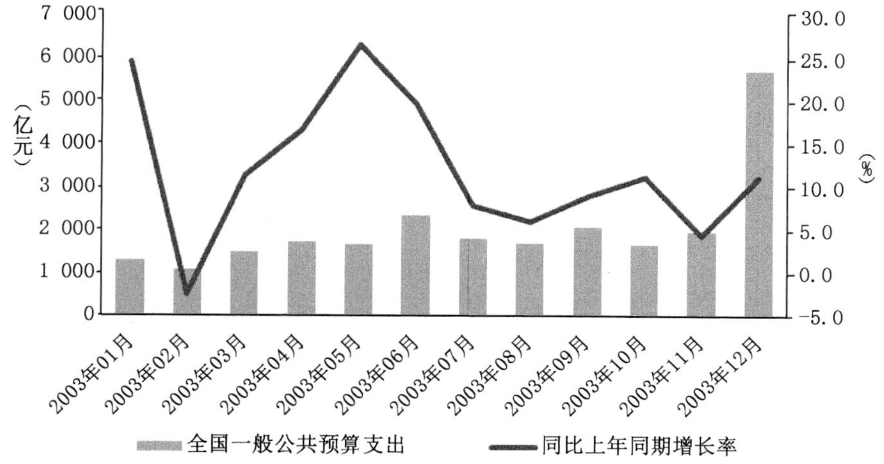

图 10.2 2003 年全国月度一般公共预算支出与当期同比变动

表 10.1 **2003 年应对“非典”各级财政支出** 单位:亿元

支出方	用　途	金　额
中央财政(预备费)	非典防治专项基金	20
中央财政	非典防治资金	28
地方财政	非典防治资金	108
中央财政	加强公共卫生体系建设	10
合计支出		166
占当年公共财政支出比重(%)		0.7

在疫情爆发期间,财政收入下滑、支出上升,但由于疫情应对措施有力到位,疫情很快就控制住了,加之我国经济向好基本面未改变,疫情之后经济复苏速度较快,故疫情对全年财政收支情况影响不大,当年收入和支出都有所增加,整体赤字率为 2.1%,较 2002 年小幅下降。

11 “非典”疫情下中央政府的财政应对

“非典”疫情突发性强，传播快，影响大，防治“非典”实际上是一场没有硝烟的战争，是一场需要政府着力动员公众力量予以解决的社会公共危机。疫情期间，我国中央政府克服新旧政府交替特殊时期的各种困难，调查掌握大量一手资料，调动一切可用资源，综合考虑各方因素，果断采取措施，率先出台了一系列举措抗击疫情。在“非典”疫情的影响下，我国中央政府出台的财政政策主要围绕防控疫情、经济支持和公共卫生体系建设这三个方面。

11.1 防控疫情的财政政策

11.1.1 资金保障方面

“非典”疫情爆发后，我国财政部门积极发挥了公共财政职能作用，多管齐下，全力保障“非典”防治资金需要。2003 年 4 月 20 日，经国务院批准，中央财政从预备费中拿出 20 亿元，设立了“非典”防治专项资金，资金占 2003 年中央财政预算支出 15 138 亿元的 0.13%。而在当年全国财政为防治“非典”支出的 136 亿元中(不包括“非典”防治专项资金)，中央财政安排 28 亿元，并另外支出 10 亿元用于下半年加强公共卫生体系建设。这些资金主要用于建立公共卫生应急反应机制，防治疫情的科研攻关、物资保障，以及疫情监测、信息收集和有关人员培训等，并且按照急事急办、特事特办的原则，及时预拨资金，切实保证需要。

此外，为了进一步更好地保障资金的投入使用，财政部制定了一整套措施。一是发文要求中央各有关部门调整支出结构，压缩会议、差旅、出国等经费，增加对“非典”防治工作的投入。二是财政部要求地方财政调整支出结构，加大防治“非典”资金的投入力度，并建立了资金调度机制。三是财政部建立了“非典”型肺炎防治经费情况统计报告制度，要求各省、自治区、直辖市财政厅(局)及时上报安排的“非典”型肺炎防治经费，便于中央财政及时了解各地“非典”防治经费安排和使用情况。对各部门用于“非典”防治工作支出的调整预算，实行备案制度，即调整预算后要将调整方案送财政部备案。同时，各部门疫情防治经费的安排要实事求是、专款专用，不得虚报，更不得挪作他用。凡违纪违规，按违反财经纪律论处。

在国债支持方面，自“非典”疫情爆发后至 2003 年 5 月上旬，已安排 15.5 亿元用于全国疾病预防控制网络建设，在此基础之上再增加投资 8.12 亿元，重点支持疫情比较严重地区的“非典”防治，用途包括医疗设备采购、医院隔离室改建、医疗垃圾与污水处理、专用运输车购置等。

11.1.2 防护救治方面

在疫情爆发阶段，保护人民群众生命健康，防护救治是首要任务。我国中央政府在防护救治上主要针对病患救治、医护保障方面出台了系列举措。

在病患救治方面，对农民和城镇困难群众中的“非典”患者实行免费医疗救治，确保每一个“非典”患者不会因为没有钱而得不到及时有效的救治。具体为：

对农民(包括进城打工的农民)和城镇困难群众中的“非典”患者实行免费医疗救治，农民“非典”患者从留验、隔离到治疗的全过程一律实行免费，包括免费提供住院和伙食，所发生的救治费用由救治地政府财政负担。为保证免费救治政策落到实处，财政部配合卫生部等部门制定下发了具体操作办法，要求医疗机构按照先救治、后结算费用的规定，简化入院手续，及时开展救治工作。个人无力负担的救治费用，由单位和当地政府给予医疗救助。

由于落后地区医疗条件相对较差，为保证各地及时有效地开展防治工作，财政部明确了中央财政对困难地区专项转移支付政策。中央财政对中西部困难地区政府负担的“非典”患者救治费用原则上按 50%给予补助，以增强其财力，确保地方政府负担的农民和城镇困难非典型肺炎患者救治费用得到落实。财政部还从“非典”防控专项资金中，对中西部地区按每个省份 1 000 万元进行预拨，用于有关患者救治工作。

在医护保障方面，规定对参加“非典”防治的第一线医务人员和防疫工作者特殊临时性工作补助所需经费，按卫生医疗单位隶属关系，分别由中央和地方各级财政给予补助。由同级财政补助的，具体补助标准由各地卫生部门和财政部门共同制定并报同级人民政府批准后执行，补助对象主要是在传染病院、综合病院和疾病预防控制中心参加“非典”防治工作的第一线医务和防疫工作者，并对补助收入免征个人所得税。另外，免除直接参加抗“非典”工作的医护人员等在抗“非典”期间个人住房担保委托贷款逾期罚息和复利。

此外，为防止“非典”扩散，对单位发给个人的用于预防非典型肺炎的药品、医疗用品和防护用品等实物（不包括现金），可不计入个人当月的工资、薪金收入，免予征收个人所得税。

11.1.3 科研攻关方面

“非典”病毒作为一种新型病毒，传染性强，危害性大，加上人们对它的认知了解不足，在应对疫情方面就显得迟滞和准备不足。为遏制疫情蔓延和治疗已有病患，加紧疫情科研攻关尤为重要。在科研攻关方面，2003 年 4 月初，财政部安排专项资金 3.1 亿元用于第一阶段应急反应机制建设：包括科研攻关、病毒检测试剂的研究、疫情监测、信息搜集整理和有关人员培训教育等。4 月 23 日财政部设立 20 亿元“非典”防治专项基金，并规定专项资金负担“非典”病毒快速诊断试剂研究，以及经批准使用后试剂的生产、采购、发放所需的全部经费，并继续支持“非典”防治的科技攻关经费。

11.1.4 物资保障方面

应对“非典”，需要保障各方面物资的供应，确保防治工作需要和市场正常秩序。具体有“非典”防治所需医疗物资，基础科研所需物资，广大人民抗御“非典”所需的消毒预防物资，抗“非典”期间人民基本生活需要的各种物资等。中央政府围绕这些内容也出台了相关举措。

一是调拨资金支持“非典”医疗设施建设和设备购置。在财政部设立的“非典”防治专项资金中，明确了该资金的用途包括购置“非典”医疗设备和储备“非典”药品、物资。为了解决救治大量病人床位紧张的问题，中央还从专项资金中抽调资金进行小汤山医院建设。为保证中西部地区“非典”防治工作的技术和设备需要，由地方政府确定并负责购置必要的“非典”防护、诊断、治疗等设备，中央财政原则上按所需经费的 50％给予补助。中央还对中西部地区预拨一定数量经费，用于“非典”患者救治和“非典”防治医疗设备购置工作。此外，中央财政还预拨了1亿元援助香港地区防治“非典”物资购置。

二是指导各地区建立物资保障工作网络和监测机制，迅速扩大主要防治用品和设备的生产能力，及时推介新型防护产品，协调制定产品标准，积极组织生产和采购，启动应急运输系统，做好后勤保障工作。

三是鼓励社会力量加入“非典”防疫工作。财政部出台有关防疫捐赠的免税政策。对境外捐赠人捐赠给卫生部、民政部、中华慈善总会、中国红十字会总会和省级人民政府的直接用于防治“非典”的防护用产品、诊断设备、治疗和监护设备，免征进口关税和进口环节增值税；直接用于防治“非典”的救护车、防疫车、消毒用车，予以免征进口关税和进口环节增值税、消费税。对企业、个人等社会力量向各级政府民政部门、卫生部门捐赠用于防治“非典”的现金和实物，以及通过中国红十字会总会、中华慈善总会向防治“非典”事业的捐赠，允许在缴纳所得税前全额扣除。

四是保证抗“非典”期间人民基本生活需要的各种物资。要求各地认真贯彻全国防治非典型肺炎指挥部《关于确保交通畅通维护正常经济社会秩序的紧急通知》，确保“交通不断、货流不断、人流不断、病源切断”。对于局部地区出现的物资抢购风潮，成立防治“非典”重要商品、药品供应调控指挥部，时任商务部部长吕福源亲自挂帅，副部长张志刚担任副组长，以加强对相关工作的领导和统一指挥。全国重要物资“购、销、存、价”信息及监测调控系统也相应建立。

11.2 支持经济的财政政策

在应对“非典”疫情中，中央、国务院始终坚持用“三个代表”重要思想统领防治工作，始终坚持“两手抓”，即坚持一手抓防治非典型肺炎这件大事，一手抓经济建设这个中心不动摇，着力加强重点建设，促进工业生产，保证物流畅通，及时对受疫情冲击较大的行业实行减免税费、贴息贷款等扶持政策，并制定促进就业和增加农民收入等方面的措施，最大限度地减轻了疫情对经济发展的影响。

11.2.1 实行减免税费，减轻企业负担

为了减轻受疫情影响严重的企业负担，中央明确提出要对民航、旅游、餐

饮、商贸、出租车等受影响较大的行业，采取减免行政事业性收费和适当财税优惠政策等措施。

(1)受疫情影响较大的行业大范围费用减免

5月9号，国务院减轻企业负担部际联席会议发文规定，自2003年5月1日起至2003年9月30日止，减免国家管理的下列收费项目：

①对餐饮、旅店、旅游业、集贸市场收取的集贸市场管理费、个体工商户管理费、企业注册登记费中的年检费、卫生监测费、卫生质量检验费、预防性体检费、疫情处理费、环境监测服务费、排污费、占道费、城市排水设施有偿使用费或城市污水处理费(限于事业单位收取，下同)、公路养路费、机动车辆安全检验费。

②对娱乐业收取的个体工商户管理费、企业注册登记费中的年检费、卫生监测费、卫生质量检验费、预防性体检费、疫情处理费、环境监测服务费、排污费、城市排水设施有偿使用费或城市污水处理费、公路养路费、机动车辆安全检验费。

③对航空公司收取的企业注册登记费中的年检费、环境监测服务费、排污费、城市排水设施有偿使用费或城市污水处理费。

④对公路客运行业收取的公路运输管理费、公路养路费、排污费、机动车辆安全检验费、城市排水设施有偿使用费或城市污水处理费。

⑤对水路客运行业收取的水路运输管理费、内河航道养护费、长江干线航道养护费、排污费、城市排水设施有偿使用费或城市污水处理费。

⑥对出租汽车(包括小汽车、中巴、大巴)行业以及旅行社机动车辆收取的公路养路费、排污费、机动车辆安全检验费、城市排水设施有偿使用费或城市污水处理费。

在上述收费中，属于中央收入的企业注册登记费中的年检费、排污费、长江干线航道养护费等，实行全部免收；属于地方收入的，其具体减免幅度由各省、自治区、直辖市人民政府负责确定。

同日，财政部发布《财政部关于对受“非典”疫情影响比较严重的行业减免部分政府性基金的通知》，对餐饮、旅店、旅游、娱乐、民航、公路客运、水路客运、出租汽车等行业，减免费用包括：城镇公用事业附加、地方水利建设基金(含防洪保安基金、防洪保安资金)、文化事业建设费、国家电影事业发展专项资金、残疾人就业保障金、三峡工程建设基金、农网还贷资金、库区维护建设基金(含库区维护基金、库区建设基金、库区后期扶持基金)、民航基础设施建设基金、公路客运附加费、水路客运附加费、各种价格调节基金、帮困资金(含帮困基金)、城市教育费附加、地方教育附加等15项。

(2)部分行业给予税收优惠

自2003年5月1日至12月31日,对民航的旅客运输业务和旅游业免征营业税、城市维护建设税、教育费附加。

在2003年5月1日至9月30日期间,经省、自治区、直辖市人民政府批准可以在全省(自治区、直辖市)范围内或本省(自治区、直辖市)的部分地区实行如下税收优惠政策:

①对饮食业、旅店业减征、免征或缓征营业税、城市维护建设税、教育费附加。

②对出租汽车司机免征个人所得税或降低征收定额。

③对出租汽车公司和城市公共交通运输公司减征、免征或缓征营业税、城市维护建设税、教育费附加。对出租汽车公司减免的税收必须全部用于调低出租汽车司机向公司上交的承包费(份儿钱)。

自2003年5月1日至9月30日,对铁路旅客运输收入免征营业税,城市维护建设税和教育费附加。在此期间已征收的税款予以退还。

对由政府组织拍卖或委托指定机构销售“非典”捐赠物资的收入免征增值税、城市维护建设税和教育费附加。对于2003年11月19日前已征收的税款不再于以退还,未征收的税款不再予以征收。

对在“非典”防治期间被政府征用的宾馆,饭店、招待所和培训中心(含度假村),凭政府防治“非典型肺炎”指挥部或政府有关主管部门出具的文件(证明),2003年减半征收城镇土地使用税。

(3)其他针对性举措

在保障旅游业发展方面,5月16日,国家旅游局和财政部发布《国家旅游局、财政部关于暂时退还旅行社部分质量保证金的通知》,为了帮助旅行社企业度过因“非典”造成的生存危机,研究决定暂时退还旅行社部分质量保证金。对旅行社质量保证金退换的标准是:只经营入境旅游业务的国际旅行社退还40万元质量保证金;同时经营出境旅游业务的国际旅行社退还100万元质量保证金。国内旅行社质量保证金的退还额度及办法,各省、自治区、直辖市参照该通知要求并结合本地实际确定,报国家旅游局备案。退还后剩余的质量保证金及利息，其管理办法仍按《旅行社质量保证金财务管理暂行办法》(旅财发〔1995〕120号)执行。

在稳定外贸方面，6月20日，为克服“非典”疫情给我国出口带来的不利影响，确保全年外贸出口稳定增长，进一步加强税贸合作，商务部和国家税务总局发布《关于加强税贸协作，克服“非典”疫情对外贸影响的通知》，要求改进完善税贸协作工作联系机制，各级商务主管部门要密切跟踪分析“非典”疫情对我国企业和产品出口的影响，特别是对重点出口退税企业的影响。要用足用好现有出口退税指标，切实加快出口退税进度。截至2003年4月底，全国共办理出口退税(不含免抵调库，下同)234.95亿元，占头4个月总局已分配退税计划260亿元的90.36%。出口退税的及时退付，有力地促进了外贸出口的增长。

8月18日，为充分发挥出口信用保险对外贸出口的扶持和促进作用，财政部和商务部发布了《关于利用出口信用保险积极促进企业外贸出口的通知》，要求中国出口信用保险公司所属分支机构要认真做好调查研究工作，运用出口信用保险手段，积极推动出口企业投保出口信用保险，充分发挥出口信用保险对外贸出口的扶持和促进作用。中国出口信用保险公司可依据国家政策规定，对在2003年7月1日至12月31日期间受“非典”影响较大的企业投保的出口项目，可根据承保风险等具体情况，具体研究落实保险费率浮动的政策措施，适当降低出口信用保险费率；同时，可根据实际情况适当减免对投保企业的部分收费。

11.2.2 发放贴息贷款，助力重点企业脱困

“非典”疫情对我国部分行业和企业的生产经营带来严重影响，为帮助企业克服困难，促进国民经济健康发展，财政部发布《关于中央民航和旅游企业特定短期贷款贴息有关问题的通知》，规定短期贷款贴息对象为中央大型民航和旅游企业。贴息贷款额度根据企业2003年5月1日至9月30日发生的用于支付人员工资费用、必要的保障性供给等与正常生产经营直接相关的费用的短期贷款数额确定，贴息期限为5个月。地方财政部门可视“非典”对当地民航、旅游等企业的影响情况，制定相应的救助政策，并报财政部备案。

11.3 公共卫生体系建设的财政政策

“非典”疫情充分暴露出我国公共卫生体系存在的问题，在应对疫情的过程中和疫情结束之后，中央都高度重视突发公共卫生事件医疗救治体系建设，进一步加大对我国卫生事业的投入。

在应对疫情的过程中，4 月 21 日，国家发展和改革委员会公布一项相关应急决定：2003 年，中央财政将累计投入 21 亿元专项资金，用于支持中西部地区疾病预防控制机构建设，并另行安排专项资金 6 亿元，支持国家级疾病预防控制中心一期工程的建设。而国家有关部门也已经适时调整国债资金投向，在已安排专项投资 15.5 亿元用于全国疾病预防控制网络建设的基础上，再增加投资 8.126 亿元，有效遏制疫情向农村蔓延。

当时我国医疗救治体系存在的主要问题：一是救治机构基础设施条件相对落后，装备水平不高，技术力量薄弱，人才短缺，应急反应和救治能力不强；二是救治机构布局不合理，东西部之间、城乡之间差距较大，大多数医疗救治资源集中在中、东部地区城市；三是医疗救治管理体制不顺，条块分割，管理事权划分不清，力量分散，难以形成区域内资源优势互补的合力，整体运行效率不高；四是医疗救治体系和疾病预防控制体系各自独立运行，缺少信息沟通与工作协调，不能及时预测、预警和进行有效处置。

为了解决这些在抗击“非典”中暴露出来的公共卫生体系问题，2003 年 7 月 25 日，卫生部发布《关于国家公共卫生信息系统建设工作有关问题的通知》，为提高我国突发公共卫生事件应急反应能力，加快公共卫生信息系统建设，根据统一规划、分步实施、突出重点、互连互通、强化职责、依法管理的原则，用两年时间，完成国家公共卫生信息系统建设。公共卫生信息系统建设主要包括五大部分：完善 SARS 疫情专报和分析预警系统；疫情和突发公共卫生事件监测系统；医疗救治信息系统；卫生监督执法信息系统；突发公共卫生事件应急指挥决策系统。

2003 年 9 月 29 日，国务院下发文件批准发展和改革委员会、卫生部编制的《突发公共卫生事件医疗救治体系建设规划》(以下简称《规划》)，要求按照“中央指导、地方负责、因地制宜、分步实施”的原则，从实际出发，落实项目和资金，严格坚持建设标准和规范，切实抓好规划的实施工作。要充分利用现有卫生资源，并充分发挥非典时期已建成设施的作用，避免重复建设。要认真总结突发公共卫生事件医疗救治工作经验，建立和完善医疗救治体系运行机制，完善管理和运营措施，做到统筹兼顾，“平战结合”，保证正常运营。力争用三年左右的时间，经过中央和地方的共同努力，提高医疗救治机构应对突发疫情的能力，建成有效应对突发公共卫生事件的医疗救治体系。《规划》较为详细地规定了2003—2004 年的建设任务和资金安排。综合考虑需要与可能，2003—2004 年的建设任务主要是加大建设紧急救援中心、传染病医院（病区）、医疗救治信息网络及职业中毒、核辐射应急救治基地，信息网络及救治基地的具体建设方案，经论证后于 2004 年启动建设。

在资金安排方面，2003—2004 年建设任务所需资金，由中央预算内专项资金、地方财政资金、国内外优惠贷款等多渠道筹措安排。一是中央专项资金主要支持西部和中部地区，对东部地区少数省份的困难市、县（市）给予少量资金补助。二是地方资金原则上由省、地级市财政为主安排，国家扶贫开发工作重点县所需建设资金全部由中央和省、地安排。地方资金要设立财政分账账户予以落实和管理。三是积极开辟利用外资渠道。2003 年已商定安排日本国际协力银行贷款 1 亿美元用作中部地区传染病医院（病区）建设和人员培训中地方政府应承担的部分资金；2004 年拟继续申请日本国际协力银行贷款或其他国家政府优惠贷款，重点用作西部地区政府所承担的部分资金。贷款由中央统借，地方政府承贷并偿还。四是利用国内银行贷款。由地方政府根据实际需要考虑承贷并偿还。

此外，在“十五”期间，我国也持续加大卫生事业投入，基础设施明显改善；新型农村合作医疗制度建设快速推进，农村卫生工作呈现新的面貌；妇幼卫生保健和卫生监督工作进一步加强；改善医疗服务管理工作取得新进展。

11.4 “非典”疫情下的中央财政政策汇总

本报告整理 2003—2004 年与应对“非典”疫情相关的中央财政政策并全部汇总于表 11.1 中。为了方便阅读，根据前文分析的有关方面，本报告将中央财政政策分为“防护救治”“物资保障”“资金保障”“税费减免”“贴息贷款”“建设公共卫生体系”“其他支持经济的相关举措”七大类，并针对受益主体的不同进行政策摘要和列示。

表 11.1　　中央应对“非典”疫情的财政政策汇总

受益主体	政策内容	政策依据	发文机关	发文时间
		一、防护救治方面		
“非典”卫生医务工作者	规定对参加非典型肺炎防治工作的医务人员和防疫人员给予一定的补助，补助标准由各地卫生部门和财政部门共同制定并报同级人民政府批准后执行；规定补助对象的范围主要包括在传染病院、综合病院和疾病预防控制中心参加非典型肺炎防治工作的第一线医务和防疫工作者；对“非典”防治工作者的补助经费由同级财政给予补助	《财政部、卫生部关于对防治非典型肺炎卫生医务工作者给予工作补助的通知》财社明传〔2003〕2 号	财政部；卫生部	2003 年 4 月 18 日
“非典”患者	规定已经参加基本医疗保险的“非典”患者、城镇领取失业保险金人员中的“非典”患者、参加农村合作医疗制度的农村“非典”患者、未参加有关医疗保障制度及已经享受有关医疗待遇但个人医疗费负担较重的“非典”患者的有关费用问题；要求各地财政、卫生、劳动保障部门切实保障“非典”患者医疗救治所需费用，规定各级财政分担补助费用的办法	《财政部、卫生部、劳动保障部关于妥善解决非典型肺炎患者救治费用有关问题的紧急通知》〔2003〕财社明传 1 号	财政部；劳动和社会保障部；卫生部	2003 年 4 月 18 日
个人、一线医务和防疫工作者	参加非典型肺炎防治工作的第一线医务和防疫工作者，按照地方政府规定的标准取得的非典型肺炎防治工作特殊临时性工作补助，对单位发给个人的用于预防非典型肺炎的药品、医疗用品和防护用品等实物(不包括现金)，免予征收个人所得税	《财政部、国家税务总局关于非典型肺炎疫情发生期间个人取得的特殊临时性工作补助等所得免征个人所得税问题的通知》财税〔2003〕101 号	国家税务总局；财政部	2003 年 4 月 25 日
“非典”患者	规定各级医疗机构必须及时收治农村“非典”患者。对农民和城镇困难群众中的“非典”患者实行免费医疗救治，所发生的救治费用由救治地政府负担；中央财政对中西部困难地区政府负担救治费用，原则上按 50% 给予补助；通过鉴别确定为农村和城镇困难“非典”患者的，医疗机构可先行记账，医疗费用由救治地医疗机构按属地管理原则报所在地区卫生部门汇总报财政部门，财政部门及时通过卫生部门将资金拨付各医疗机构	《财政部、卫生部关于农民和城镇困难群众非典型肺炎患者救治有关问题的紧急通知》财社明传〔2003〕5 号	财政部；卫生部	2003 年 4 月 29 日
纳税人	规定疫情期间申报纳税的防疫工作以及对疫情严重地区适当的延长纳税期限	《国家税务总局关于在防治“非典型肺炎”期间做好纳税申报工作的紧急通知》国税发明电〔2003〕13 号	国家税务总局	2003 年 4 月 29 日

续表

受益主体	政策内容	政策依据	发文机关	发文时间
直接参加抗“非典”工作的医护人员	免除直接参加抗“非典”工作的医护人员等在抗“非典”期间个人住房担保委托贷款逾期罚息和复利	《国务院机关事务管理局关于免除直接参加抗“非典”工作的医护人员等在抗“非典”期间个人住房担保委托贷款逾期罚息和复利等问题的紧急通知》国管房改〔2003〕73 号	国务院机关事务管理局	2003 年 4 月 30 日
武警部队所属卫生医疗机构及相关医务人员	国务院有关部委、军队、武警、中央管理企业所属京内卫生医疗机构参加“非典”防治工作的卫生医务人员，按规定在“非典”隔离区内工作的医务人员及相关人员按每人每天 200 元补助；综合医院发热门诊的医务人员、疾病控制中心负责“非典”流行病调查的防疫人员以及由北京市“非典”防治领导小组和总后勤部指定单一收治“非典”病人的医疗机构的其他工作人员按每人每天 100 元补助	《财政部、卫生部、总后勤部关于中央军队武警部队所属卫生医疗机构及相关医务人员参加“非典”防治工作有关补助问题的通知》财社〔2003〕40 号	财政部；卫生部；中国人民解放军总后勤部	2003 年 4 月 30 日
“非典”患者和疑似病人	规定医院要严格执行先救治、后结算费用的规定，简化入院手续，及时开展救治工作。严禁因为费用问题延误救治或推诿病人。发热病人到医院就诊时，免办挂号手续，先就诊；初诊为“非典”患者和疑似病人(以下简称患者)后，实行记账制。普通患者补交各项费用。患者住院或留院观察时，免交住院预交金等一切费用。救治过程中发生的各项费用，也采取记账的方式，患者无须逐项缴纳各项费用	《卫生部、财政部、劳动和社会保障部、民政部关于非典型肺炎患者和疑似病人缴纳救治费用有关问题的紧急通知》卫发电〔2003〕38 号	卫生部；财政部；民政部	2003 年 5 月 1 日
农民及农民“非典”患者	在农村为防疫进行的消毒、体检、医学观察、宣传等工作，不得向农民或相关当事人摊派或收取费用；预防“非典”药品及防护用品应当由农民自愿购买，不得向农民强制收费。不准以防治“非典”的任何名义，擅自向村组和农民乱收费	《国务院农村税费改革工作小组关于切实加强“非典”防治期间农民负担监督管理工作的紧急通知》国农改明电〔2003〕2 号	国务院农村税费改革工作小组	2003 年 5 月 7 日
二、物资保障方面				
“非典”患者、中西部困难地区政府、一线医务和防疫工作者	规定“非典”患者救治、“非典”防治医疗设备购置、“非典”病毒快速诊断试剂所需经费、一线医务和防疫工作者和对中西部困难地区政府的防疫补助等有关问题	《财政部关于“非典”防治经费补助政策等有关问题的通知》财社明传〔2003〕4 号	财政部	2003 年 4 月 23 日

续表

受益主体	政策内容	政策依据	发文机关	发文时间
向防治“非典”事业捐赠的个人	规定企业、个人等社会力量向各级政府民政部门、卫生部门捐赠用于防治非典型肺炎的现金和实物，以及通过中国红十字会总会、中华慈善总会向防治非典型肺炎事业的捐赠，允许在缴纳所得税前全额扣除	《财政部、国家税务总局关于纳税人向防治非典型肺炎事业捐赠税前扣除问题的通知》财税〔2003〕106号	国家税务总局；财政部	2003年4月29日
境外捐赠人	卫生部、民政部、中华慈善总会、中国红十字会总会和省级人民政府接受的，由境外捐赠人无偿向我国捐赠的直接用于防治非典型肺炎的防护用产品、诊断设备、治疗和监护设备，免征进口关税和进口环节增值税。对境外捐赠人无偿向我国捐赠的直接用于防治非典型肺炎的救护车、防疫车、消毒用车，予以免征进口关税和进口环节增值税、消费税	《财政部关于防治非典型肺炎捐赠物资免征进口税收的通知》〔2003〕110号	财政部	2003年5月2日
三、资金保障方面				
	规定防疫期间要压缩会议、减少出差的要求，中央各部门要压缩会议费、差旅费、培训费、出国费，对财政部已批复给部门预算中的会议费、差旅费、培训费、出国费等一般性公用经费支出进行适当调整。中央各部门要统筹安排，保证重点，及时调整预算。对其各预算单位的财务管理部门要本着积极主动、特事特办、急事急办的原则，及时调拨资金，确保“非典”患者进行必要医疗救助的需要；严明纪律，加强对防治资金的管理	《财政部关于中央部门调整2003年预算支出确保“非典”防治经费的紧急通知》财预〔2003〕71号	财政部	2003年4月30日
四、税费减免方面				
北京市经营蔬菜的个体工商户	在“非典”疫情期间，免征北京市经营蔬菜的个体工商户应缴纳的增值税、城市维护建设税、教育费附加和个人所得税	《财政部、国家税务总局关于在“非典”疫情期间对北京市经营蔬菜的个体工商户免征有关税收的通知》财税〔2003〕112号	财政部；国家税务总局	2003年5月8日
受疫情影响较大的有关行业和地区	规定对餐饮、旅店、旅游业、集贸市场、娱乐业、航空公司、公路客运行业、水路客运行业、出租汽车行业以及旅行社机动车减免有关行政事业性收费；对受“非典”影响比较严重的地区的上述受影响严重的行业，除了减免国家规定的上述收费项目外，还应当减免本省、自治区、直辖市出台的行政事业性收费项目。同时，取消省级以下越权出台的各种乱收费项目。因减免收费而减少的收入，主要由有关部门和单位调减支出项目自行消化，各级财政原则上不予补助	《国务院减轻企业负担部际联席会议关于防治“非典”期间对部分行业减免行政事业性收费的通知》发改电字〔2003〕28号	国务院减轻企业负担部际联席会议	2003年5月9日

续表

受益主体	政策内容	政策依据	发文机关	发文时间
受疫情影响较大的行业	对餐饮、旅店、旅游、娱乐、民航、公路客运、水路客运、出租汽车等行业，减免费用包括：城镇公用事业附加、地方水利建设基金（含防洪保安基金、防洪保安资金）、文化事业建设费、国家电影事业发展专项资金、残疾人就业保障金、三峡工程建设基金、农网还贷资金、库区维护建设基金（含库区维护基金、库区建设基金、库区后期扶持基金）、民航基础设施建设基金、公路客运附加费、水路客运附加费、各种价格调节基金、帮困资金（含帮困基金）、城市教育费附加、地方教育附加等15项	《财政部关于对受“非典”疫情影响比较严重的行业减免部分政府性基金的通知》财综明电〔2003〕1号	财政部	2003年5月9日
受疫情影响严重的部分行业	自2003年5月1日至9月30日，对民航的旅客运输业务和旅游业免征营业税、城市维护建设税、教育费附加。经省级政府批准可自行在省范围内，对该文件规定的部分行业，采取税收优惠政策	《财政部、国家税务总局关于调整部分行业在“非典”疫情期间税收政策的紧急通知》财税〔2003〕113号	国家税务总局；财政部	2003年5月12日
民航旅客运输业和旅游业	自2003年10月1日至2003年12月31日，继续对民航旅客运输业务和旅游业免征营业税、城市维护建设税、教育费附加	《财政部、国家税务总局关于延长部分受“非典”影响行业税收优惠政策的通知》财税〔2003〕227号	国家税务总局；财政部	2003年11月18日
北京部分行业	规定在2003年5月1日至7月31日期间，对集贸市场以及具有农副产品经营业务的其他各类市场的主办单位向市场内经营蔬菜、粮油的个体工商户提供经营场地、设施取得的租金收入，免征营业税、城市维护建设税及教育费附加。对在2003年5月1日至9月30日期间，出租率低于20%的宾馆、饭店、招待所和培训中心（含度假村）免征城镇土地使用税	《财政部、国家税务总局关于北京市防治“非典”工作有关税收政策问题的通知》财税〔2003〕232号	国家税务总局；财政部	2003年11月19日
部分行业	对铁路旅客运输业、由政府组织拍卖或委托指定机构销售“非典”捐赠物资的收入、在“非典”防治期间被政府征用的宾馆，饭店、招待所和培训中心（含度假村）实行部分税费减免。将此前的税收优惠政策延长至9月30日	《财政部、国家税务总局关于防治“非典”工作有关税收政策问题的通知》财税〔2003〕231号	国家税务总局；财政部	2003年11月19日
民航企业和旅游企业	对民航企业和旅游企业减免部分政府性基金的优惠政策执行至2003年12月31日	《财政部关于对民航企业和旅游企业减免部分政府性基金有关问题的通知》财综明电〔2003〕3号	财政部	2003年12月18日

续表

受益主体	政策内容	政策依据	发文机关	发文时间
五、贴息贷款方面				
中央民航和旅游企业	对中央大型民航和旅游企业的贴息贷款额度，根据企业2003年5月1日至9月30日发生的用于支付人员工资费用、必要的保障性供给等与正常生产经营直接相关的费用的短期贷款数额确定。短期贷款贴息期限为5个月	《财政部关于中央民航和旅游企业特定短期贷款贴息有关问题的通知》(财企)〔2003〕150号	财政部	2003年5月13日
六、建设公共卫生体系方面				
	研究了国家公共卫生信息系统的建设问题和近期工作安排。根据统一规划、分步实施、突出重点、互连互通、强化职责、依法管理的原则，规划用两年时间，完成国家公共卫生信息系统建设。公共卫生信息系统建设主要包括五大部分：①完善“非典”疫情专报和分析预警系统；②疫情和突发公共卫生事件监测系统；③医疗救治信息系统；④卫生监督执法信息系统；⑤突发公共卫生事件应急指挥决策系统	《卫生部关于国家公共卫生信息系统建设工作有关问题的通知》卫办发〔2003〕212号	卫生部	2003年7月25日
	要求各地充分利用现有卫生资源，并充分发挥“非典”时期已建成设施的作用，避免重复建设；认真总结突发公共卫生事件医疗救治工作经验，建立和完善医疗救治体系运行机制，完善管理和运营措施，做到统筹兼顾，“平战结合”，保证正常运营。力争用三年左右的时间，经过中央和地方的共同努力，提高医疗救治机构应对突发疫情的能力，建成有效应对突发公共卫生事件的医疗救治体系	《国务院办公厅关于转发发展改革委、卫生部突发公共卫生事件医疗救治体系建设规划的通知》国办发〔2003〕82号	国务院办公厅	2003年9月29日
七、其他支持经济的相关举措				
	规范防治“非典”社会捐赠资金的管理	《财政部关于加强防治非典型肺炎社会捐赠资金管理的通知》财库〔2003〕20号	财政部	2003年5月9日
旅行社企业	只经营入境旅游业务的国际旅行社退还40万元质量保证金；同时经营出境旅游业务的国际旅行社退还100万元质量保证金。国内旅行社质量保证金的退还额度及办法，各省、自治区、直辖市参照本通知要求并结合本地实际确定，报国家旅游局备案	《国家旅游局、财政部关于暂时退还旅行社部分质量保证金的通知》旅发〔2003〕38号	国家旅游局；财政部	2003年5月16日

续表

受益主体	政策内容	政策依据	发文机关	发文时间
各类出口企业	要求搞好部门协作，各级商务主管部门要密切跟踪分析“非典”疫情对我国企业和产品出口的影响，特别是对重点出口退税企业的影响。要用足、用好现有出口退税指标，切实加快出口退税进度。采取多种形式，为扩大出口创造良好环境，化解“非典”给我国外贸带来的不利影响	《商务部、国家税务总局关于加强税贸协作，克服“非典”疫情对外贸影响的通知》商规发〔2003〕154 号	商务部；国家税务总局	2003 年 6 月 20 日
外贸出口企业	中国出口信用保险公司所属分支机构充分发挥出口信用保险对外贸出口的扶持和促进作用；各级商务主管部门要进一步采取有力措施，积极推动企业大力开拓市场，努力扩大出口。中国出口信用保险公司可依据国家政策规定，对在 2003 年 7 月 1 日至 12 月 31 日期间受“非典”影响较大的企业投保的出口项目，可根据承保风险等具体情况，具体研究落实保险费率浮动的政策措施，适当降低出口信用保险费率；同时，可根据实际情况适当减免对投保企业的部分收费	《财政部、商务部关于利用出口信用保险积极促进企业外贸出口的通知》财金〔2003〕95 号	财政部；商务部	2003 年 8 月 18 日
外贸出口企业	要求各级国税机关加快出口退税进度，尽可能减少“非典”疫情对外贸出口的影响。省级国税局尽快将总局已分配下达的出口退税计划分配、下达给地市级国家税务局并及时退付给出口企业，不得留滞不用或待时而退	《国家税务总局关于加快出口退税进度、积极支持外贸出口的紧急通知》国税发明电〔2003〕21 号	国家税务总局	2003 年 9 月 17 日
	要求进一步加强和充实地方储备，优化储备布局和品种结果，同时结合本地情况储备适量的能应急供应的粮食品种。加强对粮食供求和市场形式的分析预测和跟踪监测，并抓紧建立粮食宏观调控预警系统。进一步完善粮食应急预案，健全快速反应机制。加强对粮食工作的领导	《国家发展和改革委员会、国家粮食局、财政部、中国农业发展银行关于进一步充实地方粮食储备做好粮食市场供应工作的通知》发改经贸〔2003〕1353 号	国家发展和改革委员会；国家粮食局；财政部；中国农业发展银行	2003 年 9 月 30 日
	要求进一步完善再就业税收政策的统计工作制度，将鼓励就业优惠政策的情况及时统计上报；重点做好再就业税收政策效果分析工作	《国家税务总局关于进一步做好再就业税收政策统计分析工作的通知》国税发明电〔2003〕43 号	国家税务总局	2003 年 10 月 17 日

12 “非典”疫情下地方政府的财政应对

12.1 防治“非典”

为抗击“非典”疫情，各地财政部门纷纷响应中央号召，出台各项政策，尽其所能加大了对“非典”防治经费投入。

北京市是这次“非典”疫情的重灾区，在抗击“非典”疫情中，充分发挥公共财政的作用，领导全市人民战胜“非典”。在防治“非典”工作中，市财政启动了防治“非典”紧急预案，建立了资金支付应急机制，紧急调整财政支出结构，实施部门内部防治“非典”经费保障办法，将一般性支出项目调整为保证“非典”疫情防治支出，确保防治“非典”经费需要。据统计，财政资金用于购置抢救治疗设备的经费 2.8 亿元，医务人员补助经费 0.9 亿元，防治消毒设施经费 2.2 亿元，急救车等车辆购置经费 0.4 亿元，购置防治“非典”物资储备等其他项目 5 亿元。截至 2003 年 6 月 30 日，市财政共为防治“非典”投入资金 11.3 亿元。

同样是重灾区的广东省在“非典”疫情发生后及时提出了 14 项财政性措施，从资金、政策上有效地支持“非典”防治工作，维护了社会的稳定，促进了经济发展。

一是狠抓增收节支，为“非典”防治工作提供强有力的资金保障。从 5 月 1 日起，除人员工资、科技、教育、重点建设安排、帮助困难群众解决生产生活的资金及其他法定支出外，省级预算内一般性支出、预算外支出和政府性基金支出一律压支 5%，支持了防治“非典”等重点支出需要。全省各级财政用于“非典”防治的经费 23.68 亿元，其中省财政经费 6.5 亿元。

二是制订、落实相关减免税费政策措施，帮助受“非典”影响严重的行业渡过难关，全省直接减少困难企业约 9 亿元的负担。

三是大力支持公共卫生建设。用于公共卫生建设的资金15亿元(通过基金预算调入资金安排),支持公共卫生事件应急处理机制、疾病预防控制体系和卫生执法监督体系建设;用于定点医院建设的资金1.1亿元,提高定点医院的应急救护能力。

12.2 “救市”政策

此外,各地政府也纷纷出台“救市”政策。如:针对目前出租车行业经营所遇到的困难,北京市交通委等五委(局)对京B牌照的出租汽车减免征收5月至7月的养路费,对集贸市场等实行税费减免。

深圳采取措施,减轻“非典”给酒店、餐饮等行业造成的困难。自5月1日起,对深圳营业性酒店、商业性旅游景点、饮食业企业、商业零售企业,暂缓或减半征收以下行政事业性和经营服务性收费:经市环保部门批准,允许缓交排污费,不征收滞纳金,缓交期最长不超过3个月;市卫生防疫部门减半收取餐具卫生监测费、酒店客房检测费、空气抽检费和桑拿中心环境检验费,对符合条件的商业零售企业免收商品抽检费。

大连出台措施救助旅游业。在2003年5月1日到9月30日期间,对受“非典”疫情影响严重,并能够维持雇员就业的餐饮、旅店、旅游、会展、娱乐、民航、公路客运、水路客运、出租汽车行业,全部免征收城镇公用事业附加(包括水费附加费和电费附加费)、文化事业建设费、残疾人就业保障金、副食品价格调节基金、河道修建维护费等。对这些行业征收的排水设施使用费、排污费及对星级宾馆、饭店收取的有线电视费等,按现行收费标准免收80%。

在中国持续了7个多月的疫情,在2003年6月下旬终于落下帷幕。在本次疫情应对中,全党全国人民在党中央、国务院的坚强领导下,坚持两手抓——防治疫情和经济建设,取得了抗击“非典”疫情的重大胜利,保持了经济较快增长的良好势头,体现了中国社会主义制度的巨大优越性。从抗击“非典”的经验来看,中央和地方各项资金保障和财税政策措施的实施,有力保障了抗击“非典”的需要,同时也是对财政部门应急机制的大练兵,为财政部门改善公共服务、加强宏观调控、建立突发事件应急保障机制提供了许多有益的经验。在抗击“非典”中,一些措施和政策值得总结:一是豁免患者的医疗费用,避免患者因为费用问题而放弃治疗；二是对参加非典型肺炎防治的第一线医务人员和防疫工作者由财政给予补助；三是对于疫情影响严重的行业、部门和地区基于适当的减免税收和财政补贴，对控制疫情有利的产业给予各类优惠政策和资金支持；四是为疫情科研攻关提供有力财力保障等；五是集中调动资源迅速建成“小汤山”医院等。这些经验措施加以科学总结，可以为未来防范和应对其他危机提供参考。

本次“非典”疫情中，中央及各级政府的直接支出超百亿元，加上疫情对相关产业的冲击和减税降费的影响，“非典”对财政的影响大概在450亿元左右。而随着社会的发展，经济社会环境日益复杂化，各种突发的公共危机发生的概率更大，扩散速度更快，影响范围更广，对财政应对能力的要求也更高。为了应对类似的突发公共危机事件，国家财政还需进一步完善应急机制，增强财政保障能力。

13 “非典”疫情下中国财政的劣势与优势

“非典”被世界卫生组织认定为21世纪人类遭遇的第一场全球性流行疾病，具有传播快、范围广、影响大的特点。疫情爆发时，人们对新病毒缺乏了解，没有特效药，加上我国公共卫生体系存在较大缺陷，特别是农村的卫生工作相当薄弱，而疫情发生的初期卫生部和一些地方政府工作失误，对切断传播途径不力，这些因素都促成了“非典”在2003年迅速演变为我国的全国性公共卫生危机。面对突然爆发的“非典”疫情，我国公共财政积极发挥了其职能作用，政府迅速启动了一系列财政应急措施。从应对的结果来看，我国政府采取的措施是有效的。从2003年4月份“非典”疫情的大规模爆发，到6月下旬北京地区“双解除”，疫情被以较快速度控制住了。在此次应对“非典”疫情这场公共卫生危机的过程中，我国财政体制优势凸显，但同时也暴露了不少问题。

13.1 “非典”疫情下中国财政的优势

13.1.1 财政动员能力强大，充分发挥宏观调控作用

1994年我国实行了分税制改革，财权进一步集中到中央政府手中，大大增强了中央政府的财政能力，而且中央与地方政府在划分税种的基础上，初步建立了政府间的财政转移支付制度。突如其来的“非典”疫情，就是对我国公共财政能力和实力的重大考验，抗击“非典”疫情取得重大胜利，离不开中央政府强大的动员能力和宏观调控能力。

中央财政为此次抗击“非典”投入20亿元专项资金，虽然中央财政设立的20亿元“非典”防治基金只占2003年中央财政预算支出的0.13%，但这笔资金在抗击“非典”疫情中起到了重要作用。资金集中用于建立公共卫生应急反应

机制、防治“非典”的科研攻关、设备购置、病毒检测试剂研究，以及疫情监测、信息搜集和有关人员培训等，并按照急事急办、特事特办的原则，及时拨付资金，切实保证抗击“非典”战役的需要。各地方财政部门也响应中央号召，大力调整支出结构，积极筹集“非典”防治资金。此外，我国在抗击疫情过程中表现出强大的政治动员号召力，例如调用军队力量等，也离不开强大的财政实力的支持。

2003 年 5 月，为抗击“非典”疫情，国务院要求各地加快中央已经确定专项资金支持的各级疾病预防机构建设，努力在年内建成省、地、县三级疾病预防控制网络，并抓紧研究制订突发公共事件救治医疗体系的建设规划，面向长远提高国家整体救治能力。同时，财政部门明确了中央财政对困难地区专项转移支付政策，中央财政对中西部困难地区政府负担的“非典”型肺炎患者救治费用原则上按 50%给予补助，以确保地方政府负担的农民和城镇困难群众中的“非典”患者救治费用得到落实。我国经济在区域发展上表现为东强西弱、南强北弱，而中央政府在此次疫情中采取的财政援助策略是：东部自筹，中西部中央补给。中央财政应用转移支付手段帮助了经济较弱的地区渡过难关，充分发挥了宏观调控的作用，为这些地区战胜疫情提供了强大的物质力量和精神力量，在全国抗疫战场上发挥了非常积极的作用。

13.1.2 财政应急反应迅速

“非典”疫情的迅速扩散，极大地危害了人民群众的生命健康，严重干扰了正常的社会运行秩序。2003 年 3 月下旬，广东疫情已经趋向平缓，但全国规模的爆发已经在酝酿之中，3 月 18 日正式执政的新一届中央人民政府在随后一个月内，在国务院召开的四次常务会议中三次专门研究“非典”问题，并陆续出台举措。面对严峻的疫情形势，4 月 20 日我国中央政府做出了系列重大决策，果断出击，财政部门也第一时间配合党中央和国务院采取了一系列重要措施，应急反应相当果断及时。正是因为反应及时和措施有力，我国抗疫效果比预计好，时间比预计短，短短一个多月就遏制了全国疫情的扩散与发展，实现了形势的转折，进而一步步取得全面抗疫的胜利，这凸显了国家财政的应变能力。财政部门采取的一系列举措，做到了资金、政策和措施三者并举，通过资金拨付、减免税费、压缩开支和贴息等方式大力支持抗击“非典”的工作。而且此次减税是新中国成立以来，第一次因疫情而采取全国性大规模减免税费措施。各级地方政府投入的“非典”防治资金也高达 120 多亿元。这些举措为化解疫情危机提供了充足的财力保障，并且促进了受“非典”影响较重行业的尽快恢复，有利于确保国民经济的持续、快速、健康发展，体现了我国财政的积极作用。

13.2 “非典”疫情下中国财政的劣势

13.2.1 财政应急制度基础薄弱

(1)缺乏法律依据

财政应急反应机制缺少足够的法律依据，这是我国财政应急处理没有形成制度化、规范化应急机制一个非常重要的原因。在现代法治国家中，多数国家是在《宪法》中规定政府的行政性紧急权力，还有一些国家制定了统一的《紧急状态法》，详细规范紧急状态时期的应急处理，以法律的形式规范紧急状态下政府行使的紧急权力。但在“非典”疫情爆发时，我国在相关领域存在立法盲点，导致政府和社会在应对时缺少法律依据，风险责任不明晰，出现一定程度上的行动迟缓混乱和举措不当。直到2003年5月7日国务院通过了《突发公共卫生事件应急条例》，我国抗击“非典”疫情行动才有了较为正式的指导和规范。

(2)公共部门内部、公共部门与社会之间分工不够明确

在突然爆发的疫情面前，我国公共部门内部、公共部门与社会之间分工不够明确，各方的职责和权利没有划分清楚。在制度层面上，我国当时已有的应急处理法律主要有《中华人民共和国戒严法》《中华人民共和国防震减灾法》《中华人民共和国防洪法》《中华人民共和国消防法》《中华人民共和国安全生产法》《中华人民共和国传染病防治法》等，这些法律比较独立地针对不同类别的突发性公共事件，部门管理特征非常突出，有关部门之间统一和协调功能比较薄弱。这种分部门、分不同灾害类别的分散应急机制，在我国缺乏统一的国家级紧急事务管理机构的情况下，各部门之间分工不够明确，导致在财政资金的运用和调配上容易出现混乱，资金的过度使用、重复使用和“缺位”的现象时常出现，危机处理效率比较低下。

13.2.2 预警机制建设不足，公共支出结构失衡

我国在应对“非典”疫情的过程中，出现了重视事后反应、事前防范与控制

明显不足的情况，这体现了我国预警机制建设不足，本质是因为我国公共支出结构失衡，财政管理“缺位”的问题。“非典”时期，一位财政部业务部门的官员在接受记者采访时表示：“此次‘非典’疫情突如其来，使财政支出结构性问题暴露无遗。比如，‘非典’使中国医疗防疫控制体系的不完善以及医疗设施严重不足等问题显现出来，说明过去财政在这方面的投入偏少。”

一般来说，公共卫生、基础教育、环境保护等是典型的公共品，政府财政应该要保证这些公共品的充足提供，才能进一步保证经济健康有序运行。而且危机的发生没有城乡之分，但我国的公共财政资源在城乡之间分配不均问题严重，“非典”疫情充分暴露了这一点。改革开放后我国公共卫生事业的发展相对滞后，甚至在一些领域出现倒退，尤其是农村公共卫生体系特别薄弱。这反映出我国长期将财政资金更多地运用于生产经济建设环节，导致了在公共产品和服务领域投入不足，财政管理上存在“缺位”问题。

13.2.3 财政后备不足

(1)预备费总体规模偏小

根据当时的《中华人民共和国预算法》第三十二条的规定，“各级政府预算应当按照本级政府预算支出额的1%～3%设置预备费，用于当年预算执行中的自然灾害救灾开支及其他难以预见的特殊开支。”2003年中央预算本级支出7 201亿元，按此计算，2003年中央预算总预备费为100亿元只占中央本级支出的1.4%。而按照1%～3%的法定提取比例，各级预算(尤其是地方)实际提取预备费比例实际是偏低的，甚至个别年费未达到法定提取比例需求。预备费是专门应对紧急状态的应急资金，面对突发事件时使用的优先级最高，代价和阻力都较小。从我国国情来看，我国幅员辽阔，人口众多，经济社会情况复杂，历史情况也表明我国是一个多灾多难的国家。所以，如果预备费比例较低，国家在重大突发危机事件面前将面临较大风险。

(2)预备费年度间调度机制不合理

我国的总预备费是按照预算年度安排的。由于实行单独管理，预算年度结束前，当年安排的总预备费倾向于全部用掉。这种流量式管理，使预备费在年度之间进行调度和平衡的机制不顺。

第五编

新冠肺炎疫情期间的中国财政

14 新冠肺炎疫情对财政的冲击

本次疫情期间，全国财政呈现出收支同降的情况，财政收入的下降主要来源于企业暂时性停工停产导致的与生产性活动相关税收收入下降；财政支出的下降主要来源于疫情导致的部分公共项目暂停。

从收入端看，随着疫情得到有效控制，企业逐渐复产复工，财政收入将逐渐回升，但国内、国外商业活动同比去年明显减弱，国内消费和对外贸易情况不容乐观。因此，预计 2020 年我国全年一般公共预算收入将同比下降，同比增速在－5%到－6.5%，尤其是本次疫情的重灾区湖北省，其全年一般公共预算收入同比增速在－21%到－29%。

从支出端看，为了支持全国范围内"六稳六保"工作的顺利进行，年初全国范围内大量待开工的公共项目有一部分被取消或延缓，前三季度我国整体的财政支出出现小幅下降。随着疫情稳定，经济活动逐渐步入正轨，累计财政支出的降幅已经出现一定程度的收窄。因此，预计我国全年实际财政支出将与往年持平，增速在－1.92%到 3.76%。

从收支两方面来看，此次新冠肺炎疫情将加深大部分省份的财政压力，几乎所有省份都将出现全年财政收入同比下滑；此外，疫情抑制了大部分省份的财政支出，特别地，保有较多待开工公共项目而财政收入较低的省份将承担更多的财政预算支出削减，例如贵州省、重庆市和云南省前三季度的实际财政支出远低于其原本的增长路径。

分省份来看，经济基本面较好、经济结构更优的省份，其财政收入具有较好的稳定性。特别地，疫情期间浙江省凭借信息传输软件和信息技术服务业的税收增加，实现第一季度财政收入不降反升。此外，值得注意的是，采矿业规模全国前三的山西省、内蒙古自治区和陕西省在疫情期间均出现财政收入的剧烈下降。这说明更优的经济结构是稳定区域财政收入的重要因素。

本次新冠肺炎疫情对财政的负面影响主要体现在一般公共预算收入的下

降，具体而言，与企业生产活动相关的税收收入出现较大的同比下降，前三季度，国内增值税收入 42 690 亿元，同比下降 13.5%；企业所得税收入 30 014 亿元，同比下降 4.9%。因此，全力维持企业正常运转成为稳定经济的重要目标，严防疫情的复燃、确保企业的生存和关注中小企业的存活势在必行。

14.1 研究背景与研究目的

14.1.1 研究背景：新冠肺炎疫情爆发，宏观经济下行

(1)新冠肺炎：传染性强、致死率高

2020 年年初，具有极强传染性和较高致死率的新冠肺炎（COVID-19）在湖北省武汉市被发现，之后在我国迅速传播。国家卫健委提供的疫情通报显示，1 月 11 日，武汉市卫计委初步判定"不明原因的病毒性肺炎"病原体为新型冠状病毒；2 月 17 日，疫情达到最严重的时间节点，当日全国的现有确诊人数达到峰值 58 097 人；3 月 1 日，疫情得到基本控制，当日全国的累计确诊人数达到 80 174 人，增长速度趋缓；3 月以来，除个别地区出现小规模的聚集性传染事件并被迅速化解以外，国内每日新增病例处于较低水平，疫情防控的主要阵地从国内社区转移到防控境外输入，疫情防控工作取得了阶段性的成效。

在国内新冠肺炎疫情得到基本控制的同时，国外的疫情却呈现出爆发的态势。根据美国约翰霍普金斯大学发布的疫情通报，除中国以外，到 10 月 29 日全球每日新增确诊人数超过 50 万人，疫情在世界多国呈现多点爆发的情况。

有两点值得注意：第一，湖北省是这次疫情初期国内的爆发地和主要的防疫阵地，截至 4 月 14 日，湖北省累计确诊病例 67 803 人，占全国累计确诊病例的 81%，湖北省在此次疫情中承担了最为艰巨的防疫任务，有效地减轻了其他省份的防疫压力，其卫生、交通、各次产业都受到了极大的负面影响，湖北省的巨大付出为全国的防疫工作做出了极为重要的贡献；第二，在 4 月第一轮疫情基本结束之后，我国疫情防控的工作重点已经转移到严防境外疫情输入。国际人员、货物往来密集的城市和省份成为疫情常态化管理后的主要防疫阵地，截至 10 月 30 日，上海、广东、内蒙古、陕西和黑龙江已经分别累计报告 200 例以上的境外输入确诊病例。随着国外疫情持续的多点爆发，这些省份的防疫工作

将具有持续、高压和高风险的显著特征。

(2)宏观财政形势:经济下行遭遇疫情冲击

近年来,我国经济增长速度逐年下降,2017—2019 年经济增长速度分别为 6.8%、6.6%和 6.1%。国内面临经济社会发展转型与改革的并行推进,外部面临反全球化浪潮贸易摩擦的挑战,经济发展面临较为严峻的困境。而此次疫情严重地冲击了我国的供给侧,年后企业复工复产非常艰难,生产性活动相关的税收收入出现了巨大的下降,对我国财政产生了剧烈的负面冲击。

社会保障方面,随着人口老龄化的加剧,我国社会保障支出的增长压力十分巨大,近年来一般预算公共支出的增长速度持续保持在 10%以上。2020 年前三季度,我国一般预算公共支出中,卫生健康支出 14 343 亿元,同比增长 4%,社会保障和就业支出 25 865 亿元,同比增长 8.2%。值得注意的是,国家卫建委在《关于做好老年人新型冠状病毒感染肺炎疫情防控工作的通知》提到,本次疫情的危重症人群以中老年人居多。老年人的基础疾病更多,免疫力更低,染病之后的救治周期更长,这将对我国的医疗保险基金产生较大冲击。

对外贸易方面,近年来我国外贸行业持续受到美国贸易保护主义的负面影响,对外贸易面临巨大的政策不确定性。2020 年前三季度,进口货物增值税、消费税 11 007 亿元,同比下降 9.4%;关税 1 899 亿元,同比下降 11.6%;出口退税 11 314 亿元,同比下降 12%,随着疫情在全世界范围内的爆发和蔓延,全球的商品需求同比 2019 年出现明显下滑。长期来看,我国的对外贸易可能会出现危机。

14.1.2 研究目的:量化疫情影响,预测财政收支

(1)量化新冠肺炎疫情对国家、地方财政的负面影响

此次新冠肺炎疫情发展十分迅速,对我国宏观经济造成了十分巨大的损失。从收入上看,全国范围内企业暂时性停工停产、商业活动大量停摆、居民生活出行十分不便,这导致我国与生产活动、消费活动相关的税收收入出现巨大下降,即使在四月份之后疫情得到有效控制,各个行业基本恢复正常运行,高度紧张的防疫工作和防疫意识依然大大降低了经济活动的活跃程度;从支出上看,全国医疗系统高负荷运转,基层公务人员奋战一线,这导致我国财政在卫生健康、社会保障和就业上产生巨大支出,为确保我国的防疫工作和“六稳六保”工作顺利进行,全国存在大量未开工公共项目暂缓开工为防疫工作提供财政空

间，这使得疫情期间全国财政支出反而出现下降的情况。因此，量化新冠肺炎疫情对国家、各省财政影响的具体大小十分重要，为我们把握疫情实际造成损失、制定相关财政政策、监测各省财政收支状况提供了现实依据。

(2)预测2020年国家、地方财政收支情况

因为此次疫情发生的时间节点特殊，持续时间较长，发展方向不明朗，对不同省份经济的影响存在差异，所以当前看到的2020年前三季度全国、各省的财政收支现状不能够直接反映2020年全年的财政收支情况，需要我们具体问题具体分析。下面利用时间趋势分析、经济异质性分析、产业异质性分析等方法估计疫情对国家、地方财政的差异化影响，进而预测全国、地方财政收入和支出水平，为我们监测全国、地方的财政压力提供预测指标，为后疫情时代财政政策的具体实行提供现实依据。

14.2 全国、地方财政的现状及预测

14.2.1 全国财政:收支同降,压力上升

自国家卫计委1月11日首次通报新冠肺炎疫情信息以来，全国累计病例在2020年3月1日首次超过80 000例。在此之后，全国每日新增病例大大下降，稳定在100例以下波动，疫情得到了有效控制，全国经济逐步进入复工复产通道。

(1)前三季度全国财政:收支同降

2020年前三季度，中国经济经历了新冠肺炎疫情的境内爆发、偶有反复和境外输入等一系列冲击，在此期间(1—9月份)，全国累计一般公共预算收入141 002亿元，同比下降6.4%，全国累计一般公共预算支出175 185亿元，同比下降1.9%。其中:中央一般公共预算收入65 335亿元，同比下降9.3%，中央一般公共预算支出24 542亿元，同比下降2.1%;地方一般公共预算收入75 667亿元，同比下降3.8%，地方一般公共预算支出150 643亿元，同比下降1.9%。

从收入端来看，全国前三季度累计财政收入出现负增长的主要原因是暂时性的停工停产。根据财政部国库司10月21日报告的主要税收收入项目统计，

在 2020 年前三季度，除个人所得税、印花税和契税出现同比增长以外，其他所有主要税收收入项目全部出现同比下降。特别地，国内增值税收入 42 690 亿元，同比下降 13.5%；国内消费税收入 10 876 亿元，同比下降 5%；企业所得税收入 30 014 亿元，同比下降 4.9%。新冠肺炎疫情的爆发和反复导致工业、商业活动在上半年持续处于大面积停摆的状态，年后企业无法及时复工复产，线下商业活动无法正常运行，即使在第三季度全国经济已经步入正轨，但实体经济仍然面临较强的防疫压力。因此，与企业生产活动相关的税收收入出现较大的同比下降。

图 14.1 反映了 2015—2020 年全国 1—9 月累计财政收入的时间趋势。随着减税降费改革的推进，2019 年 1—9 月累计财政收入增速已经出现下滑态势，同比增速跌至 0.4%；随着新冠肺炎疫情的爆发，2020 年全国 1—9 月累计财政收入首次出现负增长，同比增速跌至−6.4%，疫情的爆发加重了我国深化财税体制改革所面临的困难和压力。但是，值得注意的是，由于收入下降的主要原因是企业的停工停产，那么积极地推进全国范围内的复工复产能够有效缓解本次疫情对全国财政所造成的负面冲击。

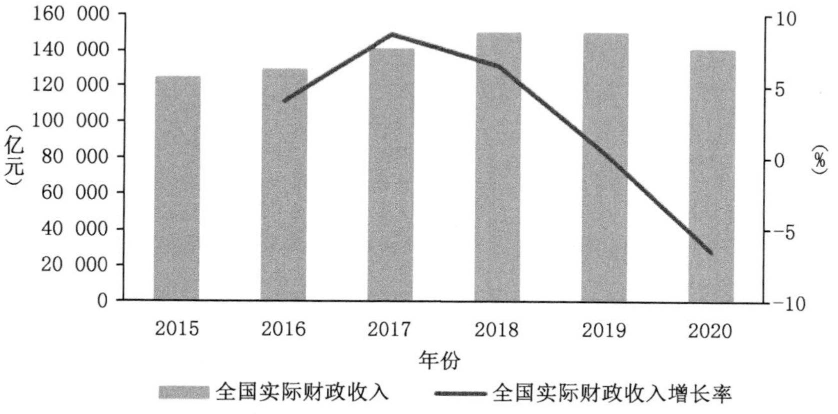

图 14.1 2015—2020 年全国 1—9 月累计一般公共预算收入与同比变动

从支出端来看，全国前三季度累计财政支出也出现负增长的主要原因是除疫情防控和“六稳六保”支出外，部分公共项目处于暂停状态。具体而言，在所有主要支出科目中，除社会保障和就业支出（同比增长 8.2%）、卫生健康支出（同比增长 4%）、债务付息支出（同比增长 16.8%）以外，其他所有支出科目都出现了不同程度的下降。1—9 月，全国一般公共预算支出 175 185 亿元，仅同比下降 1.9%，中央财政综合采取措施，积极安排资金，协助地方政府切实做好疫情防控经费保障和基层“六稳六保”工作。但是除此以外，教育支出 25 554 亿元，同比下降 1.9%；科学技术支出 5 670 亿元，同比下降 5.7%；城乡社区支出 14 610 亿元，同比下降 31.3%；交通运输支出 8 726 亿元，同比下降 2.5%。

图 14.2 反映了 2015—2020 年全国 1—9 月累计财政支出的时间趋势。在 2016—2019 年这四年间，全国 1—9 月累计财政支出增长率持续保持在 5%～10%的较高水平，只有 2020 年由于大量公共项目暂停使得全国 1—9 月累计财政支出首次出现负增长，同比下降 1.9%。随着各类公共项目逐步恢复运行，全国财政支出已经呈现一定程度的反弹，预计全年财政支出将和 2019 年持平。

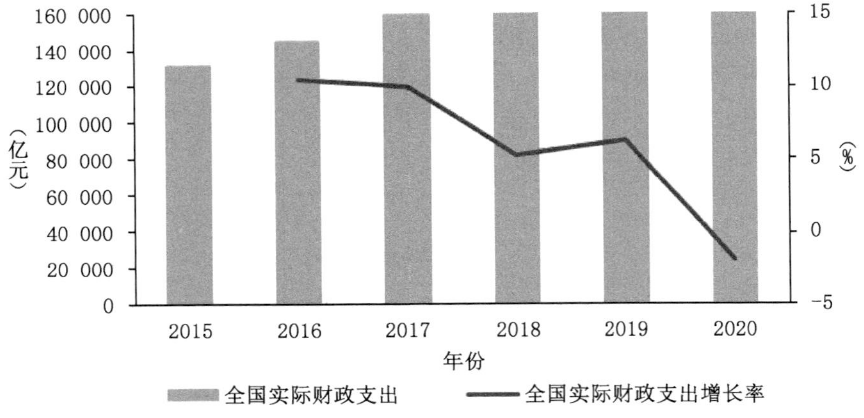

图 14.2　2015—2020 年全国 1—9 月累计一般公共预算支出与同比变动

(2)预测 2020 年国家财政收支：收入显著下降，支出与往年持平

自 3 月 1 日我国新冠肺炎疫情得到有效控制之后，全国经济逐步进入复工复产通道，至第三季度时已经取得经济增长由负转正的成绩。但值得注意的是，与此同时，新冠肺炎疫情在全世界范围内呈现出多点爆发、加速蔓延的态势，国内出现多起输入性病例，我国的防疫压力仍然艰巨。此外，企业在上半年承受的停工损失已经无法弥补，商业活动一定程度上仍然受到防疫工作的限制，这为我们预测 2020 年全年国家财政情况提供了基本面的现实依据。

首先是针对 2020 年全年国家一般公共预算收入的预测。

本报告依据 2020 年全国 1—9 月实际的累计财政收入来预测 2020 年全国

财政收入的全年水平。图 14.3 显示了 2015—2019 年全国 1—9 月累计财政收入占全年比重随着时间推移逐渐增大、趋缓的态势,因此本报告直接使用 2019 年对应的比重作为 2020 年全国 1—9 月累计财政收入占全年比重(79.15%),来估计 2020 年全年国家一般公共预算收入。

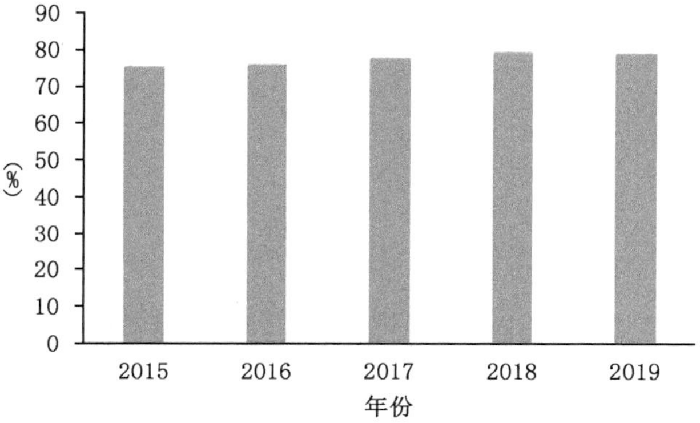

图 14.3 2015—2019 年全国 1—9 月累计一般公共预算收入占全年比重

图 14.4 显示了 2015—2020 年全国一般公共预算收入,其中 2020 年对应的是全年国家一般公共预算收入的预测值。2020 年对应的浅色部分为全年国家财政收入的保守预测,它意味着 2020 年 10—12 月份的财政收入状况与 1—9 月份相同,都面临着较大的下行压力,计算方法为使用 2020 年 1—9 月全国财政收入除以 2019 年 1—9 月全国财政收入在当年占比;2020 年对应的深色与浅色部分之和为全年国家财政收入的乐观预测,它意味着 2020 年 10—12 月份全国经济保持正常运行,财政收入与 2019 年同期水平相同,计算方法为假设全国 2020 年 10—12 月财政收入累计值与 2019 年同期水平持平,与 1—9 月实际财政收入累计值之和;2020 年对应的深色部分为乐观预测与保守预测之差,它意味着,如果 2020 年 10—12 月全国经济能够保持正常运行,财政收入达到 2019 年同期水平,那么 2020 年全年国家财政收入将相比保守估计多出 2 549.65 亿元,因此,在第四季度谨防疫情反扑,保证企业正常运行生产,能够有效地缓解本次疫情对全国财政的冲击。

图 14.5 显示了 2016—2020 年全国财政收入增长率的时间趋势,其中深色折线对应的是全国财政收入增长率的乐观预测值(2020 年为−5.08%),浅色折线对应的是保守预测值(2020 年为−6.42%)。如果第四季度出现明显的疫情

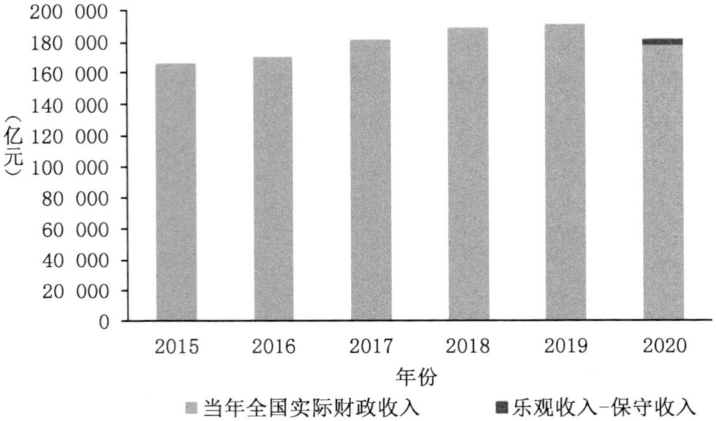

图 14.4 2015—2020 年全国一般公共预算收入

反扑，国民的生产生活出现暂时性的停顿，10—12 月份国家财政收入将面临同 1—9 月份同样的下行压力，全年的财政收入增长率将低至－6.42%，这将使全国的财政收支状况严重恶化；如果第四季度疫情被稳定控制，企业保持正常运行生产，10—12 月份国家财政收入将与 2019 年同期水平持平，全年的财政收入增长率依然会下降，但是下降幅度将缩小为－5.08%。

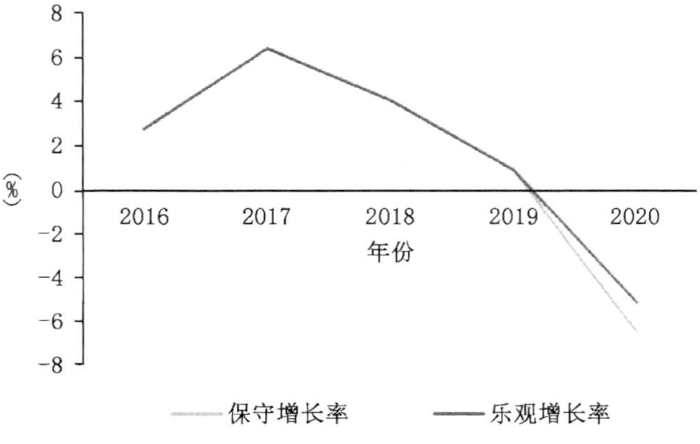

图 14.5 2016—2020 年全国财政收入增长率

根据以上预测，本次新冠肺炎疫情将大概率导致 2020 年全国实际财政收入下降，下降幅度为－5.08%到－6.42%，实际的下降程度取决于全国范围经济活动的恢复情况。如果企业能够保持正常运行生产，商业活动能够基本恢复正常，那么全国财政收支的状况将得到显著改善。

其次是针对 2020 年全年国家一般公共预算支出的预测。

本报告依据 2020 年全国 1—9 月实际的累计财政支出来预测 2020 年全国财政支出的全年水平。图 14.6 显示了 2015—2019 年全国 1—9 月累计财政支出占全年比重随着时间推移逐渐增大、趋缓的态势，因此本文直接使用 2019 年对应的比重作为 2020 年全国 1—9 月累计财政支出占全年比重（74.77%），来估计 2020 年全年国家一般公共预算支出。

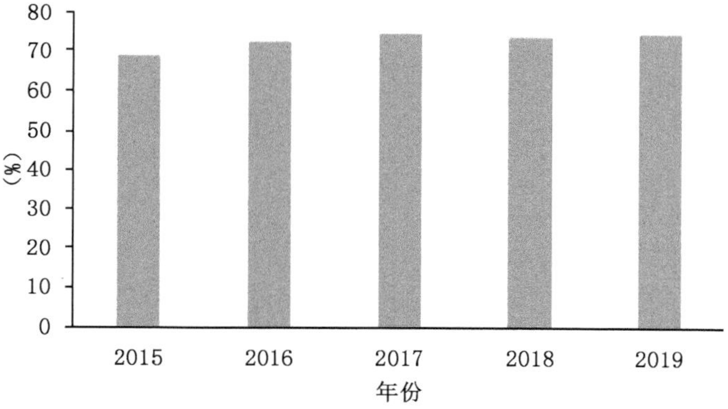

图 14.6　2015—2019 年全国 1—9 月累计一般公共预算支出占全年比重

图 14.7 显示了 2015—2020 年全国财政支出绝对值，其中 2020 年对应的是全年国家财政支出的预测值。2020 年对应的浅色部分为全年国家财政支出的保守预测，它意味着 2020 年全年的财政支出增长率与 1—9 月的同比增长率相同，计算方法为使用 2020 年 1—9 月全国财政支出除以 2019 年 1—9 月全国财政支出在当年占比；2020 年对应的深色与浅色部分之和为全年国家财政支出的扩张预测，它意味着政府实行适度扩张的财政政策，计算方法为假设 2020 年的财政支出增长率的下降幅度与 2019 年同期相同；2020 年对应的深色部分为扩张预测与保守预测之差，它意味着，如果 2020 年政府实行适度扩张的财政政策，即选择 3.76%的增长率，那么 2020 年全年国家财政支出将相比保守估计多出 13 572.00 亿元。

图 14.8 显示了 2016—2020 年全国财政支出增长率的时间趋势，其中深色折线对应的是全国财政收入增长率的保守预测值（2020 年为－1.92%），浅色折

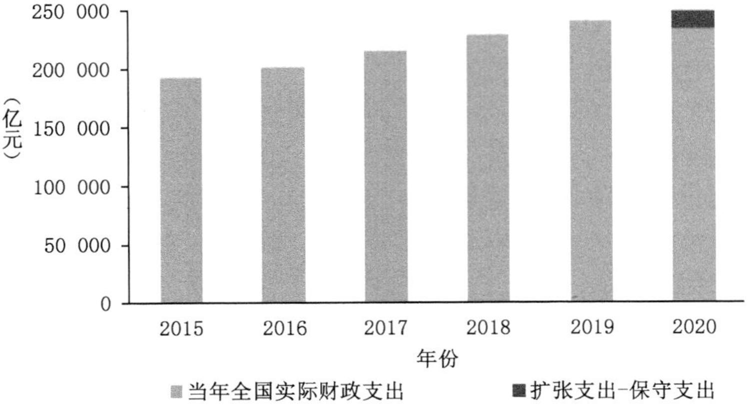

图 14.7　2015—2020 年全国一般公共预算支出

线对应的是扩张预测值(2020 年为 3.76%)。如果 2020 年新冠肺炎疫情持续处于较高风险,导致 10—12 月的卫生、经济形势同 1—9 月相似,那么我国的防疫工作将持续处于高度紧张状态,大量的公共项目无法有效地恢复运行,那么全国实际财政支出增长率将低至保守的—1.92%;如果新冠肺炎疫情能够得到有效控制,公共项目能够及时恢复开工状态,国家适度扩张的财政政策能够稳步推进,那么全国实际财政支出增长率将恢复至疫情爆发前的发展状态,即扩张的 3.76%。

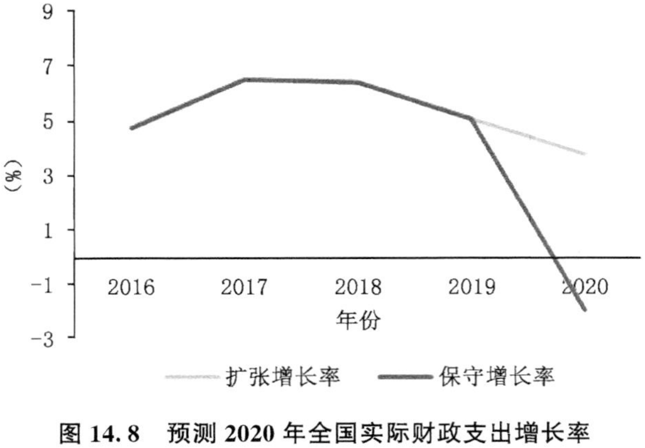

图 14.8　预测 2020 年全国实际财政支出增长率

(3)预测全国财政缺口:财政压力增大

本报告将全国一般公共预算支出与一般公共预算收入之差定义为当年全国财政缺口。根据上文的预测,新冠肺炎疫情导致 2020 年全国财政收入下降,财政支出上升的概率较大,全国财政收支状况可能会出现恶化,财政缺口将会增大。但随着疫情逐渐得到控制,全国经济逐渐恢复正常运行,疫情对于全国财政收支状况的负向冲击将得到缓解。具体而言,依据疫情形势的变化和政府财政政策的力度,2020 年全国财政收支状况存在 4 种可能的状态。

图 14.9 展示了 2020 年全国财政收支状况存在 4 种可能的状态。第一,扩张的财政支出伴随着保守的财政收入。这种情况意味着政府实行了适度扩张的财政政策,但是经济活力没有出现明显的好转,企业没能有效地复工复产,商业活动仍然处于较低活跃水平,财政收入无法达到 2019 年的同期水平,在这种状态下,全国财政缺口极高,达到 69 706.40 亿元。第二,扩张的财政支出伴随着乐观的财政收入。这种情况意味着政府实行了适度扩张的财政政策,与此同时,经济活力出现明显的好转,企业有效地复工复产,商业活动活跃,财政收入达到 2019 年的同期水平,在这种状态下,全国财政缺口较高,为 67 156.76 亿元。第三,保守的财政支出伴随着保守的财政收入。这种情况意味着政府实行较为紧缩的财政政策,延续了 1—9 月份的财政支出模式,仅增加疫情防控和"六稳六保"工作的支出,部分公共项目暂停,与此同时,经济活力没有出现明显的好转,财政收入无法达到 2019 年的同期水平,在这种状态下,全国财政缺口适中,为 56 134.41 亿元。第四,保守的财政支出伴随着乐观的财政收入:这种情况意味着政府实行较为紧缩的财政政策,延续了 1—9 月份的财政支出模式,仅增加疫情防控和"六稳六保"工作的支出,部分公共项目暂停,随着疫情的稳定,经济活力出现明显的好转,财政收入达到 2019 年的同期水平,在这种状态下,全国财政缺口平稳,为 53 584.76 亿元。综合以上分析,2020 年全国财政缺口的变动范围为 53 584.76 亿元到 69 706.40 亿元。

14.2.2 各省财政:个别省份受灾严重

(1)前三季度的各省财政:个别省份受灾严重

前三季度,各省财政收支状况的变化类似,同全国层面观察到的结果相似,大都表现出财政收入与财政支出同时下降的情况。但是,个别省份财政收入和财政支出的变动幅度十分剧烈,说明此次疫情对不同省份造成的影响存在差

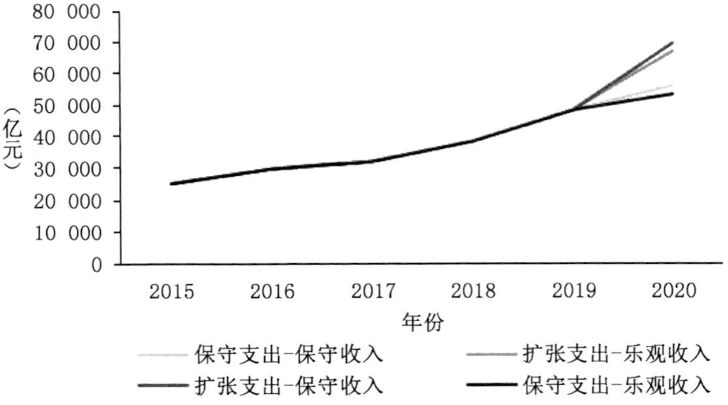

图 14.9　2015—2020 年全国财政缺口

异。值得提醒的是，不同于全国层面数据，大部分省份尚未报告 2020 年前三季度的财政收支情况，所以本报告使用 1—8 月份各省份累计数据进行合理预测。

从收入端来看，图 14.10 展示了 2018—2020 年各省份 1—8 月累计财政收入绝对值。由于财政收入的下降主要来源于生产性活动税收的下降，那么通过观察各省财政收入在时间趋势上的差异，能够明显看出此次新冠肺炎疫情对不同省份经济活动影响程度的不同。具体而言，与 2019 年同期相比，2020 年 1—8 月份湖北省财政收入下降 713.76 亿元，上海市下降 520.96 亿元，北京市下降 414.75 亿元，广东省下降 243.51 亿元，天津市下降 234.55 亿元。

图 14.10　2018—2020 年各省份 1—8 月累计财政收入

从支出端来看，图 14.11 展示了 2018—2020 年各省份 1—8 月累计财政支出绝对值。由于财政支出的下降主要来源于公共项目暂停造成的支出下降，那么通过观察各省财政支出在时间趋势上的差异，能够明显看出此次新冠肺炎疫情对不同省份公共项目建设影响程度的不同。具体而言，与 2019 年同期相比，2020 年 1—8 月份贵州省财政支出下降 621 亿元，上海市下降 462 亿元，湖南省下降 454 亿元，山东省下降 264 亿元。

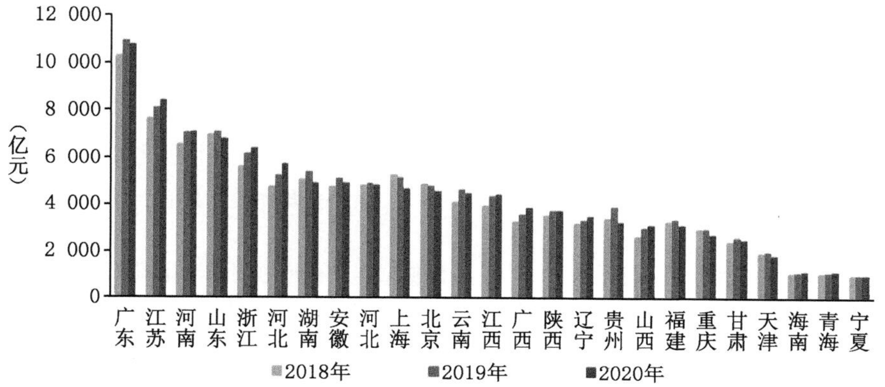

图 14.11　2018—2020 年各省份 1—8 月累计财政支出

(2)预测 2020 年各省份财政收支：乐观的收入、保守的支出

首先是针对 2020 年各省份一般公共预算收入的预测。

本报告依据 2020 年各省份 1—8 月实际的累计财政收入来预测 2020 年各省份财政收入的全年水平。本报告直接使用各省份 2019 年 1—8 月累计财政收入占全年比重作为 2020 年各省份 1—8 月累计财政收入占全年比重，进而估计 2020 年全年各省份的一般公共预算收入。

图 14.12 展示了 2019 年和 2020 年各省份全年财政收入绝对值，2020 年为预测值。各省份对应的黑色部分为保守估计的 2020 年财政收入，它意味着 2020 年 9—12 月份的财政收入状况与 1—8 月份相同，计算方法为使用 2020 年 1—8 月各省份财政收入除以 2019 年 1—8 月各省份财政收入在当年占比；2020 年对应的深灰色部分为全年各省份财政收入的乐观预测，它意味着 2020 年 9—12 月份各省份经济逐步恢复正常，财政收入与 2019 年同期水平相同，计算方法为假设各省份 2020 年 9—12 月财政收入累计值与 2019 年同期水平持平，其与 1—8 月实际财政收入累计值加总。

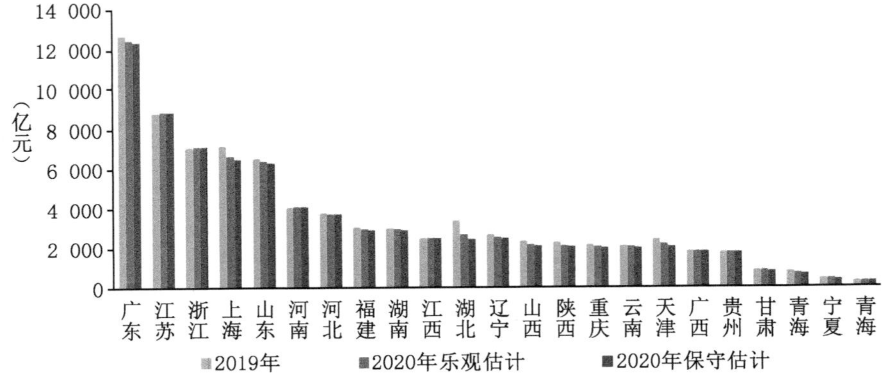

图 14.12　2019 年和 2020 年各省份全年财政收入

图 14.13 展示了预计 2020 年各省份财政收入较 2019 年下降幅度，通过各省份之间的横向对比，我们能够清楚地看到新冠肺炎疫情对各省份财政收入影响程度的排序。如果此次疫情在第四季度出现反扑，持续干扰国民生产生活的有序进行，则预计湖北省 2020 年财政收入将下降 29.17%，海南省将下降 18.32%，天津市将下降 15.52%，山西省将下降 11.35%，陕西省将下降 11.29%，等等；如果此次疫情在第四季度继续得到有效控制，全国经济保持正常运行，那么各省份 2020 年财政收入的下降幅度将大大缩小。

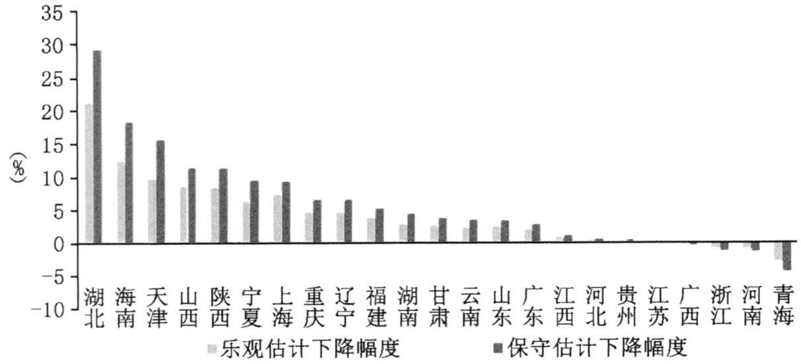

图 14.13　预计 2020 年各省份财政收入较 2019 年下降幅度

再次是针对 2020 年全年各省份一般公共预算支出的预测。

本报告依据 2020 年各省份 1—8 月实际的累计财政支出来预测 2020 年各

省份财政支出的全年水平。本报告直接使用各省份 2019 年 1—8 月累计财政支出占全年比重作为 2020 年各省份 1—8 月累计财政支出占全年比重，进而估计 2020 年全年各省份的一般公共预算支出。

图 14.14 展示了 2019 年和 2020 年各省份全年财政支出绝对值，2020 年为预测值。各省份对应的深灰色部分为保守估计的 2020 年财政支出，它意味着 2020 年 9—12 月份的财政支出状况与 1—8 月份相同，计算方法为使用 2020 年 1—8 月各省份财政支出除以 2019 年 1—8 月各省财政支出在当年占比；2020 年对应的黑色部分为全年各省份财政支出的扩张估计，它意味着 2020 年 9—12 月份各省份公共项目基本恢复运行，财政支出回到扩张路径，计算方法为假设 2020 年各省份财政支出的增长率与 2019 年相同。

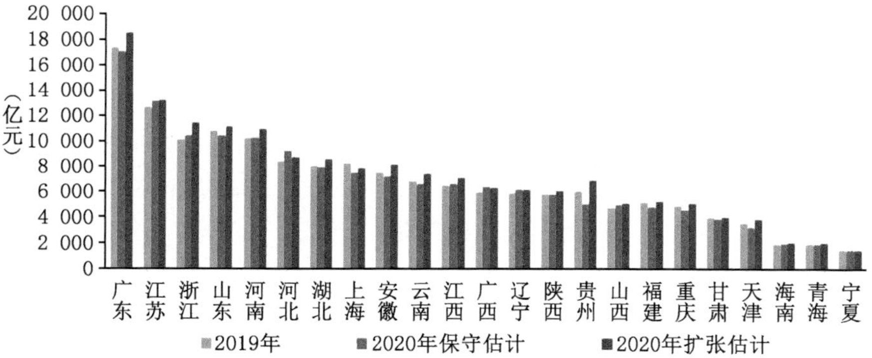

图 14.14 2019—2020 年各省份全年财政支出

图 14.15 展示了预计 2020 年各省份财政支出较 2019 年变动幅度，通过各省份之间的横向对比，我们能够清楚地看到新冠肺炎疫情对各省份财政支出影响程度的排序。从 1—8 月的情况来看，各级政府采取了较为保守的财政支出策略，仅重点增加疫情防控和“六稳六保”工作的支出，因此，贵州、浙江、安徽、云南和重庆等存在大量待开工公共项目的省份，其实际的财政支出远低于原本的增长路径；如果政府在第四季度采取适度扩张的财政政策，那么留存大量未开工公共项目的省份的财政支出将出现一定程度的反弹。

(3)预测各省财政缺口：财政压力增大

总体而言，2020 年初的新冠肺炎疫情抑制了大部分省份的财政支出，并显著地降低了财政收入。随着国内疫情逐渐趋于稳定，经济活动恢复正常，各省

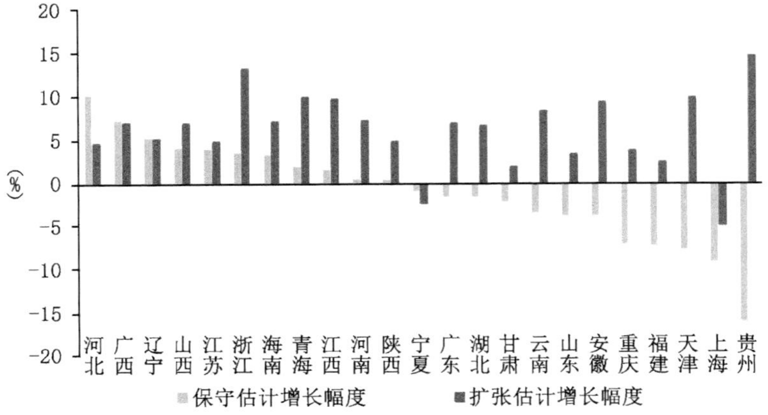

图 14.15 预计 2020 年各省份财政支出较 2019 年增长幅度

份的财政支出将随着公共项目的恢复运营而逐渐反弹，但无法回到 2019 年的同期水平；财政收入将随着生产性活动相关税收的增加而逐步回升，减少与往年的差距。因此，2020 年各省份财政收入和财政支出均略有下降成为大概率事件，各省份的财政收支状况可能会出现恶化。

图 14.16 展示了 2020 年各省份财政缺口的预测值。值得注意的是，此图从最接近 2020 年 1—8 月各省份财政收支状态的"保守估计财政支出伴随着保守估计财政收入"来预测各省份全年的财政缺口。在这种状态下，全社会的防疫工作仍然较为紧张，政府仅增加疫情防控和"六稳六保"工作支出，部分公共项目暂停，经济活动逐渐恢复，企业逐步复工复产，财政收入缓慢回升。观察图 14.16 我们发现，在此次疫情期间，湖北省、河北省、江苏省、辽宁省、山西省和广西壮族自治区的财政缺口绝对值出现较大的同比提升，而贵州省、福建省、重庆市、山东省和云南省的财政缺口绝对值出现较大的同比下降。

图 14.17 展示了在"保守估计财政支出伴随着保守估计财政收入"状态下 2020 年各省份财政缺口的增长率排序，反映了各省份财政受到此次疫情打击的程度。预测海南省的财政缺口与 2019 年相比将上升 20.29%，山西省将上升 19.36%，湖北省将上升 18.89%，河北省将上升 18.73%。值得注意的是，在大多数省份财政压力上升的同时，贵州省全年的预测财政缺口却出现极大的下降，降幅达到 22.67%，而其预测的财政收入几乎与 2009 年同期持平，这说明贵州省财政缺口的收窄主要来源于财政支出的减少。具体而言，根据贵州省财政

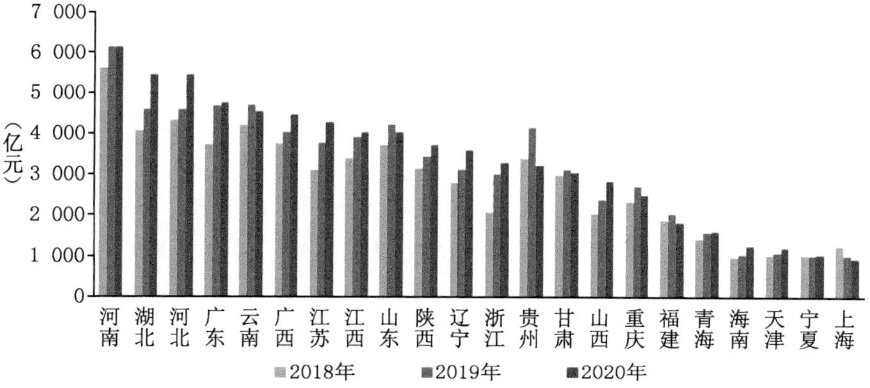

图 14.16 2020 年各省份财政缺口(保守支出—保守收入)

厅 10 月 15 日的预算报告，贵州省前三季度一般公共预算支出累计完成 3 859.48 亿元，同比下降 17%，其中一般公共服务支出 388.13 亿元，同比下降 31.1%，教育支出 724.61 亿元，同比下降 19.8%。这说明，贵州省收窄的财政缺口主要来源于对于公共部门和教育部门的预算挤压，而 2020 年是脱贫攻坚的收官之年，扶贫压力较大的贵州省依然面临着较大的财政压力，需要谨防疫情对贫困地区公共服务、教育等公共品的挤出效应。

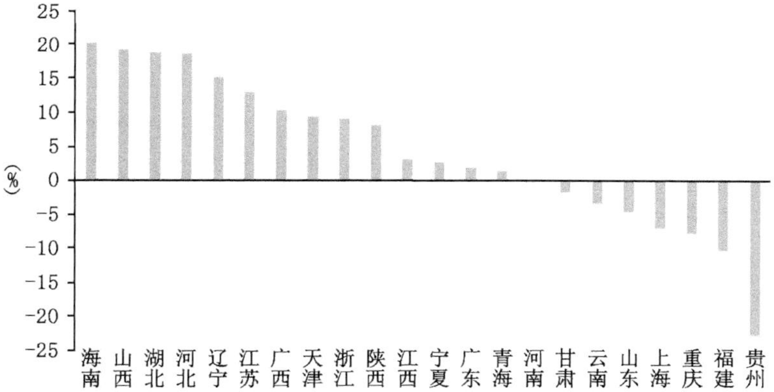

图 14.17 2020 年各省份财政缺口增长率(保守支出—保守收入)

图 14.18 展示了在“扩张估计财政支出伴随着乐观估计财政收入”状态下

2020年各省份财政缺口的增长率排序，预测当此次疫情在第四季度完全得到控制，各个省份完全回到疫情发生前增长的财政支出水平时，各省份财政缺口的增长率。在这种状态下，大部分省份的财政缺口将同比上升10%以上。这是因为，虽然疫情预计在第四季度将得到完全控制，但是从整个年度来看，其对财政收入的负面影响依然非常明显，即使是在第一季度财政收入逆势上升的浙江省，其前三季度整体的财政收入增长率依然出现明显的同比下跌；此外，诸如浙江省、广东省和贵州省等省份，其往年的财政支出处于较高的增长路径，完全回到疫情前扩张的财政支出水平将导致财政收支的失衡，应当考虑结合疫情对财政收入的负面影响，谨慎、适度地增加财政支出水平。

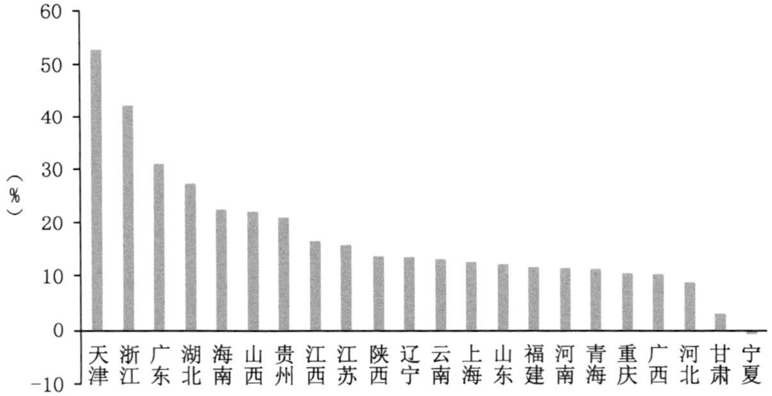

图 14.18　2020年各省份财政缺口增长率(扩张支出—乐观收入)

综合以上分析，此次新冠肺炎疫情对各省份2020年财政收入都将造成不同程度的损害，即使是前三季度财政收入绝对值同比上升的浙江省、江苏省、河南省、广西壮族自治区和青海省，其财政收入的增长率也将出现同比下降；此外，疫情抑制了大部分省份的财政支出，特别地，保有较多待开工公共项目而财政收入较低的省份承担了更多的财政预算支出削减，例如贵州省、重庆市和云南省前三季度的实际财政支出远低于其原本的增长路径。

14.2.3　各省份财政受损情况的异质性分析

各省份在此次新冠肺炎疫情中受到的财政冲击存在很强的差异性，但是，无论是从全国整体来看还是从各省单独的情况来看，各省份受到的财政冲击都主要来源于收入端，即由于生产性活动相关的税收收入出现明显下降而引起的财政收入下降。因此，本报告将主要从经济发展角度、产业分类角度、疫情严重角度来分析此次新冠肺炎疫情对不同省份财政收入影响的异质性，进而判断如何更加有效地缓解此次疫情造成的不利影响。

(1)经济异质性分析：经济发展越好，收入下降越少

图 14.19 展示了 2020 年各省份一般公共预算收入的预测同比降幅。通过横向比较，我们能够看到经济发展越好的省份，其财政收入预测同比降幅越小。从图 14.19 中可以看出，GDP 总量排名前五的省份为广东、江苏、山东、浙江和河南，GDP 增速排名除湖北以外前五的省份为云南、福建、重庆、贵州和江西，这 10 个省份财政收入的预测同比降幅都明显好于平均水平。这说明经济基本面向好的省份在面临突发疫情时，其生产活动不会出现剧烈的停摆，并且能够更快地实现复工复产，其财政收入具有较好的稳定性，即使存在一定程度的下降，也能够控制在可接受的范围。同时，我们注意到受灾最严重的湖北省，其财政收入的预测同比降幅达到 29%，这说明湖北省前三季度的生产性活动遭到了极大的破坏。具体而言，根据湖北省财政厅 10 月 13 日公布的财政收支报告，截至 8 月，湖北省一般公共预算收入完成 1 733 亿元，下降 29.2%，其中增值税 516 元，下降 27.4%；企业所得税（地方分成部分）283 亿元，下降 15.2%。

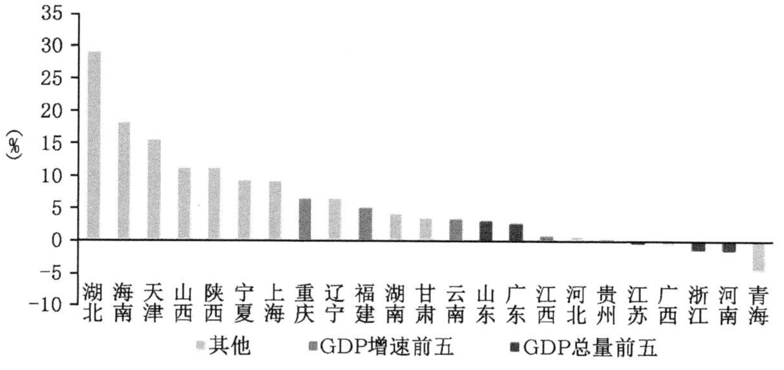

图 14.19 2020 年各省份财政收入预测同比降幅

(2)产业异质性分析：经济结构越好，收入下降越少

因为各省份的财政收入下降主要来源于生产性活动相关的税收收入下降，所以各省份在生产性活动中的不同分工地位将导致各省受到不同的财政收入

冲击。本报告依据《2018 年中国税务年鉴》中“2017 年国家税务局在各省各行业的税收收入”，对各省份的各项产业规模进行排序，进而分析产业异质的各个省份在此次疫情中财政收入的具体表现。

首先，我们针对第二产业进行分析。

图 14.20 显示了 2016—2020 年制造业规模前 6 位省份财政收入增长率变动的时间趋势。我们观察到，在疫情发生前的 2016—2019 年，制造业规模较大的省份，其财政收入增长率处于平稳下降的趋势，在 2019 年集中在 0 附近；即使面临 2020 年出现新冠肺炎疫情的冲击，除湖北和上海以外，其下降的幅度均小于全国整体水平。这说明，制造业强省在面临突发疫情时，其生产活动不会出现剧烈的停摆，并且能够更快地实现复工复产，其财政收入具有较好的稳定性，即使存在一定程度的下降，也能够控制在可接受的范围。同时，我们注意到制造业排名全国第六的湖北省，其财政收入增长率从 2019 年的－1%迅速跌至－29%，爆发的疫情将严重冲击生产性活动，导致本省财政收入出现极大的下滑；此外，我们注意到制造业排名全国第三的上海市，其财政收入增长率从 2019 年的－2%迅速跌至－9%，值得注意的是，截至第三季度，上海是境外输入确诊病例最多的地区，持续的疫情防控压力可能导致上海市的经济活动无法完全回到疫情前的较高水平。这说明各个省份应当将防疫工作摆在最重要的位置，正常运行的制造业是我国稳定财政收入的关键，一旦疫情得不到较好地控制，制造业将会受到极大的打击；同时，全世界范围内的疫情蔓延势必会持续负向影响我国经济的正常运行，谨防境外疫情输入应成为疫情常态化管理的工作重心。

图 14.21 显示了 2016—2020 年采矿业规模前 3 位省份财政收入增长率变动的时间趋势。我们观察到，采矿业规模最大的 3 个省份山西、内蒙古和陕西，在面临新冠炎疫情的冲击时，其财政收入下降的幅度全部远大于全国整体水平，超过了 10%。这说明，处于工业上游的采矿业企业最先受到疫情对经济的不利影响。在疫情期间，市场普遍对 2020 年中国经济看跌，采矿业企业的生产活动会最先受到冲击，根据国家统计局 3 月 16 日发布的《2020 年 1—2 月能源生产情况》，规模以上工业电力生产下降，日均发电量 171.1 亿千瓦时，同比下降 8.2%，其中火电同比下降 8.9%，疫情期间较低的市场需求严重地抑制了采矿业企业的生产，导致生产性活动相关的税收收入出现迅速、明显的下降。此外，根据国家统计局 10 月 19 日发布的《2020 年 9 月能源生产情况》，规模以上

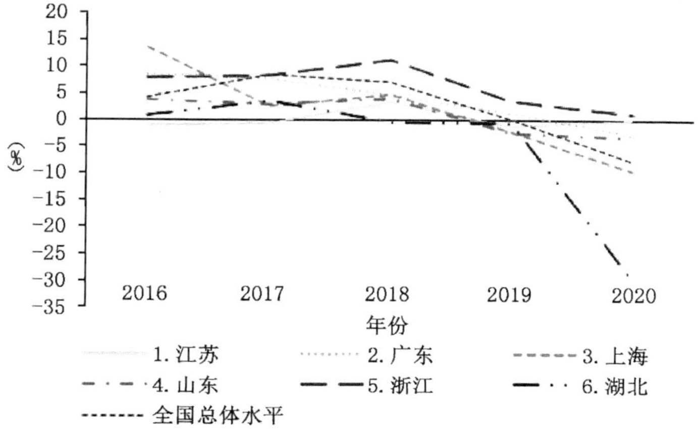

图 14.20 2016—2020 年制造业规模前 6 位省份的财政收入增长率

工业原煤产量除 3、4 月出现弥补性的反弹以外，其余月份的产量都出现不同程度的同比下降。全国范围内持续正常运转的工业生产是改善采矿业企业财务压力的关键。如果疫情在第四季度也能够得到持续有效的控制，中国的宏观经济环境将得到进一步改善，山西、内蒙古和陕西的财政收入下行压力将得到较大的缓解。

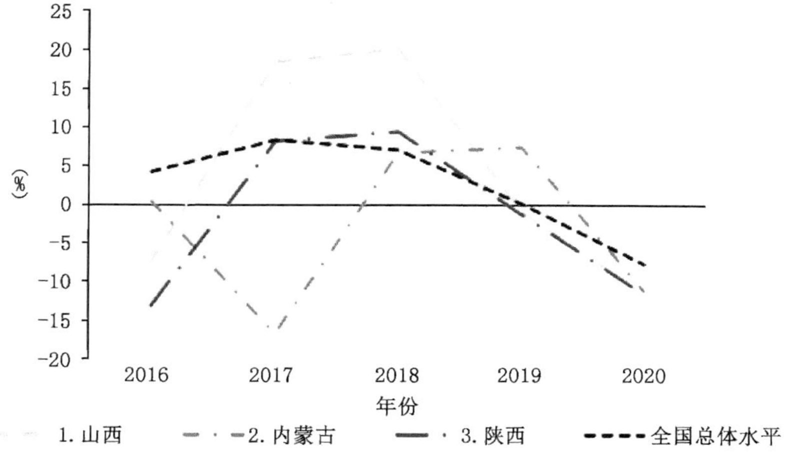

图 14.21 2016—2020 年采矿业规模前 3 位省份的财政收入增长率

图 14.22 显示了 2016—2020 年电力、热力、燃气及水的生产和供应业规模前 5 位省份的财政收入增长率变动的时间趋势。我们观察到，电力、热力、燃气及水的生产和供应业规模前 5 位省份与制造业规模前 6 位省份的名单几乎相同，重复出现的江苏省、广东省、浙江省、山东省、湖北省是我国重要的工业生产区域，除湖北省以外，其他省份在面临新冠肺炎疫情的冲击时，其财政收入下降的幅度小于全国整体水平。这说明，如果省内早期疫情并不严重，那么工业基础较好的省份能够克服疫情期间复工复产的困难，较好地保障复工企业的防疫工作和全省的"六稳六保"工作，其生产活动不会出现剧烈的停摆，财政收入具有较好的稳定性，即使存在一定程度的下降，也能够控制在可接受的范围。同时，我们注意到，同为工业强省的湖北省，财政收入出现了巨大的下降，爆发的疫情严重冲击了生产性活动，导致本省财政收入出现极大的下滑。这说明各省当前的防疫工作仍然不能放松，企业正常运转是稳定经济的核心，如果疫情进一步恶化，那么即使是工业基础较好的工业大省，也将不可避免地出现严重的财政收入危机。目前，我国面临着极强的疫情境外输入风险，多个东部重点城市已经出现冷链进口食品携带新冠病毒的案例，北京市新发地市场聚集性疫情、山东省青岛市胸科医院聚集性疫情都已经被证实来源于境外输入，这说明疫情防控的主战场已经转移到国际物流发达的东部沿海城市，而这些地区同样是我国最为重要的工业生产区域，一旦出现疫情防控漏洞就会严重影响本地区的工业生产，危及整体经济的正常运转。

图 14.23 显示了 2016—2020 年建筑业规模前 7 位省份的财政收入增长率变动的时间趋势。建筑业规模较大的省份，其共同点是经济规模较大，经济发展势头较好，经济活动最为活跃，城市化进程最为迅速。值得注意的是，除了上文已经讨论过的传统工业发达省份以外，河南省的建筑业规模位列全国第四，并且其财政收入在疫情发生前的 2016—2019 年持续增长，在减税降费改革压力较大的 2019 年仍保持了 4.16%的增长率，经济增长呈现出十分积极的态势。特别地，在新冠肺炎疫情冲击全国的前三季度，河南省依然保持为正的财政收入增长率，预测全年同比上升 1.30%，位列全国第二。河南省在此次疫情期间反应及时，应对果断，及早地从疫情的不利影响中恢复过来。根据河南省财政厅 9 月 1 日的通信稿件，河南省在 2020 年 7 月份就已经实现财政收入累计值由负转正，其中，重大项目建设以及房地产业复工复产进度加快是拉动收入提高的主要因素。这说明，迅速、及时的疫情防控能够有效保障经济的稳定运行，确

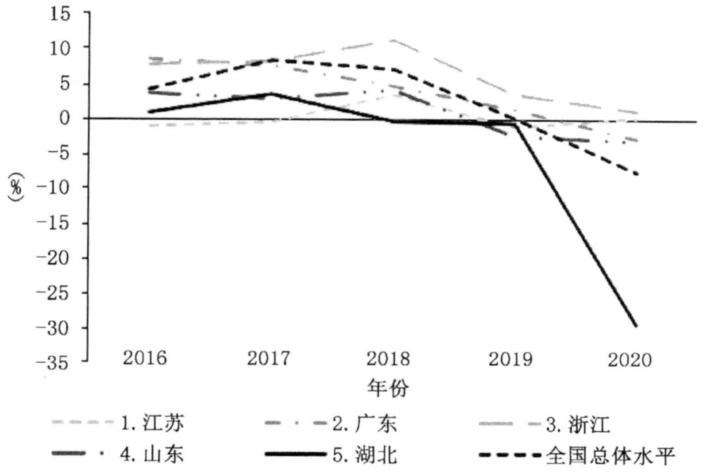

图 14.22　2016—2020 年电力、热力、燃气及水的生产和供应业规模前 5 位省份的财政收入增长率

保处于城市化加速期的省份不会因为疫情而陷入停滞状态。

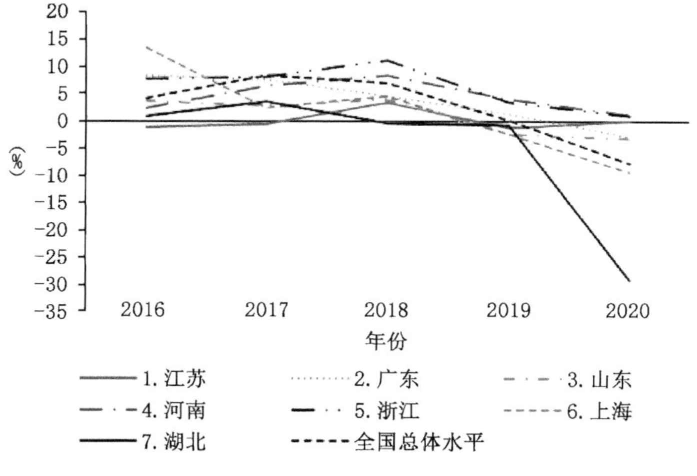

图 14.23　2016—2020 年建筑业规模前 7 位省份的财政收入增长率

其次，我们针对第三产业进行分析。

在第三产业的细分行业中，批发和零售业、住宿和餐饮业的规模具有较强的相关性,在全国排名位于前列的同样也是第三产业规模最大的几个省份。图 14.24 展示了 2016—2020 年第三产业规模前 7 位省份的财政收入增长率。我们观察到,第三产业规模最大的前 7 个省份同时也是中国经济最为发达的地区。根据财政部国库司的报告,2020 年 1—9 月,全国国内消费税同比下降 5%,车辆购置税同比下降 4.4%,这说明,此次疫情对线下的商业活动影响十分明显。除浙江省、河南省的财政收入依然保持增长以外,经济最为发达的其他 5 个省份的财政收入都出现了不同程度的下降。具体而言,根据浙江省财政厅 3 月 24 日发布的财政预算执行情况,浙江 1—2 月累计企业所得税收入 290.96 亿元,增长 13.6%,增收主要来自信息传输软件和信息技术服务业,增长 311.3%;根据浙江省财政厅 10 月 19 日发布的财政预算执行情况,浙江省 1—9 月累计个人所得税收入 363.63 亿元,增长 6.0%,增收部分主要来源于资本市场形势好转带动股权转让收入增收。这说明,浙江省的财政收入增长主要得益于疫情期间迅速发展的线上经济和整体活跃的资本市场。这说明,创新的商业模式,优化的经济结构,活跃的资本市场可以有效地提升财政的风险抵御能力。

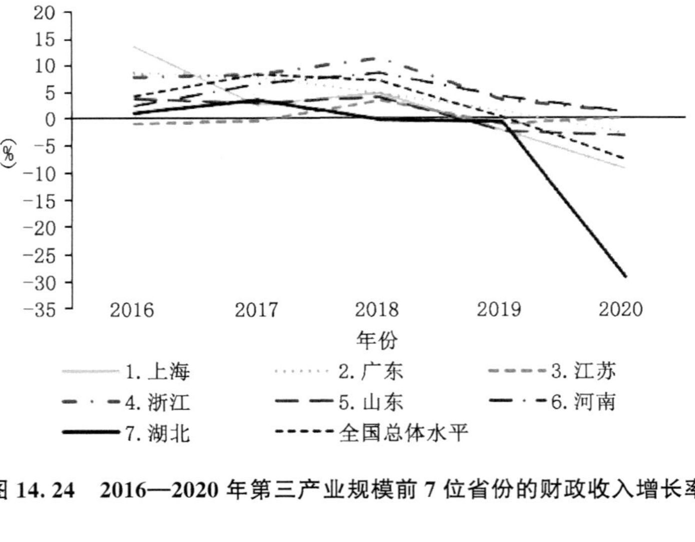

图 14.24　2016—2020 年第三产业规模前 7 位省份的财政收入增长率

图 14.25 展示了 2016—2020 年交通运输仓储和邮政业规模前 9 位省份的财政收入增长率。我们观察到,交通运输仓储和邮政业规模前 9 位省份同时也是中国物流交通最为发达的地区,但是,作为中国重要的采矿业基地山西省 2020 年保守预测的财政收入增长率跌至－11.35%。具体而言,根据国家统计

局10月19日发布的《2020年9月能源生产情况》,规模以上工业原煤产量除3、4月出现弥补性的反弹以外,其余月份的产量都出现不同程度的同比下降。这说明,疫情对采矿业的负向影响可能迅速地传导到了物流行业。此外,作为中国交通运输仓储和邮政业规模第一的上海市2020年保守预测的财政收入增长率跌至－9.30％。具体而言,根据嵊泗县人民政府9月3日发布消息,洋山深水港2020年7月累计集装箱吞吐量同比下降6.41％。这说明,全球持续蔓延的新冠肺炎疫情可能会在较长一段时间内负向影响我国的国际物流行业。

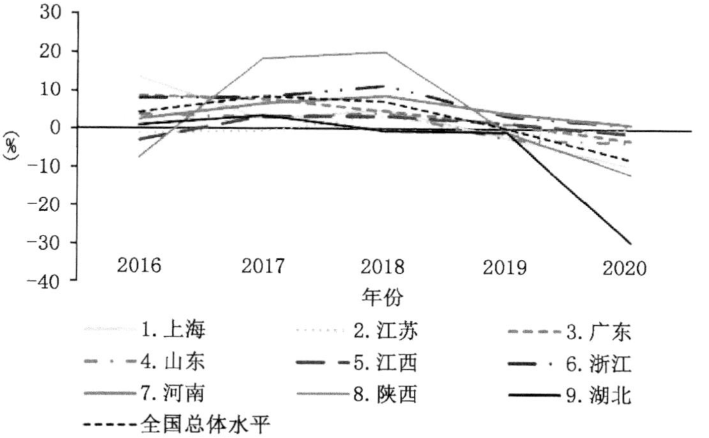

图 14.25 2016—2020年交通运输仓储和邮政业规模前9位省份的财政收入增长率

(3)受灾程度异质性分析

截至10月31日,全国共有7个省份累计确诊人数超过1 000例,这些省份面临着较大的防疫、医疗压力,客观上复工复产的难度会相对更大。图14.26展示了中国内地数据完整的5个累计病例超过1 000人的省份2016—2020年财政收入增长率的时间趋势,我们发现,累计病例较多的省份通常是中国经济较为发达的地区,这些省份具有运行良好的社区管理组织,防疫工作更加有效、到位,其生产活动不会出现剧烈的停摆,并且能够更快地实现复工复产,其财政收入具有较好的稳定性,即使存在一定程度的下降,也能够控制在可接受的范围,2020年预测的财政收入增长率大都高于全国水平。但同时,我们观察到面临极大疫情境外输入风险的上海市的预测财政收入出现明显的下滑,增速跌至－9.30％,低于全国平均水平。这说明,疫情对于经济的负面冲击已经从年初的湖北省转移到国际人员流动更加频繁的地区，繁重的疫情防控压力，严格的口岸检疫任务以及较高的无症状患者传染风险使得这些地区面临着不可忽视的财政收入下行压力。

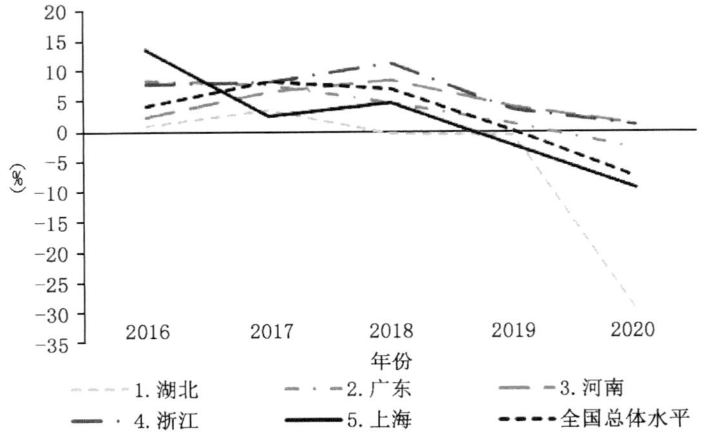

图 14.26　确诊人数超过 1 000 例的省份 2016—2020 年财政收入增长率

特别地，图 14.27 展示了境外输入确诊人数前 5 位省份 2016—2020 年财政收入增长率的时间趋势，我们发现，除广东省以外，其他四个省份的预测财政收入均明显低于全国平均水平。其中，内蒙古和黑龙江与俄罗斯接壤，陕西与伊朗等伊斯兰国家交往密切，上海是东亚地区国际交往的中心之一，因此，这些省份面临着极大的疫情境外输入风险，当地的经济活动也必然随着国际交往的减少而同比下降，表现为实际财政收入的下降。这说明，我国疫情防控的工作重点已经转移到严防境外疫情输入，这包括严防无症状感染的国际旅客直接入境造成二次传播，严防陆上口岸出现病毒携带者涌入国境造成大规模二次传播，严防国际旅客定点收治医院内部出现二次传播，严防国际冷链物流中携带新冠病毒造成聚集性传播。以上的防控措施都需要当地承担极高的公共卫生支出，并且较大地阻碍了当地第三产业的正常运行。因此，应当重点关注这些省份的财政收支情况。

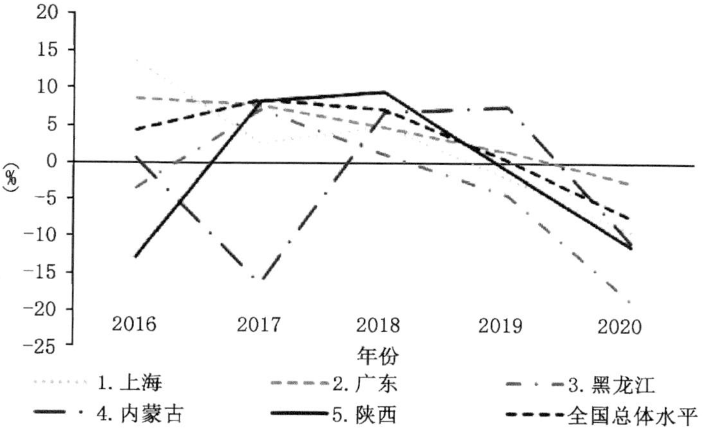

图 14.27 境外输入确诊人数前 5 位省份的 2016—2020 年财政收入增长率

14.2.4 进一步讨论:经济结构决定财政稳定性

(1)浙江省:线上经济助力稳定财政收入

在此次疫情期间,浙江省 1—2 月份累计一般预算财政收入不降反升,同比增长 2.8%,与全国财政收入整体下滑的趋势形成鲜明对比。具体而言,浙江 1—2 月企业所得税收入 290.96 亿元,增长 13.6%,增收主要来自信息传输软件和信息技术服务业,增长 311.3%;此外,根据浙江省财政厅 10 月 19 日发布的财政预算执行情况,浙江省 1—9 月累计个人所得税收入 363.63 亿元,增长 6.0%,增收部分主要来源于资本市场形势好转带动股权转让收入增收。这说明,浙江省的财政收入增长主要得益于疫情期间迅速发展的线上经济以及活跃的资本市场。

线上经济搭配总部经济(headquarters economy),助力浙江省财政收入逆势上升。总部经济这种经济模式是利用单一产业价值的吸引力、聚合大规模资源、形成有特定职能的经济区域。值得注意的是,近年来,各省份企业所得税的税收贡献在逐步攀升,随着“金税工程”的完善和国地税机构合并,企业所得税对财政的贡献度将越来越大,而由于税收制度的特殊性,企业所得税的规模十分依赖总部经济的发展。具体到浙江省而言,其省会杭州市拥有全球最大的电子商务巨头之一阿里巴巴集团,其主要业务涵盖电子商务服务、蚂蚁金融服务、菜鸟物流服务、大数据云计算服务、广告服务、跨境贸易服务这六大主要板块，而这六大板块几乎组成了中国线上经济的大部分基础设施。这次新冠肺炎疫情的爆发极大地增加了市场对线上经济基础设施的需求，例如，在疫情期间，全国范围内出行受限的居民更多地使用手机淘宝、天猫等购物应用，支付宝等金融服务应用，饿了么等外卖订餐应用；阿里巴巴旗下的移动办公应用“钉钉”跃居苹果应用商店下载量第一，等等。以阿里巴巴集团为代表的电子商务企业的集聚构成了浙江省总部经济的增长发动机，强大的国内市场让浙江省的线上经济巨头享受到了“宅经济”的巨大红利，弥补了浙江省实体经济在此次疫情中对财政收入贡献的下降，有效地稳定了浙江省的财政收支情况。

线上经济促进经济活力，有效抵消新冠肺炎疫情的不利影响。值得强调的是，本次新冠肺炎疫情的本质是一场公共健康危机事件，它对经济的影响主要集中在阻碍经济个体的接触和物质交流，而“线上经济”作为经济活动的一个重要组成部分，有效地补充了受疫情影响显著减弱的线下经济活动，为国内仍然处于正常水平的消费需求提供了途径，助力强大的国内市场发挥托底支撑作用，例如 4 月 6 日央视新闻“谢谢你为湖北拼单”公益活动利用手机淘宝的直播平台和新颖的线上“主播带货”销售方式，吸引了 1 091 万人观看，两个小时之内累计卖出总价值 4 014 万元的湖北商品。此外，发改委在 4 月 20 日例行新闻发布会上强调，线上课堂、网上办公、远程医疗等新业态成长迅猛，(全国第一季度)信息传输、软件和信息技术服务业增加值同比大幅增长 13.2%。这些逆势增长的新业态正是线上经济在现实经济生活中不断延伸的例证，特别地，其在疫情期间的出色表现也证明线上经济对突发公共危机冲击的缓冲作用，强大的线上经济可以有效地保护现实经济社会的正常、平稳运转，为区域的财政收入稳定提供有力保障。

(2)采矿业大省：需求冲击导致财政收入波动

本文观察到，采矿业规模最大的 3 个省份：山西省、内蒙古自治区和陕西省，在面临新冠肺炎疫情的冲击时，其财政收入下降的幅度全部远大于全国整体水平，超过了 10%。这说明，处于工业上游的采矿业企业最先受到疫情对经济的不利影响。在疫情得到有效控制之前，企业生产性活动大面积停摆，市场短期内形成了原材料、能源需求下降的预期，普遍对 2020 年中国经济看跌，采矿业企业的生产活动会最先受到冲击。具体而言，根据国家统计局 3 月 16 日发布的《2020 年 1—2 月能源生产情况》，规模以上工业电力生产下降，日均发电量 171.1 亿千瓦时，同比下降 8.2%，其中火电同比下降 8.9%。此外，根据国家统计局 10 月 19 日发布的《2020 年 9 月能源生产情况》，规模以上工业原煤产量除 3、4 月出现弥补性的反弹以外，其余月份的产量都出现不同程度的同比下降。全国范围内持续正常运转的工业生产是改善采矿业企业财务压力的关键。如果疫情在第四季度也能够得到持续有效的控制，中国的宏观经济环境将得到进一步改善，山西、内蒙古和陕西的财政收入下行压力将得到较大的缓解。

随着疫情在上半年逐步得到有效的控制，全社会稳步迈入复工复产的通道，原材料、能源的需求逐渐回归正常水平，采矿业大省下挫的财政收入已经一定程度上得到恢复。财政部 10 月 30 日发布的《2020 年 1—9 月全国国有及国有控股企业经济运行情况》显示，在营业总收入、利润总额连续 4 个月实现月度同比（下同）增长的基础上，1—9 月国有企业营业总收入已恢复至去年同期的 99.3%。制造业下游企业经营环境的逐步改善意味着整个经济已经完全进入复苏通道，采矿业企业年初所面临的需求负面冲击也将逐渐消减。

14.3 总结与对策

14.3.1 总结：乐观的收入，保守的支出

本次疫情期间，全国财政呈现出收支同降的情况，财政收入的下降主要来源于企业暂时性的停工停产导致的与生产性活动相关税收收入下降；财政支出的下降主要来源于疫情导致的部分公共项目暂停。

从收入端看，我国的新冠肺炎疫情已经得到有效的控制，随着企业逐渐复产复工，财政收入已经出现一定程度的回升，但是由于疫情在全世界蔓延的趋势愈发严峻，未来全球经济存在重大不确定性，国内、国外商业活动同比去年明显减弱，国内消费和对外贸易情况不容乐观，因此，预计 2020 年我国全年实际财政收入将同比下降。

从支出端看，为了支持全国范围内“六稳六保”工作的顺利进行，年初全国范围内大量待开工的公共项目有一部分被取消或延缓，结合本年十分严峻的财政收入情况，预计我国整体的财政支出将出现小幅下降。随着疫情稳定，部分公共项目有序开工，经济活动逐渐步入正轨，累计财政支出的降幅已经出现一

定程度的收窄，此外，随着年内“新基建”的提出和逐步落实，各省财政支出大概率会与 2019 年的财政支出持平，因此，预计 2020 年我国全年实际财政支出将与往年持平。

分省份来看，经济基本面较好、经济结构更优的省份，在面临突发疫情时，其生产活动不会出现剧烈的停摆，并且能够更快地实现复工复产，其财政收入具有较好的稳定性，即使存在一定程度的下降，也能够控制在可接受的范围。特别地，疫情期间浙江省凭借信息传输软件和信息技术服务业的税收增加，实现全年预测财政收入不降反升。此外，值得注意的是，采矿业规模全国前三的山西省、内蒙古自治区和陕西省在疫情期间(1—2 月份)均出现财政收入的剧烈下降，前三季度累计财政收入的降幅虽有收窄，但仍然明显低于全国平均水平。这说明更优的经济结构是稳定区域财政收入的重要因素。

最后，从收支两方面来看，此次疫情对财政收入的负面影响是比较显著的，几乎所有的省份都出现了财政收入的同比下降，预计仅有 3 个省份 2020 年全年财政收入增速为正；此次疫情抑制了大部分省份的财政支出，特别是保有较多待开工公共项目而财政收入较低的省份承担了更多的财政预算支出削减，例如贵州省、重庆市和云南省前三季度的实际财政支出远低于其原本的增长路径。

14.3.2 预测：财政缺口普遍增加

根据本报告预测，保守的财政支出伴随乐观的财政收入成为大概率事件。值得注意的是，即使在乐观估计下，即 2020 年第四季度我国实际财政收入能够与 2019 年持平的情况下，我国全年的实际财政收入仍会同比略微下降，同比增速预计在－5％到－6.5％，尤其是本次疫情的重灾区湖北省，其全年财政收入同比增速在－21％到－29％。而保守的财政支出意味着第四季度的财政支出将与前三季度的支出情况保持一致，支出重点仍是疫情防控和“六稳六保”工作，部分公共项目暂停或延缓，增长速度预计在－2％到 0。这就意味着即使是保守的财政支出，其同比降幅仍然小于财政收入的降幅，这将导致全年一般公共预算财政收支的缺口增大，预测将从 2019 年的 48 492 亿元扩大到大约 53 585 亿元的水平。

针对不同省份，从收入来看，预计疫情最为严重的湖北省将出现极大的财政收入下降，其实际一般公共预算收入同比增速在－21％到－29％；预计经济结构较为落后的山西省、陕西省、海南省和内蒙古自治区也将出现较大幅度的财政收入下降，山西省全年实际一般公共预算收入同比增速在−8%到−11%，陕西省在−8%到−11%，海南省在−12%到−18%，内蒙古自治区在−6%到−11%；从支出来看，保有较多待开工公共项目而财政收入较低的省份将承担更多的财政预算支出削减，预计贵州省、重庆市和云南省全年实际财政支出将远低于其原本的增长路径；从财政收支缺口来看，预计2020年全年大部分省份财政收入的降幅将显著大于财政支出的降幅，各省份均出现不同程度的财政缺口扩大成为大概率事件。

14.3.3 对策：保生产，防输入，求稳定

本次新冠肺炎疫情对财政的负面影响主要体现在一般公共预算收入的下降，具体而言，前三季度与企业生产活动相关的税收收入出现较大的同比下降，国内增值税收入42 690亿元，同比下降13.5%；企业所得税收入30 014亿元，同比下降4.9%。因此，支持企业全年保持正常运行，在保稳定的基础上保增长成为2020年经济建设任务的主旋律。

(1)严防疫情复燃

虽然目前国内疫情已经得到有效控制，但我国仍然面临长期的、严峻的国外输入病例和无症状感染者传播的风险，北京新发地市场聚集性传染、青岛胸科医院聚集性传染、喀什城聚集性传染等案例为我们敲响了警钟。这要求各地政府做好打疫情防控持久战的准备，实时监测区域内人群聚集地的发热病例，督促已复工企业注意人员的流动情况和发热情况，严防疫情在区域内的复发，确保区域内企业恢复正常运行。

(2)确保企业生存

本次疫情对企业的影响持续时间较长，对企业的用工、现金流、生产、销售几乎每一个环节都造成了极大的影响，地方政府应当积极配合区域内企业，针对企业在每一环节上的困难提供积极帮助，财政上为企业提供纾困资金，减免或部分地取消社保支出压力，为困难企业提供就业资金补助，利用失业保险基金盈余拨付稳岗补贴，帮助员工在企业复工后及时到岗，行政安排上为企业恢复产能提供便利，等等。

(3)关注中小企业

地方上更加关注规上企业的复工复产和生存状况，但是此次疫情中受到冲

击最为严重的是广大中小企业。中小企业没有足够规模和抵押品，资金极为紧张，长期持续的疫情使得线下经济出现明显停顿，商业活动骤减，现金流趋紧的中小企业容易出现出现倒闭潮，导致失业上升，中长期来看，居民的消费水平将随着收入的停顿而下降。为防止疫情产生的危机从供给侧传导至需求侧，政府需要制定专项计划帮助疫情期间的中小企业渡过难关，保证中小企业的存活率，避免因失业率激增而产生经济萧条。

15 新冠肺炎疫情下中央政府的财政应对

自疫情爆发至今,可将所推出的财政政策归类为以下两个大的方面:第一,在疫情爆发阶段,财政政策侧重于支持各类防疫措施;第二,鉴于疫情所带来的众多经济后果,财政部等相关部门推出了相应的财税扶持政策,为经济发展保驾护航。具体来说,在防疫阶段的对策中,主要是为患者提供费用补贴、为支持抗疫的各行各业提供税收减免等优惠措施;在促进经济发展的对策中,主要是对各地区的企业采取税费减免等优惠政策、发行特别国债以及加大专项债发债力度等。以上相关的财政政策以针对企业、个体等微观主体为主,结合发行特别国债、加大专项债发债力度等宏观政策共同对抗疫情的冲击。

在这一章中,本报告在第一、二节分别简要介绍中央政府针对支持防疫和复苏经济所采取的具体财政政策,在第三节将中央财政政策分为六种类型列表展示。

15.1 侧重于支持防疫的应对措施

15.1.1 面向个人

为保障人民群众的生命健康,切实支持疫情的防控工作,财政部及国家卫生健康委等部门在第一时间出台了相关政策。该部分主要梳理了侧重于支持防疫、面向个人的相关举措。

面向个人的政策主要包括三个方面。

(1)为患者的医疗费用提供补贴

对于确诊患者发生的医疗费用,在基本医保、大病保险、医疗救助等按规定支付后,个人负担部分由财政给予补助,其中,所需资金由地方财政先行支付,中央财政对地方财政按实际发生费用的 60%予以补助，为患者减轻经济压力，保障其就医接受治疗的机会。

(2)为医护人员提供保障

对于直接接触待排查病例或确诊病例，诊断、治疗、护理、医院感染控制、病例标本采集和病原检测等工作相关人员，中央财政按照每人每天 300 元予以补助，对于参加疫情防控的其他医务人员和防疫工作者，中央财政按照每人每天 200 元予以补助，补助资金由地方先行垫付，中央财政与地方据实结算；另外，中央级医疗卫生机构按照属地化管理，中央财政补助资金拨付地方后由地方财政统一分配。自 2020 年 1 月 1 日起，对参加疫情防治工作的医务人员和防疫工作者按照政府规定标准取得的临时性工作补助和奖金，免征个人所得税。政府规定标准包括各级政府规定的补助和奖金标准，对省级及省级以上人民政府规定的对参与疫情防控人员的临时性工作补助和奖金，比照执行。通过免征个人所得税的方法尽可能减轻医务工作者的经济负担，以期能够为医护人员提供一定的激励保障。

(3)为支持抗疫的个人减免相关税费

对于个人层面的抗疫行为，给予了税收减免的支持。在疫情期间，物流问题突出，为进一步保障物资流通，对于运输防控重点保障物资所取得的收入，可免征增值税；对于提供公共交通、生活服务，以及为居民提供必需生活物资快递收派服务取得的收入，同样免征增值税。

15. 1. 2 面对医疗机构、企业

医疗机构作为防疫的重要承载方，针对其开展疫情防控工作所需的防护、诊断和治疗专用设备以及快速诊断试剂采购所需经费，由地方财政予以安排，中央财政视情况给予补助。中央级医疗卫生机构按照属地化管理，中央财政补助资金拨付地方后由地方财政统一分配。同时对于取得的卫生服务收入，按规定免征各项税收；对其自用的房产、土地，免征房产税、城镇土地使用税。

为鼓励企业的抗疫行为，给予了一定的财税支持。第一，为支持早日研发攻关，对进入医疗器械应急审批程序并与新冠病毒相关的防控产品、治疗和预防新冠肺炎的药品，免征相关注册费。第二，为支持物资生产、保障救护物资的有效供应，对疫情防控重点保障物资生产企业来说，以扩大产能为目的新购置的相关设备，允许其在当期一次性将在核算企业所得税时进行扣除。第三，对

于疫情防控重点保障物资生产企业，可以按月向主管税务机关申请全额退还增值税增量留抵税额。第四，这些重点保障企业可以通过中央人民银行向指定地区法人银行发放的专项再贷款获得信贷支持。在此基础之上，中央财政专门安排财政贴息资金，按企业最终获得的贷款利率的 50%进行贴息，期限为一年。第五，药品生产企业销售自产新冠肺炎创新药的销售额，为向购买方收取的全部价款和价外费用，其提供给患者后续免费试用的相同创新型创新药，不属于增值税视同销售范围。

15.1.3 面向农业经营主体

为支持新冠肺炎疫情防控期间农产品稳产保供工作，主要提出了以下三方面具有针对性的财政政策。第一，为农业信贷担保相关费用进行减免，国家农业信贷担保联盟有限责任公司对全国省级农担公司再担保业务减半收取再担保费用；第二，尽快拨付农业生产救灾资金，中央财政将通过农业生产救灾资金，支持水稻、小麦等农作物重大病虫害和草地贪夜蛾防控，并对湖北省适当倾斜，对其蔬菜病虫害防控适当支持；第三，中央财政在测算分配 2020 年农业生产发展资金等转移支付时，将向湖北省等疫情防控重点地区倾斜，适当加大资金支持力度，促进恢复农业生产。

15.1.4 面向公众

为鼓励公益捐赠，对于企业和个人直接向承担疫情防治任务的医院捐赠用于应对新冠肺炎疫情的物品，允许在计算企业所得税或个人所得税应纳税所得额时全额扣除；单位和个体工商户将自产、委托加工或购买的货物，无偿捐赠用于应对新冠肺炎疫情的，免征增值税、消费税及附加税。同时，对用于疫情防控的捐赠进口物资，免征进口关税和进口环节增值税、消费税；对卫生健康主管部门组织进口的直接用于防控疫情物资免征关税。

此外，疫情防控期间，中央财政安排资金对疫情期间不停航和复航的国际航班予以支持，按照飞行目的、疫情影响程度等因素的不同，采取不同的奖励标准。

15.2 侧重于复苏经济的应对措施

15.2.1 为企业减税降费,减轻压力

为企业减轻压力,主要在以下方面做出了应对措施,例如对困难企业进行重点支持、阶段性减免企业社保费、允许其缓缴住房公积金、对所得税进行减免以及延期缴纳优惠。第一,在支持困难企业方面,对受疫情影响较大的交通运输、餐饮、住宿、旅游等行业企业,允许其在 2020 年度发生的亏损,最长结转年限延长 3 年,至 8 年;对受疫情影响较大的电影等行业,提出了免征国家电影事业发展专项资金以及文化事业建设这两项政府性基金;对于疫情严重地区的公司上市所需要的相关费用进行了免除,如免收湖北省上市公司、挂牌公司应向证券交易所、全国中小企业股份转让系统缴纳的 2020 年度上市年费和挂牌年费,免除湖北省期货公司应向期货交易所缴纳的 2020 年度会费和席位费。第二,在为中小企业减轻压力方面,先后提出了延缓、减免企业所得税等优惠举措,具体允许小型微利企业、个体工商户延缓缴纳 2020 年所得税,可延迟至 2021 年首个申报期内一并缴纳,而且对承租国有房屋的小微企业进行了租金的减免,与此同时,对于为小微企业和个体工商户减免租金的出租方,减免其当年的房产税、城镇土地使用税,以期能够从多方面为中小企业提供帮助。第三,对于企业所缴纳的社会保险等费用进行了阶段性的减免,鉴于湖北的疫情较为严重,对湖北及湖北以外各省采用了不同的优惠措施,对于湖北省之外的地区来说,中小微企业可于 2 月至 6 月免征企业养老、失业以及工伤保险这三项费用,而对大型企业在 2 月至 4 月间采用的是减半征收的方式;对于湖北省的各类参保企业都可享受 2 月至 6 月间免征这三类费用的优惠。第四,对小规模纳税人也采取了增值税减免的优惠措施,同样对湖北与湖北以外的地区进行了区别处理,湖北省是针对增值税小规模纳税人,适用 3%征收率的销售收入,免征增值税;其他地区的增值税小规模纳税人适用 3%征收率的应税销售收入,减按 1%征收率征收增值税。第五,从降低企业成本的角度来说,国家发改委于 2 月下旬提出降低企业用电价格与天然气价格,具体于 2 月 1 日至 6 月 30 日对除高耗能行业用户外的其他企业,统一按原到户电价水平的 95%结算,对于天然气可

提前执行淡季天然气价格政策。第六,对于加工贸易企业可暂免征 2020 年 4 月 15 日至 12 月 31 日间的内销税款缓税利息。

除此之外,为进一步为企业纾困,财政部联合税务总局于 5 月中旬对已有的税费减免等优惠政策进行了延期,对于《财政部 税务总局关于支持新型冠状病毒感染的肺炎疫情防控有关税收政策的公告》(财政部 税务总局公告 2020 年第 8 号)、《财政部 税务总局关于支持新型冠状病毒感染的肺炎疫情防控有关捐赠税收政策的公告》(财政部 税务总局公告 2020 年第 9 号)、《财政部 税务总局关于支持新型冠状病毒感染的肺炎疫情防控有关个人所得税政策的公告》(财政部 税务总局公告 2020 年第 10 号)、《财政部 国家发展改革委关于新型冠状病毒感染的肺炎疫情防控期间免征部分行政事业性收费和政府性基金的公告》(财政部 国家发展改革委公告 2020 年第 11 号)规定的税费优惠政策,执行至 2020 年 12 月 31 日。

15.2.2 发行特别国债,筹措抗疫资金

在 2020 年 3 月 27 日中央政治局会议提及发行特别国债之后,李克强总理在政府工作报告中再次提出发行 1 万亿元抗疫特别国债,此次除明确特别国债 1 万亿元的额度外,还对其用途进行了说明,对于疫情下发行的特别国债主要用于地方基础建设实施,以及与抗疫相关的支出。特别国债通常在特定的经济环境下发行,具有较强的针对性。在此之前,为补充国有商业银行资本金、为国家外汇投资公司筹措本金,我国先后发行过两次特别国债。此次疫情下特别国债的发行,为抗击疫情的冲击进一步筹集了资金。这类特别国债的优点在于发行时间与方式均很灵活,能够快速筹集资金,并且特别国债不计入财政赤字。在中央政策的指引下,抗疫特别国债于 6 月中旬正式发行,并于 7 月底结束。

15.2.3 加大转移支付,为地方财政提供支持

疫情下各地区财政收支受到了较大的冲击,企业复工复产过程中存在的成本上升、压缩利润直接影响税基的稳定,势必进一步反映到地方财政收入上。结合近年来大力推行减税降费,地方财政在疫情之前就已经承受着较大的财政压力。在这样的背景下,部分地方的财政难以维持收支平衡,甚至存在入不敷出的地区。因此,为进一步缓解地方财政的压力,中央政府提供了相应的支持。一方面,加大对地方的转移支付力度;另一方面,落实转移支付等资金的加速拨

付，除预拨了均衡性转移支付外，还预拨了县级基本财力保障机制奖补资金，进一步增强地方财政经费保障能力，以期能够为地方疫情防控工作提供有力的支撑，扎实做好稳就业、稳金融、稳外贸、稳外资、稳投资、稳预期六项工作，全面落实保居民就业、保基本民生、保市场主体、保粮食能源安全、保产业链供应链稳定、保基层运转任务这六项任务。

15.3 为应对新冠肺炎的中央财政政策汇总

本报告将财政部于 2020 年全年列示在其官方网站的与新冠肺炎疫情相关的财政政策全部汇总于表 15.1 中。为方便阅读，本报告将中央财政政策分为“支持防护救治”“支持研发攻关”“支持物资生产”“支持物资流通”“鼓励公益捐赠”和“支持复工复产”六大类，并针对受益主体的不同进行政策摘要和列示（见表 15.1）。

表 15.1　　为应对新冠肺炎的中央财政政策汇总

受益主体	政策内容	政策依据
一、支持防护救治		
非营利性医疗机构	对新冠肺炎定点医疗机构等非营利性医疗机构提供的医疗服务免征增值税；对其自产自用的制剂，免征增值税；对其自用的房产、土地，免征房产税、城镇土地使用税	《财政部 国家税务总局关于医疗卫生机构有关税收政策的通知》（财税〔2000〕42 号）；《财政部 国家税务总局关于全面推开营业税改征增值税试点的通知》（财税〔2016〕36 号）
	医疗卫生机构开展疫情防控工作所需的防护、诊断和治疗专用设备以及快速诊断试剂采购所需经费，由地方财政予以安排，中央财政视情况给予补助。中央级医疗卫生机构按照属地化管理，中央财政补助资金拨付地方后由地方财政统一分配	《关于新型冠状病毒感染肺炎疫情防控有关经费保障政策的通知》（财社〔2020〕2 号）
疾病控制机构	对疾病控制机构按照国家规定价格取得的卫生服务收入（含疫苗接种和调拨、销售收入），按规定免征各项税收；对其自用的房产、土地，免征房产税、城镇土地使用税	《财政部 国家税务总局关于医疗卫生机构有关税收政策的通知》（财税〔2000〕42 号）

续表

受益主体	政策内容	政策依据
医务人员和防疫工作者	自 2020 年 1 月 1 日起,对参加疫情防治工作的医务人员和防疫工作者按照政府规定标准取得的临时性工作补助和奖金,免征个人所得税。政府规定标准包括各级政府规定的补助和奖金标准。对省级及省级以上人民政府规定的对参与疫情防控人员的临时性工作补助和奖金,比照执行	《财政部 税务总局关于支持新型冠状病毒感染的肺炎疫情防控有关个人所得税政策的公告》(财政部 税务总局公告 2020 年第 10 号)
	对于直接接触待排查病例或确诊病例,诊断、治疗、护理、医院感染控制、病例标本采集和病原检测等工作相关人员,中央财政按照每人每天 300 元予以补助;对于参加疫情防控的其他医务人员和防疫工作者,中央财政按照每人每天 200 元予以补助。补助资金由地方先行垫付,中央财政与地方据实结算。中央级医疗卫生机构按照属地化管理,中央财政补助资金拨付地方后由地方财政统一分配	《关于新型冠状病毒感染肺炎疫情防控有关经费保障政策的通知》(财社〔2020〕2 号)
新冠肺炎患者	对于确诊患者发生的医疗费用,在基本医保、大病保险、医疗救助等按规定支付后,个人负担部分由财政给予补助。所需资金由地方财政先行支付,中央财政对地方财政按实际发生费用的 60%予以补助	《关于新型冠状病毒感染肺炎疫情防控有关经费保障政策的通知》(财社〔2020〕2 号)
取得单位发放药品、医疗用品和防护用品等实物的个人	自 2020 年 1 月 1 日起,单位发给个人用于预防新型冠状病毒感染的肺炎的药品、医疗用品和防护用品等实物(不包括现金),不计入工资、薪金收入,免征个人所得税。上述优惠政策适用的截止日期将视疫情情况另行公告	《财政部 税务总局关于支持新型冠状病毒感染的肺炎疫情防控有关个人所得税政策的公告》(财税公告 2020 年第 10 号)
取得福利费、抚恤金、救济金的人员	个人取得的福利费、抚恤金、救济金,免征个人所得税	《中华人民共和国个人所得税法》;《中华人民共和国个人所得税法实施条例》
各级国家机关、事业单位和团体组织	各级国家机关、事业单位和团体组织(以下简称采购单位)使用财政性资金采购疫情防控相关货物、工程和服务的,应以满足疫情防控工作需要为首要目标,建立采购"绿色通道",可不执行政府采购法规定的方式和程序,采购进口物资无须审批	《关于疫情防控采购便利化的通知》(财办库〔2020〕23 号)
	二、支持研发攻关	
开展新冠肺炎防治新药研发活动的企业	企业开展研发活动中实际发生的研发费用,未形成无形资产计入当期损益的,在按规定据实扣除的基础上,在 2018 年 1 月 1 日至 2020 年 12 月 31 日期间,再按照实际发生额的 75%在税前加计扣除;形成无形资产的,在上述期间按照无形资产成本的 175%在税前摊销	《关于科技人员取得职务科技成果转化现金奖励有关个人所得税政策的通知》(财税〔2018〕58 号)

续表

受益主体	政策内容	政策依据
非营利性研究开发机构和高等学校的科技人员	企业开展研发活动中实际发生的研发费用，未形成无形资产计入当期损益的，在按规定据实扣除的基础上，在 2018 年 1 月 1 日至 2020 年 12 月 31 日期间，再按照实际发生额的 75%在税前加计扣除；形成无形资产的，在上述期间按照无形资产成本的 175%在税前摊销	《关于科技人员取得职务科技成果转化现金奖励有关个人所得税政策的通知》(财税〔2018〕58 号)
高新技术企业的技术人员	自 2016 年 1 月 1 日起，全国范围内的高新技术企业转化科技成果，给予本企业相关技术人员的股权奖励，个人一次缴纳税款有困难的，可根据实际情况自行制定分期缴税计划，在不超过 5 个公历年度内(含)分期缴纳，并将有关资料报主管税务机关备案	《财政部国家税务总局关于将国家自主创新示范区有关税收试点政策推广到全国范围实施的通知》(财税〔2015〕116 号)
进入医疗器械应急审批程序、与生产新型冠状病毒相关防控产品的申请人	自 2020 年 1 月 1 日起，对进入医疗器械应急审批程序并与新型冠状病毒相关的防控产品，免征医疗器械产品注册费。上述优惠政策适用的截止日期将视疫情情况另行公告	《关于新型冠状病毒感染的肺炎疫情防控期间免征部分行政事业性收费和政府性基金的公告》(财政部国家发展改革委公告 2020 年第 11 号)
进入药品特别审批程序、治疗和预防新型冠状病毒感染肺炎的药品申请人	自 2020 年 1 月 1 日起，对进入药品特别审批程序、治疗和预防新型冠状病毒感染肺炎的药品，免征药品注册费。上述优惠政策适用的截止日期将视疫情情况另行公告	《关于新型冠状病毒感染的肺炎疫情防控期间免征部分行政事业性收费和政府性基金的公告》(财政部国家发展改革委公告 2020 年第 11 号)
三、支持物资生产		
疫情防控重点保障物资生产企业	自 2020 年 1 月 1 日起，对疫情防控重点保障物资生产企业为扩大产能新购置的相关设备，允许一次性计入当期成本费用在企业所得税税前扣除。疫情防控重点保障物资生产企业名单，由省级及省级以上发展改革部门、工业和信息化部门确定	《财政部 税务总局关于支持新型冠状病毒感染的肺炎疫情防控有关税收政策的公告》(财政部 国家税务总局公告 2020 年第 8 号)
	自 2020 年 1 月 1 日起，疫情防控重点保障物资生产企业可以按月向主管税务机关申请全额退还增值税增量留抵税额。增量留抵税额，是指与 2019 年 12 月底相比新增加的期末留抵税额。疫情防控重点保障物资生产企业名单，由省级及省级以上发展改革部门、工业和信息化部门确定	《财政部 税务总局关于支持新型冠状病毒感染的肺炎疫情防控有关税收政策的公告》(财政部 国家税务总局公告 2020 年第 8 号)
	对疫情防控重点保障企业贷款给予财政贴息支持。对 2020 年新增的疫情防控重点保障企业贷款，在人民银行专项再贷款支持金融机构提供优惠利率信贷的基础上，中央财政按人民银行再贷款利率的 50%给予贴息，贴息期限不超过 1 年，贴息资金从普惠金融发展专项资金中安排	《关于支持金融强化服务 做好新型冠状病毒感染肺炎疫情防控工作的通知》(财金〔2020〕3 号)

续表

受益主体	政策内容	政策依据
销售自产新冠肺炎创新药的药品生产企业	药品生产企业销售自产新冠肺炎创新药的销售额，为向购买方收取的全部价款和价外费用，其提供给患者后续免费试用的相同创新型创新药，不属于增值税视同销售范围	《财政部国家税务总局关于创新药后续免费使用有关增值税政策的通知》(财税〔2015〕4号)
农户和农民合作社、农业企业等新型农业经营主体	减免农业信贷担保相关费用：国家农业信贷担保联盟有限责任公司对全国省级农担公司再担保业务减半收取再担保费用；尽快拨付农业生产救灾资金：中央财政将通过农业生产救灾资金，支持水稻、小麦等农作物重大病虫害和草地贪夜蛾防控，对湖北省适当倾斜并对其蔬菜病虫害防控适当支持；中央财政在测算分配2020年农业生产发展资金等转移支付时，将向湖北省等疫情防控重点地区倾斜，适当加大资金支持力度，促进恢复农业生产	《关于切实支持做好新冠肺炎疫情防控期间农产品稳产保供工作的通知》(财办农〔2020〕6号)
四、支持物资流通		
卫生健康主管部门组织进口的直接用于防控疫情物资	自2020年1月1日至2020年3月31日，对卫生健康主管部门组织进口的直接用于防控疫情物资免征关税。免税进口物资，可按照或比照海关总署公告2020年第17号，先登记放行，再按规定补办相关手续。本公告项下免税进口物资，已征收的应免税款予以退还	《财政部 海关总署 国家税务总局关于防控新型冠状病毒感染的肺炎疫情进口物资免税政策的公告》(财政部 海关总署税务总局公告2020年第6号)
防控疫情捐赠进口物资	自2020年1月1日至2020年3月31日，适度扩大《慈善捐赠物资免征进口税收暂行办法》规定的免税进口范围，对捐赠用于疫情防控的进口物资，免征进口关税和进口环节增值税、消费税。(1)进口物资增加试剂，消毒物品，防护用品，救护车、防疫车、消毒用车、应急指挥车。(2)免税范围增加国内有关政府部门、企事业单位、社会团体、个人以及来华或在华的外国公民从境外或海关特殊监管区域进口并直接捐赠；境内加工贸易企业捐赠。捐赠物资应直接用于防控疫情且符合前述第(1)项或《慈善捐赠物资免征进口税收暂行办法》规定。(3)受赠人增加省级民政部门或其指定的单位。省级民政部门将指定的单位名单函告所在地直属海关及省级税务部门。本公告项下免税进口物资，已征收的应免税款予以退还	《财政部 海关总署 国家税务总局关于防控新型冠状病毒感染的肺炎疫情进口物资免税政策的公告》(财政部 海关总署税务总局公告2020年第6号)
提供疫情防控重点保障物资运输服务的纳税人	自2020年1月1日起，对纳税人运输疫情防控重点保障物资取得的收入，免征增值税。疫情防控重点保障物资的具体范围，由国家发展改革委、工业和信息化部确定	《关于支持新型冠状病毒感染的肺炎疫情防控有关税收政策的公告》(财政部 税务总局公告2020年第8号)

续表

受益主体	政策内容	政策依据
提供公共交通运输服务、生活服务，以及为居民提供必需生活物资快递收派服务的纳税人	自 2020 年 1 月 1 日起，对纳税人提供公共交通运输服务、生活服务，以及为居民提供必需生活物资快递收派服务取得的收入，免征增值税	《关于支持新型冠状病毒感染的肺炎疫情防控有关税收政策的公告》(财政部 税务总局公告 2020 年第 8 号)
航空公司	自 2020 年 1 月 1 日起，免征航空公司应缴纳的民航发展基金	《关于新型冠状病毒感染的肺炎疫情防控期间免征部分行政事业性收费和政府性基金的公告》(财政部 国家税务总局公告 2020 年第 8 号)
	疫情防控期间，中央财政对执飞往返我境内航点(不含港澳台地区)与境外航点间的国际定期客运航班的中外航空公司，以及按照国务院联防联控机制部署执行重大运输飞行任务的航空公司给予资金支持。(1)对疫情期间不停航和复航的国际航班给予奖励，并向独飞航班进行倾斜。(2)奖励标准分成两档：共飞航班每座公里 0.017 6 元，独飞航班每座公里 0.052 8 元。(3)奖励金额按照疫情防控期间航空公司实际执行航班可供座公里和本通知规定的标准进行核定。(4)涉及境内、境外航点串飞或第五业务权的航线班次，按涉及我方航点国际航段数量计算。(5)涉及独飞航段的，如有第二家承运人开航(或复航)，则按共飞航班标准进行核定。重大运输飞行任务。采用据实结算方式，即在疫情结束后，根据民航局委托的中介机构审计确认的执行重大任务实际运输成本给予适当补助	《关于民航运输企业新冠肺炎疫情防控期间资金支持政策的通知财建》(〔2020〕30 号)
物流企业	自 2020 年 1 月 1 日起至 2022 年 12 月 31 日止，对物流企业自有(包括自用和出租)或承租的大宗商品仓储设施用地，减按所属土地等级适用税额标准的 50%计征城镇土地使用税	《关于继续实施物流企业大宗商品仓储设施用地城镇土地使用税优惠政策的公告》(财政部 税务总局公告 2020 年第 16 号)
五、鼓励公益捐赠		
无偿捐赠应对疫情货物的单位和个体工商户	自 2020 年 1 月 1 日起，单位和个体工商户将自产、委托加工或购买的货物，通过公益性社会组织和县级以上人民政府及其部门等国家机关，或者直接向承担疫情防治任务的医院，无偿捐赠用于应对新冠肺炎疫情的，免征增值税、消费税、城市维护建设税、教育费附加、地方教育附加。上述优惠政策适用的截止日期将视疫情情况另行公告	《关于支持新型冠状病毒感染的肺炎疫情防控有关捐赠税收政策的公告》(财政部 税务总局公告 2020 年第 9 号)

续表

受益主体	政策内容	政策依据
对应对新型冠状病毒感染的肺炎疫情进行捐赠的企业和个人	自2020年1月1日起,企业和个人通过公益性社会组织或者县级以上人民政府及其部门等国家机关,捐赠用于应对新型冠状病毒感染的肺炎疫情的现金和物品,允许在计算企业所得税或个人所得税应纳税所得额时全额扣除	《关于支持新型冠状病毒感染的肺炎疫情防控有关捐赠税收政策的公告》(财政部 税务总局公告2020年第9号)
向承担疫情防治任务的医院捐赠用于应对新冠肺炎疫情物品的企业和个人	自2020年1月1日起,企业和个人直接向承担疫情防治任务的医院捐赠用于应对新冠肺炎疫情的物品,允许在计算企业所得税或个人所得税应纳税所得额时全额扣除	《关于支持新型冠状病毒感染的肺炎疫情防控有关捐赠税收政策的公告》(财政部 税务总局公告2020年第9号)
接受境外捐赠人无偿捐赠用于防控新冠肺炎疫情的进口物资的单位	对于境外捐赠人无偿向受赠人捐赠用于防控新冠肺炎疫情的进口物资,符合《慈善捐赠物资免征进口税收暂行办法》《关于防控新型冠状病毒感染的肺炎疫情进口物资免税政策的公告》规定的,免征进口关税和进口环节增值税、消费税	《财政部 海关总署 国家税务总局关于防控新型冠状病毒感染的肺炎疫情进口物资免税政策的公告》(财政部 海关总署税务总局公告2020年第6号)
六、支持复工复产		
受疫情影响的企业	自2020年1月1日起,受疫情影响较大的困难行业企业2020年度发生的亏损,最长结转年限由5年延长至8年。困难行业企业,包括交通运输、餐饮、住宿、旅游(指旅行社及相关服务、游览景区管理两类)四大类,具体判断标准按照现行《国民经济行业分类》执行。困难行业企业2020年度主营业务收入须占收入总额(剔除不征税收入和投资收益)的50%以上	《关于支持新型冠状病毒感染的肺炎疫情防控有关税收政策的公告》(财政部 税务总局公告2020年第8号)
	自2020年2月起,湖北以外各省(区、市)可免征中小微企业基本养老、失业和工伤保险(以下统称三项社会保险)单位缴费,免征期限不超过5个月;减半征收大型企业等其他参保单位(不含机关事业单位)三项社会保险单位缴费,减征期限不超过3个月。自2020年2月起,湖北省可免征各类参保单位(不含机关事业单位)三项社会保险单位缴费,免征期限不超过5个月	《关于阶段性减免企业社会保险费的通知》(人社部发〔2020〕11号)
	自2020年2月起,各省、自治区、直辖市及新疆生产建设兵团可指导统筹地区,根据基金运行情况和实际工作需要,在确保基金中长期收支平衡的前提下,对职工医保单位缴费部分实行减半征收,减征期限不超过5个月。原则上统筹基金累计结存可支付月数大于6个月的统筹地区可实施减征,小于6个月但确有必要减征的,由各省统筹考虑安排。为应对疫情,此前医保局已发文明确参保单位和个人可延期缴缴医保费政策可继续执行,缓缴期限原则上不超过6个月,缓缴期间免收滞纳金	《关于阶段性减征职工基本医疗保险费的指导意见》(医保发〔2020〕6号)

续表

受益主体	政策内容	政策依据
受疫情影响的企业	受新冠肺炎疫情影响的企业，可按规定申请在2020年6月30日前缓缴住房公积金，缓缴期间缴存时间连续计算，不影响职工正常提取和申请住房公积金贷款	《住建部、财政部、人民银行发布关于妥善应对新冠肺炎疫情实施住房公积金阶段性支持政策的通知》（建金〔2020〕23号）
	优化对受疫情影响企业的融资担保服务。鼓励金融机构对疫情防控重点保障企业和受疫情影响较大的小微企业提供信用贷款支持，各级政府性融资担保、再担保机构应当提高业务办理效率，取消反担保要求，降低担保和再担保费率，帮助企业与金融机构对接，争取尽快放贷、不抽贷、不压贷、不断贷。国家融资担保基金对于受疫情影响严重地区的政府性融资担保、再担保机构，减半收取再担保费。对于确无还款能力的小微企业，为其提供融资担保服务的各级政府性融资担保机构应及时履行代偿义务，视疫情影响情况适当延长追偿时限，符合核销条件的，按规定核销代偿损失	《关于支持金融强化服务 做好新型冠状病毒感染肺炎疫情防控工作的通知》（财金〔2020〕3号）
	为稳定加工贸易发展，减轻企业负担，自2020年4月15日起至2020年12月31日，暂免征收加工贸易企业内销税款缓税利息	《关于暂免征收加工贸易企业内销税款缓税利息的通知》（财关税〔2020〕13号）
受疫情影响的个体工商户	一、帮助个体工商户尽快有序复工复产。对于实体批发零售类、餐饮类、居民服务类、交通运输类等涉及群众基本生活保障行业的个体工商户，要结合本地疫情防控实际，有序解除复工复产禁止性规定。涉及人员聚集的文化娱乐、教育培训等行业，应结合实际，适时明确复工复产时间。保障用工和物流需求。二、降低个体工商户经营成本，灵活调整还款安排，合理延长贷款期限，不得盲目抽贷、断贷、压贷。引导金融机构增加3 000亿元低息贷款，定向支持个体工商户。减免社保费用。实行税费减免。减免个体工商户房租。对承租行政事业单位房屋资产、政府创办创业园、孵化园、商品交易市场、创业基地和国有企业出租的经营用房的个体工商户，鼓励各地结合实际情况进行租金减免。三、为个体工商户提供便捷高效的服务。全面推广个体工商户全程网上办理登记服务，简化登记流程。进一步释放经营场所资源。依法对个体经营者豁免登记。四、加大对个体工商户的服务力度。保障个体工商户电气供应。2020年上半年，对受疫情影响无力足额缴纳电、气费用的个体工商户，实行“欠费不停供”措施。商贸流通、餐饮食品、旅游住宿、交通运输等行业个体工商户用电、用气价格按照相关部门出台的阶段性降低用电、用气成本的政策执行	《关于应对疫情影响加大对个体工商户扶持力度的指导意见》（国市监注〔2020〕38号）

续表

受益主体	政策内容	政策依据
受疫情影响的个体工商户	一、增加支持群体。将受疫情影响较大的批发零售、住宿餐饮、物流运输、文化旅游等行业的个体工商户，网约车司机、出租车司机，出租车、网约车企业或其子公司，以及对已享受创业担保贷款贴息政策且已按时还清贷款、在疫情期间出现经营困难的个人等，纳入支持范围。二、小微企业进入门槛"更低"。小微企业当年新招用符合条件创业担保贷款申请条件的人数与企业现有在职职工人数的占比，由20%下降为15%，超过100人的企业下降为8%，将有更多的小微企业符合政策支持条件。三、贷款额度提高。将个人最高贷款额度由15万元提高至20万元。合伙创业的可根据合伙创业人数适当提高贷款额度，最高不超过符合条件个人贷款总额度的10%。四、贷款期限延长。最长可展期至2020年6月30日，展期期间财政给予正常贴息。对患新冠肺炎的借款人，展期期限可延长1年。五、审批时间变短。要求办理时间原则上将压缩在15个工作日内。六、反担保要求取消。新发放的10万元以下的个人创业担保贷款，以及全国创业孵化示范基地或信用社区（乡村）推荐的创业项目等优质项目，取消反担保要求	《关于进一步加大创业担保贷款贴息力度全力支持重点群体创业就业的通知》（财金〔2020〕21号）
受疫情影响的个人	加大对受疫情影响个人和企业的创业担保贷款贴息支持力度。对已发放的个人创业担保贷款，借款人患新型冠状病毒感染肺炎的，可向贷款银行申请展期还款，展期期限原则上不超过1年，财政部门继续给予贴息支持，不适用《普惠金融发展专项资金管理办法》（财金〔2019〕96号）关于"对展期、逾期的创业担保贷款，财政部门不予贴息"的规定	《关于支持金融强化服务 做好新型冠状病毒感染肺炎疫情防控工作的通知》（财金〔2020〕3号）
因疫情影响不能按期缴纳税款的纳税人	纳税人因疫情影响不能按期缴纳税款的，经有权税务机关批准，可以延期缴纳税款，最长不超过三个月	《中华人民共和国税收征收管理法实施细则》
因疫情影响遭受重大损失的纳税人	因疫情影响遭受重大损失，纳税人缴纳城镇土地使用税、房产税确有困难的，经税务机关核准，减征或者免征城镇土地使用税、房产税	《中华人民共和国房产税暂行条例》（国发〔1986〕90号）；《中华人民共和国城镇土地使用税暂行条例》（中华人民共和国国务院令第483号）
增值税小规模纳税人	自2020年3月1日至5月31日，对湖北省增值税小规模纳税人，适用3%征收率的应税销售收入，免征增值税；适用3%预征率的预缴增值税项目，暂停预缴增值税。除湖北省外，其他省、自治区、直辖市的增值税小规模纳税人，适用3%征收率的应税销售收入，减按1%征收率征收增值税；适用3%预征率的预缴增值税项目，减按1%预征率预缴增值税	《财政部 税务总局关于支持个体工商户复工复业增值税政策的公告》（财政部 税务总局公告2020年第13号）

续表

受益主体	政策内容	政策依据
小微企业和“三农”主体	积极支持小微企业和“三农”主体融资增信，帮助企业复工复产、渡过难关。一、当前形势下政府控股的融资担保、再担保机构要积极为小微企业和“三农”主体融资增信。二、坚持下沉一线、更好发挥放大效应的原则。力争 2020 年投资 10 家支小支农成效明显的地市级政府性融资担保机构。推动国家融资担保基金与银行业金融机构开展批量担保贷款合作，力争实现 2020 年新增再担保业务规模 4 000 亿元目标。国家融资担保基金对合作机构单户 100 万元及以下担保业务免收再担保费，2020 年全年对单户 100 万元以上担保业务减半收取再担保费。三、地方各级政府性融资担保、再担保机构 2020 年全年对小微企业减半收取融资担保、再担保费，力争将小微企业综合融资担保费率降至 1%以下。进一步提高支小支农业务占比，确保 2020 年新增小微企业和“三农”融资担保金额和户数占比不低于 80%，其中新增单户 500 万元以下小微企业和“三农”融资担保金额占比不低于 50%	《关于充分发挥政府性融资担保作用 为小微企业和“三农”主体融资增信的通知》(财金〔2020〕19 号)

16　新冠肺炎疫情下地方政府的财政应对

为应对新冠肺炎疫情对国民生命健康的威胁以及对经济的负面冲击，中央层面不仅出台了防疫支持政策，还推出了一系列财政补贴、税收优惠等财税政策试图扭转下行的经济形势。与此同时，地方在落实中央政策之余，根据各地实际的疫情防控进度及经济下行程度，进一步推出了地方性的应对措施。按照政策目标的不同，地方政策为对抗疫情可分为两个阶段：第一阶段侧重于支持疫情防控工作，一方面在中央的指导意见下，根据各地区实际情况推出具体的实行方案，另一方面在中央政策的基础上，提高补贴、减税降费等扶持政策的力度，以及扩大受惠企业的范围；第二阶段侧重于助力经济的恢复，在疫情基本得到控制后，根据各地区的经济发展水平以及下行程度，进一步推出了恢复本地经济发展的地方性政策，从提供税收优惠、保障就业、刺激消费等方面出发，为经济发展保驾护航。总的来说，在应对疫情冲击方面，我国各级政府纷纷推出了扶持政策，其中财政政策作为对冲疫情伤害有效的手段，从多方面为企业、个人提供了支持，该章节主要就地方出台的相关财政政策进行梳理。

16.1　侧重于支持防疫的财政政策

在疫情防控的关键阶段，为保障患者能够及时获得救助，国家对确诊患者的医疗费用实行了全额兜底，并为工作在一线的医疗救护人员提供了补贴给予支持。与此同时，全国各行各业都在尽自己所能的助力疫情防控工作，如加快研发攻关、保障物资供应等，国家层面为鼓励企业的抗疫行为，针对此类企业提供了一定的税收优惠等措施。在中央政策的号召下，地方政府纷纷加大了对该群体的扶持力度，按照政策的享受主体区分，地方政策也可分为面向个人与面向企业。接下来，将按照享受主体的不同对地方为支持防疫出台的财税政策进行梳理。

16.1.1 面向个人

在支持防疫阶段,面向个人的财政政策分为两类:一类是面向(疑似/确诊)患者,以完善报销制度从而为患者减轻医疗负担为主;另一类是面向医护工作人员,主要从提高工作补贴的角度为该群体提供一定的激励保障。

(1)为疑似患者提供补贴

财政部、国家医保局早期联合发布了《关于做好新型冠状病毒感染的肺炎疫情医疗保障的通知》,推动全国范围内对确诊患者的医疗费用给予补助,随后根据各地区的实际情况,进一步推出了《关于做好新型冠状病毒感染的肺炎疫情医疗保障工作的补充通知》,重点指出各地区在做好确诊患者医疗费用保障的基础上,自行制定对于疑似患者所发生的医疗费用的相关补助政策,理论上疑似患者个人负担的费用部分也应得到补贴。为充分落实中央政策,各省份为疑似患者制定了医疗费用保障制度。从具体实施情况来看,各省份出台的政策基本上对疑似患者所需承担的个人部分都实行了全额兜底,具体由省及省以下各级政府共同承担,其中,黑龙江、甘肃、贵州等省份明确了省级财政承担的比例,黑龙江、甘肃省由省级财政承担80%,而贵州明确由省级财政承担60%。

(2)为医护人员提供保障

医护工作者作为抗击疫情的中坚力量,中央层面上为该群体提供了一定的国家临时性工作补助,以期能够为医护人员提供一定的激励保障。各个地方除中央层面的临时性工作补助外,在省级政策上加大了对一线医护人员的补贴力度。如黑龙江省提高了对医护人员的临时性补助力度,以及增加了特殊补助、绩效工资等;安徽、广东以及重庆等地方为符合条件的医护人员或其家属提供了一次性慰问补助金。与此同时,河南、浙江等地区为一线医护人员购买了专属保险,并对因公感染新冠肺炎的医护人员,确认工伤、发放救助金。除物质保障外,各省份协同多部门为一线医护人员提供了子女上学优待、优先晋升评级等多重保障,在为医务人员提供有效激励的同时,解决其后顾之忧。

16.1.2 面向企业

为鼓励企业的防疫行为,各级政府主要从保障物资正常供应和支持研发攻关两个角度为相关企业提供一定的财税支持。一方面,通过对相关物资生产、供应企业的补贴，以期保障疫情期间人民群众的基本生活需要；另一方面，通过补贴企业与疫情相关的研发行为，以期在抗疫方面早日取得实质性突破，从根源上控制住疫情。

（1）支持物资生产、保障救护物资的有效供应

在支持物资生产方面，国家层面上对疫情防控重点保障物资生产企业以扩大产能为目的新购置的相关设备，允许其在当期一次性将在核算企业所得税时进行扣除，通过加速折旧的优惠方式为企业减轻了现金流压力。从地方层面的政策来看，主要在企业购买新设备时为其提供了资金支持，如黑龙江、安徽等省份对满足条件的企业新购置且已经投入使用的生产设备，按照生产设备价值的50%给予补助；福建省对于为加快物资生产而开发的新技术，省级财政给予一次性200万元的现金奖补，进而鼓励企业对重点保障物资的生产和供应。

（2）支持早日研发攻关

为常态化疫情防控提供有力保障，在中央与地方相继推出一系列举措来支持研发攻关。中央层面上对研发企业的支持主要是提供了税收优惠，如研发费用的加计扣除政策等。从地方出台的政策来看，更多的是为企业提供现金补助，如安徽、福建、甘肃、重庆等地均为相关研发企业提供了研发补助，其中，甘肃省根据企业的具体研发投入情况给予成本补贴，最高不超过20万元；重庆市对符合条件企业的研发行为按照研发投入总额的50%进行补助。

16.2 侧重于复苏经济的财政政策

在国内疫情基本得到控制后，各级政府的工作重点继而转向助力经济复苏。作为对冲疫情冲击的有效手段，从中央到地方再次推出了一系列财税政策，以期快速恢复经济。一方面，由于疫情防控阶段使得企业停产停工，使得多个行业受到剧烈的冲击。因此，在后疫情时代，各级政府主要通过出台一系列财税政策帮助企业尽快复工复产，尤其是扶持小微企业走出困境。另一方面，鉴于疫情下严格的防疫措施造成居民消费水平的持续低迷，而消费作为经济发展的重要引擎，如何利用财税政策刺激消费是恢复经济的关键。与之对应，各级政府推出的政策以面向企业与消费者两个群体为主，地方政府在中央政策的基础上，根据各地区的实际恢复情况推行不同力度的补充政策，以期减少疫情

给经济带来的负面影响及不确定性。

16.2.1 面向企业

面向企业的扶持政策侧重于为其减轻压力。房屋租金、水电气费用以及贷款利息作为企业日常经营活动中的刚性支出，对该笔费用进行补贴是弥补成本的有效措施。与此同时，地方政府在充分考虑当地企业所面临实际困境的基础上，依据各地区的具体情况进一步选择是否加大减税降费的力度，并酌情提供缓缴相关税费的选择。从各地区已推出的财税政策来看，主要包括为企业减少经营成本、提供金融支持、为企业减税降费以及为企业加强用工保障。

(1)为企业减少经营成本

①减免房租。在为企业减免房租方面，中央出台意见旨在推动为小微企业和个体工商户减轻房租压力，各省份根据当地的实际情况推出了具体的地方政策，按照企业类型可分为面向承租国有资产类经营用房的企业与租用其他经营住房的企业这两类情况。河北、陕西、福建等省份对承租国有资产类经营房产，且符合条件的企业提供免收房租的优惠政策，主要通过免收1个月房租，减半征收2个月房租的方式；也有部分地区扶持力度较大，安徽对承租国有企业经营性用房以及满足条件的中小微企业，免收2—4月三个月的房租；湖北省除对承租国有资产类经营用房的中小微企业免受3个月的房租外，还提供了6个月的房租减半优惠。以上主要是面向承租国有资产类经营用房企业的房租减免优惠，对于非国有资产经营用房的企业来说，地方政策文件中以鼓励为主，如四川、吉林、广西、重庆等多地鼓励大型商场、市场运营方适度减免租户的租金，具体可由出租方与企业共同协商租金的事宜。除鼓励外，部分地区对此也提供了资金支持，如北京不仅对小微企业、初创文化企业的房租给予补贴，并对受疫情影响严重且为居民提供生活保障的连锁餐饮、生鲜超市等企业提供一定比例的房租补贴；北京除了对符合条件的企业进行租房补贴外，还对房屋出租方提供了资金支持，具体由市区政府对那些为中小微企业减免租金的企业给予一定的补贴。与之类似的还要山东、福建等地，对于在疫情期间为中小企业减免租金的国家级、省级创业孵化基地，给予3个月以上的运营补贴，补贴标准为减免租金总额的30%。地方政策中除减免租金的手段外，部分地区还允许企业延期缴纳租金，如山东省提出，资金支付存在困难的中小企业可以延期收取租金。

②降低生产要素成本。从企业成本端来看，除房租支出外，还有水电气等

日常必需的刚性开支。为进一步减轻企业经营压力，各省份在实际操作中以下调水电气价格、补贴水电气费用以及允许延期缴纳等多种扶持手段。首先，多个地区将企业电价下调至原来的90%～95%，如云南省于2020年2月至12月将高耗能以外的行业用电成本统一降至原来的95%，对于受疫情影响较为严重的批发零售、住宿餐饮、物流运输、文化旅游等行业的用电价格降至原来的90%；重庆市对批发业、零售业，餐饮业、住宿业单位的用电、用气价格按现行政策的90%结算，但时间限定在2020年2月至3月；安徽省对涉农企业的用水、用天然气价格均下调了10%，期限为3个月。其次，补贴水电费也是多省份采用的主要方式之一，如在四川、湖北、安徽等地，对满足条件且与疫情防控的中小企业按销售目录电价的30%给予补贴。最后，除下调用水、用电、用气的价格外，还有部分地区提供可延期缴纳的选择，在江苏、辽宁、山东、湖北等地区，满足条件的企业可申请延期缴纳水费、电费、燃气费，并且在缓缴期间实行“欠费不停供”措施，山东省要求在疫情后3个月内补齐即可。

(2)为企业提供金融支持

①加大财政贴息支持。对于疫情防控重点保障企业，中央层面上不仅为其提供优惠利率信贷，在此基础上按照再贷款利率的50%给予贴息。除全国性的贴息支持外，部分地区对于这类企业进行了补充支持。河南、江西、黑龙江、海南、云南等地区对取得中央财政贴息的企业再按一定的贴息比例给予省层面的财政支持，其中河南、江苏等大部分地区按照25%再贴息，黑龙江贴息比例较大，按照新增贷款利息的50%给予贴息支持。此外，鉴于是否能够纳入疫情防控重点保障企业，存在一系列的申请条件，对于已上报但最终未能申请成功的企业，黑龙江、贵州等地区给予了省层面的贴息支持。除省层面的扶持政策外，部分城市也推出了贴息措施，深圳市所提供的贴息支持主要面向受疫情影响严重的中小微企业，按照疫情期间新增贷款利息的50%给予补贴，最高不超过100万元。

②优化融资担保服务。为帮助企业复工复产，中央层面上发布政策明确要求“各级政府性融资担保再担保机构应取消反担保要求，降低担保和再担保费”。在中央政策的部署下，各省份纷纷出台政策响应对反担保要求与担保费用的规定。在反担保要求上，海南、江苏、安徽等省取消了政府性融资担保机构的反担保要求，并提出应充分发挥政府性融资担保机构的作用，缓解小微企业融资压力；河南省对能够取消反担保要求的企业进行了限定，主要是对直接参

与疫情防控工作的中小微企业取消了反担保要求;在降低担保费用方面,海南、河南、江苏等多省均降低了担保费率,并对于没有还款能力的小微企业,在由政府性融资担保机构代还后,可延长追偿期限。

(3)为企业减税降费

①减税方面。中央层面上的政策是对交通运输、住宿餐饮、居民服务、文体娱乐业企业自用的房产、土地,免征 3 个月的房产税、城镇土地使用税,中央政策限定了享受优惠的企业范围以及期限,安徽、黑龙江、青海、江苏、海南等省份扩大了可享受房产税、城镇土地使用税优惠的企业范围。青海省对增值税小规模纳税人给予了三个月的房产税、城镇土地使用税减免优惠。黑龙江对于符合条件的增值税小规模纳税人,根据自用或出租进行了具体的说明。对于自用房产、土地可免征房产税与城镇土地使用税(时间限制在 2020 年 3 月至 5 月);对于租借给个体工商户,且为其免除房屋租金的出租方,同样可免除该期间的房产税与城镇土地使用税。海南作为旅游大省,鉴于省内企业的实际情况,除对中小企业减免 2020 年第一季度的房产税和城镇土地使用税外,对受疫情影响较大的旅游企业在该时间段给予了同样的减免优惠。以上主要是在指定期间内,对符合条件的企业所应缴纳的房产税、城镇土地使用税进行了全额的减免,除此之外,部分地区还提供了企业所得税、个人所得税等其他税种的减免优惠,广西对自治区内小微企业在本年度应缴纳的企业所得税属于地方分享的部分,按照 20%的比例给予减征优惠;湖北省对经营蔬菜的个体工商户实行增值税及城市维护建设税、教育费附加等附件税以及个人所得税的免征优惠。

②降费方面。对于社会保险费,在《关于阶段性减免企业社会保险费的通知》的指导下,各地方应实施阶段性的社会保险费减免政策[①]。各省份为落实国家政策,积极出台了省级层面的支持措施,黑龙江、北京、重庆等地区对国家制定出台的社会保险费用阶段性减免政策按照最高标准执行。具体对于满足条件的中小微企业单位缴纳的社保费用部分在 5 个月内给予免征优惠;对于大型企业、民办非企业单位、社会团体等给予减半征收的优惠。其次对于医疗保险费,在中央政策的指示下,重庆等地区按照减半降低医疗保险缴纳比例的方式

---

① 具体指出,自 2020 年 2 月起,湖北以外各省(区、市)可免征中小微企业基本养老、失业和工伤保险(以下统称三项社会保险)单位缴费,免征期限不超过 5 个月;减半征收大型企业等其他参保单位(不含机关事业单位)三项社会保险单位缴费,减征期限不超过 3 个月。自 2020 年 2 月起,湖北省可免征各类参保单位(不含机关事业单位)三项社会保险单位缴费,免征期限不超过 5 个月。

执行，规定企业在2020年2月至4月期间为职工缴纳医疗保险从原来8%的缴费比例降至4%。除减免以上费用外，部分省份还免征了其他行政事业性收费，如北京对符合条件的中小微企业免收特种设备检验费、污水处理费、占道费。

③延期缴纳税费方面。在延缓缴纳社会保险费和住房公积金方面，多省份提出受疫情影响且生产经营出现严重困难的企业，可申请缓缴社会保险费用，在缓缴期间均可免收滞纳金，但各地区在允许的缓缴期限方面存在差异，如重庆、贵州等多地为6个月，而甘肃缓缴期最长为1年。

(4)为企业加强用工保障

①稳定就业岗位。为稳定就业岗位，浙江、广东、河南、山东、安徽等省份对不裁员或少裁员的企业提供了失业保险费返还的鼓励措施，具体对不裁员或少裁员的参保小微企业，返还其上年度实际缴纳失业保险费的50%。浙江对其中面临暂时性生产经营困难且恢复有望的小微企业优化了返还标准，返还标准按照上年度6个月的企业及其职工月平均应缴纳社会保险费的50%。安徽省主要对于面临暂时性经营困难、坚持不裁员或少裁员的参保文化和旅游企业，按照6个月的当地月人均失业保险金和参保职工人数或按6个月的企业及其职工应缴纳社会保险费50%的标准自由裁定。陕西省进一步提高了返还标准，对不裁员或少裁员的参保企业，返还上年度实际缴纳失业保险费用的60%。除返还失业保险费外，广东、广西等省份还提供了稳岗补贴，如广西壮族自治区主要是对春节期间为疫情保障提供物资的企业提供稳就业补贴，广东省主要是对受疫情影响严重的企业发放稳岗补贴。

②为企业提供补贴。从补贴类型来看可将补贴分为三种，除上述稳岗补贴外，还有吸纳就业补贴、员工培训补贴。首先来看吸纳就业补贴，为鼓励企业增加员工的就业机会，除对满足条件的企业返还失业保险费外，部分省份还推出了就业补贴，具体企业每新增一个就业岗位，为其提供相应的补贴。如安徽、山东等省在疫情防控期间，对满足条件的企业每增加一名符合条件的新员工，为企业提供1 000元的就业补贴。再来看员工培训补贴，国家发展改革委办公厅等四部门于2月上旬发布《关于应对新型冠状病毒感染肺炎疫情支持鼓励劳动者参与线上职业技能培训的通知》，疫情下鼓励企业为广大劳动者提供线上技能培训，进一步提高劳动者的技能水平。多地区在该政策的指引下相继推出了相关的对策，一般采用对企业按比例补贴、定额补贴两种方式。如浙江、上海等地对企业实际培训费用的95%进行比例补贴，并对每个人实际补贴的最高额度

进行了限制，原则上浙江每人实际补贴的培训费用不超过800元，上海最高限额为600元。此外，部分城市也提出了定额补贴的政策，如西安对于企业所开展的职工培训活动，限定了补贴额度的上下限，每人最高不超过5 000元，最低不得低于1 000元的标准；天津市对于线上培训按照每人600元的标准进行补贴。

16.2.2 面向消费者

在疫情防控期间，严格的居家隔离等措施进一步使得居民消费低迷，具体表现为旅游、商务差旅、餐饮等行业消费指数出现明显的下滑趋势。因此，在后疫情时代，为恢复消费、促进潜力释放，充分发挥消费在经济增长中的重要作用，各地区以发放消费券、鼓励大宗消费等举措来刺激消费。

(1)发放消费券

在后疫情时代，各地区相继采用发放消费券的方式带动居民消费。对于这种发放消费券的形式属于疫情发生以来一次全新的探索，以期能够恢复疫情前的消费水平。从消费券的发放范围来看，全国诸如北京、杭州、郑州、南京、深圳以及重庆等各大城市累计发放了数百亿元的消费券；从结果来看，消费券的发放是多方共赢的举措，对于促进经济恢复有着积极的作用。一方面，消费券的发放直接带动了居民的消费，增强了消费活力，促进了市场回暖，与此同时，从各地发放的消费券来看，消费券的定向使用范围大多集中在文旅、餐饮两大领域，进一步扶持了这类受疫情影响颇为严重的行业。另一方面，这种消费券补贴向低收入群体倾斜，指定向这类人群发放消费券，可进一步增强消费者的获得感，保障了民生。

(2)提供购车补贴

地方政府在刺激消费的措施上，除了发放定向消费券，还有提供购车补贴来鼓励大宗消费。在中央层面上提出要稳定汽车、家电等传统大宗消费，各省纷纷响应，基于各地实际情况出台了不同程度的优惠补贴力度。广东省为稳定新能源汽车消费，为购买新能源汽车的消费者提供了补贴，如广州市给予每车1万元补贴，佛山为购买“国六”标准排量的汽车提供2 000～5 000元不等的补贴；为推进汽车更新换代，广东、江苏对于置换或是报废二手车的消费者，购买符合条件的新车给予补助，广州市给予每辆车3 000元的补助，江苏省按照原有标准的1.5倍给予补助。与鼓励新能源汽车消费不同的是，作为汽车制造大省，湖南省为购买本地汽车品牌的消费者提供补贴，如长沙对于购买指定市产汽车的消费者，提供裸车价值 3%的一次性补贴，最高不得超过 3 000 元；湘潭经济技术开发区对购买省产汽车品牌吉利的消费者，给予每台 3 000 元的购置税补贴。除购车补贴外，部分地区还提供了充电补助，如上海对于在本年度指定时间内购买纯电动汽车的消费者，符合条件可申请 5 000 元充电的补助。从以上措施可以看出，各地正积极推动汽车市场尤其是新能源汽车的消费，进一步实现消费升级。

17　新冠肺炎疫情下中国财政的表现与发展

17.1　新冠肺炎疫情下中国财政的表现

面对新冠肺炎疫情的冲击，中国坚持“积极的财政政策要更加积极有为”，在财政收支两端同时发力，坚决地阻止了新冠肺炎疫情的进一步扩散，切实地保障了人民群众的就业和基本民生，有力地推动了企业复工复产和投资，为新冠肺炎疫情之后中国经济长期持续增长奠定了坚实的基础，在新冠肺炎疫情对中国财政治理能力的严峻“大考”中提交了一份优秀的答卷。本章节首先回顾了中国财政在新冠肺炎疫情防控工作和经济复苏工作中的表现，然后总结新冠肺炎疫情期间中国财政的完善与发展。

根据财政部的统计，2020 年 1 月到 11 月全国一般公共预算收入为 169 489 亿元，同比下降 5.3%，与预算增幅持平，全国一般公共预算支出为 207 846 亿元，同比增长 0.7%。在收入端，11 月的全国一般公共预算收入为 10 956 亿元，同比下降 2.7%，剔除特殊因素后，11 月全国收入增长 6%左右，不仅好于预期，而且连续 6 个月保持增长，反映了经济平稳恢复的态势。从收入的结构来看，全国税收收入连续 7 个月累计降幅收窄，体现出宏观经济状况和居民生产生活的改善，值得一提的是，个人所得税收入增长 10.1%，说明税制结构的改革效果显现。前 11 个月全国非税收入大幅下降 13.7%，企业缴纳的各种费用减少，预计全年减税降费规模将达到 2.5 万亿元，减税降费政策有力落实，特别是中小企业的税费负担持续减轻，为纾解企业资金困难、促进复工复产、增加投资和保障就业提供了坚实的基础。在支出端，在 11 月全国一般公共预算支出累计增幅实现转正。中央本级一般公共预算支出 29 757 亿元，同比下降 2.3%；地方财政一般公共预算支出为 178 089 亿元，增长 1.2%。从支出的结构来看，财政重点发力的领域集中在新冠肺炎疫情防控、脱贫攻坚、基层"三保"等方面,与新冠肺炎疫情防控直接相关的公共卫生支出增长71%,社会保障和就业方面的支出增长9.8%,住房保障方面的支出增长9.5%,扶贫攻坚方面的支出增长9.2%。为了对冲新冠肺炎疫情给经济造成的下行压力,缓解财政收支的矛盾,确保"刚性支出"不减少,落实地方政府"三保"的兜底责任,中国财政2020年度将赤字率适度提高到了3.6%以上。各级财政在民生领域提供了充裕的资金,各项惠民政策相继落实,对促进人民群众生产生活迅速恢复,稳定中国经济基本面,推动经济持续增长发挥了关键作用。

17.1.1 新冠肺炎疫情防控工作中的财政表现

新冠肺炎疫情爆发后,各级财政部门会同相关部门及时地出台了一系列保障政策,立足财政的稳定职能,采取更加有力的举措。财政发挥"托底"作用,为受新冠肺炎疫情影响严重的人群、行业和地区出台各项扶持政策和措施。截至2020年3月13日,抗击新冠肺炎疫情工作开展的初期,全国各级财政安排的新冠肺炎疫情防控投入就已经达到了1 169亿元,财政投入为医院的治疗工作和人民群众的基本生活提供了充足的资金保障,有力地支持地方政府落实"应保尽保",做到"应救尽救"。财政补助的一个重要的目标就是确保人民群众不因为医疗费用问题而影响救治,确保各地区不因为资金问题而延误新冠肺炎疫情防控工作。

在新冠肺炎患者的医疗费用方面,相关规定明确指出,确诊新冠患者的医疗费用,在基本医保、大病保险、医疗救助等按规定支付后,个人负担的部分由财政托底,其中,中央政府补助60%,省级政府补助40%;对疑似患者的治疗费用,按规定支付后由就医地指定补助政策并安排资金,中央财政酌情进行补助。在重点医疗物资采购费用方面,财政充分发挥了中央政府储备的作用,在新冠肺炎疫情防控期间大批量生产防疫物资,比如N95口罩、医用防护服、医用护目镜等防疫物资及其产业链上的企业,产品销售由政府全额兜底。保障产品销路的措施,解除了医疗物资生产厂商的后顾之忧,增强了生产的信心,使得企业可以迅速恢复并扩大产能,最终产品由财政支持在全国范围内统一调配,满足新冠肺炎疫情防控期间全国市场对医疗用品的巨大需求,有力地保障了医疗物资及时、充足供应,成为防控新冠肺炎疫情的坚强后盾。除此之外,财政补助的另一个工作重心是建设常态化的重大新冠肺炎疫情防控体系,比如中央财政为湖北武汉拨付 47.25 亿元用于亿元改建和扩建以及建设基层医疗卫生体系。

对于医疗物资的生产企业，财政支持的重要目标是大力支持企业扩大产能。各级财政对生产与新冠肺炎疫情防控相关的卫生防疫物资、疫苗研发和核酸检测、医药产品、医疗器械等重点保障企业提供贷款和财政贴息的金融支持。由财政部门牵头，为新冠肺炎疫情防控保障企业提供融资担保，引导金融机构为相关企业提供优惠的融资服务，增加信贷规模，更好地满足新冠肺炎疫情防控保障企业合理的融资需求。财政引导金融支持的措施大大地降低了新冠肺炎疫情防控重点保障企业的融资成本，为该类企业及时扩大产能和技术改造提供了充裕的现金流，进一步提高了新冠肺炎疫情防控能力。同时，对于享受了融资支持的新冠肺炎疫情防控企业，财政部门还会对投放的信贷资金进行监管，杜绝企业利用低利率贷款进行套利的行为。

值得注意的是，财政部还出台了针对参加新冠肺炎疫情防治工作的医务人员和防疫工作者的临时性工作的补充规定，使资源分配向防疫人员的工作条件、薪酬津贴等方面倾斜。根据《人力资源社会保障部、财政部关于建立传染病新冠肺炎疫情防治人员临时性工作补助的通知》，对参加一线新冠肺炎疫情防治工作的医务人员和防疫工作者，分别给予每人每天 300 元和 200 元的工资补贴，补助的资金全部由中央财政承担。对于在重症病危区工作的一线医务人员，按照实际工作量的 1.5 倍计算薪酬，同时将湖北省的医务人员的薪酬标准提高 2 倍。对工作任务重、工作量大的新冠肺炎疫情防控人员和机构，计算一次性绩效补助，同样由中央政府据实支付。财政资金对新冠肺炎疫情防控工作人员的直接补助，切实改善了防疫工作者的工作条件，保障了防疫工作者的权益，增强了防疫工作者的凝聚力和信心，为维护正常医疗秩序，提高新冠肺炎疫情防控效果提供了有力保障。

17.1.2 复苏经济工作中的财政表现

为了使地方政府扎实做好“六稳”工作，落实“六保”的各项要求，中国在新冠肺炎疫情期间建立了特殊的转移支付体系。中央财政新增 2 万亿元财政资金，直接拨付给基层的市县政府，为基层政府开展惠民利企工作提供了充足的资金保障，巩固了经济恢复和持续增长的基础。

直达资金的使用重点之一是支持和帮扶企业，包括采用贷款贴息、援企稳岗、财政补贴等方式，提高企业应对风险的能力，帮助受到新冠肺炎疫情冲击的企业渡过难关。据统计，针对企业的补贴资金支出超过 140 亿元，涉及中小微企业 8 万余家，个体工商户超过 6 万户。

与此同时，针对中小企业的各项减税降费措施有力落实，刺激经济增长的效果正在逐步显现。2020 年，财政部实施了 7 批共计 28 项力度较大的减税降费惠企措施，包括针对新冠肺炎疫情防控重点保障企业的应急措施，帮扶受到新冠肺炎疫情影响较大的行业的措施，支持企业全面复工复产的措施，等等，在减税降费的导向上特别注重对中小微企业倾斜。2020 年 1 月到 10 月，全国新增减税降费 22 301.61 亿元，超过了 2019 年的减税降费金额，其中新增减税 7 461.12 亿元，新增降费 14 840.49 亿元(其中降低企业社会保险费 14 335.45 亿元)，预计 2020 年全年减税降费将达到 2.5 万亿元。大规模减税降费与强有力的阶段性政策相配合，极大地释放了经济改革的红利，提升了市场主体的获得感。减税降费措施对有效缓解新冠肺炎疫情的冲击，支持新冠肺炎疫情防控、帮助企业复工复产，促进经济增长起到了关键的作用。根据发改委的统计，在春节假期结束后的 2 月 10 日，全国 22 个省份中，口罩企业复工率就达到了 76%，防护服企业复工率超过 77%，全国重点监测的粮食生产、加工企业复工率为 94.6%，中小企业的复产率也超过了 30%，经济运行迅速恢复的背后离不开财政的支持。

各级财政除了加强对企业的帮扶力度之外，同时也在提升对居民就业的保障。根据工业和信息化部，在新冠肺炎疫情初期的 3 月 13 日，全部除湖北省以外的规模以上工业企业人员平均复岗率就达到了 80%。根据国家统计局公布的数据，2020 年 1 月到 11 月份，全国城镇新增就业 1 099 万人，完成全年目标任务的 122.1%。11 月份，全国城镇调查失业率为 5.2%，连续 4 个月下降，其中，就业主体人群的调查失业率为 4.7%。新冠肺炎疫情爆发后，各级财政就为稳定就业的工作提供了一系列配套和保障，充分发挥了财政职能作用，包括统筹使用就业补助资金、职业技能提升行动资金，落实就业优先政策。一方面，各级财政加大了援企业稳岗稳就业力度，迅速安排各种稳岗补贴，支持企业充分吸纳就业。部分地区对按规定复工并为受新冠肺炎疫情影响而无法到岗的职工发放薪酬的企业，给予一次性的复工补助。此外，对于职工因新冠肺炎疫情接受治疗或出于医学隔离期间的企业，财政部门也按照规定为其发放补贴。在新冠肺炎疫情期间新招员工，可以获得吸纳就业的补贴。另一方面，减轻企业税费负担也是着眼全局，为企业纾解困难、稳定就业岗位的重要战略举措。大规模的减税降费切实减轻了企业的负担,特别是提升了中小企业吸纳就业的能力。但是,减免社保费用的同时也给部分地区的企业职工养老保险的运行带来一定的压力。为此,各地财政提前谋划,以江苏省为例,2020年先后分五批下达企业职工养老保险省级调剂金共计151.3亿元。财政提供的资金保障,在为企业减轻税费负担的同时,实现了企业职工社会保险金按时足额发放的目标,维护了社会稳定。各级财政在加大稳就业资金投入的同时,还在加强资金监管,切实提高资金使用效率。各地区财政根据自身情况完善了就业资金管理办法,明确各项就业扶持政策,完善就业资金的分配方式,提高财政资金使用的科学性和针对性。进一步地,各级财政还将稳就业资金纳入监控,时刻掌握每一笔补助资金的使用情况,确保财政资金直接惠企利民。

为了保障地方政府的财力,中央提前下达了2021年对地方的转移支付资金。按照预算法的规定,财政部将中央对地方的转移支付资金提前下发给省级财政部门,由省级财政部门结合本地区实际情况编制资金使用预算,在各市县之间进行分配。2020年,财政部根据能下尽下的原则,继续加大对地方转移支付的提前下达力度,截至10月31日,除特殊项目外,其他转移支付资金已提前下达完毕。其中,一般公共预算转移支付资金提前下达6.38万亿元。财政资金的统筹与划拨,优化了地区间资源配置效率,保障了基层政府保工资、保运转、保基本民生的能力。新冠肺炎疫情期间,中央财政增加了对地方转移支付的规模,加大了一般性转移支付的力度,并重点向革命老区、民族地区、边疆地区、贫困地区倾斜,充分保障地方政府的财力,缓解新冠肺炎疫情给地方财政收入增速带来的严重冲击。同时,相应地减少对地方的专项转移支付力度,提高地方政府自有财力,加大财力下沉力度,增强了基层政府"托底"的能力,兜住"三保"的底线。2020年上半年,财政部发布通知,将进一步加强地方财政"三保"工作,通知明确阶段性提高地方财政资金留用比例,规定新冠肺炎疫情期间因留用比例提高而增加的现金流,应当全部及时地分配给县级政府使用,不得滞留在省级政府。同时,各级财政继续落实减支的要求,坚持以收定支,真正过"紧日子",严格落实"三公"经费只减不增的要求,同时增强民生领域的投资,提高资金使用效率。从中央财政到地方财政对基本民生领域大力保障,确保人民群众生产生活的有序开展,切实稳住了民主的基本盘,有效地缓解了新冠肺炎疫情对人民群众生活质量的冲击,配合新时代"双循环"战略,有力地支撑了国内消费市场平稳运行,成为新冠肺炎疫情之后经济复苏的关键因素。

为了应对新冠肺炎疫情的冲击，扩大有效投资，促进宏观经济、促进宏观经济平稳运行，地方财政增加了专项债券发放规模。2020年，全国人大批转了新增政府专项债券额度3.75万亿元，经过国务院批准，财政部向各地下发了政府专项债券的发行额度，督促各地政府发行。截至2020年11月30日，全国累计发行新增政府专项债券3.55万亿元，占全面总发行额度的95%，发行规模同比增加1.42万亿元，增长率为67%，在已发行的专项政府债券中，支出的金额达到3.32万亿元，占发行规模的94%。本年度专项债券的发行规模大、发行速度快、资金使用进度快，有力地支持了各领域的公共投资活动，带动了相关产业发展。根据资金安排，发行的专项债券将重点用于党中央、国务院确定的重点领域，包括公共卫生设施建设、民生服务、基础设施等项目，同时也用于合理补充中小银行资本金，有效地发挥了专项债券的带动作用。在增加专项债券发行规模的同时，也要有效地防范债务风险：一是严格控制专项债券的用途，严禁地方政府将专项债用于置换存量债务，或者用于经常性项目和非公共领域；二是落实各级政府的债务偿还责任，督促各级政府和部门偿还债务，控制宏观债务风险。

纵观中国财政在新冠肺炎疫情期间的表现，可以看到中央财政和地方财政在收支两端同时发力，充分发挥财政职能，二者密切配合、协调一致，为全社会共同抗击新冠肺炎疫情，为保障人民群众生活安定，为支持经济持续平稳恢复奠定了坚实的基础。在抗击新冠肺炎疫情的工作中，中国财政为防疫事业提供了充分的保障，在经济复苏工作中，中国财政有效激发了市场主体的活力，助推中国经济平稳恢复。新冠肺炎疫情既是对中国财政治理能力的一次考验，又为中国财政提供了完善和发展的机会。

17.2 新冠肺炎疫情下中国财政的发展

17.2.1 减税降费措施落实有力

近年以来，我国出台了大规模减税降费措施，使数千万家企业和数亿人民群众享受到了政策红利，2019年为市场主体减负超过2.3万亿元。2020年新冠肺炎疫情爆发阻滞了我国经济正常运行，企业停工停产，失业率上升，中央及地方财政压力增大，但我国仍然坚定不移地继续推进减税降费工作，以税费优惠引导和帮助企业复工复产，重振经济。为应对疫情冲击，按照党中央、国务院部署，财政部会同有关部门迅速组织力量，加强统筹协调，连续发布实施了7批28项优惠力度大的减税降费措施，其中既有支持疫情防控保供的应急措施，也有帮扶受疫情影响较大困难行业的措施，还有支持企业复工复产的措施，特别是聚焦帮扶小微企业渡过难关，进一步加大税费支持力度。这些政策措施加上去年大规模减税降费在今年形成的翘尾减收，预计全年为企业新增减负超过2.5万亿元。在各方面的共同努力下，减税降费措施落实有力，政策效果正在逐步显现。1—10月，全国新增减税降费22 301.61亿元，其中新增减税7 461.12亿元，新增降费14 840.49亿元(其中企业社保费新增降费14 335.45亿元)。大规模减税降费通过强化阶段性政策，与制度性安排相结合，释放大规模减税降费红利，有效对冲疫情影响，对支持疫情防控、帮助企业渡过难关、促进经济恢复增长发挥了重要作用。疫情期间，宏观财政支出增加与税费收入下降之间的矛盾促使我国推动财政支出体制变革，由党和政府带头过紧日子，大力压减经费开支，在服务保障中集约节约使用资金，特别是严格控制“三公”经费开支，大力整合精简地点相同、对象重叠、内容相近的会议、培训、调研等公务活动，优先保障重点、刚需、紧急项目支出；加强资源统筹整合，强化财力资源集中统管，推动办公用车、公务用车、办公家具、办公设备等统一调配、统筹保障，逐步实现经费归口、资源共享、权责匹配，避免多头管理，遏制铺张浪费。疫情冲击尽管使我国面临巨大的财政资金缺口，但同时也着力优化财政结构提质增效，倒逼财税制度改革创新，助力我国快速重振经济。

17.2.2 建立财政资金直达机制

财政资金直达机制是有效应对疫情影响的重要举措，是宏观政策调控方式的重大创新。财政资金直达基层，减少了资金拨付的中间环节，直达资金下达速度更快、投向更加精确、管理更加规范、流程更加透明，在改进预算管理、提高资金使用效益、增强财政调控效果等方面发挥了重要作用。截至2020年11月底，直达资金已经下达完毕，80%以上的资金已经投入使用，为地方做好“六稳”工作、落实“六保”任务提供了坚实保障。财政资金直达机制有利于提高中央转移支付效率，进而提高财政资金拨付和使用效率，我国应当进一步发展和完善财政资金直达机制，建立常态化财政资金直达机制：一是合理扩大直达资金范围。将可直接分配的共同财政事权转移支付、符合条件的专项转移支付，以及直接用于保基层财力的一般性转移支付纳入直达范围。初步估算，2021 年直达资金规模将高于 2020 年。二是完善部门协调配合工作机制，扩充部门范围，优化职责分工，加强财政监管、审计监督，推动形成职责清晰、分工明确、沟通顺畅、协调高效的工作格局。三是强化直达资金监控系统支撑，加快升级改造直达资金监控系统，拓展数据分析、预警功能，进一步推进部门间数据开放共享。四是把财政资金直达机制作为深化预算管理制度改革的重要内容，推动将直达机制嵌入预算管理流程，不断完善体制机制，加强制度保障和约束，切实提高财政资金使用效益。

17.2.3 强化对地方财库的监测督导

对地方财政实行有效的监督与管理，是提高我国财政资金使用效率的重点与难点问题。地方财库的运作对于中央政府而言无异于政策黑箱，地方政府每年上报中央的财政预算与实际实施情况间可能存在较大差异。新冠肺炎疫情的爆发为中央政府打开这个政策黑箱提供了契机。为抗击疫情和复苏经济，中央政府出台了相应积极的财政政策，其中牵涉到大量财政资金划拨与使用问题，财政政策的实施效果很大程度上取决于各级地方政府及基层组织是否严格执行中央指令，将每一笔财政资金和抗疫物资用到实处用在刀刃上。为加强对地方财政库款的监督与管理，我国在疫情期间建立了地方财政库款运行监测机制，有针对性地进行督导和支持。目前，地方财政库款运行总体良好，库款规模持续保持在合理区间，但受减税降费政策翘尾减收，特别是疫情冲击等影响，部分基层财政收入下滑，“三保”存在一定困难。

17.2.4 财政应急能力不断增强

全国新冠肺炎疫情阻击战打响后，中央及地方财政部门第一时间启动应急预案，迅速构建起财政应急资金“高速通道”，千方百计筹措资金，确保不因资金问题延误救治和疫情防控。中央财政加快统筹规划，及时拨付资金，在中国人民银行、相关代理银行的支持下，财政部建立了资金调度拨付绿色通道，按照应急流程办理业务，保持渠道畅通，提高工作效率，确保疫情防控资金第一时间拨付到位；督促各地区也按照“急事急办、特事特办”原则，加快资金调度拨付，因而创造了 10 天内建成“火神山”医院，1～3 天建成“方舱医院”的中国奇迹；督促省级财政部门加强对市县库款情况的监测和风险评估，指导基层财政合理安排支出顺序，必要时予以资金调度支持，切实保障疫情防控支出需要。同时，2020年我国财政批准安排发行抗议特别国债1万亿元，安排新增专项债券额度3.75万亿元，指导地方加快发行使用速度，有效发挥了发行专项债券对冲疫情影响、扩大有效投资、促进宏观经济平稳运行等积极作用。

第六编

应对新冠肺炎疫情财政政策的国际比较

18　美国新冠肺炎疫情财政政策

2020 年初全球开始逐步大规模爆发新冠肺炎，疫情态势严峻，直至 2020 年下半年仍然没有彻底消退。截至 2020 年 10 月 29 日 0 点，美国累计确诊病例为 8 834 393 例，其中死亡病例达到 227 045 例。疫情不仅给群众健康带来影响，也给群众正常生活和社会各领域工作的正常运作带来严重影响，所以美国在疫情爆发后发布了一系列应对措施。

18.1　联邦财政政策

美国在 2020 年 3 月份开始陆续发布应对新冠肺炎疫情的相关政策，政策发布主要集中在上半年。从政策的发布主体角度来看，首先是总统签署的一系列应对疫情的指导性法案，其次就是各联邦部门根据法案等发布的具体应对措施，其中后者中的一些措施属于前者的具体化方案，因此前者属于第一级措施，而后者可以看成第二级措施。这些应对政策发布的主要联邦部门包括儿童和家庭管理局（ACF）、小型企业管理局（SBA）、联邦银行监管机构、美联储（FR）、财政部（Department of Treasury）、国税局（IRS）以及联邦应急管理局（FEMA）。具体介绍如下：

18.1.1　民生领域

（1）医疗补助类

涉及医疗补助类的措施主要是总统签署的《家庭优先冠状病毒应急法案》。该法案中明确指出，为应对新冠肺炎疫情，政府会免费为所有需要的人进行新冠病毒检测、允许带薪病假和家庭医疗休假。

(2)生活福利类

有关生活福利类的保障措施很多,从保障对象来看,不仅包含对直接受益人,如儿童、个人和家庭的保障,也包含以企业为对象但实际受益人为个人的措施。这部分在多个部门之间均有涉及,其中具体包含总统签署的法案和行政令以及儿童和家庭管理局、美联储、财政部、国税局以及联邦应急管理局发布的具体措施。

有关总统签署的通过的法案和行政令,主要包含《家庭优先冠状病毒应急法案》《CARES 法案》《PPP 和医疗保健促进法案》《购买力平价灵活性法案》以及涉及生活福利的行政命令。值得指出的是,这些法案基本都是联邦各部门具体措施的指导性方案,具体方案则会在下述各部门中具体介绍。而从法案和行政令本身来看,首先是《家庭优先冠状病毒应急法案》,该法案中指明与联邦政府有关的营养计划、就业相关保护和福利、医疗计划和保险覆盖要求的豁免和修改,以及新冠肺炎疫情期间的相关对个人和企业的税收抵免。其次是《冠状病毒援助救济、经济保障法案》(*Coronavirus Aid ,Relief ,and Economic Security*,简称《CARES 法案》),总的来看该法案主要是为儿童和家庭管理局提供 63 亿美元的额外资金和其他一些联邦支出,但也包含了每个州不少于 12.5 亿美元的对各州的财政补助;具体地,其中包含的生活福利类保障措施主要是失业保险、个人退税和社会保障缴款的优惠。《PPP 和医疗保健促进法案》则是为"薪资保障计划(PPP)"项目得到资助。《购买力平价灵活性法案》修改了与工资保障计划下的贷款豁免相关的某些条款,并允许贷款免除受益人推迟其工资税。最后则是总统在 2020 年 8 月 8 日发布的一些行政命令,包括向美国人民提供联邦补充失业保险、学生贷款减免、工资税免税期和驱逐暂停令。

有关儿童和家庭管理局发布的政策,可以按照保障对象分为三大类,即儿童、家庭以、组织和社区。首先对于儿童而言,则包含了不少于 2.5 亿美元的启蒙计划、家庭暴力预防和服务支持、对各个州和地方的有关支持针对儿童的新冠应对的补助等。其次对于家庭而言,为了在新冠肺炎疫情时期家长能够较好地照顾孩子,儿童和家庭管理局提供了支持向受冠状病毒影响的低收入家庭立即提供家庭能源援助、贫困家庭临时援助等。而对于组织,相关措施包括向各州、地区和部落提供 35 亿美元的补助,用于向儿童保育提供者、保健工作者、急救人员等提供紧急援助,以及用于目前为离家出走和无家可归的青年提供关键服务和住房的受赠者的额外补助。最后对于社区而言,补助包括向各州、地区和部落提供10亿美元的拨款，为最需要的人提供广泛的社会服务和紧急援助。

有关美联储发布的措施，主要是为支持市场流动性、维持社会和市场稳定而采取的促进流动性、个人优惠贷款等措施，其中很多措施财政部予以了一定的资金支持。具体政策包含下调了一级信贷利率至0.25%、下调存款准备金率为0%、设立一级交易商信贷融通、建立商业票据融资机制(CPFF)以及外国和国际货币当局设立临时回购协议工具(FIMA Repo facility)等其他对消费者和企业等的贷款优惠。这些政策或多或少都包含对美国工人和家庭的优惠，且商业票据融资机制(CPFF)和一些贷款优惠也均得到了财政部的支持资金，其中财政部与美联储的合作资金达到了至少2.3万亿美元。

有关财政部和国税局发布的政策，可以分为四大类：一是对美联储的货币政策提供的资金支持，二是延期纳税，三是社会保障，四是各类补助拨款。有关对美联储的支持，上文已有说明；而有关延期纳税方面，则包含了延期纳税申报以及延期纳税付款，几乎涵盖所有联邦税种；对于社会保障而言，主要是对个人的社保账户自动发放经济影响付款。直接的财政补助则包含：①对退伍军人的经济影响付款。②与忠实航空公司(Allegiant Air)、美国航空(American Airlines)、达美航空公司(Delta Air Lines)、西南航空公司(Southwest Airlines)、精神航空公司(Spirit Airlines)和美国联合航空公司(United Airlines)达成PSP协议，提供工资支持。③为应对新冠肺炎疫情的经济影响付款计划(Economic impact payments)。即对调整后的个人总收入不超过75 000美元的税务申报人、已提交联合申报表的不超过150 000美元的已婚夫妇税收申报人将获得全额付款，超过金额要求的则给予边际折扣型的补助；此外收入超过99 000美元的单身申报人、没有孩子的收入不超过198 000美元的联合申报人、不需要提交纳税申报表的社会保障接收者和铁路退休人员也符合资格。④对航空业工人的工资支持，同时确保适当的纳税人补偿。⑤对个州和地方政府的财政补助。

有关联邦应急管理局发布的政策，主要是"损失工资援助计划"。具体来看，从救灾基金中支出高达440亿美元的工资损失费，向参与的各州、地区和哥伦比亚特区(以下简称"各州")提供赠款，用于管理发放误工费援助，各州本可获得最高不超过赠款总额5%的额外金额，以支付其行政费用，但需分摊费用。向符合条件的个人每周支付300美元或400美元的补充工资损失。

18.1.2 经济领域

美国有关经济领域的支持政策也比较繁多，但是按照发布主体来看还是比较清晰的，具体包括总统签署的法案和行政令，以及小型企业管理局、联邦银行监管机构、美联储、财政部和国税局。

有关总统签署的法案和行政令，主要包括《CARES法案》和系列经济刺激行政令。《CARES法案》中关于经济刺激的措施，主要指导联邦部门实施的各类计划措施，如薪资保护计划(PPP)、经济伤害灾难贷款计划、税收抵免和延迟、直接补助等。而关于行政令方面，2020年4月18日，总统签署了一项行政命令，授权财政部部长在新冠肺炎疫情期间向美国某些企业提供救济，包括美国制造商的关键供应链。

有关小型企业管理局发布的政策，主要包含经济伤害灾难贷款(EIDL)和薪酬保护计划(PPP)。经济伤害灾难贷款(EIDL)为部分小型企业、受到疫情影响的美国农民和牧场主和其他农业企业主和雇员、非营利组织提供经济损失灾难贷款和预付款。薪酬保护计划(PPP)则授权SBA向小企业发放高达3 490亿美元的可免除贷款，以在新冠肺炎疫情期间支付员工工资。

有关联邦银行监管机构的政策，则主要是支持金融机构在疫情期间对部分企业和个人的贷款。具体来看，首先联邦银行监管机构宣布了两项支持美国经济和允许银行继续向家庭和企业放贷的行动，包括利用银行流动性利对贷款进一步支持和代理机构的自动分配限制；其次联邦银行监管机构制定指导和贷款原则，以鼓励银行、储蓄协会和信用社向受新冠影响的消费者和小企业提供负小额贷款。

有关美联储发布的政策，则主要是为了提高市场流动性和维持市场稳定，其包含的政策除了上述几项外，还包含建立货币市场共同基金流动性工具(MMLF)、主街贷款计划(Main street lending program)、纽约联邦储备银行二级市场操作、更新二级市场公司信贷工具(SMCCF)以及部分期限的延长(如原定于9月30日到期的贷款期限延长至2020年12月31日；将其临时美元流动性掉期额度和针对外国和国际货币当局的临时回购协议工具(FIMA回购工具延长至2021年3月31日)，其中货币市场共同基金流动性工具(MMLF)和主街贷款计划(Main street lending program)也获得了财政部的资金支持。

有关财政部和国税局发布的政策，主要包含与美联储合作项目、税收延期、直接补助三大类。与美联储的合作，主要是有关贷款的方面，具体如上所述。有关经济刺激方面的税收延迟方面，也如上文所言，包含纳税申报和缴款两方面，且基本涵盖了所有联邦税种。而关于对经济刺激的直接补助方面，则包括：

(1)薪酬保护计划(PPP),该计划确保小型企业可以在这种前所未有的健康危机期间继续向员工付款,并支付一定的费用;(2)发布了《航空业工人工资支持指南》和《关爱法案》向符合条件的航空公司和国家安全企业发放贷款;(3)恢复接受参与贷款机构的购买力平价申请,为美国的小企业和非营利组织提供重要的经济援助。

18.1.3 国际合作

在国际合作方面,主要是美联储采取的美元流动性互换额度安排和贷款方面的货币政策,具体如下。

2020 年 3 月 12 日,美联储、加拿大银行、英格兰银行、日本银行、欧洲中央银行和瑞士国家银行采取协调行动,通过美元流动性互换额度安排提供流动性,以缓解全球融资市场的压力。

2020 年 3 月 19 日,美联储与澳大利亚储备银行、巴西中央银行、丹麦国家银行、韩国银行、墨西哥银行、挪威银行(挪威),储备银行、新西兰银行、新加坡金融管理局和瑞典国家银行共同建立了临时美元流动性互换额度安排,旨在减轻全球美元资金市场的压力,并减轻这些压力对国内外家庭和企业信贷供应的影响。

2020 年 3 月 20 日,美联储、加拿大银行、英格兰银行、日本银行、欧洲中央银行和瑞士国家银行采取协调行动,通过长期美元流动性互换额度安排扩大流动性准备金。

2020 年 6 月 3 日,姆努钦部长承诺实施 20 国集团和巴黎俱乐部商定的暂停偿债倡议,暂停向最贫穷国家支付到 2020 年底或更长时间的官方双边债务,为这些国家提供财政空间,为应对这一流行病的社会、卫生和其他措施提供资金。

18.2 州财政政策

美国州政府的财政政策源于两大部分,一是对中央政策的具体实施,二是根据地方实际各个州自己制定的州一级的政策,属于对联邦政策的细化和补充。就后者而言,各州之间的政策目标、保障对象和政策手段基本相同,但是具体的政策条款数量和保障力度上有所差异。总的来看，各州仍以相同或相似政策为主，故本文将会主要介绍这类政策。具体情况如下：

18.2.1 民生领域

(1)医疗补助类

州一级政策在医疗保障类对于联邦政策的补充并不是很多，主要是对个人的新冠肺炎疫情的检测和治疗费用给予一定的覆盖。这类覆盖各州均基本主要是以保险的形式，但是各州的覆盖程度不一，一般而言，都会对检测费用全覆盖但是对于治疗费用部分州会部分补贴。

(2)生活福利类

美国州政府对于生活福利的补充性保障政策各州有同有异，按照政策保障对象来看，具体可以分为儿童保障、个人保障、家庭保障、企业保障四大类。

就儿童保障政策来看，一方面有直接面向儿童的，主要是指对儿童在学校关闭期间用餐的补助；另一方面也有面向机构但是实际受益人是儿童的，主要指对儿童保育提供者的补助，其中包括支付因修改操作方式而产生的一些额外运营成本等以便于维持儿童保育行业。

对于个人保障方面，主要包含对失业者的进一步帮助、对老年人的特殊帮助以及对一般的受疫情影响的个人的帮助。对失业者的补充性政策中，主要是在联邦的计划基础上的增加，包括设立新的补助计划用以包含本辖区内的不包括在联邦计划保障范围的部分失业者，同时也会比联邦计划时间上延期以应对联邦计划停止后的失业状态。对于老年人的帮助主要是以提供餐食为主。对于一般受疫情影响的个人而言，州一级的补充性政策主要包括税收、房租和食品供应和带病休假等。在税收方面，州一级税收的延期申报和缴纳以及减免，但是部分州只会对延期缴纳的税收给予免除罚金待遇而并不免除利息；在房租方面，州政府基本都会对受疫情影响而交租有困难的人给予减免或延迟缴纳的优惠，也会对房主有一定的优惠保障；同时部分州也会制定食品供应计划以保障疫情期间对受影响的低收入者的食品供应。部分州也会在联邦政府基础上对受疫情影响的个体给予带病休假的进一步补助。

关于家庭保障方面的补充政策很少，主要包括对有孩子的家庭，通过对孩子在校期间的餐食给予补助来减少家庭的开支，进而缓解家庭因疫情而受到的影响。对于企业保障上，主要是来达到稳定个人就业岗位的目的。

18.2.2 经济领域

在经济领域的州一级的补充性政策方面，按照保障对象基本可以划分为一般企业和小企业。具体如下：

对于一般企业而言，州一级出台的政策主要涉及税费、贷款、补助。在税费上，各个州均会允许延期申报和缴纳并且会对州一级的全部或部分税种给予减免、抵免以及扣除方面的优惠。此外，在日常运营费用上，部分州政府会采用各类计划来允许财务困难的公司延期交纳或减少额度，如天然气费用、电力费用和通信费用等。还有个别州则会允许辖区内部分企业延期缴纳特许权使用费以及将疫情期间卖方为转移成本收取的溢价算入计税基础。关于贷款方面，主要是出台各类贷款计划，其中也包括免息的贷款，试图通过扩大企业的融资渠道以及降低企业的融资成本来帮助企业运营。关于补助方面，主要是部分州会进行经济刺激方面的补助，如对酒店行业的补助、对直接投资的补助和技术培训的补助等。

对于小型企业的特例措施而言，州一级出台的政策主要也涉及税收、贷款两方面。在税收上，州政府对小型企业的保障特例主要体现在对一般企业的税收优惠方面的进一步优惠，如加大抵免、递延和扣除的力度。在贷款方面，各州基本都会出台专门针对小型企业的优惠贷款、贷款保证或违约补偿。

18.3 美国新冠肺炎疫情财政政策的优势和劣势

18.3.1 政策优势

(1)经济刺激计划以融资保障为主有利于提高效率

美国政策中对于一般企业和小型企业的帮扶政策中，主要是以各类不规定用途的贷款计划为主，相比之下带有特定用途规定的补助类政策则少很多。带有指定用途规定的补助政策会对企业对资金的使用带来束缚，从效用角度来看，很有可能会导致资金使用的经济效率损失，而贷款类政策则可以使企业灵活地使用资金，从而提高资金的经济使用效率。

(2)州一级政策保障包含非本州的移民有利于劳动力市场的稳定

在对于个人的部分保障中,很多州都明确非本州的部分移民仍然适用该州的政策,这可以使得在一州内工作但却不是该州人口的个人也可以享受当前居住地的优惠和保障,因而不需要回到原有所属州。这种在相对独立的各州之间的联通,可以在一定程度上减少劳动力的跨地区流动,从而稳定劳动力市场。

(3)细化的政策能够提高政策的实施效果

美国政策最大的一个特点就是细致。这种细致不仅仅体现在政策适用群体的标准划分上,如政策适用的不同行业、不同企业规模、不同的量化后的受影响的程度以及不同的特殊人群的具体划分,也体现在每项政策的条款中的说明非常详细。这种细化的政策一方面可以使得政策具有更强的针对性和适用性,另一方面可以使得政策条款更清晰明确从而提高实际可操作性,从而使得政策的实施效果更好。

(4)地方政策的大量补充能够提高政策实施效果

美国地方政策对联邦政策做出了大量的补充和细化,这种地方特色在美国的政策中表现得非常明显,即各州虽然采用相似的政策手段来达到相似的目的,但是各州的政策命名、保障力度和保障手段的侧重均有很大差异。美国政策中的政策制定者和实施者的匹配度很高,因此由于对自己辖区掌握着更充分的信息,这些根据自己辖区实际制定出来的各类差异化政策均的适用性和实施效果会更好,同时也不会给州政府造成过度的财政负担。但是需要指出的是这种匹配度优势是要以地方政府能够有一定的自有财力基础上的,即地方政府必须能够对辖区内的财力有较好的可控性方可,否则在财力不确定的情况下政策也无法得到实施保障。

18.3.2 政策劣势

(1)对医疗类保障欠缺不利于疫情控制

美国此次应对疫情的政策中对医疗领域的补助较少,一方面美国政策中鲜少见到对医疗机构的补助,另一方面虽然新冠肺炎疫情的检测费用全额纳入保险,但部分州并不会对新冠的治疗费用进行全额补助,而这在美国高医疗成本的环境下就会对新冠患者造成很大影响,尤其是对低收入者。进一步来说,这将不利于疫情的控制。

(2)过于差异化的政策体系会阻碍政策的有效施行

美国政策是非常细致的,但是政策体系也非常繁多复杂。这种复杂在美国不仅仅体现在政策的交叠上,更多的是由于各州之间的独立带来的对企业的保障政策上各州差异过大。这不仅会出现企业很难完全掌握政策信息的情况,而且由于对企业政策的地区差异导致不同地区企业受到的优惠程度不同,这很有可能会对全国性市场造成扭曲。

(3)忽视潜在受影响的群体会导致政策的效果偏差

美国此次的危机应对政策基本都是针对已经存在于劳动力市场和商品市场上的法人或自然人,并没有过多地考虑到将要进入市场的潜在群体。最典型的就是在有关就业方面的政策中,都是针对在就业者、短暂停业者和失业者的帮扶政策,但是并没有考虑到即将进入劳动力市场的群体,最具代表性的就是各类学校的毕业生,这部分群体即将进入劳动力市场,因此不仅会受到针对已经在市场中劳动力相关政策的影响,也会对这部分政策的实施效果产生影响。美国政策在制定中忽视了这部分潜在群体,从局部均衡而非一般均衡角度出发,这就可能会使得政策的效果与预期产生偏差。

19　日本新冠肺炎疫情财政政策

2020 年初全球开始逐步大规模爆发新冠肺炎，疫情态势严峻，直至 2020 年下半年仍然没有彻底消退。截至 2020 年 9 月 30 日 0 点，日本累计确认新冠病毒检测呈阳性的病例 83 013 例，其中日本本土病例 82 053 例、包机回国 15 例、机场检疫输入病例 945 例。疫情不仅给群众健康带来影响，也对群众正常生活和社会各领域工作的正常运作带来严重影响，所以日本在疫情爆发后发布了一系列应对措施，以保障日本人民正常生活和社会正常运作。

19.1　中央财政政策

从时间角度来看，主要分两个阶段：一是疫情平息前的“紧急援助阶段”；二是面向平息后的强势反弹激发需求与促进社会改革的“V 字反弹阶段”。中央政府充分注意时间轴，在紧急事态宣言下战略性地实施本经济对策的各项措施。在克服疫情影响的同时，促成其后的经济 V 字反弹，切实使日本经济重新回到持续增长的轨道上。同时，第一阶段的措施又可以分为两个领域，一个是保障日本人民正常生活和工作的民生领域，另一个是刺激日本经济的经济领域。

而从政策实施主体来看，疫情期间发布各类补助和优惠政策的主要中央部门包括总务省、厚生劳动省、经济产业省、日本政策金融公库、农林水产省、教育部、环境部、国土交通省、工商工会中央金库、内阁官方、外务省。具体介绍如下：

19.1.1　民生领域

(1)医疗补助类

日本中央政府对口罩等物资进行购买和存储，如在向医疗机构等提供口罩等的总务省、厚生劳动省以及经济产业省的协助下，政府将购买的一次性口罩等物资，继续通过都道府县等向必要的医疗机构和看护设施等优先发放。

(2)生活福利类

有关提供生活福利以便于群众可以在疫情期间保证基本和正常的生活的相关财政政策非常多且庞杂，具体可以分为教育保障、家庭保障、个人保障、企业保障四大类。

①教育保障

首先是教育部提供的相关政策。教育部出台一系列措施，不仅对学生本身提供补助，也对中小学教育、大学教育以及生活中的体育文化活动提供支持。具体来看，对于生活困难的学生，为每所大学、技术学院和职业学校等的贫困学生提供紧急支持，同时也对出国留学的学生提供支持；对于中小学和高等教育的远程课程建设提供支持，同时对中小学的疫情防控物资也提供补贴；对于大学医院提前支付国家大学法人公司运营费用补助金，建立对附属医院的国立大学短期借款的利息补贴制度，以及对私立大学实施无息贷款(利息补贴)，同时疫情期间对研究机构实施竞争性研究经费制度；对于体育和文化则采取了三阶段的融资和补助政策。其次除了教育部出台的与教育直接相关的保障外，还有关于因中小学休假要照顾孩子而导致家长无法工作的支持政策，对于因此而停工的家长们给予全额工资补助，但以每人每天 15 000 日元为限；对于因此而无法签约工作的家长们给予每人每天 7 500 日元的补助。

②家庭保障

家庭保障主要包含生活福利基金特别贷款、特别定额给付金、住房保障福利以及单亲家庭的临时福利政策。首先是生活福利基金特别贷款，该项贷款是旧有的优惠政策，但是在疫情期间扩大了适用范围，具体包括小额紧急资金中适用对象纳入受到疫情影响的家庭，在满足一定条件后会给予上限为 20 万日元的无息贷款，以及综合救援资金也纳入受到疫情影响的家庭，并给予上限为 20 万或 15 万日元的无息贷款。其次是特别定额给付金，会给予满足条件的对象每人 10 万日元的补贴额，该项的实施主体为市町村，但是该项目所需资金全部由中央进行补贴。再次为住房保障福利，即对于受新冠影响而停工或休业等家庭，给予一定的补助金额。最后是对于单亲家庭的临时优惠政策，该政策也是旧有政策，但是适用对象纳入了受到疫情影响的部分家庭，并给予基本给付和追加给付。

③个人保障

个人保障包含住宅相关优惠、停工给付金、《就业保险法》的特例措施和社保优惠方面。关于住宅优惠，主要是针对受到新冠肺炎疫情影响而无法偿还住房贷款的人，对于部分住宅贷款予以免税或者改变偿还方式。关于停工给付金，主要是针对由于企业主停工而导致无停工补贴休业的中小企业劳动者，给予停工前日薪80%的补助，但是以每人每天11 000日元为上限。《就业保险法》在疫情期间设置了一些特例措施，一方面扩大了休业支援金的适用范围，纳入了受到新冠肺炎疫情影响的无法享受休业补贴的就业者，给予停工前80%的补贴，但以33万日元/月为上限，另一方面对受到新冠肺炎疫情影响而长期化求职的失业补贴领取者适当延长基本津贴的支付期限。最后关于社保优惠方面，主要是针对因受新冠肺炎疫情影响而报酬出现显著下降等3个条件者，可以延迟修改健康保险和厚生年金。

④企业保障

企业保障主要包含母性健康管理相关补助，目的在于间接保障母性健康。具体而言这部分比较特殊，只是针对有受到新冠肺炎疫情影响的怀孕女性职工的企业，在满足3个条件后，可以收到政府针对该部分女性职工带薪休假的相关补助，其中事业和非事业单位具体补贴额度有所差异，具体来看对于5天以上20天以下带薪休假，非事业单位补助250 000日元，事业单位每20人以下每20天加15万日元，但上限额为100万日元。

19.1.2 经济领域

有关疫情期间经济刺激的财政政策主要针对企业或企业主，尤其是中小企业。虽然政策对象比较单一，但经济刺激政策却非常多，具体可以分为税费、贷款融资、补助和其他杂项。进一步来看，这些杂项主要是以上几种优惠方式的综合型政策、保险和政府采购，具体包括延期还款和缴费、资本扩张支持、远程办公支持、农林水产业支持、贸易保险、远程海外扩展项目。

(1)税费

税费政策涉及亏损退还、折旧扣除、税收减免、延期缴纳、延期支付等方面。

①亏损退还。一方面，在2020年2月1日至2022年1月31日之间结束的事业年度产生的亏损金额，对资本金在1亿日元以下的中小企业，在上年度盈余的情况下，本年度赤字的情况下，可以接受上一年度缴纳的法人税的一部分

返还，后来政策适用对象扩大到10亿元以下中型企业；另一方面，企业也可以获得因新冠肺炎疫情影响而造成的损失部分对应的税收额。

②折旧方面，主要是为了防控疫情而促进远程办公。具体来看，一方面，中小型企业可以扣除少于300 000日元的远程办公设备（计算机和软件）全额；另一方面，对于符合远程操作、可视化、自动控制化任意一种的设备，根据经经济产业大臣认定的经营能力提高计划取得等时，可以扣除设备的即时摊销或设备投资额的10%（资本金3 000万日元以下的法人为7%）的税额，此外对于强化税收征管还采取了更便利纳税人的新方法。

③税收减免涉及两类税种：一是关于住宅贷款的减税，原有的有关住宅贷款减税的特殊措施和适用期间中均纳入了受到新冠肺炎疫情影响的纳税人；二是关于固定资产税的减免，一方面对中小企业和个体经营者给予满足一定条件的固定资产税和城市规划税的不同程度的减免，另一方面扩大了固定资产税特殊处理的适用范围。

④延期缴纳。一方面是社保费的延期缴纳，包括由于新冠肺炎疫情的影响，在2020年2月之后的任何时期（1个月或更长时间）中，营业收入与上年同期相比减少了大约20%或更多且难以一次缴纳养老金保险、劳工保险的企业，可以无成本延期1年缴纳，此外对于残疾人的补助、国民健康保险、高龄者医疗制度以及护理保险费均有适当延期；另一方面是国税的延期缴纳，包括所得税、法人税、消费税、赠与税、继承税的延期申请、满足一定条件的纳税人无成本延期缴纳国税和地方税等优惠。

⑤延期支付。一方面是针对受新冠肺炎疫情影响而导致生活电费和煤气费的延期申请，另一方面是对“持续化给付金”受益对象免收2个月NHK广播接收费。

（2）贷款融资

各中央部门出台的措施汇总约有9项相关优惠措施。

①政府所属金融机构进行的融资，包括对安全网基金旧有政策适用对象纳入受新冠肺炎疫情影响而不用满足原条件的企业；包括新冠病毒感染症特别贷款，即对满足销售额下降条件的企业的设备资金和运营资金给与15年或20年期限、前3年享受减息或免息的优惠贷款；包括与特别贷款类似但只适用于小型企业的新冠病毒应对危机贷款和工商工会中央公库提供的危机应对贷款；包括对满足一定条件贷款前3年免息的特别利息补给制度；也包括持有以上债务

的再融资政策。

②民间金融机构的融资优惠，包括安全网第 4 号和第 5 号的对满足条件企业提供贷款保证的措施；包括进一步的危机相关保证；也包括适用这 3 类保证的满足一定条件的无息和无抵押贷款。

③与卫生生活有关的企业贷款制度，包括适用一般性企业和特殊企业（餐馆经营者、咖啡店经营者和旅馆）的两类应对环境急剧变化的特别贷款制度，对于因受到新冠肺炎疫情影响而满足一定销售额下降条件的企业，对其设备资金和运营资金提供前 3 年减息或免息的优惠制度；包括与环境急剧变化的特别贷款制度相似但是仅限于一定条件小型企业的生活卫生新的冠状病毒感染特别贷款新冠病毒对策；包括特别利息补给制度。

④小型企业互助系统的特殊应急管理稳定贷款，即对于满足条件的受到新冠影响的小型企业共济资格的签约者提供无息贷款。

⑤DBJ · 商工中金应对危机融资，对满足条件的企业提供前 3 年减息的贷款优惠。

⑥支持企业租金支付融资制度，主要是在疫情期间扩大适用范围，包括上述提及的日本政策金融公库新型冠状病毒感染症特别贷款、生活卫生相关事业新冠病毒感染特别贷款以及民间金融机构无息贷款。

⑦面向福利机构的贷款，即对管理层受到新冠影响等条件的福利机构提供最初 5 年一定限额内无息的贷款。

⑧对医疗机构的贷款，对与前一年同期相比减少收入或利用者减少的医疗机构提供限额内无担保的贷款融资，具体针对不同类型的医疗机构的具体利率等不同。

⑨生活卫生安全网贷款的补充，即根据促销计划开展业务的生活卫生相关业务经营者，并且由于社会经济环境变化等外部因素，业务状况暂时恶化的企业，提供针对运营资金额外限额 5 700 万日元的基准利率贷款。

(3)补助

有关补助，包含雇用调整援助金、给付金、生产性革命推进事业补助、供应链保障、企业重组支持、地方企业复兴支持以及国土交通省的系列措施。

①关于雇用调整援助金在新冠肺炎疫情时期的特别措施。对于受到新冠肺炎疫情影响的所有企业主，但是满足 1 个月内减少 5%以上的生产，也包含非就业保险被保险人的劳动者的休业补助金（创立紧急雇用安定补助金），根据企

业给员工发放津贴不同、是否有解雇等不同条件，对大企业和中小企业提供补助率不同的补助，一般而言中小企业补助率高于大企业，同时规定外籍人士与日本劳动者享受相同待遇。

②关于给付金，一方面包含持续化给付金，对因受新冠影响而导致销售额等下降一定条件的企业提供一定补贴；另一方面包含租金给付金，即对满足条件的中小企业和个体经营者支付的租金提供补贴。

③关于生产性革命推进事业补助，根据不同事业种类分为 4 项具体措施，即面向中小企业和小规模企业的针对制造业/商业/服务业的补助、面向小规模企业的分为一般和新冠肺炎疫情特别两类的持续化补助、面向中小企业和小规模企业的 IT 补助。

④关于供应链保障，则为促进国内投资以及海外供应链多元化分别对企业设立两类补助措施。

⑤关于对企业重组的支持，则是设立了新的国家公私合作基金应对新冠肺炎疫情影响。

⑥关于地方企业复兴支持。该项目的实施主体为都道府县政府，但是中央对都道府县进行补助率为 2/3 的补助。

⑦关于国土交通省的相关措施，主要是为了防止疫情进一步扩大而对不同交通具体行业进行的补助率为 1/2 的补助，这些领域具体包括铁路、巴士、出租车、卡车、客船、国内货运、造船和海洋工业、航空、住宿、旅游行业、建筑及其相关行业、住房、建筑设计、房地产行业等行业。

(4)杂项

如上所述，具体包含延期还款和缴费、资本扩张支持、远程办公支持、农林水产业支持、贸易保险、远程海外扩展项目。关于延期还款和缴费，一方面在确认主要债权人的支持态度后，将集体要求推迟偿还本金一年；另一方面关于新冠病毒感染症的经营安全共济的特例措施，主要是对受新冠肺炎疫情影响的满足条件的共济企业可以延长保费缴纳、延长临时借款的还款期限、降低月保费。关于资本扩张支持，包括受新冠肺炎疫情影响的满足一定条件的企业给予次级股权贷款，也包括中小型企业管理权加强支持基金和中小企业振兴基金的设立。关于远程办公支持，包括为应对疫情而引进远程设备的中小企业给予补助率为 1/2 的补助，同时也包含上述提及的 IT 补助和税收支持。关于农林水产业的支持，包括日本政策金融公库提供的农业支持经营基础强化资金优惠贷款、农林水产业安全网基金优惠贷款，也包括农林水产省提供的对农林水产业的补助和优惠贷款。关于贸易保险，在一般贸易保险和海外投资保险中，由于新的冠状病毒感染的蔓延而造成的损失也将支付保险索赔；同时如果在规定的程序期限内难以响应，NEXI 会提供与贸易保险合同有关的各种程序以及与保险事故和托收有关的被保险义务的推迟。关于远程海外扩展项目则是有关政府采购方面的规定，主要是为应对新冠肺炎疫情，政府会尽力保证订购完成后立即付款等。

19.2 地方财政政策

日本地方政府主要包含都道府县四部分，整体来看，各地方政策以同为主，是中央政策的重要细化和补充。地方的政策主要包含两大部分：一是各个地方对中央政策的具体实施，这部分政策全国统一；二是各个地方根据中央的指示或者地方自己的实际制定的部分，这部分是对中央政策的补充。对于后者具体而言，从大类上看，各地方政策的涵盖领域基本相似，只是在如补助标准和计算方式等条款的具体设计上有些许差异。虽然存在部分仅适用于某个地方的特殊政策，但是总体来看这部分政策较少，故本报告主要以介绍各地方对中央政策进行补充的同类政策为主。具体如下：

19.2.1 民生领域

（1）医疗补助类

总的来看，从补助对象的角度，各地方的医疗补助类的政策都涵盖了医疗机构、医疗工作者、有助于医疗的企业和个人，政策内容大致相似，但也有部分特殊性的地方政策。

对医疗机构的补助中，地方的政策主要包含与新冠肺炎疫情防治相关的各类措施的补助，如对医疗机构购进设备、设施安装、新冠肺炎疫情的固定床位费用、消毒费用和相关医疗物资以及派遣医疗人员和相关培训等的补助。对医疗工作者的补助，主要是针对参与新冠肺炎疫情防治工作的人员，补助涵盖岗位工作津贴、住宿费用和工作环境改善费用以及慰问金。对于其他有助于新冠肺炎疫情防治的企业及其团体、一般法人、NPO 法人以及部分自然人，如旅店、出租车和公交车经营方以及商业区等，地方政府也纷纷出台了相关补贴政策，主要针对部分设备的引进费用和安装费用等有助于新冠肺炎疫情防治的相关措施，需要指出的是这部分企业主要是指中小企业。

此外还有一些地方性的特殊政策，如东京都会针对孕妇的孕前新冠肺炎疫情检查费用进行补助，大阪府与日本MRT株式会社签订了合作协议，该协议提供有关医疗人力资源服务，免费使用求职信息站点等的信息，并支持医疗机构与医疗人力资源之间的匹配等。

(2)生活福利类

这部分也将从教育保障、家庭保障、个人保障、企业保障四大类，对地方的补充性政策进行介绍。

在教育保障方面，各个地方的补充性政策按照保障对象来看，可以分为儿童保障和其他保障两大类。首先在对儿童的保障上，地方补充性政策很多，主要是针对学校关闭后对儿童的日常照顾方面的补助，具体包括对学校放学后的儿童俱乐部继续运行和疫情防治措施的补助、对监护儿童的托儿所等机构以及保姆使用支持项目的补助、对儿童福利机构的房间翻新和购买卫生用品的补助、对学校校车数量增加的补助等。其次对于其他保障，补充性政策主要包含为支持学生继续上学而对学生个体的补助，具体包括对部分因新冠影响而收入剧变家庭的学生免除学费、对于私立高中学生的学费补贴和优惠贷款、对高等教育学生的学杂费减免和奖学金给予、对中小学的费用支援以及对于从家庭独立出来的学生和困难家庭学生的补助等。

对于家庭保障，地方性政策主要和中央保持一致，没有过多的补充。而对于个人保障，地方补充性政策可以分为对失业者保障、对特殊群体的保障、对生活困难者的保障以及税收调整。对于失业者的保障中，地方会临时提供住所、支付一定期间内相当于房租金额的住房保障金、部分减免房租、大城市住房使用费调整、对没有固定住所的无家可归者等的临时生活支持、失业者的专业支持等。对于特殊群体保障，主要是针对老人和残疾人的保障，主要针对福利机构因疫情而导致的设施而给予优惠融资，此外也有对老人常规性接种预防流感疫苗的支持。对生活困难者保障，主要包括因受新冠肺炎疫情影响而难以支付各类费用的人给予可以延期支付费用的优惠，如延期支付自来水费、下水道费、光热水费等等。在税收调整方面，主要是针对辖区一级的税收给予延期申报和支付以及部分扣除优惠。

对于个人保障，除了大体相似的政策外，也有一些地方的差异性政策，如北海道会对照顾家属的个人建立保障制度、对外国人技能实习生等入境时的费用增加补助以及对市町村实施光纤整备进行补助等。

对于企业保障方面，地方性的补充政策主要集中在企业对抗击疫情有帮助的措施的补助，而且主要针对中小企业，具体包括向协助缩短休业和夜间营业时间的中小企业或个人事业主等各位发放协助金以及为构建非面对面型商业模式、防止感染症扩大、引进 IT 服务或引进生产设备等而花费的一部分的辅助功能给予补助等。

19.2.2 经济领域

日本地方政府在经济领域的补充性政策主要涉及税费、贷款融资、补助三方面。

(1)税费

地方的优惠措施基本都是对于受新冠影响的企业(这里主要是指中小企业，但关于延期的优惠以及水费减免也会涉及大型企业)允许城市税和固定资产税的延期纳税和一定的减免、对于水费等日常运营开支的延期和减免。

(2)贷款融资

地方性的政策主要包含两部分，一部分是基于中央贷款政策基础上继续附加的优惠，还有一部分是地方自己设定的新的融资优惠。对于中央的政策的追加，主要是针对安全网 4 号、5 号、危机相关担保以及日本政策金融公库的优惠贷款政策基础上，继续提供利率不同的更多额度优惠贷款的辖区内追加。而对于地方自己设定的贷款融资优惠上，主要针对中小企业和个体经营者，包括独立于上述几类中央优惠基础上的其他优惠融资，这部分政策较少。

(3)补助

地方政策主要是针对中小企业和个体经营者的支援给予补充。具体包括对房租等固定费用的补助、对受新冠肺炎疫情影响但仍然扩大再生产的新设备投资的补助、对发行部分高级商品券的补助；此外对具体行业也有补助补充，包括对餐饮业者开展阳台营业而临时筹措的新桌椅等的补助以及直接借出加湿器等，对旅游业者的部分视频等制作经费的补助、对继续开展文化娱乐活动的补助、对农林水产业融资和促进消费的补助。

19.3 日本新冠肺炎疫情财政政策的优势和劣势

19.3.1 政策优势

(1)政策按照时间轴有序展开有利于财政政策的精准实施

日本此次应对疫情的财政政策按照时间轴展开,一是先做好应急处理和保障,而后会加入刺激经济的措施,希望能够在疫情平稳后经济能够尽快回到正常轨道,而且日本政府也表明将对经济中的一些改革措施一起纳入后期的经济刺激政策中,以期与应对疫情措施一起对经济产生影响。日本此次应对疫情的财政政策能够充分意识到疫情对经济带来的影响,因此针对这种认识而做出的具有针对性的措施会产生更好的效果。与此同时,由于财政政策本身具有一定的时滞性甚至逆周期性,因此掌握好刺激政策的实施时间对政策的实施效果会有很大影响,日本政策将经济刺激计划提前进行规划是对这种时点把握的一种保障,这种规划可以更有利于政策的精准实施。

(2)旧有的保障措施为疫情的应对提供了快速保障

日本此次应对疫情的措施中有很多是原本就已经建立好的应急保障措施或者日常的保障措施,如对个人住宅方面的保障和中小企业的各类安全网贷款等等,因此当面对疫情的时候,便可以使用原有的政策或在原有政策基础上修改以快速应对此次突发危机。日本在疫情来临前的固有的福利保障政策和对中小企业的扶持政策就较为全面和细致,此外日本也根据历次突发危机建立起了各类应急政策,这就使得日本在危机突发状态下可以做到快速反应,而且由于旧有政策的延续性,日本的危机应对政策也会降低对社会和经济带来过大冲击的可能。

(3)细化的政策能够提高政策的实施效果

日本的政策很大的一个特点就是非常细致,这种细致不仅仅体现在政策适用群体的标准划分上,如政策适用的不同行业、不同企业规模、不同的量化后的受影响的程度以及不同的特殊人群的具体划分,也体现在每项政策的条款中的说明非常详细。这种细化的政策一方面可以使得政策具有更强的针对性和适用性,另一方面可以使得政策条款更清晰明确从而提高实际可操作性,而这两方面将会使得政策的实施效果更好。

(4)地方政策的大量补充能够提高政策实施效果

日本地方政策对中央政策做出了大量的补充和细化,虽然地方政策涵盖的领域大致相同,但是具体条款的多少和设计存在差异,同时各地方也会存在具有地方特色的政策。这些地方政策的制定是地方政府根据自己本辖区的实际情况来制定的,由于地方政府相比于中央政府对自己辖区能够掌握更充分的信息,所以由地方政府制定更多的政策能够提高政策的适用性和实施效果。日本应对疫情的财政政策中在政策实施主体和制定主体的匹配度方面具有一定的优势,但是需要再次指出的是这种匹配度优势是要以地方政府能够有一定的自有财力基础上的。

19.3.2 政策劣势

(1)过于复杂的政策体系会阻碍政策的有效施行

日本的政策是非常细致的,但是同时也非常繁多复杂,很多优惠政策时而叠加时而互斥,这主要体现在针对中小企业的优惠贷款制度上,由于制定和实施政策的政府部门不同,所以导致了这类优惠政策非常繁多复杂。中小企业本身较大型企业在信息获取能力方面就处于弱势地位,过于繁复的制度体系会使得中小企业很难详尽地掌握政策情况,从而阻碍政策的有效施行。在这方面需要注意各部门的沟通协调,同时也要做好相应的配套机制,如对政策汇总的网站的建立和相关的保持畅通的咨询服务等。

(2)忽视潜在受影响的群体会导致政策的效果偏差

日本此次的危机应对政策基本也都是针对已经存在于市场上的主体,并没有过多地考虑到潜在将要进入市场的群体,如没有考虑到即将进入到劳动力市场的各类学校的毕业生。因此这种从局部均衡出发构建的政策体系也就达不到一般均衡的效果,可能会使得政策的效果与预期产生偏差。

20　欧洲新冠肺炎疫情财政政策

20.1　疫情期间的欧盟财政政策

2020年新冠肺炎疫情在全球迅速蔓延，欧洲大陆成了新冠肺炎疫情重灾区之一。在疫情蔓延初期，欧盟反应迟钝，缺乏有效的集体沟通和应对措施，直至3月中上旬，欧盟才正式确定了共同防止疫情蔓延和减少疫情对经济冲击两大目标，并制定了一系列措施，加强成员国在相关领域的内部磋商，以便协调行动。欧盟所采取的抗击疫情财政政策主要包括：

(1)3月23日，欧盟临时放开财政底线，首次允许成员国自由支出，同意暂停实施管理欧盟公共赤字的严格规定；

(2)4月6日，欧盟委员会为欧洲投资基金提供了10亿欧元的欧盟预算担保，使其能够为企业提供流动资金，总共筹集了80亿欧元，以帮助至少10万家企业；

(3)4月3日，欧盟委员会批准了会员国和英国的要求，暂时免征第三国进口的医疗设备和防护设备的关税；

(4)4月9日，欧盟27国推出共同应对新冠危机的总金额超过5 000亿欧元的一揽子措施，这些措施包括向欧盟稳定机制融资2 400亿欧元，向欧盟企业提供2 000亿欧元的贷款保证，以及向陷入失业的欧盟内部职工提供1 000亿欧元的经济援助；

(5)4月23日，欧元集团提出了5 400亿欧元的紧急援助计划，在劳动保障方面，以贷款形式提供1 000亿欧元财政援助，帮助欧盟成员国加强公共财政能力，应对疫情防控带来的雇员和个体商户失业风险；在企业救助方面，欧盟投资银行同意为受疫情影响严重的企业，特别是中小企业提供总额为2 000亿欧元的贷款担保，以增加企业的流动资金；在欧元区国家资助方面，将由欧洲稳定机制为欧元区国家提供总额 2 400 亿欧元的低息贷款；

(6)7 月 21 日，欧盟领导人商定了 2021—2027 年的欧盟长期预算和恢复计划，总金额为 18 243 亿欧元。其中，10 743 亿欧元用于欧盟长期预算，该预算将支持对数字和绿色过度的投资；同时划拨 7 500 亿欧元用于疫情后的经济复苏，以帮助欧盟解决由于疫情引起的危机，其中 3 900 亿欧元将以赠款形式分配给成员国，并提供 3 600 亿欧元的贷款。

20.2 疫情期间的欧洲国家财政政策

20.2.1 意大利的财政政策

2020 年新冠肺炎疫情从生命健康、经济发展和社会结构等各方面对意大利造成了严重打击。截至 2020 年 10 月 25 日，意大利新冠肺炎病例当日新增 21 273 例，累计确诊 525 782 例，累计治愈 266 203 例，累计死亡 37 338 例，累计确诊病例数居全球第 14 位，新冠病毒大流行使得意大利居民的生命健康遭受严重威胁。疫情冲击下，意大利经济发展曾一度陷入停滞状态，截至 2020 年 6 月，意大利国内生产总值同比下降 5.5%，税收和社会保障收入同比下降 7.4%，经济基本面受到重创。为应对疫情冲击给本国经济带来的严重影响，意大利政府出台了一系列积极的财政政策以维持本国居民基本生活、扶持企业正常运转。

截至 2020 年 10 月，意大利政府累计颁布了 4 项重要法令，干预措施累计金额达 1 000 亿欧元，主要包括：2020 年 2 月 28 日，意大利政府公布了针对疫情最严重地区的 9 亿欧元措施。3 月 2 日，意大利向经济注资 36 亿欧元抗击疫情。3 月 16 日，意大利通过 250 亿欧元的“库拉法令”(Decreto Cura Italia)。4 月 6 日，意大利颁布“流动性法令”，将以国家担保贷款的形式向企业追加提供 4 000 亿欧元流动资金，其中 2 000 亿欧元用于帮助国内市场企业，另外 2 000 亿欧元用于加强出口市场，这是意大利历史上最大规模的经济干预措施。5 月 19 日，意大利颁布“重启法令”(Decreto Rilancio Italia)，为经济第二阶段投入 1 550 亿欧元的融资净余额和 550 亿欧元的借款，安全地重新启动和重振经济，超过 1 300 亿欧元的拨款用于救济企业和为工作和经济提供流动性和支持。超过 50 亿欧元用于健康和安全：其中 14 亿欧元用于建立 500 张新的重症监护床位和 4 200 多张半重症监护床位；12 亿欧元用于加强地区援助，15 亿元欧元用于为国家应急基金再融资。给予旅游业 30 亿欧元援助。20 亿欧元用于支持税收措施，包括个人防护设备增值税归零。8 月 14 日，意大利颁布"八月法令"，拨款 250 亿欧元用于帮助意大利复苏。财政政策内容可具体概括为以下 6 个方面：

(1)为卫生及教育事业拨款

首先，意大利政府调动了所有必要的资源，约 32 亿欧元，以确保向卫生系统、公民保护和执法机构提供人员、工具和资源；其次，意大利投资促进署获准向生产医疗器械和个人防护设备的公司提供软贷款或无偿资助，总计 5 000 万欧元；再次，意大利"重启法令"分配超过 50 亿欧元用于健康和安全，12 亿欧元用于加强地区援助；最后，政府部门给数字创新与实验室教育基金拨款增加 8 500 万欧元，并拨款 14 亿欧元给大学和国家研究机构。

(2)就业政策及收入补贴

第一，在"库拉法令"生效后的两个月内，用人单位无论雇佣多少员工，均不得以客观原因解除合同，并且政府总拨款 40 亿欧元设立免税裁员基金，支付给因停工而暂时没有收入的人群 80%薪资，为期 9 周；第二，对自营职业者和拥有增值税号码的人员补偿 600 欧元，补偿对象有近 500 万人。意大利政府又进一步将领取该补贴的人员范围扩大至没有收入群体或没有领取其他补贴的短期工人；第三，主要针对普通专业人员和其他被排除在 600 欧元补偿范围之外的雇员和自雇工人人员，设立收入支助基金，该基金 2020 年预算为 3 亿欧元；第四，拨款约 13 亿欧元，其津贴数额为工资的 50%，为在职父母提供资助。孩子在 12 至 16 岁的家长可获得无薪假期，单位不得进行解雇。第五，对于手艺人、商人和直接种植业者，从 5 月起，这些类别被纳入所有合伙企业和公司，税务局向营业额下降 33%的公司提供补偿。补偿金以营业额损失为基础，最低价值为 1 000 欧元；第六，向最贫困的家庭额外支付 400 欧元的紧急收入；第七，对因 COVID-19 流行病紧急事件而受损的旅游、温泉和娱乐业的季节性工人，以及其他类别的工人，提供 1 000 欧元的赔偿。此外，还为海员和季节性体育工作者提供 600 欧元的津贴。向自营职业者和在强制性社会保障的司法机构登记的专业人员提供的补偿也将增加到 1 000 欧元。

(3)为企业提供国家信贷支持与现金补贴

对于个体经营户、自雇工人和中小企业而言，第一，暂停偿还贷款和抵押贷款；第二，政府提供了 27.3 亿欧元的担保基金，将扩大中小型企业的担保领域，每个企业能得到的最高保障金为 500 万欧元；第三，“流动性法令”设立中小企业担保基金，为中小企业及个体经营者、自雇人员等提供基金担保，担保比例为 80%～100%；第四，各地区和自治省、其他地方当局、商会可利用自己的资源采取直接援助措施，每家公司的援助金额不超过 80 万欧元。对大中型企业而言，第一，意大利存款和贷款股份有限公司将提供 5 亿欧元的公共拨款，为未从中小企业基金中受益的大中型企业提供银行融资；第二，意大利出口信贷机构将为大型企业提供公共担保，根据规模不同，担保比例将在 70%～90%不等；第三，对于营业额在 500 万～5 000 万欧元、营业额下降 33%的公司，计划在 2020 年 12 月 31 日前对其增资扩股征税并给予财政支持。

(4)延缴税费与社保

第一，意大利政府拨款 24 亿欧元，暂停征收税款和缴纳社保共计 107 亿欧元，对所有小企业、专业人员和个体经营户延缓期限，暂停缴纳税款和社保金；第二，对收入不超过 2.5 亿欧元的企业，政府取消 6 月 16 日应缴纳的大区生产税(IRAP)；第三，对营业额在 0～500 万欧元的中小企业，若 2020 年 4 月营业额降幅达到 50%以上，将获得 3 个月最高 60%的租金减免，对营业额在 500 万～5 000 万欧元的公司，政府已准备了 20%的税收优惠，用于资本重组，按资本损失的 50%进行税收减免；第四，收入低于 500 万欧元的公司有权享受相当于非住宅用途房地产月租金、租赁或特许权的 60%的税收优惠；第五，为 2020 年对公众开放的企业安全重新开业所发生的费用提供 60%的税收抵免，每个受益人的最高限额为 8 万欧元。

(5)对特定类型公司或行业的支持措施

第一，为个人创业者提供即时流动资金(最高 3 000 欧元)，无须基金评估即可获得。第二，将大型创新公司的普通抵免税率从 12%提高到 25%，中型公司从 12%提高到 35%，小型公司从 12%提高到 45%。第三，为支持出口公司，SIMEST 基金在 2020 年增加了 3.5 亿欧元，并且“八月法令”引入了一个共同保险制度，SACE 保险业务产生的 90%的承诺将由国家承担，其余 10%由该公司承担。第四，对餐饮业、农业、食品业、葡萄酒业、文化与旅游业和汽车行业等均给予了较大力度的支持与补助措施。

(6)对地方与区域当局进行财政补贴

第一,"重启法令"在2020年增加16.7亿欧元用于行使地方当局职能的基金,为各地区和自治省行使职能增加了28亿欧元资金。第二,为地方部门减免旅游税3亿欧元。第三,支持地方公共交通4亿欧元,支持有结构性赤字的地方当局1.8亿欧元和区域诉讼2.1亿欧元。第四,加强各地区招商引资措施。预计2021年各市镇将把分配给小型工程的捐款增加一倍,并加强对建筑物和领土安全的捐款措施。第五,增加分配给地方当局的资源,以资助最后设计和执行设计;在各省和大城市,已为学校安全和桥梁及高架桥安全划拨资源。

20.2.2 法国财政政策

新冠肺炎疫情的迅速蔓延使法国民众的生命安全受到严重威胁,经济社会发展同样面临巨大挑战。截至2020年10月26日,法国新冠肺炎病例单日新增52 010例,高于欧洲其他国家,新增病例人数仅次于美国,累计确诊病例1 165 278例,现居全球第5位,累计治愈病例111 347例,累计死亡病例35 018例。法国政府为遏制新冠病毒传播,在全国范围内实行"宵禁",目前已扩大到本土54个省份及法属波利尼西亚。在疫情冲击下,法国民众的基本生活受到限制,各类商业活动也同样受到严重影响,导致法国2020年第二季度国内生产总值同比急剧下降19.0%,公共财政收入同比下降12.92%,公共财政支出同比上升0.48%。为缓解疫情冲击给法国社会带来的深刻影响,法国政府出台了一系列积极的财政政策,帮助法国民众及企业顺利渡过经济"寒冬"。

2020年3月21日,欧盟批准法国实行3 000亿欧元政府担保计划,支持银行为企业融资。2020年3月25日,法国政府公布近40亿欧元的紧急扶持初创企业计划。2020年4月1日,法国政府设立团结基金,鼓励国家、地方政府及大公司为该基金提供捐款,用于资助受困中小企业。2020年9月3日,法国政府推行1 000亿欧元经济刺激计划,资金规模为2008年金融危机时法国推出经济计划的4倍。该经济刺激计划包括350亿欧元用于提高经济竞争力,300亿欧元用于更环保的能源政策,250亿欧元用于支持就业,其总额相当于法国国内生产总值的4%。下文将对各项支持政策按不同资助对象进行分类,具体如下:

(1)实行部分失业计划

对于必须减少或暂停活动的公司,为了使其员工处于部分失业状态,可向其员工支付相当于总工资的70%的薪酬,每小时最低工资为8.03欧元。最低工资及以下的员工将获得100%的补偿。该公司补偿给部分失业员工的薪酬将由国家全额偿还,每月最高工资总额为6 927欧元,即最低工资的4.5倍。

(2)延缴社保和直接税

首先,雇主和雇员可延迟3个月向法国社保基金缴纳社会保障金;其次,可向企业税务部门延期缴纳下期直接税款,在延期缴税仍不能脱困的企业,在最困难的情况下,可要求减免直接税;再次,加速退还公司税收抵免和增值税进项税额退款;最后,餐饮、酒店、旅游、活动、体育和文化部门的创业企业和中小企业,在3月至6月停止营业期间,免缴租金和社会保障金。

(3)为企业提供国家信贷支持

在2021年12月31日前,除房地产公司、信贷机构和金融公司外,年初以来已进入破产程序的企业和其他各种规模的企业,无论其规模和法律形式如何,均可向银行申请国家担保贷款,以支持其现金流。银行承诺以成本价大规模发放国家担保贷款,且在第一年内不需要还款,公司可选择在最长为5年的期限内摊销贷款。

(4)对中小企业的特殊扶持政策

首先,第一类团结基金为满足条件的职业教育机构、微型企业主和自由职业者提供不高于1 500欧元的现金援助,在最困难的情况下,可向符合条件的企业提供2 000~5 000欧元的额外支持;其次,第二类团结基金能使受影响最大的自营企业获得2 000~10 000欧元的额外援助;最后,团结基金将继续支持餐饮、咖啡馆、酒店、旅游、活动、体育和文化部门公司。对满足条件的公司,第二类基金可支付的补助金上限将提高到1万欧元。

(5)对出口企业尤其是中小企业和经济贸易机构的支持计划

首先,将加强通过法国国家投资银行提供国家担保,为出口项目提供担保和预融资,以确保出口企业的现金流。所有中小企业的担保率可提高至90%。出口预融资担保协议的有效期将延长至6个月。其次,允许延长勘探保险的承保期限,有效的勘探保险将延长一年。最后,将通过扩大出口公共再保险计划,为短期出口信用保险提供20亿美元。

(6)对创新企业的特别支持计划

第一,对因风险资本收缩而无法筹集到资金的初创企业,可能以债券形式为其提供资金,拟称为“未来投资计划”(PIA),总金额至少为1.6亿欧元;第二,为初创企业提供3 000亿欧元的国家担保贷款;第三,国家计划在2020年通过法国国家投资银行提供近 13 亿欧元的创新援助；第四，法国科技桥基金再借贷 8 000 万欧元，对经济状况困难、无法获得国家担保贷款的有前途的初创企业提供贷款；第五，PSIM 投资基金（重大创新支持计划）将充值 1.2 亿欧元，用于支持在全球创新大赛中获奖的新创企业；第六，加强创新援助计划，“创新大赛”(i-Nov)将获得额外的 2 000 万欧元（共计 8 000 万欧元）；第七，为保持公司内部的技能和创新能力，政府已宣布创建一个招聘学徒的援助计划，为每一个招聘合同补贴 5 000～8 000 欧元。

(7)对特定行业的支持计划

第一，政府实行 3.9 亿欧元现金流措施支持公路运输；第二，计划提供超过 80 亿欧元的援助、投资和贷款，以支持汽车行业发展；第三，建筑和公共工程部门极大受益于公共支持机制；第四，通过设立航空投资基金、公共支持基金等支持航空业发展；第五，免除旅游部门的微型企业和中小型企业的社会保险费，设立国家担保的“季节性”贷款，取消公共财产的租金和占用费；第六，对图书部门的支持计划中，在国家图书中心一级，将与各地区文化事务局共同设立一个 2 500 万欧元的支助基金，以使独立书店能够解决其财政困难。

20.2.3 德国的财政政策

作为欧洲经济“压舱石”和前期疫情控制较好国家之一，德国被周边疫情反扑所牵连，近期极速呈现疫情加重态势，给德国乃至欧洲的经济复苏前景投下浓厚阴影。截至 2020 年 10 月 26 日，德国新冠肺炎病例当日新增 10 259 例，累计确诊病例 450 258 例，累计治愈病例 321 600 例，累计死亡病例 10 182 例，累计确诊病例数现居全球第 18 位。尽管相对于欧洲其他国家而言，德国前期疫情控制较好，但其经济活动仍受到严重限制，国民经济发展出现严重衰退。2020 年第二季度，德国国内生产总值同比下降 11.3%，创 1970 年以来国内生产总值最大跌幅，自 2010 年以来，政府公共收入首次同比下降 3.6%，政府支出增加了 9.3%。德国政府推行了一系列财政政策以扭转经济下行态势，恢复和稳定国民经济运行。

2020 年 3 月 20 日，联邦政府设立经济稳定基金，为员工人数在 250 人以上的大型公司和属于基础设施部门领域的规模较小公司提供 6 000 亿欧元的信用担保。3 月 23 日，德国联邦财政部提出一揽子经济纾困计划，包括追加总额为 1 560 亿欧元的补充预算，拨付 1 000 亿欧元用于设立可直接参股企业的经济稳定基金，投入1 000亿欧元用作德国国有复兴信贷银行扶持企业的特殊贷款，适用于自雇者、中小型企业和大型公司。6月3日，德国联邦政府通过了总额高达1 300亿欧元的一揽子计划，是联邦德国建立以来规模最大的经济刺激计划，其中，1 200亿欧元将由联邦政府出资，其余则由各州承担。7月10日，联邦政府正式启动总计250亿欧元的中小企业过渡性援助，补助金无须偿还，旨在保护企业在疫情影响下维持基本运行。具体政策内容如下：

(1)短期工作津贴

首先，德国政府实行短时工作制，以减少员工工作时间替代解雇，联邦就业局向临时工支付短期工作津贴，实际工作时长对应的收入照常发放，而压缩掉的、没有实际发生的工作时长则支付短工津贴，数额为税后收入的60%～80%，有子女的雇员支付总净工资的67%～87%；其次，家庭和单亲父母将获得每个孩子300欧元的一次性儿童补助；最后，雇主将免税以补助金或以实物形式向其雇员提供援助和支持，最高可达1 500欧元。

(2)减税降费

第一，雇主为短期工作者所必须支付的社会保障费用将得到全额补偿。第二，因新冠肺炎疫情的经济影响而无法缴纳2020年应缴税款的企业，可按要求限期延期缴纳。第三，降低增值税。常规税率将从19%降至16%，同期还将降低7%的税率降至5%。第四，补贴减免可再生能源税(EEG)。联邦政府支付补贴以降低EEG的征收。第五，为促进企业投资，企业将在2020年和2021年的纳税年度获得暂时改善的机械等动产折旧方案。通过所谓的余额递减法折旧，企业可以立即将更多的投资支出报税，从而减少应税利润。第六，公司税法的现代化。其中，现在可以将合伙企业作为公司征税，或将商业经营收入的减免系数提高到贸易税率的4倍。第七，更改车辆税，以减少二氧化碳排放量较低的汽车的税收，并增加排放量较高的汽车的税收。

(3)为企业提供国家信贷支持

第一，德国复兴信贷银行(KfW)2020年专项计划的资金不受限制。KfW为企业贷款的担保比例由50%上升为80%～90%，适用于自雇者、中小型企业和大型企业。第二，凡是成立5年以下的企业，都可申请德国复兴信贷银行创业贷款，贷款年利率从10.00%降低到2.21%，德国复兴信贷银行承担高达90%的银行风险。每家企业集团的贷款限额为10亿欧元，最长期限不超过5年。第三，联邦政府针对非营利组织制定一项金额为10亿欧元的特别信贷方案，并将承担80%的违约风险。

(4)提供现金补助

第一，对个体工商户、小微企业主和小家庭企业，联邦政府提供了500亿欧元的紧急援助，并改变了企业破产规则；第二，为职工人数不同的小型企业提供单次最高15 000欧元的补助，为期3个月，不必偿还；第三，联邦政府对自雇者还额外增加30亿欧元基本收入补助，为期6个月，确保自雇者在危机中保障自己的生活和住房。

(5)对创新企业的特别支持计划

联邦政府为初创企业提供20亿欧元的资金援助，为确保学徒制顺利施行，对2020年没有减少培训名额的中小型公司，每份新签订的培训合同将给予2 000欧元的一次性奖金。

(6)针对特定行业的支持计划

第一，"重启文化"计划，为文化产业公司提供约10亿欧元的额外资金；第二，对公共交通行业进行补偿，联邦政府为联邦各州提供的所谓区域化基金将一次性增加25亿欧元；第三，为鼓励购买电动汽车，经济刺激计划将购买电动汽车的联邦补贴翻倍作为创新奖励，经济刺激计划将追加投资25亿欧元，用于扩建充电站基础设施，以促进电动汽车领域的研究和开发；第四，为德国铁路公司增资；联邦政府已经在2020—2030年期间向德国铁路公司投资10亿欧元，并每年追加股本；第五，联邦政府的新移动基础设施公司为建设全国性的5G网络，投资50亿欧元；第六，到2025年，人工智能资金的计划投资将增加20亿～50亿欧元。利用经济刺激计划中额外的20亿欧元，计划包括建造至少两台量子计算机。经济刺激计划计划用20亿欧元支持创新公司开发和测试新的、软件控制的网络技术。

20.2.4 英国财政政策

新冠肺炎疫情重创全球经济的大背景下，疾病流行也可能引发英国几个世纪以来最严重衰退。疫情和抗疫隔离措施导致英国经济产出严重下降，航空、制造、住宿、零售、建筑等行业遭遇重挫。2020年第二季度，英国国内生产总值同比下降21.5%，创下1955年以来英国经济最大的季度收缩。10月以来，全球疫情开始出现反弹迹象，截至2020年10月26日，英国新冠肺炎新增确诊病例19 790例，累计确诊病例894 690例，累计治愈病例2 702例，累计死亡病例

44 998例,新冠肺炎疫情再次席卷欧洲,加重了英国的经济危机。面对严峻的疫情考验,英国推出了力度空前的财政举措为企业及民众纾困,极力遏制英国经济下行趋势。

2020年3月11日,2020年预算案推出300亿英镑刺激计划,70亿英镑支持劳动力市场,50亿英镑支持医疗体系,180亿英镑刺激经济。3月17日,英国总理宣布了一项前所未有的政府支持和担保贷款支持企业的一揽子计划,初步提供了3 300亿英镑的担保,相当于国内生产总值的15%。3月23日,宣布700亿英镑支出支持就业。4月20日,英国政府出台12.5亿英镑的一揽子支持计划,帮助推动英国创新和发展的企业。4月20日,新冠病毒职位保留计划正式启动,企业每月可要求最高2 500英镑的员工工资。4月27日,政府宣布"回弹贷款计划",将为小型企业提供高达50 000英镑的贷款。11月1日,英国将实行"冬季经济计划",为公民、企业和公共服务提供了超过1 900亿英镑的支持。具体内容如下:

(1)就业保留计划

自2020年3月1日起,全英国境内的企业若运营受到新冠肺炎疫情的严重影响而无法维持当前的员工规模,可选择休假并向政府申请补助金,以支付员工正常月工资的80%,每月最高2 500英镑。

(2)为雇员提供收入补助

首先,雇主将继续按其工作时间支付员工的工资,但对于未工作的时间,政府和用人单位将分别支付其等同工资的三分之一。员工必须至少工作正常时间的33%。补助金每月最高为697.92英镑。其次,工作支持计划将向英国各地的企业开放,其价值可能超过被辞退的工人平均工资的60%,在此计划期间,政府不得裁员。再次,政府还通过扩大"自营职业收入支持计划补助金"(SEISS),继续为数百万自营职业者提供支持。初期的一笔辅助金将包括11月至明年1月底期间三个月的利润,相当于每月平均利润的20%,总额可达1 875英镑。SEISS第二阶段计划将使符合资格的人获得相当于其平均每月交易利润的70%的第二笔赠款。最后,新冠病毒职位保留计划允许公司休假,雇主可上网申请高达员工工资的80%的现金补助,每个工人每月最高限额为2 500英镑。

(3)为患新冠肺炎或自我隔离的人员提供社会保障

首先,自3月13日起,雇主将向因患新冠肺炎或自我隔离而无法工作的员工支付 94.25 英镑的法定病假工资(SSP),最多可支付 28 周;其次,对不能申请 SSP 的个体经营户或收入低于每周 118 英镑的收入下限的人群,可更容易申请"通用信贷"(UC)或新的就业和抚养津贴;最后,若需要英国地方政府经济支持的个人,可从 5 亿英镑的困难基金中获得支持。

(4)延缴和减免税费

第一,自 2020 年 4 月 1 日起,英格兰地区的包括托儿所在内的部分企业可以享受为期 1 年的财产税优惠政策。已享受商业税费账单零售折扣的企业、属于零售业且应纳税额在 51 000 英镑及以上的企业、属于休闲业、酒店业的企业和托儿所均将享受下一年 100%的税收减免。第二,全英国增值税注册企业延迟缴纳增值税,但不包括增值税最低限额和进口增值税。第三,为支持酒店业的企业和就业,英国各地的餐馆、酒吧、咖啡馆及类似场所供应的食品及非酒精饮料将适用 5%的增值税减免税率。第四,为支持企业和就业,英国各地的住宿供应和景点门票将适用降低 5%的增值税率。第五,暂时削减印花税土地税,政府将暂时把英格兰和北爱尔兰的住宅印花税无税率等级从 125 000 英镑提高到 500 000 英镑。

(5)为企业或个人提供现金补贴

第一,在商业税率制度中获得小企业税率减免或农村税率减免的英格兰小型企业,将获得 10 000 英镑的一次性现金补助。获得 SBGF 援助的申请人在 3 年内最多可获得 20 万欧元以上的援助。第二,英格兰的零售业、酒店业和休闲业企业可扩大零售折扣,应纳税额在 15 000 英镑及以下的企业均将获得 10 000 英镑的补助金;应纳税额在 15 000~51 000 英镑的企业,将获得 25 000 英镑的现金补助。第三,自 2020 年 9 月 9 日起,由于当地封锁或有针对性的限制而需要关闭的英格兰企业现在每三周可获得价值高达 1 500 英镑的赠款。第四,专注于研发的中小企业还将受益于 7.5 亿英镑的赠款和贷款。

(6)为企业提供国家信贷支持

对于中小型企业而言,第一,对那些信用良好没有欠款的客户,可推迟 3 个月偿还抵押贷款。第二,自 2020 年 3 月 23 日起,冠状病毒商业中断贷款计划(CBILS)为年营业额不超过 4 500 万英镑的中小企业提供贷款、透支、发票融资和资产融资,期限最长为 6 年,最高可达 500 万英镑。第三,政府将提供业务中断付款,以支付前 12 个月的利息和任何贷款手续费。第四,政府将为贷款人提供占每笔贷款 80%的部分担保。政府不会向企业或银行收取担保费,该计划将支持价值不超过 500 万英镑的贷款,该贷款前 6 个月免息的。第五,回弹贷款计划为贷款人提供由政府支持的 100% 担保贷款,企业将能够在 2 000 到 50 000 英镑之间借款,贷款在前 12 个月内将免息。对于大型企业而言,第一,根据新冠病毒企业融资机制(CCFF),英格兰银行将向大企业购买短期债务("商业票据"),这将支持那些基本面强劲但短期资金紧缩的企业。第二,预计在 2020 年 4 月底前,冠状病毒大型商业中断贷款计划(CLBILS)将支持年营业额在 4 500 万英镑至 5 亿英镑之间的大型企业获得最高 2 500 万英镑的贷款。并计划为那些原本无法获得所需资金的企业向贷款人提供 80%的个人贷款担保。第三,实施"未来基金"计划,资金来源为由受政府和私营部门资助的 5 亿英镑投资基金,用于受危机影响的高增长公司,入选企业将获得 12.5 万至 500 万英镑不等的贷款支持。

20.3 欧洲新冠肺炎疫情财政政策的优势和劣势

20.3.1 政策优势

(1)欧洲的政策对大型企业和中小企业分开有利于政策精准实施

欧洲各国对于企业的帮扶政策不同于其他国家的一般企业和中小企业的两类分类,而是分为大型企业和中小企业两类。这样更为具体的划分可以适应大型企业和中小企业在财务、经营和应对疫情能力等方面的差异,使得政策更加具有针对性和适用性,从而有利于提高政策实施效果。

(2)对于研发的补助有利于疫情控制

欧洲各国基本都会对科研机构给予一定的拨款补助优惠,这种直接性的补助可以促进科研机构进行研发。对于研发应对疫情的科研机构来说,这种拨款政策会直接促进机构的科研投入,从而以更直接、更快速的方式研发疫苗和药物,有利于控制疫情。

(3)注重对创新企业的保障有利于经济长期健康发展

欧洲各国的政策中基本都会涉及对创新创业的自然人和法人的保障,或是通过直接拨款补助或是通过贷款优惠和保证等。在应对突发的疫情中,欧洲各国除了对一般的企业进行常规性的帮扶外,对创新的额外帮助将会直接保障创新行业减少在疫情期间受到的影响，从而保持经济生产率，进而保障经济长期稳定发展。

20.3.2　政策劣势

(1)对于出口企业帮扶过多不利于国际市场稳定

欧洲各国基本都会对出口企业进行额外的帮助，包括税收优惠和融资担保等。这种对于出口企业的普遍帮助，一方面可以提高疫情期间欧洲各国企业在国际市场上的竞争力，但另一方面则可能会造成国际市场的扭曲和不稳定。需要指出的是，由于欧洲大部分国家属于欧盟成员国，经济一体化程度较高，因此各国制定出口企业的帮助政策在欧洲尤其是欧盟成员国范围内来看并不会造成跨国市场的动荡。

(2)忽视潜在受影响的群体会导致政策的效果偏差

欧洲此次的危机应对政策基本也都是针对已经存在于市场上的主体，并没有过多地考虑到潜在将要进入市场的群体，如没有考虑到即将进入到劳动力市场的各类学校的毕业生。因此，这种从局部均衡出发构建的政策体系也就达不到一般均衡的效果，可能会使得政策的效果与预期产生偏差。

21 全球视角下中国应对风险的财政表现与发展

2020 年，新冠肺炎疫情在全球蔓延开来，全球各国均在不同程度上受到了新冠肺炎疫情给经济和社会带来的负向冲击，并纷纷出台了相应的财政支持政策，以遏制疫情蔓延、推动经济复苏。在此次抗击疫情的过程中，中国政府不仅在疫情防控上表现出色，更在刺激经济复苏、保障民生问题上取得了突出成果，中国财政在遭遇风险的情形下表现出了较强的灵活性与韧性。本章将基于全球视角，分析并总结在疫情风险下中国财政措施的优势、劣势及未来发展方向。

21.1 中国财政应对风险的优势

21.1.1 统一领导、分级管理的财税制度优势

我国国家制度和国家治理体系具有“坚持全国一盘棋，调动各方面积极性，集中力量办大事”的显著优势。财政制度根植于社会基本制度，“全国一盘棋”的行政管理体制必然衍生出统一领导、分级管理的财税制度。2020 年 1 月，新冠肺炎疫情从武汉开始爆发，在短短一周时间内蔓延至全国各地区，中央财政迅速调动各级资源全力抗击疫情，支援武汉，统筹开展全国疫情阻击战，建立上下联动机制。各级政府同样反应迅速，协调一致，充分响应中央号召，合理调配各项资源，不仅资金及时足额到位，而且政策供给有的放矢，形成了强有力的资金和物资协调保障机制。这种上下联动机制具有三大突出效应：一是及时弥补地方应急财力不足；二是统筹考虑区域间资金保障；三是综合考虑资金使用效率，放大资金绩效。相较于中国，欧盟成员国及北美各州之间为了能够在疫情财政政策中最大化维护自身利益而纷争不断，财政政策不能及时对疫情变化作

出调整，削弱了财政政策实施的效果。例如，欧盟各国在确定增加 7 500 亿欧元的专项复苏基金时争执不休，各国为维护本国的核心利益而展开激烈博弈，欧盟多次召开成员国会议，并对这一问题进行游说与商讨。按照欧委会的最初提案，在 7 500 亿欧元的复苏基金中，将有 5 000 亿欧元采取直接拨款方式主要发放给受疫情影响最严重的成员国，另外 2 500 亿欧元则以贷款方式提供。这一方案受到了意大利、西班牙、葡萄牙、希腊等南欧国家的欢迎，却遭到荷兰、奥地利、瑞典、丹麦、芬兰等“节俭国家”的强烈抵制。但中国政府在制定和实施抗击疫情的财政政策时，具有绝对的领导力和权威性，能够在短时间内实现财政资金的拨付与调配，提高了资源配置的效率，使得中国在疫情防控和复苏经济过程中表现出强大的执行力与计划性，充分体现了中国特色社会主义制度无可比拟的优越性，特别是中国特色社会主义财税制度的优越性。

21.1.2 财力充足的经济优势

就收入端而言，首先，我国宏观经济虽然遭受了新冠肺炎疫情的严重打击，但长期向好的宏观基本面并未改变，我国经济依然具有较强的经济活力与较大的增长空间。尽管 2020 年政府工作报告并未设置本年度的经济增长目标，但就目前经济恢复状况来看，前景依然乐观。2020 年第三季度，我国 GDP 为 266 172 亿元，按不变价格计算，比上年同期增长 4.9%，增速比二季度提高 1.7 个百分点。前三季度的 GDP 累计增速年内首次实现由负转正，三次产业累计增速均实现了正增长，经济发展长期向好趋势不变。乐观的经济前景保证了中央政府从长期来看实现财政盈余依然可期，经济复苏将为中央及地方财政注入新鲜血液，推动中央政府实施下一步财政支持计划，进一步引导中国经济恢复到正常增长状态。其次，我国各级政府的税源充足，税基很广，为缓解疫情对中央政府财政收支所带来的冲击提供了基本保障。尽管近两年我国大力推行减税降费以刺激经济，加之受到疫情冲击，中央政府的财政缺口并未显著扩张而出现严重的财政赤字。中国的税收结构按照其性质和作用，大致可分为 6 类，即流转税类、所得税类、资源税类、特定目的税类、财产税类和行为税类，其包含的 18 个税种覆盖了国民经济生产的方方面面，因此尽管税率有所降低，政府的财政收入和适度负债仍能基本维持财政支出需要。另外，我国转移支付制度较为完善，为地方财政起到了“托底”作用。2020 年，中央财政通过统筹新增赤字、以前年度结转资金、压减本级支出腾出的财力等渠道，切实加大对地方财力的支持力度。中央对地方转移支付增长12.8%，其中一般性转移支付（不含共同财政事权转移支付）增长7.5%，高出中央本级支出7.7个百分点，重点向革命老区、民族地区、边疆地区、贫困地区及受疫情影响较大的地区倾斜，支持地方尤其是困难地区正常运转。在一般性转移支付中，均衡性转移支付安排17 192亿元，增长10%；县级基本财力保障机制奖补资金安排2 979亿元，增长10%；老少边穷地区转移支付安排2 796.1亿元，增长12.4%。安排特殊转移支付6 050亿元，用于支持地方落实"六保"任务，应对执行中的不确定因素。中央对地方财政转移支付力度增大，地方政策财力增强，有利于地方政府依据本地疫情状况在响应中央政策基础上，出台相应地方性财政政策，有针对性地促进本地经济复苏，企业复工复产。就支出端来看，2020年政府工作报告中明确提出要"过紧日子，中央本级非急需非刚性支出压减50%以上"，各级政府取消了行政经费、"三公"经费等，压缩各部门一般性财政支出，真正做到了政府层面的"开源节流"，为疫情给各部门带来的财政压力进行减负和松绑。同时，近年来我国税收征管力度也在不断加强，例如"金税三期"工程的实施，旨在建立基于统一规范的应用系统平台，依托计算机技术，覆盖所有税种、所有工作环节的税收管理信息系统。"营改增"政策的实施，也进一步强化了发票制度在征税环节的应用，降低了偷税漏税的可能性，强化了我国税收收入来源。

21.1.3 财政政策灵活多变

我国在抗击疫情过程中所采用的财政政策工具种类多样，不同类型财政政策能从不同角度影响到经济或社会发展，从而达到全方位刺激经济，保障和改善民生的目的。例如，在疫情防控方面，对新冠肺炎患者进行免费救治，为医护人员和医疗机构提供补贴和资助，准予新冠疫苗研发部门对研发费用进行税前加计扣除，给予防疫药品攻关企业奖励等，中国政府投入大量财政资金用于疫情防控和患者救治，在疫情最为严重时及时有效地遏制了病毒传播，保障了人民群众的生命安全，也为后续复工复产措施的推进打下了坚实基础。在减税降费方面，中央及地方政府对部分符合条件的企业免征房产税、城镇土地使用税，减免社会保险费，返还失业保险费，延迟缴纳水费，减免房租，下调水、电费等生产要素价格，这些举措为受新冠肺炎疫情影响的企业复工复产提供了适当的资金缓冲期，降低了企业生产成本，减轻了企业的税负负担。在企业融资方面，对疫情防控重点保障企业，中央层面为其提供了优惠利率信贷，并在此基础上按照再贷款利率的50%进行贴息，各级政府性融资担保再担保机构应取消反担保要求，降低担保和再担保费，政府部门给予疫情防控重点保障企业和受疫情影响严重的小微企业金融支持，保障企业资金链正常运转，进而帮助企业复工复产。在就业支持方面，政府部门为企业提供就业补贴和稳岗补贴，鼓励企业增加员工的就业机会，帮助更多失业员工重新走上就业岗位，保障失业人员的基本生活，也间接扩大了国内消费需求，提升了城乡居民的消费能力与消费意愿。在居民消费方面，各级地方政府在辖区内发放了大量消费券，并鼓励汽车家电等大宗消费，以财政补贴引导居民消费，充分发挥国内超大规模市场优势和内需潜力，以扩大内需刺激经济复苏，推动实现国内国际双循环格局。多样化的财政政策从不同侧面刺激了中国经济复苏，政策覆盖范围很广，并有所侧重地涉及各类经济主体，帮助国内企业复工复产，保障人民基本生活。

21.1.4 对地方财政运行的跟踪分析和调度监管

对地方财政实行差异化资金调度，对困难地区予以适当支持。自3月1日至6月底，阶段性提高地方财政资金留用比例5个百分点，新增留用资金约1 100亿元，对中西部地区和辽宁省延长执行到今年年底，再增加地方留用资金约550亿元，全部留给县级使用，有力保障基层财政平稳运行。进一步完善县级工资发放监测预警机制，重点监测范围由2019年的105个县区扩大至534个。按日实施县级工资保障监测预警，定期实施地方基层财政库款保障情况通报，督促地方切实防范支付风险。指导地方完善事前审核、事中监控、事后处置的“三保”预算管理工作机制。督促省级财政统筹中央转移支付和省级自有资金，加大财力下沉力度，对县级的转移支付规模只增不减。要求县级财政坚持按“三保”支出的优先顺序，做好预算安排和库款调度，切实兜牢“三保”支出底线。

21.1.5 特殊转移支付机制的建立

按照“中央切块、省级细化、备案同意、快速直达”的原则，建立特殊转移支付机制，完善资金分配程序，确保新增财政赤字和抗疫特别国债相关资金直达市县基层、直接惠企利民。一是加强统筹协调。成立工作专班，加强统筹调度，集中制定工作方案，解决重点难点问题，推动相关工作顺利开展。同时，会同有关部门建立专项工作机制，加强政策协调联动，强化资源信息共享，推动形成工作合力。二是制定管理办法。印发《特殊转移支付资金管理办法》《抗疫特别国债资金管理办法》,明确资金分配、下达和使用规定。印发《中央财政实行特殊转移支付机制资金监督管理办法》《关于做好直达资金监控工作的通知》,细化资金监管要求。基本构建起覆盖资金分配、拨付、使用和监管全过程的制度体系。三是建设监控系统。开发联通各级财政的直达资金监控系统,通过采取单独下达、单独标识、单独调度的方式,实现全链条、全过程监控,从源头到末端,"一竿子插到底"。同时,监控系统向审计等有关部门和地方开放共享,满足相关部门和地方监管需要。通过各级财政部门共同努力,在较短时间内完成了系统开发调试、资金分配和审核确认等各项工作,6 月底前已将具备条件的直达资金全部下达地方,增强了基层财政保障能力,有力支持基层做好"六稳""六保"工作。

21.2 中国财政应对风险的劣势

21.2.1 全面预算管理落实不到位,财政资金使用效率有待提高

2019 年度国家账本年检报告中显示,我国财政预算执行总体较好,但支出效率有待进一步提高,其中部分预算存在下达晚、资金使用效率低、项目实施审批耗时等问题。比如,抽查中央投资专项资金支持的 320 个项目,地方立项后到开工前各项审批平均花了 486 天,影响了资金使用效率。预算拨付不及时,这其中既有拨付链条过长的因素,也有信息沟通不够、预算使用单位预算编制细化不足等原因。在此次抗击新冠肺炎疫情过程中,中央及地方财政拨付了大量财政资金用于防治疫情和恢复经济,在财政资金及医疗物资使用过程中,由于我国政府机构庞杂,政策实施过程缺乏监管,同样可能存在抗疫财政资金使用效率不高,财政政策实施效果减弱等问题。审计署审计结果显示,截至 3 月底,各级财政共安排疫情防控资金 1 371.86 亿元,审计的 40 家银行共向 5 995 家重点保障企业发放疫情防控专项贷款 2 314.73 亿元,审计的 8 445 个慈善组织和相关部门共接收社会捐赠资金 378.24 亿元、物资 16.65 亿件,已分配使用 320.65 亿元、15.1 亿件,审计署还发现疫情防控财政资金和捐赠物资普遍存在资金滞拨、物资积压、骗取套取资金、倒卖侵占物资等问题。因此,加强全面预

算管理，提高财政资金使用效率是我国在应对新冠肺炎疫情危机时需要进一步落实和加强的重要方面。

21.2.2 财政政策缺乏识别性，中小微企业获得感不强

首先，从金融支持来看，中央财政主要针对疫情防控重点保障企业提供贷款贴息支持，就地方财政而言，仅有深圳市同样给予受疫情影响严重的中小微企业贴息支持；在部分省份，与疫情防控相关行业融资担保项目和直接参与疫情防控工作的中小微企业可降低或取消反担保要求，相比于欧盟、美国、日本等国家，欧盟部分成员国不仅给予受疫情影响的中小微和大型企业全额或部分担保贷款，还直接给予现金补贴扶持中小微企业发展。相比之下，我国中小微企业的融资渠道仍然受限，中小微企业并不能快速获得复工复产所需要的资金援助。其次，从减税降费来看，中央财政仅为租用国有资产类经营用房的企业直接减免 1 个月房租，减半征收 2 个月房租，而对租用其他经营性住房的企业只停留在鼓励房东给予房租优惠，并未出台明确政策规定。事实上，中小微企业和个体经营户多以租用其他经营性住房为主，因此很难享受到减免房租带来的成本节约。在减税方面，中央层面主要对交通运输、住宿餐饮、居民服务和文体娱乐业免征 3 个月房产税和城镇土地使用税，部分省份也对中小微企业和小规模纳税人提供房产税和城镇土地使用税减免，但是对于企业而言，房产税与城镇土地使用税所占企业税负比重很小，因而此次疫情减税给我国企业带来的实质性减负效应并不大。最后，中央及地方财政为企业新增岗位和员工培训提供就业补贴，而仅有安徽省地方财政对生产经营困难的企业给予稳岗补贴。事实上，员工工资是企业生产成本的重要组成部分，对于受疫情影响较为严重的企业而言，维持原有员工规模已然十分困难，这些企业很难享受到新增岗位补贴与员工培训补贴，甚至有可能因为难以支付员工工资而裁员，导致失业率上升，地方政府的就业补贴政策并不能有效缓解企业的燃眉之急，帮助解决企业员工的失业问题。

21.2.3 地方债务负担过重，可能诱发系统性金融风险

化解金融风险是 2020 年的三大攻坚战之一，而地方债风险是重中之重。面对抗击疫情和恢复经济的双重挑战，今年的风险防范任务尤为艰巨。据财政部的数据，截至 2020 年 10 月末，全国地方政府债务余额 258 074 亿元，其中，一

般债务 128 498 亿元，专项债务 129 576 亿元。一方面，在疫情影响之下，宏观经济增长乏力，财政收支不平衡；另一方面，地方债放量发行导致地方政府偿债压力加大。加之地方政府隐性债务风险尚未排除，地方债风险防范难度加大。尽管我国的政府财政赤字率总体上看并不高，有一定财政政策调整的提升空间。但是地方财政分化非常严重，某个地方、某个环节出现问题就可能造成系统性金融风险。在疫情影响下，各级政府财政收入下降明显，同时还要启动大规模新基建项目，这些新基建项目的经济效益、对周边地区经济的拉动力、对于就业和税收的贡献具有不确定性。另外，很多地方政府在城市建设活动中采取成立国有控股企业的方式操作，比如城投公司，通过政府信用担保或者直接干预从银行获得贷款，或者与民营企业合作，其中的金融风险作为隐性风险不容忽视。

21.2.4 重大疫情长期防控机制不完善

首先，我国医疗卫生投资水平总体较低。2003—2019 年，我国医疗卫生固定资产投资由 333 亿元增加到 6 159 亿元，年均增长 20%，快于同期全部投资增速。但是，由于医疗卫生投资规模较小，其占全部投资的比例变化并不大，只是由 2003 年的 0.73%提高到 2019 年的 0.87%，平均只占 0.71%，低于同期教育投资平均占比 1.85%，以及文体投资平均占比 1.16%。其次，医疗卫生的政府投入不足。医疗卫生的外部性较强，是政府投资的主要领域，但是，其投资占政府投资的比例却很低。2003—2017 年，在全部国家预算内资金中，医疗卫生投资平均只有 1.89%，远远低于交通运输(25.6%)、公用设施(26.6%)、公共管理(9.5%)，也低于教育的 5.8%和文体的 2.3%。可见长期以来，各级政府更加热衷基础设施和城市建设方面的投入，在关系民众健康的医疗卫生领域投资明显薄弱。再次，卫生防疫投资水平更低。2002 年开始，国家启动了以中西部地区为主的省地县三级疾病预防控制机构建设。2003 年底，国家又投资 114 亿元重点改造中西部传染病医院和紧急救援中心。但是，卫生防疫投入力度总体不大，投资额还出现逐年萎缩的情况。2003—2017 年，我国卫生防疫投资年均只有 30 亿元，由 2004 年的 37 亿元下降到 2008 年只有 16.5 亿元，之后有所提高，到 2017 年达到 60 亿元。但卫生防疫投资占固定资产投资比例由 2003 年的 0.06%大幅下跌到 2017 年的 0.01%，2009—2017 年间，长期徘徊在 0.01%左右。最后，卫生防疫领域政府投资缺位。卫生防疫是纯公益性领域，政府资金理应担当主角，但是，除了 2003—2004 年两年政府投入强度相对较大外，全国卫生防疫的预算内投资额连年下降，由 2003 年的 11.9 亿元下降到 2010 年的 6.3 亿元，其中，2006 年、2007 年的投资额衰减到 4 亿多元，尚不及大城市一公里地铁的造价。卫生防疫预算内资金占全部预算内资金的比例也由 2003 年的 0.5%断崖式下降到 2010 年的 0.05%，2007—2010 年每年均不足 0.1%。重大疫情长期防控机制的不完善导致我国在面临疫情危机时反应滞后，紧急应对能力相对较弱，延误了最佳疫情控制时机，加重了经济社会损失和财政负担。

21.3 中国财政应对风险的发展方向

21.3.1 千方百计稳定和扩大就业

把保就业作为重中之重，更好发挥财政政策对稳就业的拉动作用，统筹用好就业补助资金、职业技能提升行动专账资金和失业保险基金，加快使用工业企业结构调整专项奖补资金，用好用足抗疫特别国债和地方政府专项债券，重点支持带动就业能力强的补短板项目，开发更多就业岗位。落实落细各项就业创业政策，加快双创支撑平台项目建设，鼓励创业带动就业，支持养老、托育、医疗、家政等社区家庭服务业发展壮大，吸纳更多就业。推进新型城镇化建设，大力提升县城公共设施和服务能力，开发更多就业岗位。支持农民工等人员就地就近就业创业。

21.3.2 落实落细减税降费政策

围绕保住亿万市场主体这一目标，巩固和拓展去年实施更大规模减税降费的成效，不折不扣落实好今年新出台的各项减税降费政策措施。密切跟踪疫情态势和经济运行情况，强化与税务等部门协同配合，加强涉企收费监管力度，依法依规组织收入，严禁征收“过头税费”、违规揽税收费和虚增收入，不能因为财政收支矛盾大而乱收费增加企业负担，把该减的税减到位，该降的费降到位，使企业切实享受到政策红利。加强减税降费信息共享，及时研究解决地方和企业反映的突出问题，进一步完善相关政策，更好促进经济平稳运行。

21.3.3 兜牢“三保”底线，保基层正常运转

用好中央财政统筹新增赤字、以前年度结转资金、压减本级支出腾出的财力，加大对地方支持力度，缓解地方收支矛盾。落实好特殊转移支付机制要求，省级政府当好“过路财神”，县级财政要全面落实保障责任，坚持“三保”支出的优先顺序，防止资金被截留挪用、雁过拔毛，确保财力真正下沉到基层，快速高效发挥作用。加强地方“三保”监测预警，强化库款调度，对困难地区予以适当支持。

21.3.4 完善财政应急反应体系

首先，以防范化解重大公共风险和财政风险为导向。应急反应机制则是公共财政框架中不可缺少的重要组成部分。疫情发生和蔓延，一方面是不确定的人为因素所致，从深层次来看，也是我国经济社会市场化、科学技术高速发展和全球化日益深入所酝酿催生的公共风险的集中爆发。疫情之初，部分部门反应不及时、资金和物资调度不到位，反映出公共风险预防意识不足。因此，树立风险防范意识和忧患意识，建立以防范化解重大公共风险和财政风险为导向财政应急反应体系，不仅是预防重大公共危机的要求，也是财政保持可持续和稳定性的保障。其次，保持中央全局战略统筹能力，强化财政应急法制建设。财政应急法制建设是减少应急财政风险的制度保障。此次疫情中各级财政部门应急措施响应基本到位，但是应急能力基础还存在薄弱环节，即应急管理职责分配、资金使用等方面尚未完全达到程序化和规范化，这会使得中央在突发事件面前较为被动，应对危机的效率大大降低。因此，有必要在法律层面厘清各级政府应急响应的权责，完善应急资金的使用和监管制度，提升应对化解突发公共危机的效率。最后，强化预备费应急功能，优化应急政策工具框架。适当提高应急预备费提取比例，实行预备费基金式管理，健全应急预算支付建设，构建应急财政政策和货币政策框架，完善应急资金监督机制和应急管理绩效评价机制。

21.3.5 构建面对长期不确定性的财政治理体系

应对新冠肺炎疫情这样小概率却可能演变为巨大灾难的“黑天鹅”事件，传统成本收益分析和短期应急措施不一定合适。从长远来看，应当探寻财政合理

的社会治理乃至全球治理模式，力求风险社会注入“确定性”，才是治本之策。为此，财政应该从政策优化、制度改革、体制构建等多方发力，为我国经济高质量发展和国家治理现代化发挥重要支柱作用。坚持总体积极导向，注重财政提质增效，加快推进财税制度改革，努力挖潜保收，为财政支出提供更大空间，提高新增专项债限额，扩大专项债在基建、民生领域适用范围，探索专项债与 PPP 模式的融合等其他新型融资渠道，提高财政资金使用效率和税收征管效率，强化全面预算绩效管理，裁撤无效经费使用和冗员，通过问责和理顺财政体制强化财政纪律，将加强问责和积极调动地方、基层积极性有机统一起来，推动中国特色现代财政制度建设。

第七编

后新冠肺炎疫情时代我国财政的对策思路与措施

22 财政收支政策思路与措施

2020 年我国的经济发展面临国内经济结构调整和国际经济复苏缓慢的共同影响，特别是新冠肺炎疫情的爆发，对全世界的政治经济造成了重大冲击。面对这一内外双重负面因素及突发事件的影响，我国应采取更加积极有为的财政政策，从收入和支出两方面提出切实可行的对策措施，从需求和供给两端同时发力，以利于实现短期经济恢复、中期经济复苏和长期经济腾飞的战略目标。

22.1 财政收支政策的思路

22.1.1 肯定实施积极财政政策的重要性

党的十八届三中全会提出："财政是国家治理的基础和重要支柱。" 从世界和历史经验来看，无论是 1929 年美国经济危机之后所诞生的凯恩斯国家干预经济理论与"罗斯福新政"，还是第二次世界大战后美国推行的以国家援助为主的"马歇尔计划"，以及 2008 年全球金融危机时各国都出台了以财政政策为主的应对策略，对于任何全球性突发事件的处理以及后续影响的利益配置，国家发挥的作用十分关键。而各国政府所应对的首要政策工具都是财政政策，这是政府应对世界性危机以及后续处置的普遍规律。因此，面对 2020 年初以来新冠肺炎疫情造成的经济冲击，首先要从战略高度肯定财政收支政策的重要性，并认识到所应实施的积极财政政策的特殊性，从而进一步明确政策思路，并制定具体措施。

22.1.2 要认识到导致这一轮经济下行原因的特殊性

新冠肺炎疫情所导致的突发经济冲击不同于以往因为经济周期原因所造

成的经济危机情形。过去 20 多年来,为应对 1998 年亚洲金融危机和 2008 年全球金融危机所带来的不利影响,我国已经实行了两轮积极财政政策。这两轮政策出台的目的也都是为了应对经济下行,但不同之处在于当时的宏观经济特征是有效需求不足,个人和家庭储蓄率高企,消费意愿不足;企业内生性投资意愿乏力。因此,当时的政策重点在于通过扩张性财政政策进行逆周期调节,促使储蓄转向投资,并通过大规模的公共投资来扩大内需,拉动经济回升。因目标明确,措施到位,过去两轮财政政策的实施达到了较好的效果。

而当前实施积极财政政策背景的特殊性在于,本轮经济下行并非经济运行本身所出现的问题,而是因为前所未有的疫情的突发冲击,出于防控的需要,在相当长时期内人们被迫居家隔离,包括劳动力和物资等在内的生产要素的自由流动受到很大限制,从而导致消费和投资水平大幅度降低,出口受挫,经济下滑。因此,要认识到与之前两轮的经济问题不同,本轮经济下行的原因具有特殊性,并非由于内生经济动力不足,而是因为外力导致的国内外有效需求暂时不足,出台的财政政策也应有针对性的区别。

22.1.3 要明确未来财政收支政策制定的阶段性

新冠肺炎疫情作为一种突发的外在因素,对我国宏观经济的影响可能分为三个阶段:第一阶段是疫情期间,主要表现为短期经济下滑,需求和供给两侧临时性大幅下降;第二阶段是疫情恢复期,主要表现为中期经济复苏,全面复工复产的供给面回升和需求面反弹;第三阶段是后疫情时期,主要表现为长期经济调整和跨越式发展。

因此,从财政收支政策来看,需要根据上述阶段性的特点,围绕近期我国经济恢复的现状,制定切实可行的中期经济复苏以及长期经济腾飞的目标;财政政策的引领与推动的要旨是:率先走出经济低谷,尽快达到疫情前的经济水平,力争经济跨越发展。

22.2 财政收支政策的措施

22.2.1 我国宏观经济与财政政策的趋势和现状

从表 22.1 可以看到,2010—2019 年这 10 年中,我国的 GDP 总量虽然增加较多，但增速呈现逐年下滑的趋势，当然这一状况的出现有着多方面的复杂原因。面对经济持续下行的压力，以财政政策从收支两侧发力是经济稳定增长的关键。

表 22.1　　2010—2019 年中国 GDP 总量及增速

年份	GDP 总量(亿元)	增速(%)
2010	397 983	10.3
2011	471 564	9.2
2012	519 322	7.8
2013	568 845	7.7
2014	636 463	7.4
2015	676 708	6.9
2016	744 127	6.7
2017	827 122	6.9
2018	900 309	6.6
2019	990 865	6.1

从 2014 年以来，我国经济进入了新常态，经济结构面临转型，从财政政策的实施来看，重点是促进供给侧结构性改革，具体体现在大规模、结构性减税降费上，增值税、企业所得税、消费税和个人所得税等税种改革不断推进，在降低企业和个人负担的同时释放经济活力，实现经济结构的调整及优化。

2018 年以前，我国是以结构性减税为主，之后政策的重点转向普惠性减税，并进一步加大政策的力度。之后，党中央、国务院做出重大决策部署，实施更大规模减税降费政策。习近平总书记强调，宏观政策要强化逆周期调节，积极的财政政策要加力提效，减税降费政策措施要落地生根，让企业轻装上阵。2019 年出台了有史以来力度最大、规模空前的减税降费政策，具体举措主要有：深化增值税改革、实施小微企业普惠性减税、实施个人所得税专项附加扣除、降低社会保险费率、清理规范行政事业性收费和政府性基金等。据财政部相关统计，2016 年我国减税降费规模约 0.62 万亿元，2017 年超 1 万亿元，2018 年约为 1.3 万亿元，而 2019 年这一数据更高达 2.36 万亿元，占 GDP 比重为 2.39%。

22.2.2 促进后疫情短期内经济维稳的财政收支政策

从短期来看，2020 年应对疫情的主要是一系列应急和救助政策。财政收支政策的重点围绕落实“六保”任务发力，即保居民就业、保基本民生、保市场主体、保粮食能源安全、保产业链供应链稳定、保基层运转。

据 2020 年 8 月 8 日财政部刘昆部长在第十三届人大第二十一次会议上所作《国务院关于今年以来预算执行情况的报告》中提供的数据，截至 6 月底，各级财政共安排疫情防控资金 1 756 亿元，围绕减轻患者救助费用负担、提高疫情防治人员待遇、保障疫情防控物资供应、加快疫苗和药物研发等出台了一系列财税支持政策，为打赢疫情防控阻击战提供政策保障。

支持保居民就业。中央财政下达就业补助资金 538.78 亿元，1—6 月发放了稳岗返还资金 636 亿元，以努力稳定和扩大就业，同时出台相关政策突出支持做好重点人群就业工作，并保障失业人员基本生活。

支持保基本民生。支持发展公平优质教育，做好养老保障工作，保障基本医疗需求，做好民生兜底工作，完善基本住房保障体系。截至 6 月底，已下达养老保险补助经费 7 678.27 亿元，城乡居民医保补助资金 3 525.35 亿元，困难群众救助补助资金 1 660.47 亿元，全国保障性安居工程财政支出 1 810 亿元。

支持保市场主体。1—6 月新增减税降费 15 045 亿元，有效减轻了市场主体负担；加大创业担保贷款贴息支持力度，提高贷款额度上限，放宽申请条件，支持缓解融资难融资贵。

支持保粮食能源安全。下达农田建设补助资金 682.8 亿元，调整完善农产品生产者补贴政策和粮食补贴政策，全力保障粮食等重要农产品供应。完善非常规天然气和可再生能源补贴政策，支持建立和完善能源安全储备制度。

支持保产业链供应链稳定。延长新能源汽车推广应用财政补贴政策等，大力支持制造业高质量发展；提高科技创新支撑能力；着力稳外贸稳外资。制定系列财税优惠政策，支持海南自由贸易港建设。

支持保基层运转。截至 6 月底，中央下达一般性转移支付资金 61 214.6 亿元和特殊转移支付资金 5 378.57 亿元，大幅增加对地方财力支持，保障基层援助和各项政策实施。

22.2.3 促进后疫情中期经济复苏的财政收支政策

疫情爆发时的短期政策往往以应急和救助为首要任务，然而在疫情的中后期，财政支持政策应该在保持积极基调的同时，根据形式变化开始逐渐转移，在考虑政策有效性和持续性的基础上，努力实现经济量的合理增长和质的稳步提升，促进行业以及整个国家经济的复苏与发展。

从我国的实际情况来看，需要客观地认识到：一方面，从政策的延续性来看，近些年来的供给侧结构性改革、减税降费政策确实为经济运行注入了新的活力，但再继续推行大规模减税的空间已经不大；另一方面，从政策的有效性来看，与之前两轮的经济问题不同，本轮经济下行的特殊性在于，有效需求不足是因为突发因素冲击导致的，而并非由于内生经济动力不足，因此，出台的刺激性政策也应有针对性的区别。未来的财政政策需要从需求和供给两端着手：在促进消费和投资需求的同时，增强市场经济主体的活力；扩大财政支出，增加公共投资规模，推进公共服务均等化。

从财政收入政策来说，要继续坚持减税降费的大方向，考虑到各地区、各行业的企业受到疫情影响的程度不同，制定有针对性的政策措施，切实降低企业和个人负担，激发内生的经济活力。从税收政策来看，我国目前的税收优惠尚不完善，涉及税种有限、方式较为单一、支持力度也有所不够。因此，要进一步完善制度改革，探索多元化如税基式、税率式、税额式、税收递延式等多种税收优惠方式，实施针对性减税政策，增强个人消费和企业投资的积极性。另外，突出扶持重点让税收优惠政策落实更给力。根据疫情对不同行业、企业和地区的冲击程度，采取切合各自实际和特点的差异化优惠举措，根据实际需要相机抉择。

从财政支出政策来说，首先要对政府投资项目进行选择，而选择的标准应跳出经济收益率这一传统指标。政府不应与民逐利，对于回报率高、企业投资意愿强的项目，应放手让市场决定。政府应将投资的重心放在那些回收周期长、具有正的社会外部性的项目之上，这些项目往往企业不愿意做，却对社会经济的高质量发展至关重要。因此，在准备政府投资项目的选择时，应该以社会回报而不是经济回报作为标准。

其次，从我国财政支出结构来看，转移性支出比重相对较低，购买性支出和资本性支出的比重较高，表现为对于经济领域的投入较多。这次疫情也提示我们有必要进一步调整支出结构，加强政府购买公共服务的针对性，优化财政补贴激励政策，以财政政策支持新基建建设和公共卫生等各项民生支出，以更好地实现“四个目标”，即 GDP 目标、就业目标、产业结构目标和科技发展目标。

22.2.4 促进后疫情长期经济腾飞的财政收支政策

在短中期内，疫情会对我国经济造成一定的冲击和影响，以财政收支为首要选择的政策措施强调应急性和针对性，以促进经济的稳定和复苏。而从长期来看，我国面临从投资驱动向创新驱动的经济增长方式转型和错综复杂的国际环境变化，对于未来实施的财政政策也提出了更高的要求。

从长期来看，需要认识到积极有为的财政政策的可持续性和有效性，减税降费和扩大支出在一段时期内会发挥作用，但财政收支缺口不可长期维系；而当类似新冠肺炎疫情这样外在的冲击影响逐渐弱化，被压抑的消费和投资需求快速释放，如果没有即使调整的话，大规模的政府支出甚至可能对私人投资产生严重的挤出效应，干扰到经济内生增长机制的平稳运行。因此，相较于中短期的具体财政政策举措，更应该重视财税制度本身的改革，通过税制结构的优化和财政体制的完善，促进资源配置效率提高和经济可持续发展。

同时，要从国际视野出发，认识到开放经济条件下的政策溢出效应，兼顾内外和长远影响，协调全球产业链和价值链之下内需和外需的关系。此次疫情之下，数字经济表现出较强的生命力，电子商务、在线会议、远程办公、数字化平台等已突破一国范围，国际分工和产业链布局加速调整，对全球化进程影响深远。与此相关的“新基建”可认为是今后相当长时期扩大内需和深化供给侧结构性改革的关键性基础设施建设。对此，积极的财政政策也应将其作为一个突出的重点事项。

不谋全局者不足以谋一域，作为世界上第二大经济体和最大的发展中国家，中国应深度参与国际经济竞争与合作，为建立公平有效的国际经济新秩序作出应有的贡献。而在这一过程中，进一步深化改革和扩大开放，制定科学、合理、有效的财政政策，发挥其应有的功效，则更是应有之义。

总体而言，从 2020 新冠肺炎疫情的爆发及至全世界蔓延的情况来看，各国应对的举措和效果各不相同。无论欧美国家还是发展中国家，疫情的冲击远远超出预期，对未来长期的经济发展会带来深远的影响。对于我国而言，还面临复杂的国际政治经济关系，2018 年以来的中美贸易摩擦即是典型的例证。因此，财政收支政策的重点应放在扩大内需上。既要通过减税降费增加企业和家庭的收入，增加企业投资和个人消费，更要加大政府的公共支出作为扩大需求、稳定增长的举措，同时有利于创造就业机会，提振民众对未来的信心，从需求和供给两翼共同促进经济的短期复苏和长期发展。

23 预算赤字与政府债务政策思路与措施

23.1 新冠肺炎疫情对我国经济造成的基本影响和挑战

新冠肺炎疫情爆发之后，对我国经济增长造成了显著负面影响，具体表现为以下方面：

(1)经济增长明显下降。由于受到疫情对总需求和总供给的同时冲击，2020年第一季度我国GDP增长率为－6.8%，经济增长遭遇到前所未有的大幅度下降。疫情发生后，我国加强疫情网格化防控和集中隔离措施，国内部分城市“封城”，国际部分国家相继采取限制入境的措施。工业开工延迟，生产减少，国模以上工业增加值大幅下降。同时，第三产业受到的冲击较大。

(2)城镇失业明显增加。新冠肺炎疫情造成2020年第一季度失业率攀升，隐性失业规模较大。如果考虑农民工返乡后未能返程导致劳动参与率下降等因素的影响，失业问题则更加严峻。2020年2月，城镇调查失业率达到该数据正式发布以来的最高值。

(3)结构性通胀通缩并存。受疫情影响，2020年第一季度我国一般物价呈现典型的机构性特征。一方面，第一季度受猪肉等食品价格上升的影响，CPI仍处于高位；另一方面，能够表征宏观经济冷热状态的核心的CPI、PPI较为低迷。2020年2月和3月，核心CPI仅比上年同期上涨1.0%和1.2%，PPI下降0.4%和1.5%，工业领域面临结构性通货紧缩的风险。

(4)货物贸易顺差大幅下降。根据海关统计，以美元价值计算，2020年第一季度我国货物进出口总额同比下降8.4%，出口下降13.3%，进口下降2.8%。进出口相抵，贸易顺差132亿美元，比上年同期大幅下降81.9%。根据外汇管理局的统计，2020年1—2月我国服务贸易逆差326亿美元，比上年同期显著收窄 24.8%。消费性服务贸易(如出境旅游)和生产性服务贸易规模也因货物贸易萎缩而缩小。

23.2 疫情期间赤字和债务政策的基本举措

为了应对新冠肺炎疫情对经济的重大不利影响,政府实施了更加积极的财政政策,除继续实施减税降费政策之外,财政支出力度进一步增强。同时,在赤字和债务方面的诸多新举措得到社会各界的广泛关注。

第一,适当提高赤字率,明确发出积极信号。将财政赤字率从 2.8%提高到 3.6%以上,赤字规模比 2019 年增加 1 万亿元,达到 3.76 万亿元,稳定并提振市场信心。

第二,适度加大政府债券发行力度,增加政府投资,对冲经济下行压力。安排地方政府专项债券 3.75 亿元,比 2019 年增加 1.6 万亿。同时,发行 1 万亿元抗疫特别国债。截至 7 月 31 日,地方政府已发行债券 37 568 亿元,其中一般债券 12 902 亿元、专项债券 24 684 亿元。截至 7 月 31 日,抗疫特别国债已累计发行 10 000 亿元。上半年,完成一般国债发行 22 525.1 亿元。开展国债做市支持操作 6 次,涉及券种 13 只,操作额 114.4 亿元,其中随买 3 只国债 10.2 亿元,随卖 10 只国债 104.2 亿元。

第三,加大转移支付力度,对冲基层政府财政困难问题,中央对地方转移支付增长 12.8%,支持地方尤其是困难地区正常运转。新增财政赤字和抗疫特别国债资金全部安排给地方,建立特殊转移支付机制,加快直达资金预算下达。6 月底前已将具备条件的直达资金全部下达地方。

23.3 后疫情时代我国赤字和债务的实施思路和对策

23.3.1 我国赤字率和债务率的现状

(1)赤字率

我国财政部官方使用的赤字率仅涉及四本预算中的一般公共预算的赤字,

不包括政府性基金预算、国有资本经营预算和社会保险基金预算。计算方法为：

赤字＝一般公共预算收入＋结转结余资金使用＋调入预算稳定调节基金＋调入政府性基金、国有资本经营预算收入－一般公共预算支出－调出预算稳定调节基金

政府主要通过调整稳定调节基金、历年结转结余科目使得执行赤字基本等于预算赤字。然而，该指标已无法精确反映实际的财政收支缺口。原因如下：第一，使用理念的结转结余和预算稳定调节基金，相当于为当年的支出融资；第二，地方政府专项债务的规模逐步扩大，2018 年专项债规模已相当于官方赤字的 60%，2019 年已达到 90%，本质上仍属于为政府支出融资；第三，国有资本经营预算和社会保险基金预算整体上遵循“以收定支，不列赤字”的原则。因此，我国的实际的财政赤字应在官方赤字的基础上，增加对使用的结转结余、稳定调节基金及专项债等方面数额。

我国政府性基金预算的主体内容为土地出让收入，为便于全球可比，国际货币基金组织提出土地出让收支，将政府的四本预算收支差额加总形成的国际货币基金组织口径狭义赤字率即包括公共财政赤字、结转结余、调节基金、不含土地出让收入的政府性基金收支差、专项债、社保基金收支差等。2016—2018 年，中国的国际货币基金组织口径狭义赤字率分别为 3.7%、3.9%和 4.8%，处于全球中等水平。仅从这一指标来看，中国财政状况较为稳健。

然而，在赤字债务化的背景下，政府赤字应该理解为政府收支不足的所有债务融资。我国存在大量的准政府活动，在国际货币基金组织构建的广义赤字率的指标中，包含专项债、专项建设债、铁道债、城投债、政策性金融债，抵押补充贷款(PSL)和政府引导基金等。2015—2018 年的地方政府专项债券分别为 1 000 亿、4 000 亿、8 000 亿和 13 500 亿元，主要投向具有一定收益的基建类项目。2015—2016 年由国家开发银行、中国农业发展银行发行专项建设债，采用设立专项建设基金的方式支持国家重大项目建设，中央财政按照债券利率的 90%给予贴息支持，分别为 8 000 亿和 10 000 亿元，2017 年发行约 2 000 亿元。2015—2018 年，铁路总公司发行的铁道债分别为 1 600 亿、1 330 亿、1 440 亿和 1 150 亿元。2015—2018 城投债净发行额分别为 11 315 亿、14 862 亿、5 615 亿、4 945 亿元。2015—2018 年三大政策性银行履行政府投融资职能，发行的政策性金融债分别为 10 678 亿、14 599 亿、12 023 亿和 9 903 亿元。2015—2018

年央行为棚改、扶贫、农村基建等重点项目发放的抵押补充贷款分别为 6 981 亿、9 714 亿、6 350 亿和 6 919 亿元。考虑上述因素之后，2015—2018 年的赤字率分别上升为 9.2%、11.1%、7.8%和 8.2%。国际货币基金组织同时估算了政府引导基金等其他预算外活动，测算的广义赤字率继续上升为 8.4%、10.4%、10.8%和 11.2%。

(2)债务率

根据 BIS 的统计，从世界范围来看，2018 年我国政府部门的债务率(49.8%)低于日本、意大利、美国等发达国家，略高于新兴市场国家，处于较低水平，风险可控。即使考虑隐性债务，国际货币基金组织测算的我国广义政府债务率(含融资平台和其他隐性债务)为 72.7%，仍低于主要发达经济体，具备一定的增加赤字和杠杆的空间。

然而，从我国政府的利息支出的角度讲，增速较快，但利息支出/财政收入在全球处于中等偏低水平。财政部数据显示，2017—2019 年，我国债务付息支出分别为 6 185 亿、7 345 亿和 8 338 亿元，同比分别增长 21.9%、17.1%和 12.6%，增速较高。但从其与财政收入占比来看，按照国际货币基金组织的测算，我国政府利息支出/财政收入这一比重，2017 年为 3.3%，高于法国、德国和俄罗斯，但低于印度、巴西和南非等新兴经济体以及美国和英国等发达经济体。

23.3.2 新冠肺炎疫情对经济影响的特殊之处:对供应链的影响

有别于一般的负面冲击对经济的影响，此次新冠肺炎疫情及其抗疫措施对经济影响的特殊之处在于对供应链的影响。从其对全球供应链的影响来看，主要体现为以下三个层面:第一，由于上游停工停产以及物流承载量和物流效率下降而订单交付延迟，对全球产业链中处于不同位置的国家造成了差别化的影响;第二，上游供应中断或下游需求萎缩所导致的生产规模和生产效率下降，会在一定程度上影响积极财政政策的实施效果;第三，企业出于对供应链安全的战略性考虑而对供应链结构和关系进行的调整，包括增加或替换供应商和采购商、调整全球投资布局等会对中国的在全球供应链的位置产生影响。

23.3.3 后疫情时代我国赤字和债务政策的实施措施

(1)提高赤字和债务资金的投放精度，做到真正意义上的提质增效

面对疫情冲击所导致的经济下行压力加大，扩大投资是一项重要财政政策

工具,伴随着专项债和特别国债资金的逐步就位,关于相关债务资金的效率问题成为政府各级部门重点关注的问题。从我国目前的状况来看,运用债务资金实施大规模的投资计划的做法需有所谨慎。这是因为:一方面,投资效率在下降。通过运用边际资本产出比这一指标度量投资效率,能够发现在 2009 年以来,投资效率的下降十分显著,在这样的背景下,仓促实施大规模的投资计划有欠妥当;另一方面,政府投资的挤出效应较为明显。自 2010 年以来,国有企业资产在企业部门资产中的占比一直上升,对民营企业的挤出效应逐步体现。

在疫情期间,我国经济在公共服务供给、产业链安全和地方政府活力以及政策工具选择方面存在明显短板。具体表现如下:

第一,公共服务供给不足。以疫情中心的武汉市为例,据统计,截止到 2018 年,每千人医疗卫生机构床位数达到 8.6 张,高于全国平均数 6.03;每千人卫生技术人员 9.89 人,高于全国平均数 6.83;每千人注册护士 4.91 人,高于全国平均数 2.94。但疫情发生后医疗资源仍然极度吃紧,全国的情况可想而知,这也反映出我国公共卫生投入的极大不足。

第二,产业链安全不可控。以口罩和防护服为例,口罩虽然单价不高,但产业链并不简单,除了无纺布、鼻梁条等材料外,起到关键防护作用的中间层熔喷布,需进行化学合成,口罩加工加工需要口罩机和人力,各要素组合调配的任意一个环节出现问题,都会制约产能。防护服的生产需要无尘车间,上海甚至要专门协调企业转产生产。在积极复工复产过程中,如果不能够畅通产业链、单纯一地、一个行业的复工复产很难实现。

第三,地方活力不足、政策工具匮乏。从疫情发展后捂盖子和被动应对,以及在中央部署加大复工复产后的观望态度来看,我国地方政府的活力有所下降,产生了等、看、要的倾向,与以往敢闯、敢试、敢干的精神状态有不小差别。此外,在面临疫情冲击后地方财政收入下降,但支出强度不断增强,不少地方财政捉襟见肘,财政部在 3 月 4 日下发通知,明确阶段性提高地方政府财政资金留用比例 5 个百分点,以保基本民生、保工资、保运转。

为此,在赤字和债务资金的使用上,补短板应成为主要着力的领域。同时,鉴于债务资金在投向选择方面应具备一定的回报率,未来赤字和债务资金的投向应更加精准,具体而言:

第一,着眼产业链关键环节调整布局债务资金项目。面对疫情防控物资生产短板,应重点加大对高标准基本农田和水利建设的投入,确保农业安全。提高油气管线建设、电力基础设施建设和能源储备投入，降低用能成本。对标国际前沿和行业间投入一产出关系，增加对芯片等技术和行业的支持。

第二，加大对公共卫生服务体系中重点项目的建设。债务资金应首先补齐为甚短板：一是优化卫生支出结构，加大向包含疫情防控在内的公共卫生基础设施的建设；二是完善对疫情监测基础设施的建设力度，增强预测预警能力。

第三，把握疫情促进智能化技术创新的机遇，加快推进新型基础设施建设，加快实现经济新旧动能的转换。运用债务资金进行一批在关键领域、能够有效推动我国经济向信息化、数字化、网络化、智能化和绿色化方向发展的基础设施建设，不仅能够有效支撑我国城镇化战略的有序、深入实施，而且对我国实施供给侧结构性改革提供技术和物质支持。

(2)发挥债务资金对地方政府事权的支持，发挥防范地方财政风险的作用

面对此次疫情的冲击，地方政府面临着来自收入和支出两个方面的压力：一方面，疫情导致税收收入普遍减少，地方政府财政保收难度加大。伴随着未来减税降费政策的持续实施，地方财政收入增长面临显著挑战；另一方面，疫情导致民生类支出大幅增加，地方政府支出显著提升。在保居民就业和保基本民生这两大重要任务的硬性要求之下，各级地方政府的生活补助、就业支持、失业救济等民生类支出将大幅增加。伴随着脱贫攻坚、生态环境保护、义务教育、社会保障等刚性支出有增无减，尽管近年来各地通过内部挖潜来应对刚性的支出压力，能够整合盘活的资金大多已进入 2020 年的财政预算，未来通过盘活存量、保障增长方式收支平衡的空间不断收窄。此外，在疫情的影响下，地方财政风险凸显：一方面，伴随着专项债和特别国债逐步下达基层，地方政府的债务存规模将进一步扩大，势必增加了地方政府未来的还本付息压力；另一方面，随着重点行业税收增速下降，地方政府对房地产业税收以及国有土地使用权出让收入的依赖度很可能进一步提高。

基于上述情形，通过建立特殊转移支付制度，将赤字尤其是债务资金切实转移到基层财政，并将债务资金的偿还方式以更高的幅度归属级次较高的政府，有助于遏制地方政府通过变相方式发行政府隐性债务，从而加大地方财政风险的可能性。在中央和地方事权进一步规范的过程中，通过对债务资金的合理有效利用，有助于推动这一改革进程。

(3)加强地方政府债务资金及其使用的相关制度建设

第一，摸底隐性债务，将其纳入预决算管理。其中包括：对隐性债务的定义

和类别作出明确界定；彻底摸清债务情况；将地方政府债务纳入预决算管理，提高债务信息的公开度和透明度。

第二，盘活存量债务，合理安排新增债务。通过债务置换、债务重组和盘活财政存量资金和国有资产等方式激活存量债务资金。通过适度提高转债券发行数量，规范专项债券发行机制的方式，保证投融资平台的合理资金需求。

第三，完善债务监管机制。通过建立债前审核机制，保证地方政府举债方式和目的符合法律规范；通过债中监督措施规范对地方政府债务的监管，建立健全债务风险评估与预警机制，完善预算“硬约束”制度；明确债后处理处置机制和问责机制。要求地方政府自偿，以强化其责任意识，通过将地方债务风险指标纳入官员的考核中去，从制度上约束地方政府官员的违规举债行为。

24 财政治理的思路与措施

2020 年由于疫情的影响，财政收入同比下降。1—10 月累计，全国一般公共预算收入 158 533 亿元，同比下降 5.5%。其中，中央一般公共预算收入 73 609 亿元，同比下降 8.7%；地方一般公共预算本级收入 84 924 亿元，同比下降 2.4%。全国税收收入 135 044 亿元，同比下降 4.6%；非税收入 23 489 亿元，同比下降 10.3%。一般公共预算支出同比虽然也是下降的，但下降幅度远低于一般公共预算收入。1—10 月累计，全国一般公共预算支出 189 439 亿元，同比下降 0.6%。其中，中央一般公共预算本级支出 27 080 亿元，同比下降 1.8%；地方一般公共预算支出 162 359 亿元，同比下降 0.4%。一般公共预算收入比一般公共预算支出下降得快，导致财政压力上升。特别是部分地方财政，即便在压缩了非刚性和非必需性的支出后，保居民就业、保基本民生、保市场主体、保粮食能源安全、保产业链供应链稳定、保基层运转的"六保"支出压力还是很大。虽然《预算法实施条例 2020》第七十八条规定：设区的市、自治州以下各级一般公共预算年度执行中出现短收的，应当通过调入预算稳定调节基金或者其他预算资金、减少支出等方式实现收支平衡；采取上述措施仍不能实现收支平衡的，可以通过申请上级政府临时救助平衡当年预算，并在下一年度预算中安排资金归还。但事实上据作者调研获知，很多上级政府也没有余力对下级政府进行临时救助帮助其平衡当年预算。在受疫情影响出现短收时，除了上述途径外，还可以通过提高财政资金使用效率在不增加财政支出的前提下实现"六保"。而要提高财政资金使用效率，必须提升财政治理水平。只有厘清中央与地方、上级财政与下级财政的财政关系；深化预算管理体制改革，实现政府综合财务报告制度和财政资金全面实现绩效的预算管理，才能更进一步地提升财政治理的水平，从而对冲疫情所带来的财政困境。

疫情不仅给财政带来了一定的困境，也给提升财政治理水平带来了机遇和挑战。中共中央政治局 2020 年 7 月 30 日召开会议，会议指出，当前经济形势仍然复杂严峻,不稳定性不确定性较大,我们遇到的很多问题是中长期的,必须从持久战的角度加以认识,加快形成以国内大循环为主体、国内国际双循环相互促进的新发展格局,建立疫情防控和经济社会发展工作中长期协调机制,坚持结构调整的战略方向,更多依靠科技创新,完善宏观调控跨周期设计和调节,实现稳增长和防风险长期均衡。从上面这段话中我们可以看到在后疫情时代,中长期视角是解决各种经济问题的基础。2020 年 10 月党的十九届五中全会审议通过了《中共中央关于制定国民经济和社会发展第十四个五年规划和二〇三五年远景目标的建议》,其中关于建立现代财税金融体制提到:“加强财政资源统筹,加强中期财政规划管理,增强国家重大战略任务财力保障。深化预算管理制度改革,强化对预算编制的宏观指导。推进财政支出标准化,强化预算约束和绩效管理。明确中央和地方政府事权与支出责任,健全省以下财政体制,增强基层公共服务保障能力。完善现代税收制度,健全地方税、直接税体系,优化税制结构,适当提高直接税比重,深化税收征管制度改革。健全政府债务管理制度。”而中期财政规划管理也是绩效管理的一个方面,我们会在讨论预算的绩效管理时一起讨论中期财政规划管理。疫情带来的财政困境还会体现在地方政府的债务风险上,而为了更好地反映地方政府的财政可持续性和偿债能力,控制地方政府的债务风险,必须建立政府综合财务报告制度。

结合党的十八届三中全会和十九大报告提出的建立现代财政制度,建立权责清晰、财力协调、区域均衡的中央和地方财政关系。建立全面规范透明、标准科学、约束有力的预算制度,全面实施绩效管理。深化税收制度改革,健全地方税体系。财政治理主要包括三部分:财政管理体制改革、预算管理体制改革和税收制度改革。本部分主要讨论前两方面的内容。

24.1 财政管理体制改革

财政管理体制又称为财政体制,是指政府间的纵向财政关系,是各级政府间的利益关系在财政收支范围、财政资金支配权和财政管理权等财政领域中的具体反映。

24.1.1 财政体制的基本理论

财政体制主要涉及事权和支出责任的划分、财力的划分和转移支付制度三部分的内容。首先，应该划分各级政府之间的事权，即各级政府应该做哪些事情，然后按照事权与支出责任一致原则，明确各级政府的支出责任；其次，按照弥补各级政府公共产品的成本划分与事权和支出责任相适应的财力；最后，完善转移支付制度，在事和钱都分清楚之后，政府间的财力如果有盈缺，应该通过转移支付制度进行调节。

(1)政府间财政事权和支出责任的划分

政府之间事权的划分是各级财政支出划分的前提和依据，而政府进行事权划分的时候应当遵循以下三个原则：

①受益原则，是指根据公共产品或服务的受益范围来划分政府的事权。对那些在受益范围大的事权划归上级政府；受益范围小的事权归下级政府；对于那些受益范围涉及多个区域的事权，由受益地区共同承担。坚持受益原则就是将利益与责任结合起来，通过受益与义务的相互联系调整财政分配关系，调动各级政府管理公共事务的积极性。

②效率原则，是根据公共产品的配置效率来确定事权的归属。公共产品由哪级政府提供效率更高，就应当由哪一级政府管理，比如如果公共产品属地化程度较高，则政府层级越低的地方政府与服务对象越接近，越了解所管辖区域内居民的偏好，则由下级政府来承担更为有效；如果是在调节收入再分配、实现收入公平分配方面，较高层级的政府同意制定分配政策则更为有效。

③区域原则，是根据公共产品的区域性特征来划分政府事权。将没有区域性或者区域性较小的公共产品划归为上级政府，将区域性较大的公共产品划归于下级政府，并在此基础上明确各级政府间各自的事权管理范围。只有按照区域原则和标准来选择社会公共产品的提供者，才能使不同层次的公共需求得到更好满足。

具体实践中，多数国家中央(联邦)政府通常承担国防、外交、国家安全、出入境管理、跨域生态环境保护、反垄断和知识产权保护等方面的职能，地方政府主要承担基础教育、社会救助、社会治安、市政交通等方面事务，一般由中央和地方共同承担跨区域基础设施、高等教育、科技研发、公共文化以及基本医疗和公共卫生等外部性较强的事务。

(2)政府间收入的划分

在市场经济条件下，政府间财政收入的划分一般是采取分税制内基本制度，主要特点是以税种和税权的划分为财权财力划分的载体。由于税收具有法律性和规范性，因此用划分税种和税权来处理各级政府之间的财政分配关系就具有规范性和稳定性的特征。政府间收入的划分原则有：

①功能性原则。这一原则要求按照税收的功能来划分税种的归属。有利于为实现中央政府管理职能的税种划归中央；有利于为实现地方政府管理职能的税种划归地方。这是提高税收经济效率和行政效率的要求。按照税种功能来确管定税种归属，可以有效发挥中央政府和地方政府的经济管理作用，使经济效率提高；可以减少税收管理成本，使行政效率提高。

②受益性原则。这一原则要求根据公共产品的受益范围和区域性来确定税种归属。一般情况下，把受益于中央政府提供服务的税源划归中央；将受益于地方政府提供服务的税源划归地方。这样形成责任与受益对等的税种划分格局。

③规模性原则。这一原则要求在政府间划分税种时，按分级财政机制独立运作的要求，通过划分税种使中央和地方的税收体系形成一定规模，能支撑各级政府财政的主体税种。四、经济分权原则，这一原则要求在划分税种时尽量以经济因素为依据，淡化行政隶属关系对税种划分的影响。

按照上述原则，可以对中央与地方税种划分格局做出基本界定：具有稳定宏观经济功能的税种、与国际贸易和实现国际收支平衡有关的税种、以调节收入水平为目的的税种划归中央。对于那些税源分散、税基较小、区域性特征明显，主要是为提供区域性公共产品而开征的税种，以及与地方政府支出责任紧密相连的税种划归地方。

(3)转移支付理论

政府间转移支付是当今世界各国普遍采用的，用来规范中央政府与地方政府之间财政关系，执行收入分配政策，调控经济运行，促进地区经济协调发展的重要手段，是保证国家稳定和统一的重要法宝。

各级政府之间会不同程度地存在着财政的纵向不平衡与横向的不平衡，为缓解这种矛盾，就需要建立健全政府间转移支付制度来解决。所以转移支付往往是为了解决以下三个问题：

①地方性公共产品或服务的外溢性。严格地说，地方政府提供地方性的公共产品或服务的受益范围几乎不可能被限定在一个固定的地区范围内，地方性公共物品或服务的受益或者被侵害的范围就会超出管辖区域，由此就会造成其他地区不用对所收益的公共物品和服务支付成本或者受侵害而没有得到补偿。

而这种地方性公共产品或服务的外溢性问题是几乎不可能避免的，此外，具有外部效应的公共产品或服务的成本往往是由该公共产品或服务的提供者承担的，这会在一定程度上影响地方对公共产品的提供，因此就需要中央政府采取措置，对具有外部效应的公共产品或服务的提供进行适当调节。

②纵向和横向的财政失衡。所谓纵向财政失衡，是针对多级财政体制中上下级政府间财政收支差异的状况而言的，不论是中央财力大于地方财力还是地方财力大于中央财力，都对整个国家的经济发展不利，因此，就需要通过纵向转移支付来进行财力的再分配。所谓横向财政失衡，是指不同地区之间政府的财政收支存在差异，而这种地区间财政差异会造成一些弊端。比而通常发达地区与贫困地区很难形成自发的财政资金的转移，所以就需要中央政府进行统筹，通过立法手段、强制地进行财政资金转移。

③税收分割不足。税收分割只是中央与地方之间进行税收的划分，仅仅依靠简单的税收分割并不能实现政府间关系的协调，因此，当今世界绝大部分的国家，不论其税收分割方法和体系多么健全、先进，在分税的同时也会实施转移支付制度，以此来弥补分税方式所存在的固有缺陷。

政府间转移支付包括一般性转移支付和专项转移支付。一般性转移支付并不规定所拨财政资金的具体用途或大致投向，它赋予下级政府以较大的自由权，使下级政府可以依照本地情况灵活地安排资金投向，上级政府对此一般不过多地限制和干预，旨在促进各地方政府提供公共服务的均等化。专项转移支付是指一种具有明确的资金用途规定，即附有关于资金使用的附加条件的政府间转移支付形式。它体现着上级政府对下级政府定向支援或者委托下级政府办理某项公共服务供给的意图，专款专用。

24.1.2 完善中央与地方财政管理体制

按照 2018 年《中华人民共和国预算法》第十五条的规定：国家实行中央和地方分税制。2020《中华人民共和国预算法实施条例》解释了中央和地方分税制，是指在划分中央与地方事权的基础上，确定中央与地方财政支出范围，并按税种划分中央与地方预算收入的财政管理体制。

(1)事权与支出责任的划分的改革

按照财政体制的理论，要完善财政体制，建立科学的财政管理体制，首先应该厘清财政事权和支出责任的划分。在这一前提下在配合税收分成和转移支付制度改革。我国从2016年起就开始了中央与地方事权与支出责任的划分改革。2016年8月,国务院通过了《关于推进中央与地方财政事权和支出责任划分改革的指导意见》,为我国各级政府划分财政事权和支出责任提供了指导意见。此后国务院办公厅又陆续印发了《基本公共服务领域中央与地方共同财政事权和支出责任划分改革方案》(国办发〔2018〕6号)、《医疗卫生领域中央与地方财政事权和支出责任划分改革方案》(国办发〔2018〕67号)、《科技领域中央与地方财政事权和支出责任划分改革方案》(国办发〔2019〕26号)、《教育领域中央与地方财政事权和支出责任划分改革方案的通知》(国办发〔2019〕27号)、《交通运输领域中央与地方财政事权和支出责任划分改革》(国办发〔2019〕33号)、《生态环境领域中央与地方财政事权和支出责任划分改革方案》(国办发〔2020〕13号)、《公共文化领域中央与地方财政事权和支出责任划分改革方案》(国办发〔2020〕14号)七个具体领域的事权和支出责任。随着事权与支出责任在中央与地方的明确,中央与地方的税收分成制度也再进一步的改革中。

(2)收入划分的改革

2019年10月国务院印发了《实施更大规模减税降费后调整中央与地方收入划分改革推进方案》,主要改革内容包括:

①保持增值税"五五分享"比例稳定。进一步稳定社会预期,引导各地因地制宜发展优势产业,鼓励地方在经济发展中培育和拓展税源,增强地方财政"造血"功能,营造主动有为、竞相发展、实干兴业的环境。

②调整完善增值税留抵退税分担机制。建立增值税留抵退税长效机制,结合财政收入形势确定退税规模,并保持中央与地方"五五"分担比例不变。为缓解部分地区留抵退税压力,增值税留抵退税地方分担的部分(50%),由企业所在地全部负担(50%)调整为先负担15%,其余35%暂由企业所在地一并垫付,再由各地按上年增值税分享额占比均衡分担,垫付多于应分担的部分由中央财政按月向企业所在地省级财政调库。

③后移消费税征收环节并稳步下划地方。按照健全地方税体系改革要求,在征管可控的前提下,将部分在生产(进口)环节征收的现行消费税品目逐步后移至批发或零售环节征收,拓展地方收入来源,引导地方改善消费环境。

(3)转移支付制度的改革

分税制财政体制改革后,逐步建立健全了较为规范的转移支付制度。在一般性转移支付和专项转移支付基础上,为与财政事权和支出责任划分改革相衔接，2019 年新设共同财政事权转移支付，暂列一般性转移支付项下，待今后修订预算法时再做调整。

①一般性转移支付，包括均衡性转移支付、老少边穷地区转移支付、重点生态功能区转移支付、资源枯竭城市转移支付、县级基本财力保障机制奖补资金等，主要用于均衡地区间财力配置，保障地方日常运转和加快区域协调发展。2019 年，一般性转移支付占转移支付总额的 47%。

②共同财政事权转移支付，主要是配合财政事权和支出责任划分改革，用于履行中央承担的共同财政事权的支出责任，保障地方落实相关政策所需财力，提高地方履行共同财政事权的能力。2019 年，共同财政事权转移支付占转移支付总额的 43%。

③专项转移支付，包括文化产业发展专项资金、可再生能源发展专项资金、城市管网及污水治理补助资金、农村环境整治资金等，主要用于保障中央决策部署的有效落实，引导地方干事创业。2019 年专项转移支付占转移支付总额的 10%。

24.1.3 完善省以下财政管理体制

明确我国中央与地方财政管理体制的改革已经按计划逐步推进，并取得了很大的成效。但省以下财政管理体制的改革各省份参差不齐，改革步调较中央较慢。

(1)省以下财政管理体制存在的问题

①政府职能定位不清。一些本可由市场调节或社会提供的事务，财政包揽过多，同时一些本应由政府承担的基本公共服务，财政承担不够。

②事权与支出责任划分的相关规定有待完善。现在很多地方都实行省直管县的财政体制。省级财政一般都会按照中央的做法对事权与支出责任的划分做一些相关的规定，但一般只针对省与市县的财政事权和支出责任做出划分要求，未涉及县与乡镇之间的事权和支出责任划分。县乡一般都只划分了财力，涉及事权和支出责任划分的较少。

③事权和支出责任划分的合理性有待提高。部分事权未完全根据受益原则进行合理划分，例如课题组调研的某县，发现县与各乡镇之间的部分事权和支出责任未完全按照受益原则进行划分，导致乡镇承担的一些上解支出的计算依据欠合理、受益群体未付费、付费者未受益等不合理现象；部分事权和支出责

任未根据政府职能和行政效率进行有效划分，课题小组调研的某县，乡镇一级政府承担了国地税务部门的部分部门经费。在2018年省及省以下国地税部门合并之后，该县的各个乡镇的税务部门实行的是由国家税务总局和省级政府双重领导的管理体制。就管理上来说，乡镇税务部门是由省里管辖的，那么其对应的部门经费应该是省级政府的财政事权和支出责任，而不应该由县本级和乡镇承担。

④事权与支出责任有待进一步匹配。根据对某县及其所属乡镇的调研情况，课题小组发现某县县本级和乡镇政府在财政事权和支出责任的划分上，财政事权与支出责任的匹配还不到位，县本级的部分事权和支出责任由乡镇承担，如派出所、消防部门、巡防部门、税务部门等部门经费（不含人员经费）应该由县本级承担，但该县的各个乡镇都承担了各部门的部分工作经费。

⑤上解支出有待进一步合理。例如课题组调研的某县，上解支出占比过大，影响乡镇保运转、维持固定支出的能力和乡镇的积极性；上解项目过多，较多零星的上解项目不合；上解项目没有动态调整机制和退出机制；部分上解的计算依据、计算基数不合理。

（2）完善省以下财政体制的原则

①划分事权与支出责任原则。基层财政是国家财政体系的基础，是推动地方经济和社会发展的财力保障。但基层财政长期运转艰难，成为我国财政理论和实践中的顽疾。近年来，地方财政收支运行面临更加严峻的挑战：一方面，随着我国进入经济新常态，以及减税降费规模的不断扩大，县乡财政收入增长乏力；另一方面，为了不断满足人民日益增长的美好生活需要，基层政府的支出责任被进一步放大。在这样的背景之下，为了促进基层政府更好地实施公共管理、提供基本公共服务以及落实党中央和国务院的各项民生政策，我们认为省以下财政体制应该以“事权划分清晰且与支出责任相匹配”“保工资保运转保民生”“支出控制”“激励导向”等为基本原则完善和改革。

②事权划分清晰且与支出责任相匹配原则。各级政府间事权与支出责任划分是一国财政体制的核心和起点。自1994年分税制实施以来，中央与地方间事权和支出关系经过多次调整与完善，2016年8月国务院颁布《关于推进中央和地方财政事权和支出责任划分改革的指导意见》后，相继发布医疗卫生、教育、交通运输等领域的改革意见。但地方各级政府间事权与支出责任划分的改革则进展不大，地方政府间事权与支出责任划分不清晰，导致以下问题：一是上

级政府的财政事权和支出责任不合理下移，导致基层政府财政支出占比过高；二是地方各级政府拥有的事权几乎没有本质性区别，形成“上下对口，职责同构”的现象；三是各级政府间事权与支出责任的错位，事权与支出责任不匹配。“事权划分清晰且与支出责任相匹配”原则，旨在通过合理界定省以下政府各自的财政事权，并按照“谁的事权谁支出”的原则将支出责任在上下级政府间科学划分，建立起一个稳定清晰的事权及财政支出体系。

③保工资、保运转、保民生原则。财政的一个重要职能是保障基本公共服务，其中很多支出来自基层公共服务，而基层政府干部职工的工资及其机关运转则是这些基层公共服务有效提供的重要前提，需要优先予以保障，而在众多基层公共服务当中，民生相关支出紧密关系到人民群众的切身利益，同样需要优先予以保障。在 2019 年 12 月召开的中央工作会议上，首次提出“三保”，意义非凡。“保工资、保运转、保民生”原则，是在考虑将乡镇政府相对稳定的财力优先用于保障“三保”支出的基础上，将各项事权的支出责任在县乡间科学划分，尤其是据此对各乡镇教师经费上解比例做出调整建议。

④支出控制原则。县级财政兜底，加上部分干部对政绩的不合理追求，导致乡镇政府忽视其作为独立经济利益主体的地位和财政资金支配及消耗的主要承担者的特点。而且政府部门业务活动的主要目的是为了满足社会公共需要，不生产产品、不产生利润，因此缺乏“成本－效益”观念，节约资金的意识还不够。这些内生性问题，需要有外部制度加以制约。“支出控制”原则，主要目的在于建立一个有效约束项目支出的机制，如预算控制、项目配套资金比例限额控制、项目审批小组约束机制等，合理约束项目支出为主的支出内容，提高财政资金的利用效率。

⑤激励导向原则。在明确了各级政府事权和支出责任后，需要进一步实现财力的统一。而一项好的收入制度安排，是要能够激励地方政府，杜绝其对上级补助形成依赖。早在 2010 年 9 月财政部发布的《财政部关于建立和完善县级基本财力保障机制的意见》中便提出“以奖代补”的基本原则，在 2016 年 8 月国务院出台的《国务院关于推进中央与地方财政事权和支出责任划分改革的指导意见》中也提出了“激励地方政府主体作为”的原则。而且，根据委托代理理论，激励机制是解决委托代理问题的有效手段。

(3)完善省以下财政体制的具体措施

①出台文件对现有事权划分进行规范。现在各省都已经出台了省级财政

体制的相关文件，尽管还需要进一步完善。但至少都已经有相关的文件，已经建立了省级财政体制的框架。但县乡一级的财政体制文件还很不规范甚至缺失。建议各县级财政制定县与乡镇政府的“事权清单”，出台相应的文件予以规范，以确保事权划分的相对稳定性，并将事权履行所涉及的诸多环节如战略规划、政策决定、执行实施、监督评价等在县乡政府间作出合理安排，做到事权履行权责明确和全过程覆盖。应由县本级承担的事权，若因合理原因需由乡镇政府执行的，应由县本级进行委托并支付相应的补偿。

②建立事权划分的动态调整机制。进一步地，建议建立财政事权划分的动态调整机制。对现有事权，应每年进行追踪和评估，根据客观条件变化进行动态调整。建议在条件成熟时，将对区域生态具有基础性、战略性作用的生态环境保护等基本公共服务，逐步上划为上级财政事权。对新增及尚未明确划分的事权，要根据社会主义市场经济体制改革进展、经济社会发展需求以及各级政府财力增长情况，将应由市场或社会承担的事务交由市场主体或社会力量承担，将应由地方政府提供的基本公共服务统筹研究进行事权划分。

③科学划分政府间支出责任。根据国务院 2016 年发布的《国务院关于推进中央与地方财政事权和支出责任划分改革的指导意见》中的指导思想，支出责任应与财政事权相匹配，按照“谁的财政事权谁承担支出责任”的原则，确定各级政府支出责任。本级事权由本级承担支出责任，下级事权由下级承担支出责任，共同事权根据基本公共服务的受益范围、影响程度，区分情况确定各自支出责任以及承担方式。对于上级本级委托下级执行的事权，需支付相应的补偿；对下级委托本级执行的事权，需上解相应的支出。以本课题组调研的某县为例，我们建议县本级事权建议完全由县本级承担支出，包括县本级机关运转支出合理增长、取消各乡镇支付给各部门的工作经费、临时性任务财力应随事权同步下划；乡镇本级事权建议完全由乡镇承担支出，包括乡镇机关运转支出合理增长、村级组织运转支出由乡镇承担；县乡共同事权建议县乡间分摊支出，原则上，共同事权应根据基本公共服务的受益范围、影响程度，区分情况确定各自支出责任以及承担方式。

④建立以激励为导向的收入保障机制。在明确县乡政府财政事权与支出责任后，需要建立相应的财政收入体系，以确保事权有相应的财力保障。大部分基层财政特别是乡镇现有的可支配财力难以维持其履行财政事权所需的支出，因此有必要对现有乡镇收入体系做出调整。但由于近年来“减税降费”政策

的冲击以及宏观经济的下行，政府财政收入减少在可预见的未来仍将持续，因此想要在短期内弥补县乡整体出现财政缺口的问题有较大的难度，建议建立一个长效机制，逐步化解危机。早在2010年9月财政部发布的《财政部关于建立和完善县级基本财力保障机制的意见》中便提出“以奖代补”的基本原则，在2016年8月国务院出台的《国务院关于推进中央与地方财政事权和支出责任划分改革的指导意见》中也提出了“激励地方政府主体作为”的原则。而且，根据委托代理理论，激励机制是解决委托代理问题的有效手段。据此，我们建议应建立以激励为导向的收入保障机制，例如建立差别化的税收返还奖励政策等。

⑤加强财政监督、严肃财经纪律。一方面，健全的财务会计制度是外部监督与内部控制有效实施的重要基础，因此建议上级财政按照事权与支出责任特点，规范和统一基层财的收支口径，同时还应加强对相关人员专业技能的培养，提高基层财经人员的专业素养，做到有效掌握基础财政特别是乡镇财政收支情况，加强财政监督。另一方面，严肃财经纪律，如发现有违反财经纪律的行为，严格依法依规进行处理。

⑥防范隐形债务风险。通过拖欠工程款等方式形成的隐形债务具有较高隐匿性，不易察觉，但具有较高危害性，一旦违约将严重打击人民对基层政府的信任。根据调研的情况，乡镇隐形债务存量不少，并呈现增加的趋势，亟须防范相关风险。首先，要求基层政府对现有隐形债务进行彻底摸排、摘清底数、分类处理，督促基层政府积极化解。其次，对项目支出应分类管理：其中，本级政府项目支出责任由本级负责，不应强制要求下级政府配套，下级政府可根据自身财力状况追加项目资金，需通过同级人大预算控制、多部门项目决策小组行政控制、比例限额控制的方式，防止不合理地配套资金；下级政府项目支出责任由下级政府负责。最后，决策权应与问责机制相一致，基层政府内部应建立健全内控制度，明确责任人，保障财政支出制度合理有序，要彻底避免“官僚作风”和“长官意志”。

24.2 预算管理改革

习主席在十九大报告中提到：要建立全面规范透明、标准科学、约束有力的预算制度，全面实施绩效管理。为做到这些，我国已经进行了一系列的改革：全面取消预算外资金，将所有政府性收支纳入预算管理。建立由一般公共预算、政府性基金预算、国有资本经营预算、社会保险基金预算组成的政府预算体系。改进预算管理和控制，建立跨年度预算平衡机制。建立部门预算管理制度，实现一个部门一本预算，完整反映部门收支状况。清理规范重点支出挂钩事项，促进财政资金统筹使用。健全预算标准体系，推进预决算公开，不断加大"三公"经费公开力度。加强预算绩效管理制度建设，有序推进预算支出绩效评价工作。实行国库集中收付制度改革，将所有财政资金纳入国库单一账户体系管理。建立健全以政府债券为主体的地方举债融资机制，妥善化解地方政府债务风险。经过努力，初步建立了与社会主义市场经济体制和公共财政相适应的预算管理制度体系，预算管理科学化、规范化水平不断提高。要完善预算管理的科学化、规范化，我们还需要进一步健全政府综合财务报告制度和预算的绩效管理制度等。

24.2.1 建立政府综合财务报告制度

在市场经济发达国家，政府一般都需要公开披露自身的财务信息，信息披露的方式主要是两种：预决算报告和财务报告。这两种报告都是在政府会计基础上生成的报告，因而都是政府会计报告的组成部分。预算报告反映政府在当前年度甚至以后若干年度的收支计划、政策意图和政策重点，民众借此可以预测相关经济政策，安排自身经济活动，并结合决算报告、财务报告等相关信息监督政府资金使用的绩效和效率。决算报告是政府预算执行的结果报告，反映政府收、支、余情况，一方面可以反映政府预算执行的情况，另一方面结合预算报告、财务报告等相关信息监督政府资金使用的绩效和效率。我国 2020 年《政府财务报告编制办法》：政府财务报告以权责发生制为基础编制，包括政府部门财务报告和政府综合财务报告。政府部门财务报告由政府部门编制，主要反映本部门财务状况、运行情况等，为加强政府部门资产负债管理、预算管理、绩效管理等提供信息支撑。政府综合财务报告由政府财政部门编制，包括本级政府综合财务报告和行政区政府综合财务报告，分别反映本级政府整体和行政区政府整体财务状况、运行情况和财政中长期可持续性等，可作为考核地方政府绩效、开展地方政府信用评级、评估预警地方政府债务风险、编制全国和地方资产负债表以及制定财政中长期规划和其他相关规划的重要依据。本级政府整体财务状况、运行情况，是指将政府财政、各部门和其他被合并主体的财务报表进行合并，以合并结果反映的财务状况和运行情况（横向合并）。行政区政府整体财务状况、运行情况是指将本级政府和所辖各级政府的财务报表进行合并，以合并结果反映的财务状况和运行情况（纵向合并）。

（1）政府财务报告的目标

要使得政府财务报告更好地发挥作用，必须明确政府财务报告的目标。我们总结学界和实务界对政府财务报告目标的表述，认为政府财务报告目标主要可以归纳为两个：反映政府受托责任的履行情况和为信息使用者的决策提供有用信息。

①反映政府受托责任的履行情况。预算资金主要来自纳税人的税收，所以所有权属于纳税人。纳税人委托政府使用预算资金，以提供市场不能提供的公共服务。所以纳税人是委托人，而政府是受托人。受托人有责任和义务向委托人反映受托责任的履行情况。而政府财务报告就是政府履行公共受托责任所反映的财务信息，通过这些财务信息可以反映政府在履行公共受托责任时的运行过程和财务状况。纳税人也可以通过这些财务信息在一定程度上对政府的公共受托责任的履行情况进行评价。所以政府财务报告的首要目标就应该是能够全面地反映政府公共受托责任的履行情况，以便纳税人能做出正确的评价。

②为信息使用者的决策提供有用信息。政府财务报告使用者大致可以归纳为三类：外部信息使用者、准内部信息使用者和内部信息使用者。外部信息使用者包括社会公众、各级人民代表大会常务委员会、债权人和其他利益相关者；准内部信息使用者则为各级政府及其有关部门；内部信息使用者则是政府会计主体自身。纳税人和各级人民代表大会常务委员会主要是运用财务报告提供的信息对政府政策和财政行为进行评价和监督，财务报告应提供满足他们所需要的相关真实的信息，这一目标与“反映政府受托责任的履行情况”的财务目标其实是一致的。债权人则需要通过财务报告获得相关投资决策所需要的全面真实的信息，财务报告应满足他们的需要。而财务报告的内部使用者—政府会计主体则是运用财务报告进行日常运行和管理的决策，所以财务报告也必须为他们的运行管理决策提供充足的信息。

（2）按照政府财务报告目标设计的分析指标

政府财务报告的目标既然是实现公共受托责任和为决策者提供有效信息，所以我们在设计政府财务报告的分析指标时也应该为这两个目标服务。

①政府综合财务报告分析指标。政府综合财务报告分析指标的建立也分为实现公共受托责任的分析指标和为决策服务的分析指标。

实现公共受托责任的分析指标。为了实现社会资源的优化配置，国家需要通过税收政策、货币政策和财政政策进行宏观经济管理。人大和上级政府作为管理决策者，主要希望能够获取必要的相关数据和信息用以进行宏观决策。对于宏观决策信息需求，主要使用的分析指标是宏观经济指标和财政可持续性指标。从表 24.1 中可以看出，宏观经济指标是中国政府最为关注的指标，披露了 GDP、GDP 构成、全社会股东资产投资、就业人员工资总额和指数 CPI、居民消费水平等。在宏观经济指标披露方面，我国基本和国际接轨，披露的指标相对来说也比较全面，但仍可以增加一些指标，如人均 GDP、GDP 增长率、生产率、失业率等指标，这样能为管理决策者提供更加全面具体的信息，从而做出更加有效的决策。中国财政可持续性指标的披露则相比国际各国简单很多，这主要是因为中国没有规范的资产负债表导致的。从指标上看，中国仅披露了财政收入 GDP 比、政府债务余额、政府还本付息支出，然而资产构成、资产增长、总债务 GDP 比、净债务 GDP 比、基础赤字 GDP 比等指标，则没有披露，因此政府应当根据自身需要相应增加上述指标，这对于管理决策者采取怎样的中长期财政政策起着至关重要的作用。

表 24.1　　政府综合财务报告指标

维　度	指　标
宏观经济指标	GDP、GDP 构成、全社会固定资产投资、就业人员工资总额和指数、CPI、居民消费水平、居民人均收支、社会消费品零售总额、人口与就业、社保基金收支、社会救助情况、外在风险指标
财政收支平衡指标	预算赤字、决算赤字、预决算差额、国家财政收支总额及增长率、收入构成、支出构成
财政可持续性指标	财政收入 GDP 比、政府债务余额、政府还本付息支出
政府服务指标	人均 GDP

为决策服务的分析指标。上级政府作为管理者，希望能了解下级政府的运营情况，同时也希望能够获取必要的数据和信息对下级政府的管理决策做出相应的调整。财政收支平衡指标就能够满足这一需求，财政收支平衡指标主要反映政府的财务状况和运行情况，这些信息能使上级政府了解下级政府运营绩效。从表 24.1 中可以看出，我国财政收支平衡指标与国际各国类似，都披露了

预算赤字、决算赤字、预决算差额、国家财政收支总额及增长率、收入构成和支出构成。借鉴国际各国，可以增加一些分析指标，如财政余额、收支缺口等，为上级政府做决策提供更加详细的数据和信息。从我国披露的财政指标来看，没有分析项目执行情况的相关指标。借鉴国际各国，我国可以增加一些有关项目绩效的分析指标，如分项目收入占比、分项目支出占比、分项目收支总额及增长率、分项目预决算差额等，这样决策者就可以了解到政府各项目具体的运营情况、资金的配置及使用情况，对于资金使用效率低的项目可以考虑减少资金的配置或者终止项目的运营，对于资金回流快且效益高的项目可以适当增加资源配置。

②政府部门财务报告分析指标。

第一类是实现公共受托责任的分析指标。《政府部门财务报告编制操作指南（试行）》没有提供分析部门项目绩效的相关指标，借鉴政府综合财务报告，可以增加如下指标：分项目收入占比、分项目支出占比、分项目收支总额及增长率、分项目预决算差额等。通过这些指标，管理者可以获取该级政府部门本年度开展的各项目的成果，从而对政府部门的资金配置做出相应决策，包括资金配置到哪些项目、各项目资金配置的数量、各项目活动的开展所需资金的数量等。

国际各国政府财务报告都有对政府的财务平衡和中长期可持续性问题进行分析，并构建了一系列平衡和可持续分析指标。美国的“讨论”构建了净费用、净资产两个绝对指标，通过观察其长期变动趋势来分析政府财务的可持续性。英国“概述”中通过比对资产和负债来衡量财政风险，并进一步提出可根据流动性选择三类资产与负债进行比对，构建了公共部门净债务、公共部门财务负债净额和公共部门净值三个分析指标。日本的“要点”中，通过对政府资产与负债、收入与费用总量的差额及其变化情况的描述分析，对政府总体偿债和收付能力给予关注。特别地，“要点”较为全面地分析了资产和负债各项目间的对应关系，尤其对流动性资产对应的负债项目或既定的支出安排做出了说明，更为细化地分析了政府资产的实际偿债能力。中国财政可持续性指标的披露则相比国际五国简单很多，这主要是因为中国没有规范的资产负债表导致的。从指标上看，中国近披露了财政收入 GDP 比、政府债务余额、政府还本付息支出，然而资产构成、资产增长、总债务 GDP 比、净债务 GDP 比、基础赤字 GDP 比等指标，则没有披露。因此，接下来政府应更加注重财政可持续性指标的考量和披露，尽可能从全方位的角度反映政府的财政可持续性，以提高财政质量。

第二类为决策服务的分析指标，一是为部门运营成本决策提供信息。在《政府部门财务报告编制操作指南（试行）》中，有反映部门资产负债情况的相关指标，如资产负债率、现金比率、流动比率等；也有反映收入费用对比情况的相关指标：收入费用率。相对来说指南提供的指标不太全面，要获取更加全面的部门运营成本信息，可增加如下指标：资产构成、负债构成、经运营成本构成、净运营支出增长率等。通过这些指标决策管理者可以了解该部门本年度总体的资金使用效率和资金成本，这有助于管理者发现不必要或低收益的支出，从而提高资金使用效率，降低运营成本。二是为部门收支情况决策提供信息。在《政府部门财务报告编制操作指南（试行）》中，只给出了分析内容：收入规模和结构、支出规模和结构，并没有给出具体的分析指标。通过上述分析，可以增加如下指标：收入结构、支出结构、收支规模及增长率、预决算差额等。通过这些指标，管理决策者可以获取该级政府部门整体的运营绩效、年度资金收支数据和信息以及本年度财务状况同以前年度的变化情况，从而对下一年度的工作安排进行相应的调整。

总体来看，国际各国政府财务报告的分析部分均使用了半数以上的篇幅，从变动趋势和原因两个维度逐一分析资产负债表和收入费用表中的各个要素，对引起要素重大变动的事项进行深入剖析。如在美国的“讨论”中除了对会计制度和报表关系进行说明外，着重对政府总体和各个基金的资产、负债、收入和费用等项目的构成和变动情况做了详细说明。英国的“概述”借助了大量的图表对报表要素的构成比例及其发展趋势进行了描述，从外部因素和计量方法等多个角度分析其变化的主要动因。日本的“要点”深入分析了报表要素的变动趋势及其背后的政策、经济和社会原因，不仅呈现了当年的变化情况，也展示了以十年为周期的中长期趋势。这些内容有助于使用者进一步理解报告内容，在掌握报表中各个指标可能的变动趋势以及原因的基础上，就能够对症下药，采取有效的措施解决问题。因此我国在编制政府财务报告时，不能仅仅披露各要素在某一时点或某一区间的数额，还应对变动趋势和原因作出相关的披露。

从英国来看，先后颁布了《政府资源和会计法案》和《会计核算指南》分别作为编制政府综合财务报告的法律依据和制度依据，极大地推动了英国政府财务报告的改革发展。因此，要构建全面、完善的政府财务报告体系，就需要推进政府会计准则和会计制度的制定和实施，明确会计核算基础，具体就是完善会计准则、制度体系，加强执行监管，提升会计信息质量和明晰会计核算基础。当前，我国政府会计已有基本准则和存货、投资、固定资产、无形资产、公共基础设施五项具体准则，政府会计准则、制度体系尚未健全，编制政府综合财务报告的制度基础还有待完善。要尽快推动更多的具体准则出台，建立健全统一、科学、规范的政府会计准则、制度体系，保障政府综合财务报告改革顺利推进。

从信息披露的广度和深度上看，国际各国政府财务报表的信息质量都处于较高水平，为量化分析工作奠定了扎实的基础，大量的分析性讨论也以此为基础展开。但为了更为全面地分析报告主体状况和发展趋势，借用表外及报告外信息已成为常态。如美国的政府综合年度财务报告中，专门设立了统计部分，通过对宏观经济和人口等外部信息以及政府雇员数量等内部信息的统计分析，对政府财务情况做了扩展性说明。要提高我国政府财务报告披露的信息质量，就必须将定性和定量分析相结合，借助更多的表外信息，以便于报告使用者深入了解报表信息。

24. 2. 2 建立预算的绩效管理制度

政府预算是指经法定程序审批的具有法律效力的政府财政收支计划，是政府筹集、分配和管理财政资金及宏观调控的重要工具。包括政府本级预算和政府汇总预算。部门预算是由政府各职能部门依据国家有关法律法规及其履行职能需要编制，反映部门所有收入和支出情况的综合财政计划，是各职能部门履行职能和事业发展的物质基础，是编制政府财政总预算的基础。部门预算是政府预算的基础，细化到具体预算单位和项目；政府预算由各级财政部门编制，是以各部门预算为基础的汇总和综合。

根据预算编制和实施控制的基础不同，预算可分为投入预算和绩效预算。投入预算，主要目的在于使预算成为财务合规的工具，因此也可称为合规性预算，其背后隐含的思想是，预算使用单位只需对公共资源的获取和使用而不是对资源使用的结果负责。因此，确保公款按照法律法规所规定的用途去使用，成为预算追求的中心目标，"顺从规则""不要违规"成为基本的预算理念。绩效预算是以目标结果为导向，以成本为衡量，以业绩评估为核心的一种预算管理模式。绩效预算强调投入与产出的关系，即通过公共产品服务收益与成本的比较，要求以最小的投入取得最大的产出和效益。其宗旨在于有效降低项目支出成本，提高支出的效率，约束支出的扩张，因此又被称为以结果为导向的预算。

2018年9月中共中央国务院发布了《关于全面实施预算绩效管理的意见》。

《关于全面实施预算绩效管理的意见》主要内容包括构建全方位预算绩效管理格局、实施部门和单位预算绩效管理、实施政策和项目预算绩效管理、建立全过程预算绩效管理链条、建立绩效评估机制、强化绩效目标管理、做好绩效运行监控、开展绩效评价和结果应用、完善全覆盖预算绩效管理体系、健全预算绩效管理制度以及硬化预算绩效管理约束。

完善我国预算绩效管理制度的具体建议包括五个方面:

(1)实现零基预算

零基预算的实施前提是在财政部门和预算单位之间划分理顺职责分工。其中,财政部门牵头负责零基预算改革工作,制定改革试点工作方案,会同试点单位研究制定定员定额标准,选取预算安排项目,履行法定审批程序后,批复预算。各预算单位是零基预算编制的责任主体,按照改革方案要求,制定本单位的具体实施方案,研究提出定员定额的标准建议,据实编报基础数据信息。根据基本支出定员定额标准和年度工作计划,编制本单位的预算收支计划,按规定时间报批。各预算单位将本单位及下属单位的全部预算资金纳入零基预算改革范围,预算编制不以往年预算为基数,每年根据单位的事业发展计划、职责和工作任务据实合理安排。在满足已有支出水平基本不变的情况下,先保障基本支出的需要,再安排各类项目支出。在轻重缓急上,优先保证重点和急需项目,再安排一般项目支出。

(2)实行财政资金滚动项目库管理

部门预算除了基本支出外,更多的是对于项目支出的预算安排,而这些项目安排的基础则是完善的财政资金滚动项目库。通过该项目库的建立,支出单位的全部项目都进入项目库,变阶段性的年度部门预算编报工作为常态化的预算项目入库受理工作。项目库实施滚动式管理,纳入年度财政预算安排的项目,都需要从项目库中筛选。

(3)推行项目资金管理

项目资金管理包括项目支出分类改革、清理整合专项资金和建立项目支出标准体系等。一是项目支出分类改革。要根据财政部支出经济分类改革精神,创新项目支出管理方式,明确项目分类和项目设置规则,规范项目申报审核,根据"分级管理、厘清边界、规范申报"的原则对项目支出进行细化梳理和整合,逐步厘清公用经费和项目支出的边界。二是逐步清理整合专项资金。按照政府与市场边界清晰和事权与支出责任匹配要求，对现有各类专项资金进行清理整合，按保留类、取消类、削减类、转化类对专项资金进行分门别类。三是建立项目支出标准体系，在部门预算编报、审核和执行环节进行运用和控制。

(4)加强中期财政规划

加强中期财政规划对年度预算的约束和指导，将年度预算的编制纳入中期财政规划的总体框架，提高预算编制的前瞻性和约束性。根据国家、各地的重大战略部署，由各部门研究提出本部门涉及财政收支的重大事项、未来三年内分年度的资金安排和绩效，形成三年滚动的财政规划建议。在制定涉及财政支持的重大政策时，各部门应会同财政部门建立常态化、科学合理的中长期重大事项论证制度。涉及财政政策和资金支持的部门和行业规划，应与中期财政规划相衔接，合理把握项目的实施进度，实现政策与预算的相互衔接。

(5)推进财政信息的进一步透明公开

健全包括财政、审计、监察、人大、社会舆论等方面的预算监督体系，将预算改革置于全方位的监督之下。财政部门要加强对接意识，主动接受同级人大及其常委会对预决算编制和执行情况的监督与反馈。优化财政部门的内部管理，健全财政资金分配过程中的内部监督和检查，完善预算编制、执行和监督三位一体的全过程管理机制，防范和堵塞制度漏洞。财政部门定期开展专项资金常态化监督检查和巡查监督或重点抽查，业务主管部门定期组织开展本部门自查。加大预算执行通报的力度，将财政预决算、三公经费、财政收支信息、财政专项信息、PPP项目等在网上公开，披露预算执行情况、调整方案、决算草案、决算报告、支出单位的预决算情况，并将部门预决算公开到基本支出和项目支出，接受社会公众的监督，进一步加强对预算执行的监督，提高预算单位支出执行主体的责任意识。

参考文献

一、文章类

[1]BKD会计师事务所. COVID-19资源中心对州和地区税收的影响[EB/OL].(2020-12-11)[2020-12-31]. https://www.bkd.com/resource/2020/12/state-local-tax-impacts-covid-19-resource-centerh.

[2]毕马威会计师事务所. 美国税收减免,最新的州和地方税收指南[EB/OL].(2020-10-26)[2020-12-31]. https://home.kpmg/us/en/home/insights/2020/06/tnf-tax-relief-updated-state-and-local-tax-guidance-covid-19.html.

[3]财政部,发展改革委. 关于新型冠状病毒感染的肺炎疫情防控期间免征部分行政事业性收费和政府性基金的公告[EB/OL].(2020-02-06)[2020-12-31]. http://www.gov.cn/zhengce/zhengceku/2020-02/07/content_5475536.htm.

[4]财政部,国家税务总局. 关于创新药后续免费使用有关增值税政策的通知[EB/OL].(2015-01-26)[2020-12-31]. http://www.chinatax.gov.cn/n810341/n810755/c1489772/content.html.

[5]财政部,国家税务总局. 关于继续实施物流企业大宗商品仓储设施用地城镇土地使用税优惠政策的公告[EB/OL].(2020-03-13)[2020-12-31]. http://www.gov.cn/zhengce/zhengceku/2020-03/25/content_5495259.htm.

[6]财政部,国家税务总局. 关于将国家自主创新示范区有关税收试点政策推广到全国范围实施的通知[EB/OL].(2015-10-23)[2020-12-31]. http://www.chinatax.gov.cn/n810341/n810755/c1870682/content.html.

[7]财政部,国家税务总局. 关于全面推开营业税改征增值税试点的通知[EB/OL].(2016-03-23)[2020-12-31]. http://www.chinatax.gov.cn/chinatax/n361/c2138502/content.html.

[8]财政部,国家税务总局. 关于医疗卫生机构有关税收政策的通知[EB/OL].(2000-07-10)[2020-12-31]. http://www.chinatax.gov.cn/chinatax/n362/c1807/content.html.

[9]财政部,国家税务总局. 关于支持个体工商户复工复业增值税政策的公告[EB/OL].(2020-02-28)[2020-12-31]. http://www.chinatax.gov.cn/chinatax/n810341/n810755/c5145325/content.html.

[10]财政部,国家税务总局.关于支持新型冠状病毒感染的肺炎疫情防控有关个人所得税政策的公告[EB/OL].(2020-02-06)[2020-12-31]. http://www.gov.cn/zhengce/zhengceku/2020-02/07/content_5475535.htm.

[11]财政部,国家税务总局.关于支持新型冠状病毒感染的肺炎疫情防控有关捐赠税收政策的公告[EB/OL].(2020-02-06)[2020-12-31]. http://www.gov.cn/zhengce/zhengceku/2020-02/07/content_5475532.htm.

[12]财政部,国家税务总局.关于支持新型冠状病毒感染的肺炎疫情防控有关税收政策的公告[EB/OL].(2020-02-06)[2020-12-31]. http://www.gov.cn/zhengce/zhengceku/2020-02/07/content_5475528.htm.

[13]财政部,国家卫生健康委.关于新型冠状病毒感染肺炎疫情防控有关经费保障政策的通知[EB/OL].(2020-01-25)[2020-12-31]. http://www.gov.cn/zhengce/zhengceku/2020-01/30/content_5473079.htm.

[14]财政部,海关总署,国家税务总局.关于防控新型冠状病毒感染的肺炎疫情进口物资免税政策的公告[EB/OL].(2020-02-04)[2020-12-31]. http://www.beijing.gov.cn/zhengce/zhengcefagui/202002/t20200204_1624701.html.

[15]财政部,交通运输部.地方政府收费公路专项债券管理办法(试行)[EB/OL].(2017-07-13)[2020-12-31]. http://www.gov.cn/xinwen/2017-07/13/content_5210140.htm.

[16]财政部,民航局.关于民航运输企业新冠肺炎疫情防控期间资金支持政策的通知[EB/OL].(2020-03-04)[2020-12-31]. http://www.gov.cn/zhengce/zhengceku/2020-03/05/content_5487155.htm.

[17]财政部,农业农村部.关于切实支持做好新冠肺炎疫情防控期间农产品稳产保供工作的通知[EB/OL].(2020-02-14)[2020-12-31]. http://www.gov.cn/zhengce/zhengceku/2020-02/14/content_5478827.htm.

[18]财政部,人力资源社会保障部,中国人民银行.关于进一步加大创业担保贷款贴息力度全力支持重点群体创业就业的通知[EB/OL].(2020-04-15)[2020-12-31]. http://www.gov.cn/zhengce/zhengceku/2020-04/17/content_5503337.htm.

[19]财政部,商务部.关于利用出口信用保险积极促进企业外贸出口的通知[EB/OL].(2003-09-18)[2020-12-31]. http://www.mofcom.gov.cn/article/b/e/200309/20030900127614.shtml.

[20]财政部,住房城乡建设部.试点发行地方政府棚户区改造专项债券管理办法[EB/OL].(2018-03-01)[2020-12-31]. http://www.gov.cn/gongbao/content/2018/content_5317115.htm.

[21]财政部.2019和2020年中央财政国债余额情况表[EB/OL].(2020-06-18)[2020-12-31]. http://www.chinabidding.org.cn/ProjectNewsInfoDetails_pid_26204.html.

[22]财政部. 2019 年中央公共财政收入预算表[EB/OL]. (2020-02-10)[2020-12-31]. http://www. gov. cn/shuju/2020-02/10/content_5476906. htm.

[23]财政部. 2020 年 1-9 月全国国有及国有控股企业经济运行情况[EB/OL]. (2020-11-02)[2020-12-31]http://www. sasac. gov. cn/n16582853/n16582888/c16618031/content. html.

[24]财政部. 财政部关于对地方政府债务实行限额管理的实施意见[EB/OL]. (2015-12-21)[2020-12-31]. http://www. gov. cn/gongbao/content/2016/content_5059103. htm.

[25]财政部. 财政部关于对受"非典"疫情影响比较严重的行业减免部分政府性基金的通知[EB/OL]. (2003-05-09)[2020-12-31]. http://www. mof. gov. cn/mofhome/mof/zhengwuxinxi/caizhengwengao/caizhengbuwengao2003/caizhengbuwengao20038/200805/t20080519_20963. html.

[26]财政部. 地方政府土地储备专项债券管理办法(试行)[EB/OL]. (2017-06-01)[2020-12-31]. http://www. gov. cn/xinwen/2017-06/01/content_5198939. htm#1.

[27]财政部. 地方政府一般债务预算管理办法[EB/OL]. (2016-12-02)[2020-12-31]. http://www. gov. cn/xinwen/2016-12/02/content_5142008. htm#1.

[28]财政部. 地方政府债券弹性招标发行业务规程[EB/OL]. (2018-08-14)[2020-12-31]. http://www. gov. cn/gongbao/content/2019/content_5361803. htm.

[29]财政部. 地方政府债券公开承销发行业务规程[EB/OL]. (2018-07-30)[2020-12-31]. https://www. chinabond. com. cn/cb/cn/zqsc/flfg/glbm/czbgz/20190603/151695665. shtml.

[30]财政部. 地方政府债务信息公开办法(试行)[EB/OL]. (2018-12-20)[2020-12-31]. http://www. gov. cn/gongbao/content/2019/content_5380374. htm.

[31]财政部. 地方政府专项债务预算管理办法[EB/OL]. (2016-12-02)[2020-12-31]. http://www. gov. cn/xinwen/2016-12/02/content_5142007. htm#1.

[32]财政部. 关于 2018 年中央和地方预算执行情况与 2019 年中央和地方预算草案的报告[EB/OL]. (2019-03-17)[2020-12-31]. http://www. gov. cn/xinwen/2019-03/17/content_5374492. htm.

[33]财政部. 关于充分发挥政府性融资担保作用,为小微企业和"三农"主体融资增信的通知[EB/OL]. (2020-03-27)[2020-12-31]. http://www. gov. cn/zhengce/zhengceku/2020-04/01/content_5498050. htm.

[34]财政部. 关于建立和完善县级基本财力保障机制的意见[EB/OL]. (2010-09-21)[2020-12-31]. http://www. gov. cn/gongbao/content/2011/content_1792050. htm.

[35]财政部. 关于试点发展项目收益与融资自求平衡的地方政府专项债券品种的通知[EB/OL]. (2017-08-02)[2020-12-31]. http://www. gov. cn/zhengce/2017-08/02/content_

5215468. htm.

[36]财政部. 关于疫情防控采购便利化的通知[EB/OL]. (2020-01-26)[2020-12-31]. http://www. gov. cn/zhengce/zhengceku/2020-01/26/content_5472325. htm.

[37]财政部. 关于暂免征收加工贸易企业内销税款缓税利息的通知[EB/OL]. (2020-04-10)[2020-12-31]. http://www. gov. cn/zhengce/zhengceku/2020-04/15/content_5502569. htm.

[38]财政部. 关于支持金融强化服务,做好新型冠状病毒感染肺炎疫情防控工作的通知[EB/OL]. (2020-02-01)[2020-12-31]. http://www. gov. cn/zhengce/zhengceku/2020-02/03/content_5474105. htm.

[39]财政部. 关于支持新型冠状病毒感染的肺炎疫情防控有关税收政策的公告[EB/OL]. (2020-02-06)[2020-12-31]. http://www. gov. cn/zhengce/zhengceku/2020-02/07/content_5475528. htm.

[40]财政部. 关于中央民航和旅游企业特定短期贷款贴息有关问题的通知[EB/OL]. (2003-05-07)[2020-12-31]. https://www. cnki. com. cn/Article/CJFDTotal-GCWG200309001. htm.

[41]财政部. 关于做好地方政府专项债券发行工作的意见[EB/OL]. (2020-11-04)[2020-12-31]. http://www. gov. cn/zhengce/zhengceku/2020-11/11/content_5560562. htm.

[42]财政部. 国务院关于今年以来预算执行情况的报告[EB/OL]. (2017-08-30)[2020-12-31]. http://www. gov. cn/xinwen/2017-08/30/content_5221404. htm.

[43]财政部. 新增地方政府债务限额分配管理暂行办法[EB/OL]. (2017-04-01)[2020-12-31]. http://www. gov. cn/xinwen/2017-04/01/content_5182868. htm.

[44]财政部. 政府部门财务报告编制操作指南(试行)[EB/OL]. (2018-03-14)[2020-12-31]. http://www. gov. cn/xinwen/2018-03/14/content_5273941. htm.

[45]财政部. 政府财务报告编制办法(试行)[EB/OL]. (2020-01-01)[2020-12-31]. http://czj. xining. gov. cn/images/20200106101023852 5. pdf.

[46]财政部. 中央本级"三公"经费 2018 年预算执行和 2019 年预算安排情况[EB/OL]. (2019-06-10)[2020-12-31]. http://yss. mof. gov. cn/caizhengshuju/201904/t20190402_3210922. htm.

[47]德国财政部. 对抗新冠:德国历史上最大的一揽子援助计划[EB/OL]. (2020-05-22)[2020-04-23]. https://www. bundesfinanzministerium. de/Content/DE/Standardartikel/Themen/Schlaglichter/Corona-Schutzschild/2020-03-13-Milliarden-Schutzschild-fuer-Deutschland. html.

[48]德国财政部. 缓解地方当局和新联邦州的措施决定[EB/OL]. (2020-06-24)[2020-04-23]. https://www. bundesfinanzministerium. de/Content/DE/Pressemitteilungen/Finanz-

politik/2020/06/2020-06-24-Kommunen. html.

[49]德国财政部. 针对德国所有人的经济刺激计划[EB/OL]. (2020-11-02)[2020-04-23]. https://www. bundesfinanzministerium. de/Web/DE/Themen/Schlaglichter/Konjunkturpaket/Konjunkturprogramm-fuer-alle/zusammen-durch-starten. html.

[50]发展改革委,卫生部. 突发公共卫生事件医疗救治体系建设规划[EB/OL]. (2003-09-29)[2020-12-31]. http://www. gov. cn/gongbao/content/2003/content_62500. htm.

[51]发展改革委. 关于应对新型冠状病毒感染肺炎疫情,支持鼓励劳动者参与线上职业技能培训的通知[EB/OL]. (2020-02-05)[2020-12-31]. http://www. gov. cn/zhengce/zhengceku/2020-02/06/content_5475392. htm.

[52]法国财政部. COVID-19:部门支持计划[EB/OL]. (2020-06-25)[2020-04-23]. https://www. economie. gouv. fr/covid19-soutien-entreprises/plans-de-soutien-sectoriels.

[53]法国财政部. COVID-19:企业的应急措施[EB/OL]. (2020-06-25)[2020-04-23]. https://www. economie. gouv. fr/covid19-soutien-entreprises/les-mesures.

[54]法国财政部. 团结基金的演变和扩大旅游计划的机会[EB/OL]. (2020-09-10)[2020-04-23]. https://www. economie. gouv. fr/covid19-soutien-entreprises/evolution-du-fonds-de-solidarite-et-elargissement-de-lacces-au-plan.

[55]法国财政部. 政府对个体户(包括微型企业家)遇到的困难的应对措施[EB/OL]. (2020-04-10)[2020-04-23]. https://www. economie. gouv. fr/covid19-soutien-entreprises/reponses-gouvernement-difficultes-independants.

[56]国家旅游局,财政部. 旅行社质量保证金财务管理暂行办法[EB/OL]. (1995-06-28)[2020-12-31]. http://www. 110. com/fagui/law_25471. html.

[57]国家税务总局. 关于加强税贸协作,克服"非典"疫情对外贸影响的通知[EB/OL]. (2004-01-17)[2020-12-31]. http://www. chinatax. gov. cn/n810341/n810765/n812198/n813066/c1206171/content. html.

[58]国家统计局. 2020 年 1-2 月能源生产情况[EB/OL]. (2020-03-16)[2020-12-31]. https://baijiahao. baidu. com/s? id=1661286728546934699&wfr=spider&for=pc.

[59]国家统计局. 2020 年 9 月能源生产情况[EB/OL]. (2020-10-19)[2020-12-31]. http://www. gov. cn/shuju/2020-10/19/content_5552362. htm.

[60]国家医保局,财政部,国家税务总局. 关于阶段性减征职工基本医疗保险费的指导意见[EB/OL]. (2020-02-21)[2020-12-31]. http://www. chinatax. gov. cn/chinatax/n810341/n810755/c5144759/content. html.

[61]国家医疗保障局,财政部. 关于做好新型冠状病毒感染的肺炎疫情医疗保障的通知[EB/OL]. (2020-01-30)[2020-12-31]. http://www. gov. cn/xinwen/2020-01/30/content_5473177. htm.

[62]国务院. 关于推进中央与地方财政事权和支出责任划分改革的指导意见[EB/OL]. (2016-08-24)[2020-12-31]. http://www. gov. cn/zhengce/content/2016-08/24/content_5101963. htm.

[63]国务院. 关于印发公共文化领域中央与地方财政事权和支出责任划分改革方案的通知[EB/OL]. (2020-06-04)[2020-12-31]. http://www. gov. cn/zhengce/content/2020-06/23/content_5521313. htm.

[64]国务院. 关于印发基本公共服务领域中央与地方共同财政事权和支出责任划分改革方案的通知[EB/OL]. (2018-02-08)[2020-12-31]. http://www. gov. cn/zhengce/content/2018-02/08/content_5264904. htm.

[65]国务院. 关于印发交通运输领域中央与地方财政事权和支出责任划分改革方案的通知[EB/OL]. (2019-07-13)[2020-12-31]. http://www. gov. cn/zhengce/content/2019-07/10/content_5407908. htm.

[66]国务院. 关于印发教育领域中央与地方财政事权和支出责任划分改革方案的通知[EB/OL]. (2019-06-03)[2020-12-31]. http://www. gov. cn/zhengce/content/2019-06/03/content_5397093. htm.

[67]国务院. 关于印发科技领域中央与地方财政事权和支出责任划分改革方案的通知[EB/OL]. (2015-05-31)[2020-12-31]. http://www. gov. cn/zhengce/content/2019-05/31/content_5396370. htm.

[68]国务院. 关于印发生态环境领域中央与地方财政事权和支出责任划分改革方案的通知[EB/OL]. (2020-06-12)[2020-12-31]. http://www. gov. cn/zhengce/content/2020-06/12/content_5519063. htm? trs=1.

[69]国务院. 关于印发实施更大规模减税降费后调整中央与地方收入划分改革推进方案的通知[EB/OL]. (2019-10-09)[2020-12-31]. http://www. gov. cn/zhengce/content/2019-10/09/content_5437544. htm.

[70]国务院. 中华人民共和国城镇土地使用税暂行条例[EB/OL]. (2019-03-02)[2020-12-31]. http://www. gov. cn/gongbao/content/2019/content_5468914. htm.

[71]国务院. 中华人民共和国房产税暂行条例[EB/OL]. (2005-08-19)[2020-12-31]. http://www. gov. cn/banshi/2005-08/19/content_24823. htm.

[72]国务院. 中华人民共和国个人所得税法实施条例[EB/OL]. (2018-12-18)[2020-12-31]. http://www. chinatax. gov. cn/n810341/n810755/c3960202/content. html.

[73]国务院. 中华人民共和国税收征收管理法实施细则[EB/OL]. (2002-09-07)[2020-12-31]. http://www. chinatax. gov. cn/n810341/n810755/c3357578/content. html.

[74]金融时报. 欧盟抗疫政策持续加码[EB/OL]. (2020-03-27)[2020-12-31]. https://m. gmw. cn/2020-03/27/content_1301094266. htm.

[75]科技部,财政部,国家税务总局.关于科技人员取得职务科技成果转化现金奖励信息公示办法的通知[EB/OL].(2018-07-26)[2020-12-31]. http://www.gov.cn/zhengce/zhengceku/2019-10/30/content_5446783.htm.

[76]美国北达科他州政府.应对 COVID-19 的工作服务[EB/OL].(2020-04-25)[2020-12-31]. https://www.jobsnd.com/.

[77]美国北达科他州政府.应对 COVID-19 的人力资源信息和援助[EB/OL].(2020-04-18)[2020-12-31]. http://www.nd.gov/dhs/info/covid-19/index.html.

[78]美国北达科他州政府.应对 COVID-19 的商业和雇主援助[EB/OL].(2020-04-25)[2020-12-31]. https://covid19.ca.gov/childcare/.

[79]美国北达科他州政府.应对 COVID-19 的住房和流浪者服务[EB/OL].(2020-04-18)[2020-12-31]. http://www.nd.gov/dhs/info/covid-19/housing-homelessness.html.

[80]美国财政部. COVID-19 的财政应对措施[EB/OL].(2020-12-31)[2020-12-31]. https://home.treasury.gov/Comeback.

[81]美国法律 360.纽约法案寻求在 COVID-19 大流行中减免财产税[EB/OL].(2020-04-09)[2020-12-31]. https://www.law360.com/articles/1262166/ny-bills-seek-property-tax-relief-amid-covid-19-pandemic.

[82]美国国会.《HR266 法案》PPP 和医疗保健促进法案[EB/OL].(2020-04-24)[2020-12-31]. https://www.congress.gov/bill/116th-congress/house-bill/266/text.

[83]美国国会.《HR6074 法案》2020 年新冠病毒防范和应对补充拨款法[EB/OL].(2020-09-30)[2020-12-31]. https://www.congress.gov/116/bills/hr6074/BILLS-116hr6074eh.pdf.

[84]美国国会.《HR6201 法案》家庭优先新冠病毒应急法案[EB/OL].(2020-03-18)[2020-12-31]. https://www.congress.gov/116/bills/hr6201/BILLS-116hr6201eh.pdf.

[85]美国国会.《HR7010 法案》购买力平价灵活性法案[EB/OL].(2020-06-05)[2020-12-31]. https://www.congress.gov/bill/116th-congress/house-bill/7010.

[86]美国国会.《HR784 法案》新冠病毒援助、救济和经济安全(CARES)法案[EB/OL].(2020-03-27)[2020-12-31]. https://www.congress.gov/116/bills/hr784/BILLS-116hr784ih.pdf.

[87]美国疾病预防控制中心,美国联邦应急管理署. COVID-19 的具体应对措施[EB/OL].(2020-12-31)[2020-12-31]. https://home.treasury.gov/Comeback.

[88]美国加利福尼亚州政府.应对 COVID-19 的儿童看护援助[EB/OL].(2020-03-25)[2020-12-31]. https://covid19.ca.gov/childcare/.

[89]美国加利福尼亚州政府.应对 COVID-19 的金融援助[EB/OL].(2020-03-25)[2020-12-31]. https://covid19.ca.gov/get-financial-help/.

[90]美国加利福尼亚州政府. 应对 COVID-19 的老年人援助[EB/OL]. (2020-03-17)[2020-12-31]. https://covid19. ca. gov/childcare/.

[91]美国加利福尼亚州政府. 应对 COVID-19 的商业雇主援助[EB/OL]. (2020-03-10)[2020-12-31]. https://covid19. ca. gov/business-and-employers/.

[92]美国加利福尼亚州政府. 应对 COVID-19 的失业援助[EB/OL]. (2020-03-25)[2020-12-31]. https://covid19. ca. gov/workers/.

[93]美国加利福尼亚州政府. 应对 COVID-19 的食品援助[EB/OL]. (2020-03-25)[2020-12-31]. https://covid19. ca. gov/food-resources/.

[94]美国加利福尼亚州政府. 应对 COVID-19 的移民援助[EB/OL]. (2020-03-25)[2020-12-31]. https://covid19. ca. gov/guide-immigrant-californians/.

[95]美国加利福尼亚州政府. 应对 COVID-19 的住房和流浪者援助[EB/OL]. (2020-03-25)[2020-12-31]. https://covid19. ca. gov/housing-and-homelessness/.

[96]美国纽约市财政局. 减少财产税利息[EB/OL]. (2020-07-01)[2020-12-31]. https://www1. nyc. gov/site/finance/taxes/property-tax-changes-due-to-covid-19. page.

[97]美国纽约州政府. 应对 COVID-19 的租金减免扩展计划[EB/OL]. (2020-12-01)[2020-12-31]. https://hcr. ny. gov/RRP.

[98]美国政府. COVID-19 的政府应对措施[EB/OL]. (2020-12-31)[2020-12-31]. https://www. usa. gov/coronavirus.

[99]欧盟理事会. 欧盟长期预算 2021—2027[EB/OL]. (2020-04-10)[2020-07-21]. https://www. consilium. europa. eu/en/policies/the-eu-budget/long-term-eu-budget-2021-2027/.

[100]欧盟理事会. 欧洲复苏计划[EB/OL]. (2020-04-10)[2020-04-23]. https://www. consilium. europa. eu/en/policies/coronavirus/covid-19-economy/.

[101]普华永道会计师事务所. 部分关于 COVID-19 的国家与当地税收政策[EB/OL]. (2020-07-30)[2020-12-31]. https://www. pwc. com/us/en/state-local-tax/newsletters/salt-insights/assets/pwc-state-and-local-tax-relief-relating-to-coronavirus. pdf.

[102]人力资源社会保障部,财政部,国家税务总局. 关于阶段性减免企业社会保险费的通知[EB/OL]. (2020-02-20)[2020-12-31]. http://www. chinatax. gov. cn/chinatax/n810341/n810755/c5144708/content. html.

[103]日本北海道政府. 北海道新冠病毒紧急应对措施[EB/OL]. (2020-03-25)[2020-12-31]. http://www. pref. hokkaido. lg. jp/ss/ssa/singatakoronahaien. htm.

[104]日本大阪府政府. 关于新冠病毒对策支援信息[EB/OL]. (2020-03-25)[2020-12-31]. http://www. pref. osaka. lg. jp/smart_somu/shien/index. html.

[105]日本东京都政府. 东京都新冠病毒支援信息导航[EB/OL]. (2020-03-25)[2020-12-31]. https://covid19. supportnavi. metro. tokyo. lg. jp/.

[106]日本国土交通省. 国土交通省应对新冠病毒的对策[EB/OL]. (2020-12-31)[2020-12-31]. https://www. mlit. go. jp/kikikanri/kikikanri_tk_000018. html.

[107]日本厚生劳动省. 生活和工作的相关信息[EB/OL]. (2020-03-20)[2020-12-31]. https://www. mhlw. go. jp/stf/covid-19/kurashiyashigoto. html#h2_1.

[108]日本环境省. 新冠病毒的相关对策[EB/OL]. (2020-12-31)[2020-12-31]. https://www. env. go. jp/saigai/novel_coronavirus_2020. html.

[109]日本经济产业省. 经济产业省的支援政策[EB/OL]. (2020-12-31)[2020-12-31]. https://www. meti. go. jp/covid-19/index. html.

[110]日本内阁官房. 新冠病毒感染相关对策[EB/OL]. (2020-03-19)[2020-12-31]. https://corona. go. jp/action/pdf/shiensakugoannai_20210319. pdf.

[111]日本农林水产省. 受新冠病毒影响的农林渔业者和食品行业事业者的支援政策[EB/OL]. (2020-03-25)[2020-12-31]. https://www. maff. go. jp/j/saigai/n_coronavirus/support. html.

[112]日本神奈川县政府. 对新冠病毒感染的支援一览[EB/OL]. (2020-03-25)[2020-12-31]. https://www. pref. kanagawa. jp/docs/ga4/covid19/index. html.

[113]日本文部科学省. 新冠病毒感染相关对策[EB/OL]. (2020-03-25)[2020-12-31]. https://www. mext. go. jp/a_menu/coronavirus/index. html.

[114]日本政策金融公库. 应对新冠病毒柜台的相关信息[EB/OL]. (2020-12-31)[2020-12-31]. https://www. jfc. go. jp/.

[115]日本总务省. 新冠病毒的相关对策[EB/OL]. (2020-03-16)[2020-12-31]. https://www. soumu. go. jp/menu_seisaku/gyoumukanri_sonota/covid-19/index. html.

[116]市场监管总局,发展改革委,财政部,人力资源社会保障部,商务部,人民银行. 关于应对疫情影响,加大对个体工商户扶持力度的指导意见[EB/OL]. (2020-02-28)[2020-12-31]. http://www. gov. cn/zhengce/zhengceku/2020-02/28/content_5484720. htm.

[117]搜狐网. 欧盟各国财长就 5 400 亿欧元抗疫救助方案达成协[EB/OL]. (2020-04-10)[2020-12-31]. https://www. sohu. com/a/386791253_115479.

[118]搜狐网. 欧盟继续对进口医疗设备和个人防护装备暂免关税[EB/OL]. (2020-04-10)[2020-04-23]. https://www. sohu. com/a/427974555_120866011.

[119]搜狐网. 欧盟继续对进口医疗设备和个人防护装备暂免关税[EB/OL]. (2020-04-10)[2020-04-23]. https://www. sohu. com/a/427974555_120866042.

[120]搜狐网. 英国公布 2020 年财政预算 投入上百亿英镑对抗新冠病毒[EB/OL]. (2020-03-12)[2020-04-23]. https://www. sohu. com/a/379586863_115239.

[121]搜狐网. 英国首相承诺本周,向英国企业提供 3300 亿英镑的支持[EB/OL]. (2020-03-18)[2020-04-23]. https://www. sohu. com/a/380932146_120355287.

[122]搜狐新闻. 法国启动40亿欧元的初创企业支持计划[EB/OL]. (2020-03-25)[2020-04-23]. https://www. sohu. com/a/383098544_114837.

[123]汤森路透税务会计. 美国各州和地区针对COVID-19提供的税收减免[EB/OL]. (2020-02-23)[2020-12-31]. https://tax. thomsonreuters. com/news/tax-relief-offered-by-states-and-localities-in-response-to-covid-19/.

[124]卫生部. 关于国家公共卫生信息系统建设工作有关问题的通知[EB/OL]. (2007-08-03)[2020-12-31]. http://www. nhc. gov. cn/bgt/pw10302/200708/018c510b6cab4289b053177bc45b7603. shtml.

[125]新浪财经. 欧盟批准法国实行3 000亿欧元政府担保计划[EB/OL]. (2020-03-24)[2020-04-23]. http://finance. sina. com. cn/roll/2020-03-25/doc-iimxxsth1323579. shtml.

[126]新浪财经. 中金:详解海外"抗疫"财政救助政策[EB/OL]. (2020-04-21)[2020-04-23]. http://finance. sina. com. cn/stock/stockzmt/2020-04-21/doc-iirczymi7486248. shtml.

[127]新浪网. 法政府设"团结基金"接受捐款救助小企业[EB/OL]. (2020-04-07)[2020-04-23]. https://k. sina. com. cn/article_1737737970_6793c6f202000vvgh. html.

[128]新浪网. 欧盟临时放开财政底线首次允许成员国自由支出[EB/OL]. (2020-03-26)[2020-12-31]. https://k. sina. com. cn/article_1707450894_65c5a20e02000mru7. html.

[129]意大利财政部. Gualtieri:"流动性火箭筒"[EB/OL]. (2020-04-06)[2020-04-23]. https://www. mef. gov. it/inevidenza/Gualtieri-Un-bazooka-di-liquidita/.

[130]意大利财政部. 八月法令:南部、企业和就业机会:250亿重启意大利[EB/OL]. (2020-08-26)[2020-04-23]. https://www. mef. gov. it/inevidenza/Decreto-AGOSTO. -Sud-imprese-e-lavoro-25-miliardi-per-far-ripartire-lItalia/.

[131]意大利财政部. 法令2020年3月17日,第18号[EB/OL]. (2020-03-17)[2020-04-23]. https://www. gazzettaufficiale. it/eli/id/2020/03/17/20G00034/sg.

[132]意大利财政部. 实施2020年3月25日法令,关于第一个房屋抵押贷款的团结基金[EB/OL]. (2020-03-25)[2020-04-23]. https://www. gazzettaufficiale. it/eli/id/2020/03/28/20A01918/sg.

[133]意大利财政部. 支持中小企业资本化[EB/OL]. (2020-09-16)[2020-04-23]. https://www. mef. gov. it/focus/Sostegno-alla-patrimonializzazione-delle-PMI/.

[134]意大利财政部. 重启法令,为经济第二阶段投入1 550亿欧元[EB/OL]. (2020-05-14)[2020-04-23]. https://www. mef. gov. it/inevidenza/Decreto-Rilancio-155-miliardi-di-euro-per-la-Fase-due-dellEconomia/.

[135]意大利财政部. 重启法令,重新启动国家的措施[EB/OL]. (2020-05-14)[2020-04-23]. https://www. mef. gov. it/focus/Decreto-Rilancio-le-misure-per-rimettere-in-moto-il-Paese/.

[136]英国财政部. 部长们宣布为受当地封锁影响的企业提供新的补助金[EB/OL]. (2020-09-09)[2020-04-23]. https://www. gov. uk/government/news/ministers-announce-new-grants-for-businesses-affected-by-local-lockdowns.

[137]英国财政部. 冬季经济计划[EB/OL]. (2020-09-24)[2020-04-23]. https://www. gov. uk/government/publications/winter-economy-plan.

[138]英国财政部. 工作计划:文件[EB/OL]. (2020-07-08)[2020-04-23]. https://www. gov. uk/government/publications/a-plan-for-jobs-documents.

[139]英国财政部. 冠状病毒职位保留计划已启动并正在运行[EB/OL]. (2020-04-20)[2020-04-23]. https://www. gov. uk/government/news/coronavirus-job-retention-scheme-up-and-running.

[140]英国财政部. 灵活的休假计划从今天开始[EB/OL]. (2020-07-01)[2020-04-23]. https://www. gov. uk/government/news/flexible-furlough-scheme-starts-today.

[141]英国财政部. 数十亿英镑支持被冠状病毒打击的创新公司的一揽子计划[EB/OL]. (2020-04-20)[2020-04-23]. https://www. gov. uk/government/news/billion-pound-support-package-for-innovative-firms-hit-by-coronavirus.

[142]英国财政部. 数以百万计的自营职业者从第二阶段的支助计划中受益[EB/OL]. (2020-08-17)[2020-04-23]. https://www. gov. uk/government/news/million-of-self-employed-to-benefit-from-second-stage-of-support-scheme.

[143]英国财政部. 小型企业受到反弹贷款的提振[EB/OL]. (2020-04-27)[2020-04-23]. https://www. gov. uk/government/news/small-businesses-boosted-by-bounce-back-loans.

[144]英国财政部. 职业支持计划:总理增加了对企业和工人的财务支持[EB/OL]. (2020-10-22)[2020-04-23]. https://www. gov. uk/government/news/plan-for-jobs-chancellor-increases-financial-support-for-businesses-and-workers.

[145]中共中央,国务院. 关于全面实施预算绩效管理的意见[EB/OL]. (2018-09-25)[2020-12-31]. http://www. gov. cn/zhengce/2018-09/25/content_5325315. htm.

[146]中共中央办公厅,国务院办公厅. 关于做好地方政府专项债券发行及项目配套融资工作的通知[EB/OL]. (2019-06-10)[2020-12-31]. http://www. gov. cn/zhengce/2019-06/10/content_5398949. htm.

[147]中国新闻网. 法国政府正式推出 1 000 亿欧元经济刺激计划应对疫情冲击[EB/OL]. (2020-09-03)[2020-04-23]. http://www. chinanews. com/gj/2020/09-03/9281961. shtml.

[148]中华人民共和国主席令.《全国人民代表大会常务委员会关于修改〈中华人民共和国个人所得税法〉的决定》[EB/OL]. (2018-08-31)[2020-12-31]. http://www. gov. cn/xin-

wen/2018-08/31/content_5318196.htm?_zbs_baidu_bk.

[149]住房和城乡建设部,财政部,人民银行.关于妥善应对新冠肺炎疫情实施住房公积金阶段性支持政策的通知[EB/OL].(2020-02-21)[2020-12-31].http://www.gov.cn/zhengce/zhengceku/2020-02/24/content_5482678.htm.

二、著作类.

[1](美)威廉·麦克尼尔.瘟疫与人[M].余新忠,毕会成译.北京:中国环境科学出版社,2010.

[2]《中国军事史》编写组.中国军事史附卷历代战争年表(上)[M].北京:解放军出版社,1985.

[3]《中国军事史》编写组.中国军事史附卷历代战争年表(下)[M].北京:解放军出版社,1986.

[4]《中国税务年鉴》编委会.中国税务年鉴2018[M].北京:中国税务出版社,2004.

[5]财政部财政科学研究所.中国财经改革研究报告(1996—1997)[M].北京:经济科学出版社,1999.

[6]陈明光.唐代财政史新编[M].北京:中国财政经济出版社,1999.

[7]邓云特.中国救荒史[M].北京:商务印书馆,1937.

[8]郭庆旺,赵志耘.公共经济学[M].北京:高等教育出版社,2006.

[9]赫治清.中国古代灾害史研究[M].北京:中国社会科学出版社,2007.

[10]黄天华.中国财政制度史第4卷[M].上海:上海人民出版社,2017.

[11]贾康.公共财政与公共危机:“非典”引发的思考[M].北京:中国财政经济出版社,2004.

[12]李向军.清代荒政研究[M].北京:中国农业出版社,1995.

[13]梁其姿.施善与教化.明清的慈善组织[M].石家庄:河北教育出版社,2001.

[14]刘芳,毕可影.社会保障制度史[M].上海:上海交通大学出版社,2018.

[15]刘守刚.中国财政史十六讲——基于财政政治学的历史重撰[M].上海:复旦大学出版社,2017.

[16]马大英.汉代财政史[M].北京:中国财政经济出版社,1983.

[17]马克思.资本论[M].郭大力,王亚楠译.上海:上海三联书店,2009.

[18]齐涛.中国古代经济史[M].济南:山东大学出版社,2011.

[19]施雅风,黄鼎成,陈泮勤.中国自然灾害灾情分析与减灾对策[M].武汉:湖北科学技术出版社,1992.

[20]孙翊刚.中国财政通史·隋唐卷[M].北京:中国财政经济出版社,2006.

[21]王业键.清代田赋刍论(1750—1911)[M].高风等译.北京:人民出版社,2008.

[22]许汝贞,魏鹏.环境变迁与经济发展关系研究[M].济南:山东人民出版社,2013.

[23]杨梅.晚清中央与地方财政关系研究——以厘金为中心[M].北京:知识产权出版社,2012.

[24]叶振鹏.中国历代财政改革研究[M].北京:中国财政经济出版社,1999.

[25]余新忠.清代江南的瘟疫与社会——一项医疗社会史的研究[M].北京:中国人民大学出版社,2003.

[26]岳宗福.近代中国社会保障立法研究(1912—1949)[M].济南:齐鲁书社,2006.

[27]载孙健.中国经济史论文集[M].北京:中国人民大学出版社,1987.

[28]张志斌.中国古代疫病流行年表[M].福州:福建科学技术出版社,2007.

[29]中国财政杂志社.中国财政年鉴 2019[M].北京:中国财政杂志社,2019.

[30]中国中医研究院.中国疫病史鉴[M].北京:中医古籍出版社,2003.

[31]中华人民共和国国家统计局.中国统计年鉴 2019[M].北京:中国统计出版社有限公司,2020.

三、论文类

[1]朱青.防范“新冠肺炎”疫情的财税政策研究[J].财政研究,2020(4):9—14.

[2]曹树基.鼠疫流行与华北社会的变迁(1580—1644 年)[J].历史研究,1997(1):17—32.

[3]陈光焱.鸦片战争后清廷财政预算状况的变化[J].现代财经,2004(2):3—6.

[4]戴卫东.明代安辑流民政策述论[J].苏州大学学报(哲学社会科学版),2003(1) 115—118.

[5]付志宇,缪德刚.太平天国运动时期清政府财政危机与财政对策探析[J].贵州社会科学,2007(9):153—156.

[6]龚胜生.中国疫灾的时空分布变迁规律[J].地理学报,2003(6):870—878.

[7]顾颖.明代的赈粮初识[J].中国社会经济史研究,1993(4):42—53.

[8]胡怡建,宫映华,汪豫.加大减税降费力度 积极应对四大挑战[J].税务研究,2020(8):5—10.

[9]梁义群.鸦片战争与清廷财政[J].近代史研究,1989(5):108—120.

[10]彭泽益.论鸦片战争赔款[J].经济研究,1962(12):54—63.

[11]孙关龙.中国历史大疫的时空分布及其规律研究[J].地域研究与开发,2004(6):123—128.

[12]汪德华.新冠肺炎疫情的经济影响及财政对冲政策思路探讨[J].中国财政,2020(10):22—24.

[13]王乔.新冠肺炎疫情下我国财政风险防范及建议[J].税务研究,2020(6):5—9.

[14]佘新忠.从避疫到防疫,晚清因应疫病观念的演变[J].华中师范大学学报,2008(2):51—60.

[15]张萌.财税政策应对新冠肺炎疫情的思考[J].会计之友,2020(12):151—156.

[16]赵献海.简评《清代江南的瘟疫与社会——一项医疗社会史的研究》[J].中华医史杂志,2004(3):64—66.

[17]赵云旗.唐代盛世背后的财政危机[J].经济研究参考,2009(40):13—16.

四、典籍类

[1]《救荒活民书》,引文参考[宋]董煟《救荒活民书》(中国书店,2018).

[2]历代《汉书・食货志》,引文参考李庆善整理《汉书食货志集释》(中华书局,2017).

[3]历代《后汉书》,引文参考王宁整理《后汉书》(商务印书馆,2019).

[4]历代《周礼》,引文参考吕友仁,李正辉,孙新梅注释《周礼》(中州古籍出版社,2018).